新时代外国语言文学
新发展研究丛书

总主编　罗选民　庄智象

社会语言学新发展研究

Sociolinguistics: New Perspectives and Development

田海龙　赵　芃／著

清华大学出版社
北　京

内 容 简 介

本书涵盖变异社会语言学、互动社会语言学、交际民族志学等多个社会语言学传统分支，也包括基于认知科学的社会语言学和基于话语研究的社会语言学这些新兴的研究路径，还特别阐释了社会语言学在 21 世纪取得的一些最新研究成果，如语言流动研究、风格变异研究、交际界位研究、话语互动研究。不仅呈现出社会语言学从传统中发展理论、从经典中创新方法的历史图景，而且展现出社会语言学课题多元扩展、方法更新拓展、理论创新发展、学科融合进展的广阔前景。书中丰富的研究案例以及关于社会语言学发展动因的深入探讨对相关领域的学者和学生理解社会语言学的方法和理念具有不可替代的启发作用。

版权所有，侵权必究。举报：010-62782989，beiqinquan@tup.tsinghua.edu.cn。

图书在版编目（CIP）数据

社会语言学新发展研究 / 田海龙，赵芃著．—北京：清华大学出版社，2021.8（2022.8 重印）
（新时代外国语言文学新发展研究丛书）
ISBN 978-7-302-57337-1

Ⅰ. ①社… Ⅱ. ①田… ②赵… Ⅲ. ①社会语言学—研究 Ⅳ. ① H0-05

中国版本图书馆 CIP 数据核字（2021）第 018005 号

策划编辑：郝建华
责任编辑：郝建华　周　航
封面设计：黄华斌
责任校对：王凤芝
责任印制：杨　艳

出版发行：清华大学出版社
　　　　　网　　址：http://www.tup.com.cn, http://www.wqbook.com
　　　　　地　　址：北京清华大学学研大厦 A 座　邮　编：100084
　　　　　社 总 机：010-83470000　邮　购：010-62786544
　　　　　投稿与读者服务：010-62776969, c-service@tup.tsinghua.edu.cn
　　　　　质量反馈：010-62772015, zhiliang@tup.tsinghua.edu.cn
印 刷 者：大厂回族自治县彩虹印刷有限公司
装 订 者：三河市启晨纸制品加工有限公司
经　　销：全国新华书店
开　　本：155mm×230mm　　印　张：22.5　　字　数：345 千字
版　　次：2021 年 8 月第 1 版　　　　　　　　印　次：2022 年 8 月第 2 次印刷
定　　价：128.00 元

产品编号：088097-01

中国英汉语比较研究会
"新时代外国语言文学新发展研究丛书"
编委会名单

总主编

罗选民　庄智象

编　委

（按姓氏拼音排序）

蔡基刚	陈　桦	陈　琳	邓联健	董洪川
董燕萍	顾曰国	韩子满	何　伟	胡开宝
黄国文	黄忠廉	李清平	李正栓	梁茂成
林克难	刘建达	刘正光	卢卫中	穆　雷
牛保义	彭宣维	冉永平	尚　新	沈　园
束定芳	司显柱	孙有中	屠国元	王东风
王俊菊	王克非	王　蔷	王文斌	王　寅
文秋芳	文卫平	文　旭	辛　斌	严辰松
杨连瑞	杨文地	杨晓荣	俞理明	袁传有
查明建	张春柏	张　旭	张跃军	周领顺

总　　序

外国语言文学是我国人文社会科学的一个重要组成部分。自1862年同文馆始建，我国的外国语言文学学科已历经一百五十余年。一百多年来，外国语言文学学科一直伴随着国家的发展、社会的变迁而发展壮大，推动了社会的进步，促进了政治、经济、文化、教育、科技、外交等各项事业的发展，增强了与国际社会的交流、沟通与合作，每个发展阶段无不体现出时代的要求和特征。

20世纪之前，中国语言研究的关注点主要在语文学和训诂学层面，由于"字"研究是核心，缺乏区分词类的语法标准，语法分析经常是拿孤立词的意义作为基本标准。1898年诞生了中国第一部语法著作《马氏文通》，尽管"字"研究仍然占据主导地位，但该书宣告了语法作为独立学科的存在，预示着语言学这块待开垦的土地即将迎来生机盎然的新纪元。1919年，反帝反封建的"五四运动"掀起了中国新文化运动的浪潮，语言文学研究（包括外国语言文学研究）得到蓬勃发展。中华人民共和国成立后，尤其是改革开放以来，外国语言文学学科的发展势头持续迅猛。至20世纪末，学术体系日臻完善，研究理念、方法、手段等日趋科学、先进，几乎达到与国际研究领先水平同频共振的程度，取得了令人瞩目的成绩，有力地推动和促进了人文社会科学的建设，并支持和服务于改革开放和各项事业的发展。

无独有偶，在处于转型时期的"五四运动"前后，翻译成为显学，成为了解外国文化、思想、教育、科技、政治和社会的重要途径和窗口，成为改造旧中国的利器。在那个时期，翻译家由边缘走向中国的学术中心，一批著名思想家、翻译家，通过对外国语言文学的文献和作品的译介塑造了中国现代性，其学术贡献彪炳史册，为中国学术培育做出了重大贡献。许多西方学术理论、学科都是经过翻译才得以为中国高校所熟悉和接受，如王国维翻译教育学和农学的基础读本、吴宓翻译哈佛大学白璧德的新人文主义美学作品等。这些翻译文本从一个侧面促成了中国高等教育学科体系的发展和完善，社会学、人类学、民俗学、美学、教育学等，几乎都是在这一时期得以创建和发展的。翻译服务对于文化交流交融和促进文明互鉴，功不可没，而翻译学也在经历了语文学、语言学、文化学等转向之后，日趋成熟，如今在让中国了解世界、让世界了解中国，尤其是"一带一路"建设、人类命运共同体构建，讲好中国故事、传递好中国声音等方面承担着重要使命与责任，任重而道远。

20 世纪初，外国文学深刻地影响了中国现代文学的形成，犹如鲁迅所言，要学普罗米修斯，为中国的旧文学窃来"天国之火"，发出中国文学革命的呐喊，在直面人生、救治心灵、改造社会方面起到不可替代的作用。大量的外国先进文化也因此传入中国，为塑造中国现代性发挥了重大作用。从清末开始特别是"五四运动"以来，外国文学的引进和译介蔚然成风。经过几代翻译家和学者的持续努力，在翻译、评论、研究、教学等诸多方面成果累累。改革开放之后，外国文学研究更是进入繁荣时代，对外国作家及其作品的研究逐渐深化，在外国文学史的研究和著述方面越来越成熟，在文学理论与文学批评的译介和研究方面、在不断创新国外文学思想潮流中，基本上与欧美学术界同步进展。

外国文学翻译与研究的重大意义，在于展示了世界各国文学的优秀传统，在文学主题深化、表现形式多样化、题材类型丰富化、批评方法论的借鉴等方面显示出生机与活力，显著地启发了中国文学界不断形成新的文学观，使中国现当代文学创作获得了丰富的艺术资源，同时也有力地推动了高校相关领域学术研究的开展。

进入 21 世纪，中国的外国语言学研究得到了空前的发展，不仅及时引进了西方语言学研究的最新成果，还将这些理论运用到汉语研究的实践；不仅有介绍、评价，也有批评，更有审辨性的借鉴和吸收。英语、汉语比较研究得到空前重视，成绩卓著，"两张皮"现象得到很大改善。此外，在心理语言学、神经语言学和认知语言学等与当代科学技术联系紧密的学科领域，外国语言学学者充当了排头兵，与世界分享语言学研究的新成果和新发现。一些外语教学的先进理念和语言政策的研究成果为国家制定外语教育政策和发展战略也做出了积极的贡献。

习近平总书记指出："要着力推进国际传播能力的建设，创新对外宣传方式，加强话语体系建设，着力打造融通中外的新概念新范畴新表述，讲好中国故事，传播好中国声音，增强在国际上的话语权。"为贯彻这一要求，教育部近期提出要全面推进新工科、新医科、新农科、新文科等建设。新文科概念正式得到国家教育部门的认可，并被赋予新的内涵和

总序

定位,即以全球新技术革命、新经济发展、中国特色社会主义新时代为背景,突破传统的文科思维模式与文科建构体系,创建与新时代、新思想、新科技、新文化相呼应的新文科理论框架和研究范式。新文科具备传统文科和跨学科的特点,注重科学技术、战略创新和融合发展,立足中国,面向世界。

新文科建设理念对外国语言文学学科建设提出了新目标、新任务、新要求、新格局。具体而言,新文科旗帜下的外国语言文学学科的发展目标是:服务国家教育发展战略的知识体系框架,兼备迎接新科技革命的挑战能力,彰显人文学科与交叉学科的深度交融特点,夯实中外政治、文化、社会、历史等通识课程的建设,打通跨专业、跨领域的学习机制,确立多维立体互动教学模式。这些新文科要素将助推新文科精神、内涵、理念得以彻底贯彻落实到教育实践中,为国家培养出更多具有融合创新的专业能力,具有国际化视野,理解和通晓对象国人文、历史、地理、语言的人文社科领域外语人才。

进入新时代,我国外国语言文学的教育、教学和研究发生了巨大变化,无论是理论的探索和创新,方法的探讨和应用,还是具体的实验和实践,都成绩斐然。回顾、总结、梳理和提炼一个年代的学术发展,尤其是从理论、方法和实践等几个层面展开研究,更有其学科和学术价值及现实和深远意义。

鉴于上述理念和思考,我们策划、组织、编写了这套"新时代外国语言文学新发展研究丛书",旨在分析和归纳近十年来我国外国语言文学学科重大理论的构建、研究领域的探索、核心议题的研讨、研究方法的探讨,以及各领域成果在我国的应用与实践,发现目前研究中存在的主要不足,为外国语言文学学科发展提出可资借鉴的建议。我们希望本丛书的出版,能够帮助该领域的研究者、学习者和爱好者了解和掌握学科前沿的最新发展成果,熟悉并了解现状,知晓存在的问题,探索发展趋势和路径,从而助力中国学者构建融通中外的话语体系,用学术成果来阐述中国故事,最终产生能屹立于世界学术之林的中国学派!

本丛书由中国英汉语比较研究会联合上海时代教育出版研究中心组织研发,由研究会下属29个二级分支机构协同创新、共同打造而成。罗选民和庄智象审阅了全部书稿提纲;研究会秘书处聘请了二十余位专家对书稿提纲逐一复审和批改;黄国文终审并批改了大部分书稿提纲。

社会语言学 新发展研究

本丛书的作者大都是知名学者或中青年骨干,接受过严格的学术训练,有很好的学术造诣,并在各自的研究领域有丰硕的科研成果,他们所承担的著作也分别都是迄今该领域动员资源最多的科研项目之一。本丛书主要包括"外国语言学""外国文学""翻译学""比较文学与跨文化研究"和"国别和区域研究"五个领域,集中反映和展示各自领域的最新理论、方法和实践的研究成果,每部著作内容涵盖理论界定、研究范畴、研究视角、研究方法、研究范式,同时也提出存在的问题,指明发展的前景。总之,本丛书基于外国语言文学学科的五个主要方向,借助基础研究与应用研究的有机契合、共时研究与历时研究的相辅相成、定量研究与定性研究的有效融合,科学系统地概括、总结、梳理、提炼近十年外国语言文学学科的发展历程、研究现状以及未来的发展趋势,为我国外国语言文学学科高质量建设与发展呈现可视性极强的研究成果,以期在提升国家软实力、构建人类命运共同体过程中承担起更重要的使命和责任。

感谢清华大学出版社和上海时代教育出版研究中心的大力支持。我们希望在研究会与出版社及研究中心的共同努力下,打造一套外国语言文学研究学术精品,向伟大的中国共产党建党一百周年献上一份诚挚的厚礼!

罗选民 庄智象
2021 年 6 月

前　言

  本书是一部探究社会语言学在 21 世纪新发展的著作。之所以以此为题著书立说，是因为 21 世纪的社会语言学较其在 20 世纪中期刚诞生时已经有了令人瞩目的发展，而呈现这一发展过程，特别是呈现社会语言学在这个发展过程中体现的内生发展动力，对于当下的社会语言学研究至关重要。

  毋庸置疑，社会语言学在 20 世纪下半叶已经发展成为一个重要的语言学分支学科，其所取得的研究成果不论在理论层面还是在方法层面，都不逊于以研究语言系统为目的的普通语言学和以研究语言能力为重点的转换—生成语法。进入 21 世纪，社会语言学的发展态势仍然强劲，其影响力甚至超越了以索绪尔和乔姆斯基为代表的 20 世纪的主流语言学。这些发展成果一方面体现在社会语言学的传统得到发扬，如变异社会语言学和互动社会语言学关注的一些传统问题得到进一步深入阐释，另一方面也体现在社会语言学进一步与人文社会科学的其他学科彼此借鉴，产生出许多新的理论和概念。而所有这些社会语言学的新发展都与新时代密切相关，甚至可以说，伴随新时代产生的新的社会语言问题是社会语言学新发展的基础和前提。实际情况也是如此。在 21 世纪的前二十年，全球化进程不断深入，互联网技术的应用也日益广泛，随之带来语言的流动，致使语言使用情况变得复杂多样，语言与语言使用者的身份、思想和风格深度融合。从事社会语言学研究的学者直面这些新的社会语言问题，借鉴人文社会科学的研究成果，不仅创新发展了许多社会语言学的老课题，而且提出了许多可以阐释新的社会语言问题的新概念和新理论。就如同最初从探究社会语言的过程中产生那样，社会语言学的发展也深深地植根于对当下社会语言问题的深切关注之中。

  本书关注社会语言学的新发展，但也不忽视社会语言学的传统和经典。我们认为，如果要辨识社会语言学在 21 世纪的开拓创新，并讨论社会语言学在新时代的新发展，就必须首先了解社会语言学的传统，谙熟社会语言学过去取得的经典学术成果。从另一个方面讲，社会语言学的内容博大精深，社会语言学的新概念和新理论也层出不穷，在这样一本篇幅有限的书籍里讨论社会语言学的新发展，如果要避免以偏概全的缺陷，一种可能便是将关于新发展的讨论建立在对社会语言学经典和传统的认识上面。因此，我们将本书分为两大部分，第一部分讨论社会语言学的传统，第二部分讨论社会语言学的创新。当然，传统与创新并不能截然分开，虽然第一部分关于传统的讨论可以确定第二部分讨论的范畴，但其中也不可避免地包含发展和创新的内容。同时，这种"发展源自传统、经典见证创新"的结构安排，也体现在每一章的讨论之中。

具体来讲，第2章至第5章构成本书的第一部分，在体现社会语言学发展变化的同时，主要讨论社会语言学的不同传统和路径。例如，第2章"拉波夫传统的社会语言学"和第3章"人类学传统的社会语言学"相对于第4章"基于认知科学的社会语言学"和第5章"基于话语研究的社会语言学"更属于社会语言学的经典，而第4章和第5章的内容则属于社会语言学在21世纪新发展出来的研究路径。就这四章的内容而言，各章除了讨论各自在理念和方法方面具有的特征之外，还特别注重讨论它们各自发展变化的过程。

第6章至第9章构成本书的第二部分，主要以第一部分的内容为基础讨论社会语言学在21世纪的新发展。例如，第6章讨论社会语言学关于语言流动的研究，第7章讨论社会语言学关于风格变异的研究，第8章讨论社会语言学关于交际界位的研究，第9章讨论社会语言学关于话语互动的研究。这四章的讨论涉及社会语言学在21世纪取得的新成果的多个方面或维度，既包括对21世纪社会生活中新的语言问题的研究，如第6章关于语言流动的研究，也包括对社会语言学传统的发展和创新，如第7章风格变异研究是对拉波夫传统的社会语言学的一种发展；不仅包括社会语言学在21世纪提出的新概念，如第8章讨论的"交际界位"概念，而且包括社会语言学与话语研究结合跨学科发展的新成果，如第9章讨论的话语互动研究。尽管社会语言学在21世纪的新发展并非这四章的内容所能涵盖，但是，这四章的讨论也足以表明社会语言学在21世纪的新发展既是对新问题的新思考，也是对传统的再创新，不仅体现在新的概念上面，而且体现在跨学科研究的成果上面。

本书一共10章，除了以上八章的内容，还有第1章"绪论"和第10章"展望"。作为开篇，第1章为本书设定一个基调，即社会语言学是一门随着社会不断发展而开拓创新的学问。因此，第1章关于社会语言学的起源和发展的梳理，以及关于社会语言学基本概念和理念的讨论，不是抱着一种寻求定论的心态，而是遵循一种探索的精神。第 10 章与第 1 章首尾相照。如果说"绪论"是对社会语言学发展历程的简要概括，那么，经过第 2 章至第 9 章对社会语言学不同传统和路径以及这些传统和路径在 21 世纪发展的讨论，"展望"则体现出我们讨论社会语言学未来发展趋势所具有的信心。第 10 章结合国内外最新的文献资料，沿着本书前面各章的论述脉络，从课题多元扩展、方法更新拓展、理论创新发展、学科融合进展四个方面展望社会语言学在 21 世纪发展的广阔前景，其理据便是来自前几章对相关问题的深入探讨。

本书基于对社会语言学传统和经典的讨论，探究社会语言学在 21 世纪的新发展，并展望社会语言学进一步发展的趋势。在这个意义上，本书不同于社会语言学的教科书，因此也不可能包含社会语言学的方方面面。同样，本书也不是对社会语言学某个学派（或特定内容）进行的特定阐释。尽管如此，本书的学术价值仍可见一斑。首先，本书提出社会语言学的发展是基于对新的社会语言问题的研究，社会发展了，催生了新的语言使用问题，对这些语言问题的研究推动了社会语言学的发展。其次，本书发现社会语言学的发展也体现在对传统问题的再研究之中，如对拉波夫变异社会语言学中涉及的"风格"问题的再研究，将社会语言学的理论创新推向一个新的阶段。最后，本书认为社会语言学的发展源自社会语言学与其他人文社会科学的进一步融合，在这种彼此借鉴的过程中，社会语言学的理论和方法得到发展和拓新。除此之外，细心的读者还会发现其他一些新的思想和思考，如我们关于社会语言学理论创新的认识等。我们希望以此和广大读者交流探讨，共同丰富社会语言学的研究内容。

田海龙　赵芃

2021 年 3 月

目 录

第1章 绪论 ································· 1

　1.1 社会语言学探源 ························ 3
　　1.1.1 基于文献考据的探究 ················ 3
　　1.1.2 基于社会语境的探究 ················ 7
　1.2 社会语言学的发展 ······················ 10
　　1.2.1 美国社会语言学的发展 ·············· 11
　　1.2.2 英国社会语言学的发展 ·············· 14
　　1.2.3 中国社会语言学的发展 ·············· 19
　1.3 社会语言学的基本概念和理念 ············ 24
　　1.3.1 基本概念 ·························· 24
　　1.3.2 基本理念 ·························· 28
　1.4 本书结构 ······························ 30
　1.5 小结 ·································· 35

第一部分 传统与发展 ······················ 37

第2章 拉波夫传统的社会语言学 ············ 39
　2.1 变异社会语言学的源起 ·················· 40
　　2.1.1 同质性语言观 ······················ 40
　　2.1.2 异质性语言观 ······················ 42
　2.2 变异社会语言学的研究方法 ·············· 45
　　2.2.1 假设—推导 ························ 46
　　2.2.2 数理统计 ·························· 49

2.3 拉波夫的变异研究 ·············· **50**
2.3.1 马萨葡萄园岛的研究 ········ 50
2.3.2 纽约地区的研究 ············ 55

2.4 埃克特的变异研究 ·············· **61**
2.4.1 言语共同体与实践共同体 ···· 62
2.4.2 贝尔顿中学的研究 ·········· 66

2.5 拉波夫传统的再创新 ············ **72**

2.6 小结 ···························· **78**

第3章 人类学传统的社会语言学 ········ **79**

3.1 语言与社会之关系 ·············· **80**
3.1.1 萨丕尔和沃尔夫 ············ 80
3.1.2 马林诺夫斯基和戈夫曼 ······ 81
3.1.3 海姆斯和甘柏兹 ············ 83

3.2 互动社会语言学的源起 ·········· **85**
3.2.1 "互动"的三个特征 ········ 86
3.2.2 "互动"与"交际" ·········· 88
3.2.3 "言语事件"与"情景化提示" ···· 89

3.3 互动社会语言学的研究方法 ······ **93**
3.3.1 质的研究 ·················· 93
3.3.2 质的研究在互动社会语言学中的体现 ···· 97
3.3.3 方法论的更新 ·············· 100

3.4 21世纪的新课题 ················ **101**
3.4.1 "表演"与"使文本化" ······ 102
3.4.2 言语互动与新媒体依赖 ······ 105

3.5 小结 ···························· **107**

第4章 基于认知科学的社会语言学 ·············· 109
4.1 语言、社会与认知 ························ 109
4.1.1 认知社会语言学 ················ 110
4.1.2 社会语言学认知研究 ··········· 113
4.2 认知社会语言学的案例研究 ············ 117
4.2.1 两个相关概念 ··················· 117
4.2.2 年度热词的社会认知机制 ····· 119
4.3 体认社会语言学 ························ 125
4.3.1 从"认知语言学"到"体认语言学"······ 126
4.3.2 从"体认语言学"到"体认社会语言学"··· 127
4.4 认知社会语言学的新进展 ··············· 129
4.4.1 认知话语分析 ··················· 130
4.4.2 认知语境分析 ··················· 134
4.5 小结 ································· 138

第5章 基于话语研究的社会语言学 ············· 139
5.1 批评话语分析与社会语言学的融合 ········ 140
5.1.1 共同的研究对象 ················· 140
5.1.2 共同的研究课题 ················· 143
5.2 基于话语研究的社会语言学形成动因 ······ 148
5.2.1 社会历史动因 ··················· 149
5.2.2 学科融合动因 ··················· 153
5.3 话语研究与社会语言学的融合发展 ········ 156
5.3.1 市场与市场化 ··················· 157
5.3.2 媒介与媒体化 ··················· 160
5.4 小结 ································· 164

第二部分 经典与创新 ··· **167**

第 6 章 语言流动研究 ··· **169**

6.1 全球化及其话语再现 ································· **170**
6.1.1 全球化 ··· 170
6.1.2 全球化的再现 ····································· 171

6.2 语言流动的两种方式 ································· **172**
6.2.1 隐性语言流动 ····································· 173
6.2.2 显性语言流动 ····································· 174

6.3 语言流动的特征 ······································ **176**
6.3.1 语言流动与社会意象的唤起 ··················· 177
6.3.2 语言流动与个人上升空间 ······················ 180
6.3.3 语言流动与新层级的产生 ······················ 182

6.4 语言流动的复杂性 ··································· **185**
6.4.1 购物袋上的语言流动复杂性 ··················· 185
6.4.2 显性和隐性语言流动的交错 ··················· 188
6.4.3 指向秩序与指向性秩序的交叉 ················ 191

6.5 小结 ··· **194**

第 7 章 风格变异研究 ··· **195**

7.1 变异研究的第三次浪潮 ····························· **195**
7.1.1 基本特征 ·· 196
7.1.2 典型案例 ·· 198

7.2 工具性概念 ··· **200**
7.2.1 "再情景化" ······································· 201
7.2.2 "指向性" ··· 204

7.3 分析框架 ·· **208**

7.4 风格变异研究案例 ·········· **209**
7.4.1 "S情报站" ·········· 209
7.4.2 "殡葬"变迁 ·········· 214
7.5 小结 ·········· **222**

第8章 交际界位研究 ·········· **223**
8.1 交际界位概念的涵义 ·········· **224**
8.1.1 杜博伊斯的定义 ·········· 225
8.1.2 基斯林的定义 ·········· 226
8.2 交际界位研究的特征 ·········· **227**
8.2.1 作为协商性行为的交际界位 ·········· 228
8.2.2 导致不确定后果的交际界位 ·········· 229
8.2.3 贾菲的概述 ·········· 231
8.3 交际界位研究的前沿性 ·········· **232**
8.3.1 语言与社会的动态关系 ·········· 233
8.3.2 对风格的形成与区分的阐释 ·········· 234
8.3.3 对身份特征的阐释 ·········· 235
8.4 交际界位研究案例 ·········· **237**
8.4.1 言语互动与交际界位 ·········· 237
8.4.2 交际界位与语言风格 ·········· 241
8.5 小结 ·········· **249**

第9章 话语互动研究 ·········· **251**
9.1 互动社会语言学的发展 ·········· **251**
9.1.1 从"言语互动"到"话语互动" ·········· 252
9.1.2 "话语"与"话语互动" ·········· 255

9.2 话语互动研究路径 ················· 258
    9.2.1 分析模型 ················· 258
    9.2.2 分析框架 ················· 261

9.3 话语互动研究案例 ················· 263
    9.3.1 纵向话语互动 ··············· 264
    9.3.2 横向话语互动 ··············· 269
    9.3.3 历时话语互动 ··············· 278

9.4 小结 ························· 284

第 10 章　展望 ························· 285

10.1 课题多元扩展 ··················· 286
10.2 方法更新拓展 ··················· 289
10.3 理论创新发展 ··················· 293
10.4 学科融合进展 ··················· 297
10.5 小结 ························ 301

参考文献 ························· 303

术语表 ·························· 321

索引 ··························· 327

后记 ··························· 339

图 目 录

图 2-1　三种不同年龄组（r）音的发音分布图 ················ 58
图 2-2　纽约市 [r-1] 变体的社会阶层与言说风格分布图 ············ 60
图 2-3　Jocks 女孩和 Burnouts 男孩语音极端变体的使用情况图 ······· 70
图 2-4　Burnouts 女孩和 Jocks 男孩语音极端变体的使用情况图 ······· 71
图 4-1　社会语言知识与语言层级之间的认知整合模型 ············ 115
图 4-2　认知参照点的工作机制 ························ 118
图 4-3　"过滤分析" ······························ 133
图 6-1　"关东煮" ······························ 180
图 6-2　天坛公园礼品店袋子上的"I 福（fú）YOU！" ············ 186
图 8-1　交际界位三角模型 ·························· 226
图 9-1　一段夫妻间的会话 ·························· 253
图 9-2　"话语"的概念 ···························· 256
图 9-3　"话语互动"的概念 ························· 256
图 9-4　"三维—双向"话语互动分析模型 ················· 259
图 9-5　"双层—五步"话语互动分析框架 ················· 261

表 目 录

表 1-1 文献中出现的"社会语言学/语言社会学"及其相关术语……… 5
表 2-1 英语名词复数形式变位（消音—插音）……………………… 47
表 2-2 英语名词复数形式变位（插音—消音）……………………… 48
表 2-3 不同年龄组的人的元音央化比例……………………………… 53
表 2-4 不同职业组的人的元音央化比例……………………………… 53
表 2-5 不同地区组的人的元音央化比例……………………………… 53
表 2-6 纽约市三个百货商场中（r）使用的百分比………………… 57
表 2-7 语言变项的不同变体使用情况表……………………………… 67
表 7-1 1949 年以来的殡葬政策文件（部分）……………………… 215
表 7-2 "殡葬"的四层指向意义……………………………………… 219

第 1 章
绪　论

　　社会语言学被认为是语言学的一个分支学科；然而，即使是一个分支，由于社会语言学具有"交叉学科""经验学科"（祝畹瑾，2013）的特点，它所包含的内容也非常广泛。根据王春辉（2019）对社会语言学在我国 70 年发展历程的综述，自改革开放以来，社会语言学所涉及的研究课题就包括语言与性别、语言变异与演变、双语/双方言与多语、语言与认同、法律语言、语言社区理论、城市语言调查、语言濒危与保护、网络语言、话语分析、语言态度、新媒体语言、语言服务、语言景观、语言能力、语言资源、地名/人名、外来词、语码转换、农民工/流动群体/特定群体的语言、语言接触、会话互动、新词新语、语言政策与规划等。如此繁多的研究课题囊括在社会语言学的研究领域，一方面表明社会语言学所倡导的将语言运用与其所处的社会语境联系起来进行研究的理念日益获得学界的认可，另一方面也表明社会语言学面临着郝奇和克瑞斯（Hodge & Kress，1988）指出的一个危险，即沦为索绪尔所称的接纳语言系统之外的任何研究问题的"垃圾箱"。

　　显然，我们应该避免后一种情况的发生。在这本关于社会语言学的著作里，我们将努力阐明，社会语言学是一门系统研究语言与社会关系的学问，它有着区别于其他语言学分支学科的特征，也有着非常明确的研究课题和内容。就其区别性特征而言，最为明显的是，社会语言学的理论和原则与占据 20 世纪语言学主导地位的结构主义语言学有着根本不同。结构主义语言学，体现在索绪尔的《普通语言学教程》（Saussure，1916/2001）之中，其关于语言的认识是基于现代主义的哲学思想，采取二元对立的研究方法，认为语言学的研究对象是语言这一封闭系统，而不是实际使用的语言片段。与此不同，社会语言学关注社会生活中实际使用的活生生的语言，它们的流动性以及因时而异、因人而异的特征使得社会语言学的研究发现具有特殊性，这也使其从具体研究中归纳出的理论具有小理论的特征，与结构主义语言学自身标榜的普遍性理论有着本质的区别。

关于社会语言学的研究课题，最为普遍的观点是，社会语言学以探究语言与社会之间存在的各种联系为己任。例如，杨永林（2000）和高一虹（2001）在国内引进的一些社会语言学著作的导言中就曾指出这一点。社会语言学关注和研究社会政治经济生活中使用的活生生的语言，在一定程度上使得社会语言学的研究课题非常广泛，也导致对各种各样的语言运用形式和特点进行描述一度成为社会语言学的主要内容。然而，这并非意味着社会语言学不需要聚焦理论发展。作为一种学术研究范式，社会语言学观察和研究实际使用的语言是为了探索语言与社会之间的种种关系，包括制约这些关系的各种社会因素及其规律。认识到这一点非常重要，因为只有这样社会语言学才不至于沦为索绪尔所称的"垃圾箱"（Hodge & Kress，1988：17）；也只有认识到这一点，才能认识到社会语言学对于语言学乃至人文社会科学的理论价值。

基于以上关于社会语言学的基本认识，本书关于社会语言学的论述将围绕语言与社会之间的关系这一主线展开，认识"语言""社会"分别在变异社会语言学、互动社会语言学、批评话语分析中的不同含义，探索这些社会语言学流派关于语言与社会关系的不同认识，以及这些不同认识如何构成社会语言学关于语言与社会关系认识的发展和变化，进而认识社会语言学理论和方法在21世纪的最新发展，以及社会语言学在这个发展过程中昭示出来的一些规律性问题。

为了达到这个目的，在这一章我们从社会语言学的起源入手，在整体上勾勒出社会语言学在国内外的发展轨迹，凸显从事社会语言学研究的学者近几年关注的研究课题、采用的工具性概念以及提出的理论观点，为后续各章节深入探讨社会语言学的不同理论和方法、阐释社会语言学研究的最新研究成果奠定基础。

第 1 章 绪论

1.1 社会语言学探源

关于社会语言学起源的问题，许多著作、文集和文章都有所论及（如 Calvet，2003；Shuy，2003；赵蓉晖，2003，2009；张兴权，2005；祝畹瑾，2013）；但是，由于考察的视角不同，也存在多种不同的认识。下面我们基于最近的相关论述（李葆嘉，2020；Heller & McElhinny，2017）讨论两种关于社会语言学起源的不同认识，目的并非在于评判或者统一这些认识，而是通过讨论形成这些认识的方式以及彼此之间的联系和区别，理解社会语言学作为一个学科和一门学问所承载的关于语言与社会之间联系的特定理念。关于社会语言学的起源存在不同认识在学界是可以理解的，而且这些不同认识彼此争论也可促进学术的发展；同时，我们也认为，不同的认识都基于一定的方法和理念，而对于这些方法理念乃至形成不同认识的方式进行讨论，更具有启示意义。

1.1.1 基于文献考据的探究

基于文献考据对社会语言学的起源进行探究，采用的是"考据—归纳—推阐"方法，通过挖掘、辨析和展示原始文献，将相关文献分门别类，进而做出一些有依据的推断。基于这一方法，李葆嘉（2020）通过大量的文献梳理，认为当下关于语言与社会关系的认识和主张可以追溯到 19 世纪后半叶。例如，他引用的英国语文学家赛斯（Archibald Henry Sayce，1846—1933）1875 年出版的《比较语文学原理》中就有这样的论述："语言是社会的，不是个人的，语言既诠释了过去的社会，同时又被现在的社会诠释"（Sayce，1875：21，转引自李葆嘉，2020：3）[1]。李葆嘉考据了波—俄语言学家博杜恩（Baudouin de Courtenay，1845—1929）、法国语言学家布雷阿尔（Michal Jules Alfred Breal，1832—1915）及其学生梅耶（Antoine Meillet，1866—1936）的一些著作之后，认为社会语言学在 19 世纪后半叶就在西方形成了他所称之为的第

---

1 本书注重引用一手文献，只有在无法查到一手文献的情况下才使用转引文献。特此说明。

一代学说，其特点包括吸收社会学的概念和方法、强调语言是社会事实、以及社会结构的变化导致语言的变化等思想。在此基础上，李葆嘉（2020）进一步推断，这一时期的社会语言学已成为"语言科学"，是"社会—心理学或社会科学"。

接下来的 20 世纪上半叶在李葆嘉（2020）的研究中属于西方社会语言学的第二代。在这一时期，法国、苏联、英国的学者相继提出并使用"社会语言学"或"语言社会学"的术语，出现了社区语言调查、城市方言调查以及社会语言学和民族学的结合。根据李葆嘉（2020）的文献挖掘和辨析，1909 年，法国学者格拉塞列（Raoul de La Grasserie，1839—1914）在德语期刊《社会学月刊》发表论文《论语言社会学》，首次使用"语言社会学"这一术语为这门学科定名。在这篇文章中，作者把语言社会学视为民族社会学的重要分子，强调语言本质上是社会的，并通过论述社会与语言之间的相互作用构建语言社会学框架。次年，即 1910 年，法国语言学家道扎特（Albert Dauzat，1877—1955）在《语言的生命》一书中提出"社会语言学"的术语，并讨论社会语言学的若干问题和研究内容，如语言的演变、语言之间的语言竞争、语言边界的移动等。在稍后的 1928 年，苏联语言学家波利万诺夫（Евгений Дмитриевич Поливанов，1891—1938）在《东方大学语言学引论》中提出"社会语言学""社会方言学"的研究任务，认为应该考虑语言与经济生活事实之间的关系以及在群体背景下描述语言等。同年，苏联的另一位语言学家拉林（Борис Александрович Ларин，1893—1964）发表题为《关于城市语言的特点》的论文，提出了"城市语言生活""城市社团""城市方言""城市方言学"和与之相对的"乡村方言学"等术语。除了法国和苏联的学者以外，在这一时期提出并使用"社会语言学"相关概念和术语的学者还有英国的弗斯（John Rubert Firth，1890—1960）。李葆嘉（2020）认为，英国语言学家使用"社会语言学"这一术语最早是在 1935 年弗斯发表的论文《语义学技艺》中所说的"社会语言学是未来研究的重大领域"。尽管如此，李葆嘉认为，英国学者撰写的第一篇社会语言学论文为霍德森（Thomas Callan Hodson，1871—1953）所作。这篇文章发表在《印度人》上面，题为《印度的社会语言学》，发表时间为 1939 年。

第 1 章 绪论

西方第三代社会语言学始于 20 世纪下半叶,主要集中在美国。在李葆嘉的文献辨析中,美国语言学的先驱辉特尼(William Dwight Whitney,1827—1894)在其《语言的生命与成长》(1875)中认为个体给语言带来的每一变化必须受到社区的批准,而且只有在适合总体性语言框架的情况下才能接纳。这一主张应该得到发扬光大,但是在 20 世纪上半叶布龙菲尔德(Leonard Bloomfield,1887—1949)的描写主义语言学在美国盛行的背景下,辉特尼的观点并未能在美国开枝散叶。直到 1950 年 12 月 29 日,美国语言学会新任主席豪根(Einar Haugen,1906—1994)在例行年会上发表题为《现代语言学的方向》的就职演讲时才提到"社会语言学"这一术语。但是豪根也只是把"社会语言学"看作是研究语义的学科(李葆嘉,2020:27)。两年之后,1952 年,时任休斯顿大学助理教授的柯利(Haver C. Currie,1908—?)发表《社会语言学预测:言语与社会地位的关系》一文,为研究语言各方面的社会意义提供了新起点。这被认为是美国社会语言学的宣言(李葆嘉,2020)。1953 年,瓦恩里希(Uriel Weinreich,1926—1967)出版《语言接触:发现和问题》一书,奠定了美国社会语言学的理论基础,之后,其学生拉波夫(William Labov,1927—)促使美国社会语言学走上前台。

李葆嘉关于他所称之为西方三代社会语言学的文献挖掘和辨析,集中体现在"社会语言学"及其相关术语的使用上面。他甚至还列出了"社会语言学/语言社会学"及其相关术语自 1889 年至 1956 年在文献中出现的年代表(见表 1-1)。

表 1-1 文献中出现的"社会语言学/语言社会学"及其相关术语(李葆嘉,2020:35)

序号	(国籍)学者	年份	术语
1	(波—俄)博杜恩	1889	语言科学是心理—社会科学(что языкознание—наука психологично-социологическан)
2	(法国)梅耶	1906	讲言学是一门社会科学(la linguistiquc est une science sociale)
3	(法国)格拉塞列	1909	语言社会学(sociologie linguistique)
4	(法国)道扎特	1910	社会讲言学(linguistique sociale)

（续表）

序号	（国籍）学者	年份	术语
5	（苏联）波利万诺夫	1928	社会语言学（социологического языкознания） 社会方言学（социологическая диалектология）
6	（苏联）拉林	1928	社会语言学（социологической лингвистики） 语言社会学（лингвистической социологии） 城市方言学（диалектологии горо да）
7	（英国）弗斯	1935	社会语言学（sociological linguistics）
8	（英国）霍德森	1939	社会语言学（sociolinguistics）
9	（美国）巴尔内斯等	1940	语言的社会学（sociology of language）
10	（法国）柯恩	1948	社会和语言研究（recherches sur société et langage）
11	（美国）奈达	1949	社会语言环境（sociolinguistic environment）
12	（美国）豪根	1950	社会语言学（socio-linguistics，实指社会语义学）
13	（英国）皮里斯	1951	语言的社会学方法（sociological approach to language）
14	（美国）柯理	1952	社会语言学（socio-linguistics）
15	（法国）马尔丁内	1952	社会语言模式（socio-linguistic patterns） 社会讲言情景（socio-linguistic situations）
16	（英国）赫兹勒	1953	语言的社会学（sociology of language）
17	（美国）瓦恩里希	1953	社会语言学（sociolinguistics, sociolinguistic）
18	（法国）柯恩	1956	语言社会学（sociologie du langage）
19	（美国）沃利斯	1956	社会语言学（sociolinguistics）

这种文献挖掘、辨析、梳理、分类以及在此基础上做出推断的研究方法与当下国内学界运用Citespace技术综述研究现状的方法有相似之处，如穆军芳（2016）就是运用该技术对国内批评话语分析在1995年至2015年间发展进行综述。这个方法的优势在于可以全面地审视相关文献，如可以发现高产作者和机构都是谁、哪些关键词可以体现研究热

点等。但是，其不足也比较明显，如李葆嘉（2020）的研究所示，一些文献并非是因为有"社会语言学"这个术语就可以被定义为社会语言学研究，何况有些文献中还未曾出现"社会语言学"及其相关术语。在这方面，一个典型的例子就是，虽然梅耶强调语言的社会特征，但是他从未使用过"语言社会学""社会学的语言学""语言社会学"或"社会语言学"一类的术语表达自己的观点（Calvet，2003）。更进一步看，在没有对什么是社会语言学作出明确定义之前，只凭"社会语言学"这几个词出现与否就认定该文献属于社会语言学的第几代，会使讨论的问题更加模糊。可见，只观察文献中是否出现相关术语并就此推断西方社会语言学的起源并划定社会语言学的三个阶段，有许多值得商榷的地方，至少这种探究社会语言学起源的方法还没有考虑到社会语言学产生的历史文化背景。在这方面，海勒和麦克林尼（Heller & McElhinny，2017）关于社会语言学起源的讨论值得借鉴。

1.1.2 基于社会语境的探究

海勒和麦克林尼在她们的著作《语言、资本主义、殖民主义：一个批评性历史》的第 7 章专门讨论社会语言学的起源。她们认为，社会语言学在 20 世纪 60 年代的美国是一个"新命名"的领域，其奠基人是拉波夫、甘柏兹（John Gumperz，1922—2013）和海姆斯（Dell Hymes，1927—2009）。在提出社会语言学起源于 20 世纪 60 年代的美国这个观点之后，她们将这个学科之所以"新"的原因归纳为两点。一方面，社会语言学在一定程度上是一种将语言学与社会学、社会心理学、社会文化人类学结合起来的手段，这在广义上是社会科学为解决发展中遭遇的国际国内社会问题所做努力的一部分。另一方面，社会语言学之所以"新"也是因为它是与法西斯主义和殖民主义使用语言的方式和传统决裂的一种手段，这是那个时代所体现的致力于重塑战后世界的现代主义和进步精神的一部分，这种精神也是对那些被广泛认为是一场革命并具有深刻影响的转换生成语法的一个直接回应（Heller & McElhinny，2017：240）。

可见，社会语言学的起源有着深刻的历史背景。在海勒和麦克林尼看来，第二次世界大战之后人类面临的一个重大问题是避免再次遭遇大萧条带来的那种经济浩劫和可能导致战争的国家间竞争。为此，需要重建国家经济和国际关系，这在一定程度上体现在殖民地国家的"发展"和"去殖民化"两个方面。发展即是提高民众的生活水平，去殖民化则是摆脱老牌帝国的政治统治和重建民族国家。对此，洛克菲勒基金会和福特基金会提供了大量的资助，政治学、社会学、人类学、教育学和经济学等领域的学者都参与进来。语言学家也参与其中，在国家语言的确定、多语问题的规范、教育中的语言使用、语言教育以及提高民众的识字能力等方面为国家决策和制定政策提供服务。尽管作为第二次世界大战之后冷战的另一方，苏联及其盟国也致力于殖民地国家的发展与去殖民化，海勒和麦克林尼认为，美国在全球的新霸主地位促成了社会语言学作为一个新的研究领域在美国的出现。这方面一个明显的例子是甘柏兹于20世纪50年代中期在印度的工作。

那时的印度刚摆脱英国殖民主义的统治。在经济发展和建立民族国家的过程中，印度遇到的一个主要问题是语言和文化的多样性。作为一个美国的方言学家，甘柏兹在印度的工作就是研究这些多语问题，而这些语言的变异性也使甘柏兹和他的同事有兴趣进一步探讨语言、社会、文化之间的关系这一跨社会和跨地区的问题。一面是各种语言变体，一面是种族、宗教、阶级、性别造成的社会区隔及其各种形式，这二者之间是一种什么关系，二者通过什么方式联系，这些问题也使甘柏兹越发对社会语言学感兴趣，同时也使甘柏兹认识到，从这个视角观察到的区别对人们的社会生活和各种生活机遇确实可以产生影响。在这个意义上，甘柏兹在印度的工作构成了20世纪60年代在美国出现的社会语言学这一新学科的基础（Heller & McElhinny，2017：238）。

除了甘柏兹，拉波夫和海姆斯被认为是美国社会语言学的奠基人也是因为他们的经历和研究与当时的"发展""去殖民化"社会现状紧密相关。例如，海姆斯参加过第二次世界大战，对美国在广岛投下的原子弹造成的巨大灾难震惊不已，同时，他还作为语言人类学家在俄勒冈州温泉镇印第安保留地接受训练。这块保留地是美国人攻击土著人主权的产物，但是被当地称作瓦斯卡、特尼诺、佩尤特的三个部落共同占有和管理，他们分别说克什特语、努姆语和伊希金语。同时，在这块保留地上还有一个区域说着一种类似贸易行话的洋滨腔。将海姆斯的这段人生经历与他后来进行的交际民族志（ethnography of communication）研究联系起来，我们也会更加深刻地理解他为什么在交际民族志研究中特别重视交际能力在跨文化交际中的重要作用。

拉波夫的早期工作与青年动员组织赞助的一个大的项目相关。这个组织是一个社会服务机构，主要致力于社区发展、消除贫困和防止、控制青少年犯罪。由于贫穷和歧视所导致的青少年犯罪在曼哈顿下东区的移民安置点持续了60年之久，以至于在20世纪五六十年代，青少年犯罪非常猖獗。对此，社会服务工作者非常关注，哥伦比亚大学社会工作学院也给予支持，福特基金会和国家心理健康研究院也给予资助。我们现在知道，拉波夫的变异社会语言学建立起语言变项（如（r）在floor这个单词中的发音）与社会变项（如性别、年龄、种族以及社会经济地位）之间的共变关系（correlation），但是，当我们发现他早期在社会服务组织中的工作内容之后，我们就会明白变异社会语言学所建立的这种语言与社会的共变关系实际上体现出拉波夫的一种社会关切，即他后来提出的一个主张：非洲裔的美国学生不是因为没有掌握好被称为"标准英语"的语言而学业成绩不佳。他这样讲，实际上是提倡非洲裔美国人讲的英语应该有自己的评价标准。也正是因为如此，他一直呼吁非洲裔美国人的英语应该更多地被融进学校的课程之中（Heller & McElhinny, 2017：255）。

根据海勒和麦克林尼的研究，社会语言学在美国成为一个新兴学科与第二次世界大战之后的世界新格局不无关系。这一时期，亚洲、非洲和拉丁美洲的许多原殖民地国家在摆脱殖民统治、成立民族国家之后，面临着经济社会发展问题，这其中就涉及众多与语言使用相关的语言政策问题，如重新界定官方语言问题、实施民族语言规范问题以及制定语言教育方针问题。与此同时，在美国国内，虽然社会财富迅速增长，但是社会不平等问题非常严重，包括黑人英语被视为劣等语言的问题也成为明显的社会问题。在这一时期，美国依据其在世界事务中不断增强的影响力（包括美国财团不断的资金投入），设立多个研究课题，吸引社会科学各个领域的专家参与研究，其中就包括在后来成为社会语言学家的人类语言学家甘柏兹和民族志学家海姆斯。也正是在这个意义上,甘柏兹、海姆斯和拉波夫被海勒和麦克林尼认为是美国社会语言学的奠基人(Heller & McElhinny, 2017)。可以说,社会语言学也是在对社会生活中的语言状况进行田野调查和政策规范的基础上形成的,而当时的社会发展恰恰需要这种对混乱的语言使用情况进行规范,以服务于民族国家摆脱殖民统治的政治需要。

基于以上关于社会语言学起源的探讨,我们基本可以达成一个共识,即社会语言学就其学科意义而言,诞生在第二次世界大战之后的美国。这一方面体现在当时的社会政治经济背景之中,另一方面也体现在学者对于当时的语言与社会关系的研究之中。正如祝畹瑾(2013:3)指出的那样,当时的"社会问题、教育问题以及由此涉及的语言问题吸引了西方发达国家尤其是美国的人文、社会科学研究者的关注。他们奔赴各地考察,搜集第一手资料,写成了不少开拓性的学术论文"。这其中就包括甘柏兹在对印度北部进行实地调查基础上完成的《印度北部村庄里的方言差别和社会分层》,拉波夫基于纽约市哈勒姆区非洲裔美国人说的土话的观察对黑人语言能力"缺陷轮"的驳斥,以及海姆斯基于对社会底层儿童语言问题的研究提出"交际能力"的概念。所有这些理论见解,来源于社会语言学家对社会语言问题的关注和研究,也为社会语言学反对乔姆斯基(Noam Chomsky, 1928—)的"语言能力"学说提供了理论支撑。基于以上两点考虑,我们认为,学界普遍将"社会语言学"这一术语的起源定格在美国学者柯利(Haver Currie)1952年的论文《社会语言学预测——言语与社会地位的关系》不无道理。

1.2 社会语言学的发展

通过上一小节的讨论,我们认识到社会语言学的起源与语言学家对社会政治经济发展过程中出现的语言问题作出回应相关。基于此,本小节关于社会语言学发展脉络的讨论也将围绕语言与社会的关系展开,就国外和国内的社会语言学发展轨迹分别论述。我们认为,我国国情与西方、特别是美国的国情存在巨大的差异,从国外和国内两个方面讨论社会语言学的发展可以为我们认识社会语言学的特征提供更多的帮助。因此，就国外的社会语言学而言，我们主要讨论社会语言学在美国（详见 1.2.1）和英国（详见 1.2.2）的发展，而对于社会语言学在欧洲和在俄罗斯的发展，读者可参阅 1.1.1 小节中的相关内容以及其他一些文献（如 Vološinov，1973；Calvet，2003；赵蓉晖，2009；姜艳红，2010），这里因篇幅所限不再赘述。就国内的社会语言学而言，我们还将重点讨论社会语言学自中华人民共和国成立以来的发展，特别强调社会语言学针对改革开放和全球化过程中出现的新的语言社会问题所展开的研究及其发展变化（详见 1.2.3）。

1.2.1 美国社会语言学的发展

如在 1.1.2 中讨论的那样，美国的社会语言学有三个源头，分别是拉波夫、甘柏兹和海姆斯，他们被海勒和麦克林尼（Heller & McElhinny，2017：241）称为"社会语言学的奠基人"，他们的早期研究后来分别发展成社会语言学的三个分支：拉波夫的变异社会语言学、甘柏兹的互动社会语言学以及海姆斯的交际民族志学。在这三个分支中，尤以拉波夫变异社会语言学的发展对于语言与社会关系的认识更为深入，以至于目前成为研究热点的风格变异研究（详见第 7 章的讨论）和交际界位研究（详见第 8 章的讨论）都可以在拉波夫的经典研究中找到痕迹。

在拉波夫著名的纽约百货商场的研究案例中，他的研究团队成员选择了分别属于高中低档的三个百货商场，通过随机问店员或顾客两个问题认识到语言变体与社会阶层之间存在相关性。这两个问题是：（1）卖鞋的柜台在哪？（2）请再说一遍？对于这两个问题的回答，不管是店员还是顾客，都是一样的，即"四楼（fourth floor）"。然而，这对于社会语言学家来说却具有非常重要的意义。尽管回答一样，但是前者的语气随意，后者则在回答的过程中注意力更为集中。对这个和语言变体同时产生的、与言谈如影随形的"风格（style）"的研究成为变异社会语言学发展的不竭动力。

拉波夫纽约百货商场的案例研究观察的实际语言运用实例只是一个音位变项,即发"fourth floor"时所涉及的(r)这个音素,但是它却奠定了之后50年的社会语言学研究基础。首先,对于语言与社会的认识不断深入。一方面,关于语言变项的研究范围不断扩大,不仅涉及各种音位变项,还涉及不同的词汇变项;另一方面,对于与语言变项相关的社会变项的研究范围也不断扩大,不仅涉及社会阶层,而且涉及年龄、性别、社会网络等。其次,关于语言与社会的关系的认识不断加深,从最初拉波夫认识到的共变关系,到埃克特(Eckert,1989)发现的语言变项受到说话人彼此参与的社会实践的影响,进而认识到语言变项与社会变项的关系不是静态的相关,而是动态的相互影响;直至最近认识到某些语言变项的具体变体形式通过人的能动作用对于某些社会变项起到主动建构的作用。

拉波夫传统的变异社会语言学关注语言变异的社会意义,探究语言变项与社会变项之间的关系。拉波夫本人对纽约三个百货商场店员和顾客发(r)音变异情况的调查,以及他所建立的这种变异与这三个百货商场所处不同社会地位的相应联系,确立了变异社会语言学的基础,被埃克特(Eckert,2012)称为变异社会语言学的第一次浪潮。这一阶段的变异研究,包括拉波夫的其他类似研究,关注与标准发音不同的土语发音,通过采用实地录音的方式记录这些土语发音,并用量化的方法对其进行统计,建立起语言变项与社会变项的对应关系。这一阶段关于语言变异所具有的社会意义的研究是开创性的,同时也囿于一定的局限。例如,语言变异被认为只是标示出了诸如社会地位、性别、年龄等社会变项,而说者在使用某个语言变项的具体变体形式过程中所具有的能动作用并没有得到足够的重视。针对这个问题,米尔罗伊(Milroy,1980)对北爱尔兰贝尔法斯特市区工人群体的土语发音进行研究,就注意到他们的土语发音受到来自社会网络的影响。例如,工人群体特有的密集型多路通道式社会网络(dense multiplex)具有很强的规范力量,在很大程度上影响着个体的土语发音,因此某个社会网络中的个体成员的某个土语发音与其所处的社会网络种类具有相关性。在这个意义上,米尔罗伊将拉波夫所建立的语言变项与社会变项的相关性赋予了两个新的特征,一个是个体性,即某个个体的语言变异受其所处的社会网络形态影响,另一个是能动性,即承认土语发音这样的语言变异也受到个体能动性的影响。埃克特(Eckert,2012)对这样的研究成果给予很高的评价,称其为变异社会语言学的第二次浪潮。因此,虽然米尔罗伊的研究在贝尔法斯特进行,在1.2.2小节讨论英国的社会语言学时还会论及,我们在这里仍然将其与变异社会语言学放在一起讨论。

变异社会语言学第三次浪潮,依据埃克特(Eckert,2012)的观点,代表着近几年变异社会语言学的一种新的研究趋势和倾向。首先,社会语言学家更加关注语言变异问题,认为语言变异已然成为一个强劲的社会符号系统,涉及我们关注的各种社会问题。其次,社会语言学家关注的语言变项所具有的意义更为广泛,不仅包括语音的意义和词汇的意义,而且涵盖风格所具有的意义。最后,社会语言学家更加明确的认识到,语言变异不是仅仅反映其具有的社会意义,而且建构某种社会意义,因此,语言变异也是一种社会建构的力量。关于语言变异第三次浪潮的多个典型研究案例,本书将在相应的章节(如第7章)具体深入阐述,以呈现社会语言学的前沿研究。

除了拉波夫的变异社会语言学研究传统,美国的社会语言学研究还有两个重要的研究传统,即甘柏兹开创的互动社会语言学和海姆斯开创的交际民族志学。海姆斯把实时进行的会话作为一个发生在特定环境中的交际事件来研究,如商场里的买卖交易,课堂里的师生对话,或者酒会上的彼此交谈,分析社会文化因素对交际活动的影响,开创了"交际民族志学(ethnography of communication)"传统的社会语言学研究。海姆斯认为,语言使用者作为言语事件的参与者,仅具有乔姆斯基所说的"语言能力"是不够的,还应具有"交际能力"。换言之,语言使用者参与交际实践不仅需要了解关于语言结构的知识,还需要了解这种语言结构所具有的社会意义。为此,海姆斯提出了一个描写交际事件的框架,包括对场所(setting)和场景(scene)、参与者(participants)、目的(ends)、行为序列(act sequence)、基调(key)、媒介(instrumentalities)、交往规范和解释规范(norms of interaction and interpretation)、交际类型(genre)八个方面的描写(Hymes,1986/2009)。这几个英文单词的首字母合在一起就是"SPEAKING",汉语"说"的意思。

在对言语事件的研究中，甘柏兹发现听者对说者的意义理解和判断具有动态变化的特征，而影响这些判断的因素则在一定程度上取决于听者对相关"情景化提示（contextualization cue）"的认识。所谓"情景化提示"，指说话人为了达到自己的谈话目的而有意无意地发出的语言和副语言符号，借此示意听者确切理解其交际意图。情景化提示随会话的进行不断产生，可以体现在言语本身，如言谈的重音、声调、停顿，讲话速度、使用词语或习语的特点、语码转换等。情景化提示还可以是副语言符号，如手势、体态、面部表情等。当听者觉察到这些语境化提示后，就会凭借自己已有的知识和经验（亦称"框架"或"知识结构"），判断或假设出说话人的背景以及正在进行的谈话的类型等信息，以此推断出此时此刻说话人的用意和期待获得的结果，进而决定自己下一步用什么言语回应，使会话进行下去（Gumperz，1982/2009）。甘柏兹提出的"情景化提示"概念回答了这样一个问题，即在会话过程中如何通过情景来判断说话人的意图。"情景化提示"可以帮助会话参与者理解交际情景，预设交际意向，进行会话推理，从而决定做出适当的回应。这个过程体现出说话人与听话人在会话过程中的互动，故该研究路径被称作"互动社会语言学（interactional sociolinguistics）"。

构成美国社会语言学主要研究传统的变异社会语言学、互动社会语言学以及交际民族志，各自有着不同的理论基础和发展轨迹，但是彼此之间的交叉和相互影响也不能忽视。例如，在变异社会语言学发展的第二次浪潮阶段，米尔罗伊（Milroy，1980）关于社会网络的密度和复合度对个体土语发音影响的研究，就是受到甘柏兹的互动社会语言学的启发和影响（Eckert，2012），进而发现语言变项与社会变项之间的相关性受到个体能动性的作用和影响。在后续几章的阐述中我们会对这个问题展开深入讨论。

1.2.2 英国社会语言学的发展

美国社会语言学家拉波夫在马萨诸塞州的玛莎葡萄园岛开展的语音变异研究（Labov，1963）和在纽约市的英语社会分层研究（Labov，

第1章 绪论

1966)发表后不久[1],他创立的社会语言学研究方法迅速传到了英国。英国社会语言学家特鲁吉尔(Peter Trudgill)运用与拉波夫在纽约案例研究中相似的研究范式在英国东部城市诺里奇开展了英语的社会分层研究(Trudgill,1974)。特鲁吉尔研究了16种不同的音位变项,探讨了音位变项的使用与社会阶层和说话正式程度之间的关系。他把调查对象划分为五种社会阶层:上中阶层、下中阶层、上工阶层、中工阶层和下工阶层,还设计了四种不同的说话语境:念词表、读短文、留意说话和随意说话。他研究的一个音位变项是(ing)的发音,[ŋ]是标准音,[in]是非标准音。特鲁吉尔通过研究"What's going on?"中going的发音是[ˈgəʊŋ]还是[ˈgəʊɪŋ]这样的问题,发现社会阶层越高,使用[ŋ]变体的词(如singing、going)频率就越高,而下工阶层几乎总是说singin'、goin'。这表明,社会阶层越低,非标准变式出现的频率越高。特鲁吉尔的诺里奇研究验证了拉波夫在纽约百货商场案例中的研究发现。

不久之后,詹姆斯·米尔罗伊(James Milroy)和莱斯利·米尔罗伊(Lesley Milroy)在北爱尔兰贝尔法斯特市的语言与社会网络研究开辟了新天地。他们在巴利马卡列特、汉默和克洛纳德三个工人阶级居住区的语言变异研究(Milroy & Milroy,1997/1980)中采取了一种不同的研究方法,强调社会网络的重要性,他们采用的是改进了的参与观察法,例如,莱斯利·米尔罗伊以"朋友的朋友"身份被引入言语共同体。该研究从三个工人阶级言语共同体中抽取46位男女调查对象,每个社区的样本各占三分之一。研究发现,社会网络结构密度越大,土语使用频率就越高,个体的语言使用与其在社会网络中的地位密切相关。通过他们的研究,我们可以看到地位低的语言变体如何面对来自高层语言的激烈竞争:这种竞争使操这种变体的说话人能够表现出彼此的团结,并获得某种群体认同(Wardhaugh,2006)。米尔罗伊的社会网络概念结合并发展了拉波夫的社会方言研究和甘柏兹的民族志研究方法,因此比社会阶层的概念使用更为普遍(李素琼,2005:73-74)。

自此,社会语言学研究在英国快速发展起来。过去半个多世纪以来,英国一直是社会语言学不同领域的主要研究中心(Stuart-Smith & Haddican,2009:296)。英国社会语言学研究主要关注两大主题,一

---

1 关于这两个研究的具体内容可参见2.3中的讨论。

个是定量社会语言学,主要是方言接触框架下的各地区和城市的语言变异与演变研究;另一个是双语、种族和语码选择研究,包括对民族口音的调查和对语言接触的语言后果的研究,有不少文献(如 Deuchar, 2005;Deuchar et al., 2007)关注在大不列颠岛幸存的凯尔特语、苏格兰盖尔语、爱尔兰语和威尔士语说话人的双语和语码选择,还有对英属加勒比、亚洲和华人社区等民族语言的研究(如 Sebba, 1993;Rampton, 1995;Li, 1995;Li & Milroy, 1995)。

然而,语言变异与演变研究一直是英国社会语言学的主流。这方面,特鲁吉尔和柯斯威尔(Paul Kerswill)两位学者的研究具有代表性。正如拉波夫在接受戈登(Gordon, 2006:332)对他的学术访谈时提到的那样,特鲁吉尔的诺里奇研究案例和他关于方言接触和新方言的其他研究、柯斯威尔关于新型移民言语共同体的一系列研究,都是英国社会语言学领域的经典研究案例。

实际上,英国的社会语言学研究经历了从特鲁吉尔到柯斯威尔的发展过程。在 20 世纪 70 年代,英国社会语言学家在研究实践中发现拉波夫的变异社会语言学范式对英国的一些言语共同体并不适合,因此,他们在具体的研究中多使用特鲁吉尔和米尔罗伊的研究方法。经过多年在建立符合英国国情的理论和方法方面的努力,英国社会语言学研究逐步形成了独特的风格,在理论和研究方法上都取得了一定的突破。到 20 世纪 90 年代初,柯斯威尔把变异社会语言学研究范式应用于新型城市移民言语共同体,提出方言接触理论框架,对方言接触理论的建构和发展及研究方法产生了重要影响,并使之成为英国语言变异与演变研究的核心内容。可以说,以特鲁吉尔和柯斯威尔为代表的英国社会语言学方言接触研究处于世界领先地位(李素琼、申阳琼,2018: 119)。

柯斯威尔对英国社会语言学的贡献主要体现在他主持的四个大型研究项目上。这四个项目分别是:(1)"新城镇、新方言:米尔顿·凯恩斯镇儿童和成年人的语言研究"(1990—1994);(2)"青少年在方言拉平中的作用"(1995—1999);(3)"伦敦青少年英语研究"(2004—2007);(4)"多元文化中的伦敦英语:一种新方言的产生、习得和扩散"(2007—2010)。这四个大型项目由英国国家经济和社会研究委员会资助,关注的重点都是方言接触和新方言的形成,特别是移民语言变化问

第 1 章 绪论

题,所取得的成果对方言接触理论的发展具有重大贡献(Stuart-Smith & Haddican,2009:333-334)。这四个研究中,第一个和第四个最具代表性,拉波夫在获得 2015 年英国国家学术院授予的语言学奖章的获奖感言里,也两次提到这两个研究,认为"米尔顿·凯恩斯"研究和"多元文化伦敦英语"研究为推动社会语言学研究做出了贡献。

米尔顿·凯恩斯镇于 1967 年建立,位于伦敦西北部约 70 公里处,在南米德兰兹郡和移民家乡所在县的现代方言区交界处。"米尔顿·凯恩斯"研究(Kerswill & Williams,2000)考察了新兴城镇儿童及其父母的语言,其独特之处是用录音记录了当第二阶段说话者(即移民的子女)还是孩童时的语言,这样就可与其父母(即第一代移民)的语言进行直接对比。该研究的基本观点是儿童和青少年的语言选择是语音变化的主要来源。在 1991 年,研究人员记录了在米尔顿·凯恩斯出生的或在出生后头两年内移民的 48 个孩子(4 岁、8 岁和 12 岁三个不同年龄组各包含 8 名男孩和 8 名女孩)组成的社会同质群体的语言。孩子的父母几乎都是年轻时就移民到该镇,主要来自英格兰东南部其他地区、英格兰北部和苏格兰地区。事实证明,口音的分布与整个人口地域来源非常匹配(李素琼、申阳琼,2018:111-112)。4 岁孩子之间的语言差异很大,父母的语言模式对其影响仍然强大。到 8 岁时,孩子们便不再受其父母元音发音的影响(李素琼、申阳琼,2018:115)。米尔顿·凯恩斯研究案例以两种方式展示了新方言的形成。第一,孩子们的确表现出期望中的第二阶段说话者个体变异程度。在社会上与其他同龄玩伴隔离的孩子的语言更接近其父母的土语模式。新城镇儿童会表现出更多来自其他地区方言的特征。与同龄群体融入状况较好的个人,其(ou)变项发音前移的程度也更高(Kerswill & Williams,2000:93-94)。第二,新方言缺少本地稳定模式,跨代之间的语言连续体丧失。具有方言特征的语言不以一种正常的、具有代际意义的方式世代传袭。米尔顿·凯恩斯小镇的语言变异属于方言柯因内化现象,而不仅仅是像老城镇那样通过扩散来实现的地方方言调平(李素琼、申阳琼,2018:116-117)。

"多元文化伦敦英语"研究被称为关于城市接触方言的经典案例。柯斯威尔和切希尔(Jenny Cheshire)在该课题研究中首次提出"多元文化伦敦英语"的概念,并发表了多篇相关成果(如 Kerswill,2013;

Kerswill et al.，2013），"多元文化伦敦英语"的表述也多次出现在 BBC 新闻报道中。多元文化伦敦英语是在伦敦内城出现的一种与少数民族相关的新语言变体，这种英语口音或方言的起源与传统英语有很大的不同。从本质上讲，多元文化伦敦英语的第一代说话人是母语为其他语言的移民后代。柯斯威尔等（Kerswill et al.，2013）以及切希尔等（Cheshire et al.，2011）以伦敦北部内城劳工阶层 4 岁至 40 岁儿童和成年人为研究对象，发现内城口音中最明显的变化在于双元音系统。多元文化伦敦英语是移民的后代群体二语习得的结果。新语言变体与年龄密切相关，儿童和青少年是导致新变体产生的主要力量。"多元文化伦敦英语"项目对社会语言学变异研究产生了重要影响。例如，切希尔等人主持研究的大型项目"多元文化伦敦英语/多元文化巴黎法语"（2010—2014）就是采用了与多元文化伦敦英语研究同样的研究范式。此外，加拿大多伦多大学的丹尼斯（Derek Denis）也正在采用相似的方法进行多元文化多伦多英语研究。柯斯威尔的方言接触理论和研究方法对非洲青少年英语研究也产生了直接的影响。

  柯斯威尔在社会语言学领域的开创性研究始于他对挪威卑尔根市农村移民语言的研究。在以他的博士论文为基础的著作《方言融合：挪威城市中的乡村语言》（Kerswill，1994）中，柯斯威尔探讨了挪威卑尔根市受到污名化的农村方言说话人如何为适应城市生活而不断调整自己的说话方式，提出了"巢居（nested）言语共同体"的概念（Holmes，1996）。移民在新居地长期的言语适应通过柯因内化的过程导致了一种新语言变体的产生。柯斯威尔提出的语言和方言接触模型为移民语言变化研究提供了理论和方法指导。近几年，柯斯威尔的研究重心转向历史社会语言学研究，他（Kerswill，2018）以 18 世纪后期的工业革命以及随后整个 19 世纪的人口变化为背景，构建了一个基于人口统计学的综合模型，并在该模型中主张对儿童和成人（尤其是在方言区域之间迁移的情况下）的方言习得情况做详细的了解，采用特殊的社会语言学研究方法，用"现在"解释"过去"，对工业革命时期英国方言的形成与变化进行了研究，为变异社会语言学研究提供了新的理论和方法。历史社会语言学是对语言和社会之间关系的历时研究，是语言学的一个相对较新的领域，它代表了语言学两个截然不同的子学科，即社会语言学和历史（或历时）语言学的结合。语言变异和演变的社会动机是历史社会语言研究的前沿，历史社会语言学研究有助于人们了解过去的个人、语言和社会之间的关系。柯斯威尔同时也在关注西非的各种社会语言学问题，如他的"多语空间中关于全球流行病的有效沟通：加纳抗击新冠病毒肺炎中的语言选择和语言使用"项目于2020年9月获得英国国家学术院（The British Academy）"2019年新型冠状病毒肺炎特别研究资助项目"立项[1]，该项目关注在非洲多语种背景下如何有效改善与2019新型冠状病毒肺炎相关的语言交流。从柯斯威尔研究兴趣的变化，我们也可以发现英国社会语言学在21世纪发展变化的一些端倪。

1.2.3 中国社会语言学的发展

　　社会语言学的研究对象与结构主义语言学的研究对象不同，它不是局限在语言结构或语言系统上，而是紧密结合社会语境，研究实际发生在社会生活中的活生生的、具体的语言使用案例。这就决定了中国的社会语言学研究虽然也是起步于20世纪五六十年代，但是其发展轨迹却和美英两国的社会语言学发展轨迹有所不同。这是因为，那个年代中国面临的社会问题与美英两国的社会语言问题完全不同。例如，中华人民共和国成立初期，革故鼎新、百废待兴；国家和社会在语言文字方面也面临许多紧迫的现实问题，如文字改革、汉语拼音方案的制定和实施、语言的规范与标准、普通话的确立与推广等，对这些问题进行回应，并将其纳入研究视野，奠定了社会语言学在中国发展的基础，也确定了社会语言学在中国发展的方向。

　　从理论上讲，社会语言学研究在中国有较大的发展是在改革开放以后。这种发展是有目共睹的，其明显程度之大，甚至被一些学者（如王春辉，2019）认为1978年之后社会语言学作为一个学科在中国的发展可以见证它的起源。但是，不可否认的是，在改革开放之前，特别是在中华人民共和国成立初期，社会语言学的研究在实践层面就已经展开。

1　信息来源：Special research grants: CONVID-19 Awards，参见英国国家学术院官网。

例如，1952年2月5日，中国文字改革研究委员会成立，1954年又成立了中国文字改革委员会；1955年1月，《汉字简化方案（草案）》印发；中国文字改革委员会于1955年2月成立了拼音方案委员会；1955年10月"第一次全国文字改革会议"召开，明确了文字改革的方针、通过了汉字简化方案、确定了推行以北京话为标准的普通话；1956年2月，《汉语拼音方案（草案）》发布；1958年2月11日，第一届全国人民代表大会第五次会议通过了《全国人民代表大会关于汉语拼音方案的决议》。从王春辉（2019）提供的这些资料来看，我国社会语言学在起步阶段的研究是语言规划方面现实问题驱动的结果，也是中华人民共和国成立之初社会经济发展的需求。与之相呼应，创刊于1952年的《中国语文》和1956年的《文字改革》成为发表相关研究成果的主要阵地和展开相关讨论的重要平台。根据王春辉（2019）的研究，《文字改革》作为中国文字改革委员会的机关刊物，其主要任务是宣传国家的文字改革方针、任务、政策，贯彻百家争鸣思想，讨论文字改革领域的理论和现实问题，提供文字改革参考资料，普及与文字改革相关的语文知识，报道文字改革的动态和国内外对中国文改工作的反应，同时也发表了许多属于语言政策与规划范畴的学术文章。与《文字改革》有所区别，《中国语文》则刊发了许多分析文字改革和讨论汉语拼音方案的文章，为汉语拼音方法的顺利出台和实施提供了智力支持。在中国社会语言学的起步阶段，学者们围绕中华人民共和国成立之初的语言文字工作进行研究，产生了许多本体规划（如词典、汉字简化、拼音方案）和地位规划（如普通话推广、普通话与少数民族语言的关系、普通话与方言的关系等）的研究成果（王春辉，2019）。

社会语言学在中国的起步与社会语言学在美国的起步有所不同。由于中国在20世纪50年代面临的语言问题与美国在第二次世界大战之后面临的语言问题不同，中国的社会语言学工作主要是制定和实施汉语拼音方案以及普及和推广普通话，而美国的社会语言学工作主要是解决语言不平等问题，帮助那些新兴的独立国家解决语言政策和语言教育问题。尽管如此，社会语言学在中国和美国的出现都是基于对社会生活中的语言问题进行思考和实践。社会语言学在其起步初期体现出来的这一特征在其后来发展的各个阶段也都有体现。如前所述，美国的变异社会

第 1 章 绪论

语言学之所以能够在拉波夫纽约百货商场的开创性研究之后发展出第二次浪潮和第三次浪潮，都是学者们直面遇到和经历的社会生活中的语言问题，并不断对其思考和探究的结果。中国社会语言学后来的发展也有类似的特征。

改革开放之后，随着经济的发展和社会生活环境的变迁，国内的社会语言学研究迎来了新的发展机遇，以至于有学者（如郭熙，2013：36）提出"中国社会语言学"的概念，甚至认为1979年至1987年是中国社会语言学的"初创阶段"。正如郭熙（2013）所讲，中国现代历史上的许多语言运动或工作，包括上面我们讨论的、发生在20世纪50年代的推广普通话、现代汉语规范化工作，都带有自发而不是自觉的特征。只有在20世纪70年代后期，随着"社会语言学"这个术语的出现，人们对社会语言学的研究才从自发走向自觉。"自觉"这个词恰如其分地体现出那个时代社会语言学在中国的发展特征。例如，社会语言学的研究者在这一时期已经有了问题意识、理论意识以及社会语言学的学科意识，标志着社会语言学在中国已经踏上了理性发展的康庄大道。实际情况也如郭熙（2013：37-44）指出的那样，中国社会语言学之后又经历了从引进国外理论研究走向结合中国实际开展研究的迅速发展阶段（1987—1993），以及从热潮走向冷静和成熟的稳定深入发展阶段（1994—），呈现出研究范围广泛、重视应用研究以及紧扣时代脉搏的特征。

进入21世纪，社会语言学的研究者更加关注社会生活中的语言及语言资源问题，语言生活、语言服务、语言认同、网络语言、语言与贫困、语言保护、国家语言能力、城市语言等论题逐渐成为学者关注的重点，与此同时，具有中国社会语言学特点的理论也在此基础上形成。例如，李宇明（2016）提出"语言生活"的概念，认为语言生活是运用、学习和研究语言文字、语言知识、语言技术的各种活动。在语言生活中，运用、学习和研究构成语言生活的三个维度，而语言生活中的"语言"则涉及语言文字、语言知识、语言技术三个方面。这三个维度和三个方面纵横构成了语言生活的九个范畴。中国学者在语言生活研究方面做了大量的工作，不仅分领域观察语言生活，利用媒体语言统计语言生活，而且进行语言舆情分析研判和语言国情的调查研究。在实际的研究中，中国学者提出了许多新的概念和理念，如构建和谐语言生活、虚拟语言生活、国家语言能力、个人语言能力、多语主义、大华语、领域语言学、语言资源、语言产业、语言红利、语言服务、语言消费、语言福利等；同时完成了一些重大的语言工程，如动态流通语料库建设、有声资源数据库建设、各种实态数据的收集与分析、语言舆情监测等，在此过程中被称为"语言生活派"的学术群体也逐步形成（李宇明，2016）。就语言政策和语言规划的研究而言，或者说，就宏观社会语言学的研究而言，"语言生活派"在王春辉（2019：424）看来是"与国际上以伯纳德·斯波斯基（Bernard Spolsky）、杰里·内克瓦皮尔（Jiri Nekvapil）等为代表的'语言管理'学派、以托马斯·里肯托（Thomas Ricento）、詹姆斯·托勒夫森（James Tollefson）、斯蒂芬·梅（Stephen May）为代表的'语言政治'学派、以南希·霍恩伯格（Nancy Hornberger）、特雷莎·麦卡蒂（Teresa McCarty）等为代表的'语言民族志'学派并驾齐驱的研究流派"。

  在21世纪的前二十年，随着全球化的深入，人员流动以及与人员一起流动的语言符号成为社会语言学研究的新课题。就我国的情况而言，大量农村人口进入城市，成为城市新的居民和劳动者，同时随着我国脱贫工作的展开，一些贫困地区的人口离开原居住区，被安置到新的移民地区生活。这些由于流动所导致的国内移民（如农民工和被安置的贫困人口）不仅面临新的生活环境，而且面临新的语言环境。对于这些出现在新的历史时期的语言问题，从事社会语言学研究的学者都有所关注，构成了社会语言学在中国新发展的一个方面。例如，夏历（2007）采用问卷调查的方式对在北京务工的农民工使用普通话和家乡话的情况进行调查，发现农民工在和家人、朋友交谈时家乡话的使用频率很高，分别是75.4%和60.97%，而普通话的使用频率却很低，仅有20%或者更低。与此形成对照，他们在和同乡的同事、非同乡的同事、顾客，以及在商场、邮局、医院等公共场所与人交谈时，普通话的使用频率都很高，大多达到90%（只有和同乡的同事交谈时普通话使用的频率相对较低，为60%），而且，在这几种情况下他们几乎不使用家乡话。在夏历（2007）看来，这种现象的一个原因是农民工对自己流动取向的认识。在那些明确自己流动取向的农民工中，72%的农民工希望自己能一直在北京，28%的人想在北京干几年就回老家。调查数据显示，那些想一直留在北京的人和同事交流时，不论对方是否是同乡，他们使用普通话的频率明显高于打算在北京呆一段就回老家的农民工。

农民工在老家时，家乡话可以满足绝大部分场合的交际需求，但是他们来到北京，家乡话被局限在私人空间，成为家庭中、老乡间以及与家乡的亲友联系时使用的语言。这表明，在他们从老家到北京的生活空间发生变化的时候，他们的家乡话不再是主要的交流用语，取而代之的是普通话。然而，北京是一个多元化的空间，是一个国际化的大都市，如果想要获得更大的发展空间，或者是从一个层级上升到更高的层级，就不仅要掌握和利用普通话这个资源，还要掌握一门国际语言，哪怕是支离破碎的国际语言。董洁和布鲁马特（2011）曾经注意到在一个农民工开的街边小吃店门前有一个自制的小标牌，上面用英文写着"Boiled radish egg beancurd and something"，翻译成中文就是"煮的小萝卜、蛋、豆腐等物"。该标牌的制作者是一个农民工，他在北京高等院校集中的区域售卖一种叫"关东煮"的小吃。由于留学生是"关东煮"的主要客户群，他便通过英文把小吃店的主要食品广而告之。但是，我们可以看到，这个英文有许多不规范的地方，如豆腐的英文有拼写错误，标点和单词的大小写也不规范（具体见本书第180页的图6-1）。尽管如此，他还是达到了宣传自己食品的目的。董洁和布鲁马特（2011）用这个例子说明，农民工离开乡村进入城市，这是全球化过程中人口流动在中国的一个缩影，这些流动人口在使用新的语言资源方面也体现出全球化过程中一些普遍出现的语言使用现象。

从以上关于国外和国内社会语言学发展的讨论来看，我国的社会语言学研究和美国以及英国的社会语言学研究有明显的不同。我国的社会语言学研究多集中在语言规划和语言政策这些社会语言学的宏观课题上面，而美英的社会语言学则更多地关注语言变异和演变这些微观层面的课题。我国的社会语言学研究从最初我国社会对文字改革和普通话推广的需求出发，制定汉语拼音改革方案和相应的语言政策，到后来从语言生活的方方面面来论述语言生活的多个范畴，都在一定程度上描绘着某种宏大的蓝图。美国的社会语言学研究最初也是关注语言不平等这类社会问题，但后来则演变成对语言变异的研究，发展出一系列关于语言变项和社会变项关系的多个具体的理论观点。国内和国外社会语言学研究和发展体现的这些不同特征,国内学者也有所认识,如王春辉(2019:428)将其表述为"国际上流行的'拉波夫式'的社会语言学研究在中国进展有限,而宏观社会语言学研究则一直追随者众"。至于导致这样不同特点的原因,他(王春辉,2019)则归咎为中西历史哲学观和社会心理的差异。实际上,这是一个复杂的问题。导致中国和美国社会语言学发展轨迹不同的原因,除了上文已经指出的中美社会情景对社会语言学的不同需求以外,或许还包括相关的学术交流不够充分和深入。这也是本书致力于做出贡献的一个方面。

1.3 社会语言学的基本概念和理念

社会语言学作为一门学科,或者作为一个语言学研究的分支,有着特定的研究对象、研究方法和研究理念。虽然从事社会语言学研究的学者会坚持不同的研究范式,并构成社会语言学不同的流派和传统,如变异社会语言学、交际民族志、互动社会语言学等研究传统,但是,在共同的研究兴趣指引下,学者们共享的基本概念和秉承的研究理念是一致的,他们都认为社会语言学不是研究抽象的语言系统,而是研究具体的、在社会生活中实际使用的语言,而且致力于探究语言与社会之间的关系。在这个意义上,社会语言学有着一些基本的概念和理念,构成了它的基本特征。下面我们分别讨论这些基本概念和理念,作为本书后续各章讨论具体问题的基础和出发点。

1.3.1 基本概念

社会语言学有许多概念,而且,随着研究的深入,许多学者也提出了许多新的概念。这些我们将在后续各章结合具体的研究传统和研究范式展开讨论。在这里,我们具体讨论两个社会语言学的基本概念,即"语言"和"社会"。我们认为,社会语言学的所有研究,不论是传统和经典的,还是开拓创新的,都是围绕"语言"与"社会"以及语言与社会的关系展开的，因此，作为讨论的基础，有必要明确这两个概念在社会语言学研究中的内涵及其表述方式。

"语言"作为一个概念，在语言学不同的研究传统（或分支）中有着不同的含义。在社会语言学研究中，"语言"不是索绪尔结构主义语言学中"抽象的语言系统"，也不是系统功能语言学中的"意义潜势"，而是人们日常生活中实际使用的"语言"。具体来讲，在社会语言学的研究中，"语言"这个概念指体现在音位、词汇和句法上的"语言变项（linguistic variable）"。语言变项可以定义为"指代同一个事物的一组不同表达方式"。例如，"学生"的标准发音是 [xue2sheng1]，即《现代汉语词典》(第7版)中标注的"学"读作扬声，"生"读作一声。然而，在日常会话中，"学生"有时也说成 [xue2sheng0]，即"学"读作扬声，"生"读作轻声，而且，"学生"中的"生"有时也被加上重音或拉长，说成 [xue2sheng1]，或者"生"的发音出现吃音现象，读成 [xue2reng]。这个可以发生变化的"生"的发音被看作是发生在音位层面的一个语言变项，可称为音位变项（phonological variable），而这三个具体的、与标准普通话不同的发音（一声读成轻声或加重音以及吃音）被称作"语音变体（phonetical variant）"（如上面注音加粗的部分），是同一个社会语言学变项体现在发音方式上的不同变化。因此，在拉波夫的变异研究中，音位变项（r）有时也会被标注为 /r/，但是这个音具体发成卷舌或不卷舌时则会被相应地标注为 [r-l] 和 [r-0]，表示这两个音是音位变项（r）的两个语音变体。

可见，社会语言学关注的是社会生活中人们使用语言的变异（variation）和演变（change）现象，而不是人们普遍使用的标准化的语言。在社会语言学的研究中，应该明确"语言变项""语言变异和演变"以及"语言变体"三个与"语言"概念相关的术语。它们的关系可以表述为：社会语言学对语言变异和演变的研究通过观察语言变项来实现，而语言变项则体现在具体的语言变体上。

语言变异除了可以发生在音位层面，还可以发生在词汇和句法层面。例如，在词汇层面若要表达"丑"的意思，在标准的普通话中就说"丑"，但是在北京话中说"难看、寒碜"，西安话中说"难看、不心疼"，温州话中说"难"，梅县话中说"难睇"，福州话中说"惊人、生得呆"（祝畹瑾，2013：73）。在语法结构层面，若要表达"你先走"的意思，北京话中说"你先走"，但广州话中则说"你走先"（祝畹瑾，2013：73）。这些发生在词汇和句法层面的变体和发生在音位层面的变体一样，与标准的、普遍接受的表达方式不同，成为社会语言学关注的某一语言变项的变体。在这个意义上，方言（包括地域方言和社会方言）也是社会语言学关注的语言变体。因此，拉波夫的变异社会语言学也被梅耶霍夫（Meyerhoff，2016）称作"社会方言学"。

在社会语言学看来，同属一个语言变项的不同变体虽然因指代同一个事物而具有相同的指代意义，但它们却具有不同的社会意义（social meaning）。例如，在上面的语言变体中，把学生的"生"读成一声便被认为带有港台腔，体现出中国香港或台湾地区讲话人的身份，而把学生的"生"读成儿化音，也被认为体现出老北京人的社会身份（Zhang，2018：66–74）。社会语言学关注语言变体的目的是探索语言变异和演变与其社会意义之间的联系，而且这一探索贯穿社会语言学研究的始终。可见，语言变项的"社会意义"也是社会语言学里的一个关键概念。

如果说社会语言学对于"语言"的关注是关注体现在"语言变项"上的"语言变异"，那么社会语言学对"社会"的关注则是关注体现在"社会变项（social variable）"上的社会意义。在拉波夫的变异社会语言学研究中，"社会"指"社会阶层"，如下层、劳工阶层、下中层和上中层。这四个阶层的划分是拉波夫对纽约市下东区的一个随机样本按照职业、受教育程度和家庭收入三项同等加权的方法计算而成，目的是调查这个样本中受试的不同发音与其所处阶层的关系。在后来的社会语言学研究中，"社会阶层（social stratification）"不仅体现在社会和经济层面，还体现在风格和时尚方面。"社会阶层"这个术语在社会语言学的研究中并不暗指任何一类具体的阶级，而是仅仅指社会正常运作所产生的机构与机构之间或人与人之间的系统性区别，而这些具有区别作用的形式被普遍认为可以指向以地位和声望来衡量的不同社会等级（Labov，1977）。

"社会变项"的范畴在社会语言学的研究中是不断拓展的，例如，米尔罗伊（Milroy，1980）对贝尔法斯特市工人阶级居住区的语言变

第 1 章 绪论

异研究中关注的"社会变项"就是"社会网络",即人们按照自己的意愿形成的社会关系结构。在一个社会网络中,所有人与这个网络的中心人物都有直接的联系且彼此之间也有直接的联系,这个网络的密度则高;与中心人物有直接联系的所有人彼此之间只通过中心人物联系,网络密度则低。米尔罗伊通过考察音位变体与社会网络成员所在地区、性别、年龄的关系,发现个人的语言运用与其在社会网络中的地位等级相关,即社会网络密度越高,变体的比重越大,而且不同地区、不同性别、不同年龄的说话人会运用不同的音位变体来实现各自与网络之间的适应程度。

在社会语言学的研究中,"社会变项"不仅包括社会经济阶层和社会网络,还包括"实践共同体(community of practice)"。艾克特(Eckert, 1989)对底特律市郊贝尔顿中学学生的语言变体研究不仅考察学生父母的社会经济阶层和受教育程度,研究内容也不局限在学生的性别和社会范畴(如被称作"jock"的"学校活动迷"或称作"burnout"的"校外活动分子")内,而是侧重考察不同群体中学生的日常活动以及参与活动时谈论的各种话题。她发现,学生们在共同参与活动时发展和共享做事的方式、谈话的方式、信念和价值观,构成了彼此的认同,使彼此联结在一起,形成"实践共同体"。埃克特认为,人们在活动中谈论话题出现的语言变体是基于实践共同体的取向从对世界的看法和各种信念中获得它的实际意义。

除此之外,"社会变项"还包括"性别"和"年龄"。性别的范畴包括男性、女性和中性;年龄的范畴依研究的需要分为少年、青年、中年及老年。无论"社会"在社会语言学的研究中具体指什么,有一点需要指出,就是"社会"的概念总是与"语言变项"关联在一起,而且,就具体的社会语言学的研究案例而言,观察哪个语言变项与哪个社会变项相关联,完全取决于具体的研究目的。因此,"社会变项"的范畴不是固定和封闭的,也不是彼此不相关的,而是动态开放相互联系的,同时也会有新的范畴进入研究的视野。在 21 世纪的社会语言学研究中,社会语言学家关于"语言流动""风格变异""交际界位"等问题的研究都在一定程度上扩展了"社会变项"的范围。关于这些问题,我们在第 6 章、第 7 章、第 8 章详细讨论。

1.3.2　基本理念

所谓"理念",这里指社会语言学在长期的研究中形成的一些观念。例如,在社会语言学的研究中,学者们认识到只有对新鲜的语言现象进行仔细观察和缜密分析才可提出一些理论阐释(祝畹瑾,2013:49)。这些观念之所以成为社会语言学研究所遵循的"理念",是因为它们可以指导和规范后续的或其他的社会语言学研究。例如,上面这个理念又可以成为社会语言学研究的准则,据此可以将社会语言学定义为经验性的、"采集蝴蝶标本式"的研究(祝畹瑾,2013:49)。在这个意义上,社会语言学的理念是多种多样的,也是不断丰富和发展的。考虑到本书的主题是社会语言学在新时代的新发展,我们认为有必要强调与"发展变化"相关的两个社会语言学的基本理念。

首先,社会语言学的一个基本理念体现在关于语言与社会关系的认识上面。在1.3.1的讨论中,我们认识到"语言变异和演变"和"语言变体"两个术语体现的"语言变项"代表社会语言学关于"语言"这一概念的关注点,"社会阶层""社会网络""实践共同体""性别""年龄"等"社会变项"代表社会语言学关于"社会"这一概念的关注点,这些分别代表"语言"和"社会"这两个社会语言学基本概念的"语言变项"和"社会变项"随着研究的深入会不断扩展和变化。因此,在社会语言学研究中,有关语言与社会之间关系的认识也是不断发展的。认识这一点对于进行社会语言学研究是非常重要的,也是基本的。社会语言学的研究是不断发展的,对于某个问题的认识不是研究的终结,而是研究的开始。社会语言学研究不以取得放之四海而皆准的宏大理论为目标,而是以追求对具体问题的深刻认识为己任。这是社会语言学的一个基本理念。

另一个社会语言学研究的基本理念体现在关于研究范式的认识上面。在这方面,社会语言学同样秉承一种开放的理念,采取一种兼收并蓄、以解决研究问题为前提的态度。例如,就变异社会语言学而言,拉波夫的研究体现出明显的量的研究和以描述为主的特点。在他的纽约百货商场的研究案例中,关于音位变项(r)与社会阶层的相关度的观察在很大程度上体现在数据的统计上面,包括全部发(r)音的受试在三

第1章 绪论

个商场里各自多少，部分发（r）音的受试在三个商场里各自多少，以及不发（r）音的受试在三个商场里各自多少（详见2.3.2）。这些详尽而具体的统计数据被用作表述"语言变项"与"社会变项"之间联系的依据，体现出量的研究的基本特征。同时，这也是一个以描述为主的研究案例。这种描述不仅体现在对田野调查（field work）中搜集到的语言数据进行描述，而且体现在对这三个百货商场进行详细描述，如对三个商场中类似产品的价格描述，对它们地理位置、广告投入、内部空间、职工收入等的描述。

与这种研究范式不同，互动社会语言学的研究范式就以质的研究为主。互动社会语言学认识到以描述为主、基于数据统计的量的研究对于语言与社会关系的认识只停留在一般的认识水准上，如仅仅认识到（r）这个语言变项与社会阶层有一定的联系，而对于这种联系产生的原因以及二者之间是否存在因果关系，无法给出有意义的阐释。因此，互动社会语言学转而采取质的研究方法，注重在理论上阐释语言与社会的联系。例如，甘柏兹提出对言语互动过程中社会意义的分析，需要考虑音调、重音、面部表情和手势这些"语境化提示"因素，并借此理解互动中的意义。互动社会语言学的案例研究，如菲什曼的研究（见3.3.2），也会对研究过程有必要的描述，但是这种描述被当作人类学研究中不可缺少的环节，同时被用来阐释研究中的发现，因此，互动社会语言学中的描述与拉波夫变异社会语言学研究中的描述有所不同，它不是简单的为描述而描述，而是将这些描述当作阐释的基础，因而也是质的研究的依据。

可见，社会语言学研究对于研究范式和研究方法的认识采取的是一种开放的态度，不以某一特定的范式或方法为准则。这也是从事社会语言学研究的一个基本理念。实际上，纵观社会语言学理论的发展，我们可以清楚地认识到这种发展和变化在研究范式上总体体现为从量的研究到质的研究、从对现象的描述到对动因的阐释这样一种发展变化。关于这一点，本书多个章节的讨论都有所涉及。

1.4 本书结构

本书以探究社会语言学在 21 世纪的新发展为目标,这使我们想起雷蒙德·威廉姆斯(Raymond Williams,1921—1988)的一篇文章,题目是《向后探究未来》。他发现,在我们定义自己意图的词汇中,有许多词汇与过去相关;我们如何改造过去,如何重构过去,以及如何使过去得以复苏,都影响着我们对将来的认识(Williams,1989:281)。威廉姆斯的这个观点对本书的结构设计很有启发:只有了解社会语言学的传统,谙熟社会语言学过去的演变,才能辨识社会语言学在新世纪的开拓创新,才能讨论社会语言学在新时代的新发展,才可展望社会语言学在将来的发展趋势。据此,本书在结构上分为两个部分,除第 1 章为"绪论"、第 10 章为"展望"之外,第 2—5 章构成第一部分,主要讨论社会语言学的传统,第 6—9 章构成第二部分,主要讨论社会语言学的创新。然而,传统与创新虽有区别,但又不可截然分开。鉴于此,我们需要承认,对社会语言学经典和传统的讨论决定着对社会语言学在新时代新发展的认识,同时也需要认识到,这两部分的讨论只是侧重的不同,而且在第一部分关于传统的讨论中也包含着许多发展和创新的内容。故第一部分取名"传统与发展",第二部分取名"经典与创新"。

下面我们通过介绍各章节的主要内容来说明这一点。

第 1 章为"绪论"。作为开篇,这一章将为本书设定一个基调,即我们将社会语言学看作是一门随着社会不断发展而开拓创新的学问。因此,这一章对社会语言学的起源和发展进行梳理,以及对它的基本概念和基本理念进行讨论,不是抱着一种寻求定论的心态,而是遵循一种探索的精神。例如,在社会语言学的起源问题上,我们呈现两个探索社会语言学起源的路径,一个是基于文献梳理进行考证的路径,一个是基于社会语境进行分析的路径,并试图说明哪一种研究路径与本书基于的社会语言学研究理念较为吻合。关于社会语言学的发展,我们特别以社会语言学在美国、英国和中国的发展为例,说明社会语言学的发展和它的起源一样,深深地与各国当时的历史语境联系在一起,呈现出不同的发展轨迹。关于社会语言学的基本概念和基本理念,我们也着重表明社会语言学研究秉承动态发展的观点,体现为社会语言学研究对象的"语言"和"社会"这两个基本概念,其内涵随着研究的深入而不断拓展和变化,研究二者关系的方法和范式也因研究目的不同而多种多样。

第2—5章构成本书的第一部分,主要是讨论社会语言学的传统和研究路径。然而,这四章讨论的内容仍然体现出社会语言学的发展变化。具体来讲,第2章"拉波夫传统的社会语言学"和第3章"人类学传统的社会语言学"相对于第4章"基于认知科学的社会语言学"和第5章"基于话语研究的社会语言学"更属于社会语言学的经典,而第4—5章的内容则属于社会语言学在21世纪新发展出来的研究路径。不仅如此,在每一章的讨论中,我们也在呈现这四个社会语言学研究传统和路径在理念、方法各自具有的特征基础上,注重讨论它们各自发展变化的过程。具体分述如下。

第2章为"拉波夫传统的社会语言学",将首先讨论变异社会语言学的起源问题,试图说明拉波夫的变异性语言观对于索绪尔同质性语言观的挑战和修正是变异社会语言学产生的哲学基础。之后将讨论变异社会语言学在案例研究中采用的方法,包括"假设—推导"和"数理统计"的方法。这些方法还将在讨论拉波夫最著名和经典的马萨葡萄园岛音变和纽约城区音变两个研究案例中进一步阐释。这一章还将讨论拉波夫的学生埃克特所做的贝尔顿中学的研究案例,并以此展开关于变异社会语言学发展的讨论。我们将试图说明,埃克特的研究将说土语(语言变体)的人所具有的个体主观能动性引入变异社会语言学,从而将拉波夫的研究从"言语共同体"发展到"实践共同体",发展了拉波夫传统的社会语言学。

第3章为"人类学传统的社会语言学",将围绕人类学、人类语言学、交际民族志、跨文化交际等领域中关于语言与社会关系的探索展开,分别讨论萨丕尔和沃尔夫、马林诺夫斯基和戈夫曼、海姆斯和甘柏兹等学者在这方面的研究,以便梳理出关于语言与社会关系的探索如何导致"互动社会语言学"的诞生。之后,将讨论互动社会语言学的基本内容,包括海姆斯的"交际能力"和甘柏兹的"情景化提示",以及互动社会语言学的研究方法。我们将试图说明,互动社会语言学采用的质的研究方法相对于变异社会语言学的数理统计方法是一个发展。为了突显互动社会语言学对变异社会语言学的发展,我们还将讨论互动社会语言学在 21 世纪的两个新的研究案例，以此彰显互动社会语言学自身具有的阐释力和发展潜力。

第 4 章为"基于认知科学的社会语言学"，将首先围绕"语言、社会与认知"展开讨论，并试图说明"认知社会语言学"和"社会语言学认知研究"虽都关注"语言、社会与认知"，但二者在研究的侧重和出发点上存在不同。"社会语言学认知研究"更侧重认知研究，而"认知社会语言学"则是从认知科学的角度侧重社会语言学研究。之后，这一章将"认知社会语言学"作为讨论的重点，通过讨论其中的一个研究案例，说明其研究方法及其应用的概念性工具。这一章还将讨论认知社会语言学的新发展，通过讨论认知话语分析和认知语境分析两个分析方法，说明认知社会语言学一方面具有跨学科研究的特征，另一方面也是较传统的社会语言学研究（如前两章讨论的变异社会语言学和互动社会语言学）更具新时代新发展特征的社会语言学研究。除此之外，这一章还讨论了我国学者在将"认知语言学"本土化为"体认语言学"的基础上，将"认知社会语言学"本土化为"体认社会语言学"的努力。

第 5 章为"基于话语研究的社会语言学"，将首先讨论话语研究与社会语言学共同关注的研究对象和课题，借此阐明二者的学科融合，并讨论这一融合的社会历史动因和学科动因。基于话语研究的社会语言学与基于认知科学的社会语言学一样，是社会语言学在新世纪实现新的跨学科发展的具体体现。所不同的是，第 4 章讨论的基于认知科学的社会语言学源自认知科学传统，而基于话语研究的社会语言学则是源自学者对新时代社会生活中新的语言问题的考究。语言在全球化过程中的作用日趋明显，新媒体技术的广泛应用也为语言的创新运用提供了广阔空间，所有这些成为话语研究的研究课题，也成为社会语言学的研究课题。这一章将讨论话语研究在这方面的研究案例，并结合话语研究对传统社会语言学经典问题的新解，讨论基于话语研究的社会语言学对社会语言学理论发展的潜在贡献。

第 6—9 章构成本书的第二部分，主要是讨论社会语言学在 21 世纪的新发展。具体来讲，第 6 章讨论社会语言学关于语言流动的研究，第 7 章讨论社会语言学关于风格变异的研究，第 8 章讨论社会语言学关于

第1章 绪论

交际界位的研究，第9章讨论社会语言学关于话语互动的研究。这四章的讨论涉及社会语言学在21世纪取得的新的研究成果的多个方面或维度，既包括对21世纪社会生活中新的语言问题的研究，如第6章中关于语言流动的研究，也包括对社会语言学传统的发展和创新，如第7章风格变异研究是对拉波夫传统的社会语言学的一种发展；不仅包括社会语言学在21世纪提出的新概念，如第8章讨论的"交际界位"概念，而且包括社会语言学与话语研究结合跨学科发展的新成果，如第9章讨论的话语互动研究。毋庸置疑，社会语言学在21世纪的新发展绝非这四章的内容所能涵盖，也非"新问题""传统的再创新""新概念""跨学科"这四个维度所能全面体现。但是，这四章的讨论也足以呈现社会语言学在21世纪的新发展，而且这种新发展既是对新问题的新思考，也是对传统的再创新，不仅体现在新的概念上面，而且体现在跨学科研究的成果上面。下面我们分述各章主要内容。

第6章为"语言流动研究"，将首先讨论导致语言流动的全球化问题，认识实际发生的全球化与话语建构的全球化，并以此为基础区分全球化过程中的"隐性语言流动"和"显性语言流动"两个问题。"隐性语言流动"更多地指实际发生的全球化在话语层面的再现以及这种"再现"在全球不同层级间的流动，因此，这种语言流动体现为一种关于全球化的观点立场对其他关于全球化的观点立场的制约和影响。与此不同，"显性语言流动"指语言作为一种符号或资源随着人口的流动从一个地区流动到另一个地区，或者从一个层级流动到另一个层级。接下来，这一章集中讨论显性语言流动的特征，包括它在唤起社会意识、提升个人上升空间以及产生新层级方面的作用。这一章还将讨论体现在显性和隐性语言流动的交错、指向秩序与指向性秩序的交叉上的语言流动的复杂性问题。

第7章为"风格变异研究"，将首先讨论变异研究的第三次浪潮，通过讨论属于第三次浪潮的变异研究所具有的基本特征和典型研究，阐明第三次浪潮的变异研究与第一次浪潮和第二次浪潮中的变异研究之间存在的明显区别，以此展示变异社会语言学的发展过程，突显风格变异研究在第三次浪潮中的重要地位。之后，将基于我们的理解和研究，讨论风格变异研究涉及的"再情景化"和"指向性"这两个工具性概念，以及风格变异研究所采用的分析框架。最后,我们将讨论风格变异研究的两个案例,说明风格变异研究的基本方法,展示风格变异研究对于社会语言学在 21 世纪新发展的具体体现。

第 8 章为"交际界位研究",首先介绍杜博伊斯(John W. Du Bois)和基斯林(Scott Kiesling)对"交际界位(stance)"的定义,并借此讨论"交际界位"概念的含义;之后讨论交际界位研究的特征,包括交际界位研究强调语言变体与社会范畴之间的协商性以及二者之间关系的不确定性,借此进一步认识交际界位研究的前沿性。这一章将通过讨论交际界位研究对语言与社会动态关系的阐释、对风格形成与区分的阐释以及对身份特征的阐释,突显交际界位研究在新时代社会语言学新发展过程中通过提出新概念实现创新发展的历程。在这一章的最后,我们将通过两个案例进一步阐释交际界位研究的前沿性,一方面说明交际界位研究对互动社会语言学的发展,另一方面阐释交际界位研究对变异社会语言学的发展。

第 9 章为"话语互动研究",通过分析"话语互动"概念与"言语互动"概念的联系,讨论互动社会语言学的发展。这种发展不是诸如 3.4 一节讨论的互动社会语言学对新世纪新课题的关注,而是互动社会语言学与批评话语分析跨学科借鉴引发的创新性理论发展。为了突显这种创新发展,这一章在阐释"话语互动"概念的基础上,重点讨论话语互动研究路径,包括一个"三维—双向"话语互动分析模型和一个"双层—五步"话语互动分析框架。之后,讨论三个话语互动研究案例,涵盖纵向话语互动、横向话语互动、历时话语互动,以全面阐释话语互动研究对社会语言学的新发展。

第 10 章为"展望",与第 1 章的"绪论"首尾呼应。如果说"绪论"是对社会语言学发展历程的简要概括,那么,经过本书第 2—9 章对社会语言学不同传统和路径的阐述,以及这些传统和路径在 21 世纪新发展的讨论,"展望"则是我们依此对社会语言学未来发展趋势作出的理性判断。因此,在这一章,我们将结合国内外最新的文献资料,讨论 21 世纪社会语言学需要关注的社会语言问题及其理论建构、研究方法和跨学科融合发展。这一章的讨论将表明,在多元的社会文化之中,学术也需要多元,因此,任何学术研究也只是众多学术研究中的一种。

第1章 绪论

正是这种认识,支撑着我们鼓足勇气,在本书相对有限的篇幅里讨论社会语言学在新时代的新发展这一宏大主题。

1.5 小结

在这一章我们讨论了社会语言学的起源和发展,还讨论了社会语言学的基本概念和理念。我们的讨论是探索性的。关于社会语言学的起源,由于探究的方法和出发点不同,所形成的认识也不同。与基于文献考据的探究相比较,我们更倾向于基于社会语境的探究,因为我们认为社会语言学是一门研究语言与社会关系的学问,探究它的起源也应该将其诞生时所处的社会文化情景作为一个重要因素纳入探究的范围。事实也是如此,社会语言学之所以诞生于20世纪60年代,是因为当时社会政治经济发展的需要,也是因为解决社会发展过程中出现的语言问题的需要,而社会语言学的发展则是社会语言学研究者在探究语言与社会关系的过程中发展其思想、完善其学说的结果。社会语言学源于社会语言学家对历史特定时期的社会与语言问题的回应,同时又为当时的社会服务。同理,社会发展变化了,新的语言问题产生了,社会语言学也在对这些新问题的研究中实现了发展。这种动态变化的社会语言学发展历史也体现在关于社会语言学基本概念和基本理念的讨论和理解认识之中。

通过这一章的阐述和梳理,我们对社会语言学的发展脉络有了一个概括性理解,同时对社会语言学研究涉及的基本概念和遵循的基本理念有了一定的理解,这些为后续各章节讨论社会语言学的理论方法和前沿研究奠定了基础。

第一部分
传统与发展

第 2 章
拉波夫传统的社会语言学

在 20 世纪上半叶，现代语言学受到索绪尔结构主义语言学的影响，将研究重心集中在语言的内部结构上面。这个传统的语言学认为语言稳定而固化的同质性形式结构有助于对语言规律进行普适性的观察与研究，而言语现象由于其动态的、流动的、日常的异质性并不具备进行规律性研究的可能。然而，进入 20 世纪下半叶之后，随着对语言本质的深入认识，学者们开始强调在重视研究语言内在同质性的同时，还需要对多种变异形式进行探索。社会语言学研究秉承这样的主张，提倡从语言和社会相互依存关系的角度去探究语言的本质和差异，而由美国社会语言学家拉波夫倡导的变异社会语言学在这方面做出了巨大的贡献，开创了社会语言学研究的先河。他所创立的社会语言学量化研究范式无论在方法上还是在理论上，都突破了传统语言学的框架（祝畹瑾，2013），革新了语言学研究方法。他将语言结构研究与社会特征分析相结合，使人们的视野从语言内部扩展到外部因素对语言的影响。拉波夫不仅在语言学研究过程中引入量化模式展开研究，同时还通过其他学者的借鉴和运用将量化研究推广到其他研究领域，为后辈学者进行社会语言学研究乃至其他学科的研究提供了新的研究视角和起点。

基于此，我们关于社会语言学的讨论从拉波夫的变异社会语言学开始。在这一章，2.1 首先讨论变异社会语言学的产生和发展过程，之后在 2.2 讨论变异社会语言学的基本方法。接下来在 2.3 讨论拉波夫的两个研究案例，在 2.4 讨论埃克特的两个研究案例，这些案例为我们在 2.5 讨论变异社会语言学的发展提供了实例和基础。这一章的讨论将表明，以埃克特为代表的变异社会语言学研究对拉波夫的变异社会语言学研究传统进行了有益的补充和推进，体现出变异社会语言学从第一次浪潮到第二次浪潮、乃至第三次浪潮的发展。

2.1 变异社会语言学的源起

在 1.3 的讨论中，我们认识到社会语言学的研究对象不是抽象的语言，而是社会生活中使用的具体的语言，或称语言变项。某个或某些语言变项（可以是体现在音位和词汇上的具体语言变体）随社会因素或社会变项（如阶层、性别、年龄、教育背景）以及语言使用环境的变化而变化，这就是"语言变异"现象。在变异社会语言学看来，不同的社会群体其言语特征也有所不同，彼此之间存在着语言变异。语言变异在索绪尔的现代语言学看来是偶然的、孤立的、瞬间的语言形式，是受到了外部社会因素的干扰而发生的无规律性变化，是与语言规范相对立，被边缘化的语言现象，因此语言变异不被认为是现代语言学研究的对象。与此不同，变异社会语言学则认为，语言作为社会交际的工具，既有很强的同质性，同时也存在多种变异形式的有序系统，对此进行研究还可以形成一套较为稳定的研究工具、框架以及原理（Coulmas，2005）。正是在对语言变异的认识上面，社会语言学修正了现代语言学关于语言的认识，发展出拉波夫传统的变异社会语言学。

2.1.1 同质性语言观

必须承认的是，现代语言学的奠基人索绪尔对于 20 世纪语言学的影响是深远的，他为语言研究提供的理论方向导致现代语言学的语言观也建立在他（Saussure，1916/2001）《普通语言学教程》中的观点之上。根据罗宾斯（Robins，2001：224-225）的研究，索绪尔在书中提出了一系列互为参照的成对概念，如语言和言语、共时和历时、聚合和纵合等。在区分语言系统与语言运用时，索绪尔认为语言（langue）指某一语言的使用者讲这种语言所遵循的一套抽象的语言规则，而言

第 2 章　拉波夫传统的社会语言学

语（parole）则是具体使用的语言；在对共时（synchronic）和历时（diachronic）的语言研究进行区分时，索绪尔把共时语言研究中的语言视为任何一个时间点上的自我封闭的交际系统，而历时语言研究则关注言语在发展过程中的变化。同时他还强调语言研究要侧重一方面而忽略另一方面。例如，在区分语言和言语的同时，他认为言语是无序而混乱的，因而是无法作为对象来进行系统研究的。抛弃了言语，索绪尔将语言学的研究对象定格在语言系统上，并且继续将语言系统区分为共时和历时关系，但与此同时，他认为语言中凡属历时的都是言语，并舍弃历时而注重共时。在这两组取舍的基础上，索绪尔主张有关语言学的静态方面的一切都是共时的，有关变化的一切都是历时的。

有学者（如孙金华，2009）认为，索绪尔对属于言语历时范畴的动态变化采取回避的态度，其根本原因在于他坚持同质性语言观，不承认语言异质变化对于语言研究的重要性。在索绪尔看来，异质的言语活动所形成的变化永远不会涉及整个语言系统，而系统中语言符号的意义是由符号之间的关系确定的，而不是符号与外部世界的事物相联系确定的。虽然他并不否认语言变化研究也有其必要性，但他认为，由个人的、暂时的言语活动导致的零星的、不成系统的异质性变化语言现象是不能作为语言学的研究对象的，因为历时的变化不是同一个集体意识所能感觉到的互相连续的关系，而是彼此间不构成系统的要素之间的相互替换。故而，言语活动不是同质的，也就无法进行全面而整体的认识。这样，现代语言学研究便集中在语言系统上面，其结果是构建了一个完整的、规则的语言结构系统，语言运用中的不规则现象则被置于研究范围之外，而且也只能涉及它的这个或那个要素，只能在系统之外进行研究。在索绪尔的影响下，20世纪上半叶语言学领域中的美国结构主义语言学也认为语言变化是不能直接观察到的（Bloomfield, 1933）。

为了解释语言运用的不规则现象，美国语言学家乔姆斯基提出解决方案，他将语言分成两个结构，即表层结构（surface structure）和深层结构（deep structure）。不规则现象存在于表层结构，他称之为语言操作（performance），在表层结构之下是深层结构，即规则的语言系统，他称之为语言使用者的语言能力（competence）。在乔姆斯基（Chomsky, 1957）看来，规则的、抽象的深层结构可以通过"转换"

过程变成表层结构中的不规则的语言运用。这样，乔姆斯基的"转换—生成"语法解释了语言运用中的不规则现象，可以被认为在一定程度上发展了索绪尔的语言研究。

然而，在以生物学为认识论基础的生成语言学理论中，语言仍然是被当作一个同质的静态系统，在二元对立语言思想方面乔姆斯基和索绪尔并无区别。和索绪尔一样，乔姆斯基也将语言的内在二重性作为分类的基础，不论是表层结构和深层结构，抑或是语言能力和语言操作，这些区分都同语言与言语的划分极为相似。他们都认为，语言学的研究对象应该是同质的"语言"而不是异质的"言语"，是听话人和说话人的语言能力而不是实际的言语操作。乔姆斯基还非常强调语言的内在性研究，即大脑的生物特征，并以此提出了"普遍语法（universal grammar）"的概念，认为内在语言在普通条件下可以为人所接收，但只可以被人的生物特征所认识，而从这些生物特征发展而来的条件系统应该是语言学研究的主要内容（Chomsky, 1985/2002: 23）。不仅如此，许多对语言感兴趣的遗传学家和其他生命科学家也很关注在特定时空环境中的语言，有些学者甚至称他们的领域为生物语言学，其主要任务就是阐明语言能力，这无疑也是乔姆斯基所欣赏的（Chomsky, 2000）。然而，如果语言能力是我们遗传基因的一部分，那么它为何会有这么多截然不同的外观？要回答这个问题，我们需要正视语言的另一面，即由语言的社会属性产生的异质性特征，否则难以得出令人信服的答案。

2.1.2　异质性语言观

虽然索绪尔主张研究同质的"语言"，但是他也承认语言是一种社会事实。"语言是社会事实"这一命题可以有多种解读，其中一种认为语言因是一种交流的手段而成为人们关注的焦点。换言之，只有当观察人们如何联系并形成群体，如何交流以及如何集体行动时，我们才能研究这些社会事实。语言是社会事实，因为每一种语言都是集体性产出，是言语者通过多种社会行为机制规划整合而成的人工制品。社会建立在语言之上，并使用语言作为群体生活的核心工具。

第 2 章　拉波夫传统的社会语言学

　　社会行为当然有本能的部分,但这属于后天习得。一个人的社会化意味着他要学习个人的社会行为方式,包括语言。仅凭直觉,没有人能学会德语、法语、俄语甚至是梵语。每一种语言都是在习得过程中掌握的,而且言语者必须通过社会活动才会知道正确的语言使用方式,以及如何遵守既定的语言习俗。除此之外,我们还需知道语言可能与它实际呈现的样子有所不同。今天的语言与过去的语言不同,它们已经发生了变化,并将继续发生变化,因此,语言是一个社会事实,而不是自然事实。尽管生物语言学关注的是语言的不变性,忽视语言的多变性,但不可否认的是这种看似偶然的多变已然成为历史事实。对于社会语言学而言,历史维度是语言研究的中心。拉波夫就把其主要研究目标确定为语言的历时演变,因为他认为"语言变迁很难与适应交流的语言系统相一致"(Labov, 1994: 9)。

　　语言的社会历史特性和语言习得密切相关。所有人都能学说话,但每个人的学习能力有差异,这意味着我们不可能都学得一样好。例如,在中国学生学习英语时,rose 中的 [r] 的发音会是一个很大的困难。该音的英语变体为龈后近音 [ɹ],而受到汉语变体翘舌擦音 [ʐ] 的影响,中国学生就极容易把 /ɹəuz/ 发音成 [ʐoʊş],近似于"肉丝"的发音。对于中国学生而言,这两种发音持续共存很长一段时间,就很难证明其中一种发音在系统上比另一种更重要、更健全。我们也很难认为这些差异仅是些表面现象,因为这类变异如果堆积起来,就会导致语言的多样性,并产生一种新的语言种类——中式英语,因为这种 [r] 并不是随机出现的,导致它产生的并不是个体说话人,而是某一言语共同体中的语言使用者。

　　每一种语言都可以通过习得代代相传,都有自己独特的历史和多样性,这也许是许多偶然因素作用于人类言语行为的结果。但是,语言既不是确定性的,也不是随机的。如果没有开放性,没有发展和创新,语言也会很快过时。所幸,我们不只是重复前人说过的话,而是重新创造我们的语言,使之适应我们的目的,从而带来改变。社会语言学正是这样的一门学科,它重视言语和语言操作的研究,但并不排斥对语言系统自身的探索;它将共时和历时的研究创造性地结合在一起,因而可以带着动态的眼光来观察语言事实。如果说 20 世纪前半期同质论一统天下,那么20世纪后半叶出现的"有序异质（orderly heterogeneity）论"则对其形成了巨大挑战。"变异"被看作整个社会语言学体系的核心和枢纽。例如，将"变异"的概念在共时的维度加以拓展，那么语体、语域、不同变体的选择和混用均可以进入变异研究的视野；将"变异"概念在历时的维度加以延伸，那么便可以将语言演变和消亡也纳入变异研究的范围；而演变和消亡的过程又和语言接触密不可分。社会语言学的微观和宏观领域因此可以有机地结合在一起（赵蓉晖，2005）。

以拉波夫、特鲁吉尔、米尔罗伊夫妇等为代表的社会语言学变异研究学派，其理论基础便是瓦恩里希等人（Weinreich et al., 1968）提出的有序异质体概念。从索绪尔的现代语言学到美国结构主义语言学，再到乔姆斯基的转换—生成语法，形成了一脉相承的特点，就是强调语言系统的同质性。瓦恩里希等人要打破这种导致语言变化无法在语言结构中得到解释的局面，他们要建立一个新的不同于同质说的语言理论模型，将语言视为一个有序异质体。语言研究者需进入言语共同体，并认为同一共同体成员所说的语言都可以分为若干个子系统。他们提出一个双语者可以具备两个子系统，并可以根据语境和交际对象等交际需要对系统进行选择。他们认为，在这个过程中，两个系统可能相互影响使得一个子系统的成分以语言变体的形式进入另一个子系统，而某个语言变体一旦在言语共同体的特定社会人群中扩散传播，就意味着变化的开始。如果使用此语言变体的社会人群在言语共同体中具有特殊地位，该变体就有可能成为其他社会群体模仿的对象，从一个社会群体扩散到另一个社会群体，完成变化的全过程。这一模型的核心就是"有序"，它不仅指变异成分和周围社会环境之间具有规律性关系，也指变异成分和语言系统中其他结构成分之间也具有规律性关系，这使得开展系统性和规律性的研究成为可能。从同质性的角度来看，异质只是一些零散的、不影响系统的无序现象，根本没有任何规律可循，所以不能成为科学研究的对象。然而，在变异社会语言学看来，这种无序是有规律的，因此异质性也就自然地进入了语言学家们的研究领域。

据孙金华（2009）研究，拉波夫语言变异研究主要受到两方面的影响。理论方面，拉波夫提出异质性语言观是对他的老师瓦恩里希思想的继承与发扬。作为拉波夫的导师，瓦恩里希并没有将自己的观点和研究

第 2 章　拉波夫传统的社会语言学

方向强加给拉波夫，而是谨慎地用自己的研究形成一种良性的约束力，引导拉波夫走向一条有益于自己的研究道路。在瓦恩里希的指导下，拉波夫开始了对音变的经验性研究，完成了对社会语言学变异研究意义重大的两篇著名论文：硕士论文《麻省马萨葡萄园岛一个音变的社会历史》和博士论文《纽约市英语的社会分层》。在调查研究方法上，拉波夫得益于青年时期对化学的兴趣和在哥伦比亚大学社会工作学院应用社会研究中心的学习。前者是他将语言变异研究科学化的原动力，后者则代表了他抛弃抽样的随意性、坚持对语言材料进行统计分析的开端。两者的合力使拉波夫在语言学研究中引入注重数理统计的量的研究方法，借此探究语言变项与社会变项的联系。除此之外，哥伦比亚大学的社会学家们对社会地位的重视可能也影响到拉波夫对地位和声望分层问题的关注，使他放弃了传统方言学一直以来对地域区别的偏好。

拉波夫坚持的语言变异研究在理论和方法两个方面为语言研究提供了新的思路（孙金华，2009）。语言学家们秉承异质性语言观，摆脱了对于语言理想状态的分析，更加关注对语言实际运用情况的研究，并结合社会语境对语言进行动态考察。正是在这个过程中，变异社会语言学逐渐发展起来。然而，需要指出的是，拉波夫研究的核心并不是要从语言变异中探求社会的变迁与发展，而是综合社会环境诸因素来研究有序变异对语言内部结构的影响。在这方面，变异社会语言学与批评话语分析有所不同。这种不同也为后者对前者的发展以及二者的跨学科结合埋下伏笔。对此，我们将分别在第 5 章和第 9 章详细讨论，但在本章余下的篇幅仍然聚焦变异社会语言学，在 2.2 讨论其研究方法之后，在 2.3 和 2.4 两个小节结合具体的研究案例更为细致地讨论拉波夫变异社会语言学的研究传统，并在 2.5 讨论这一传统的创新发展问题。

2.2　变异社会语言学的研究方法

就研究方法而言，变异社会语言学在宏观架构上采取了"假设—推导"方式，即依据已知的公理、定义、定理、定律进行演算和逻辑推理得出新的结论。同时，在对数据的处理方面，变异社会语言学采取的是"数理统计"的方法,即对收集到的语料进行数据化处理,运用统计学的方法发现一些语言变异的规律。例如,在对言语共同体的调查研究中,拉波夫便是在宏观构架上遵循"假设—推导"方式,在具体分析层面上更注意抽样收集言语共同体中讲话者的语言事实,并对这些数据进行统计学处理,得出对言语共同体中的某些语言变异或变化的总体描述,并试图在更多的言语共同体中验证这些描述的可靠性,最后将所有得到的认证、校正和驳斥性语料结合到一起,获得大范围基础上的小归纳,即"原理"。拉波夫将宏观的"假设—推导"方式与"数理统计"方法融合到具体的研究之中,也体现出徐大明等学者(徐大明等,2004)所指出的,只有当无数相关的普遍原理可以符合逻辑地相互关联并不断被语言事实强化以后,才有可能得到可以用于演绎推理的普遍性理论。

2.2.1 假设—推导

下面,我们以英语名词复数形式变位为例,展示生成音系学中的"假设—推导"研究方法,说明该语言系统方法对拉波夫研究的影响,并进一步展示拉波夫研究范式的研究框架。

我们知道,英语名词复数形式的变位高度依赖于音系条件。已知英语复数形式有三种变体 /s/、/z/ 以及 /əz/,其用法如下:

(1) /s/ 出现在清音后;
(2) /z/ 出现在浊音之后(所有元音都是浊音);
(3) /əz/ 出现在齿擦音之后(即所有的摩擦音和破擦音)。

现在的问题是,什么样的机制在操控着这些音素变体并影响了复数形式的发音乃至形式?生成音系学认为,语言中存在着底层和表层两种形式,我们所说出和听到的音素都是表层形式,具有多样性,而这些多样的表层都来自同一个底层形式,并依靠音系规则从底层到表层一次性推导而生成。为了解释这一现象,我们首先需要掌握可能涉及的音系规则并对底层形式在 /s/、/z/ 以及 /əz/ 中进行假设。目前我们已知两条音系规则:

第 2 章　拉波夫传统的社会语言学

(1) z → s / [–voice, C] ＿＿＿＿＿（devoicing, 消音规则）
(2) ∅ → ə / sibilant ＿＿＿＿＿ z（epenthesis, 插音规则）

这两条音系规则的具体含义为：

(1) 消音规则：如果浊化摩擦齿龈音 /z/ 出现在清化辅音的前面，浊化摩擦齿龈音 /z/ 变化为清化摩擦齿龈音 /s/；

(2) 插音规则：齿擦音和浊化摩擦齿龈音 /z/ 之间必须插入元音 /ə/。

我们首先假设，/z/ 是复数形式的底层形式，其他两种形式 /s/ 和 /əz/ 则为表层形式，是从 /z/ 的底层形式通过两条音系规则推导出来的，推导过程如表 2-1 所示。

表 2-1　英语名词复数形式变位（消音—插音）

音系规则顺序 \ 底层形式	sit /si:t+z/	beds /bɛd+z/	cases /keis+z/
顺序 1：消音	s	无	s
顺序 2：插音	无	无	无
表层形式	/si:ts/	/bɛdz/	/keiss/!

在推导过程中，我们再次假设，消音规则顺序作用于插音规则之前。我们首先把消音规则作用于所有的底层形式，这些形式会根据规则条件做出相应的变化。在表 2-1 中，第二排从左到右可以看到，底层形式 /si:t+z/ 和 /keis+z/ 中的 /z/ 音受到消音规则的影响，从 /z/ 音变成了 /s/，底层 /bɛd+z/ 因为不符合消音规则的作用条件，形式上无变化。消音规则作用结束之后进入插音规则。由于插音规则要求同时具备齿擦音和浊化摩擦音两个辅音，而经过第一次音系规则作用后已无满足插音规则的音系条件，因此插音规则无法作用于所有语音形式。最后来看表层输出口。在表 2-1 中，第三排从左至右可以看到，/si:ts/ 和 /bɛdz/ 被成功输出，但是在 /keiss/ 上出现了问题，与我们已知的变体用法不符。在生成音系学的推导过程中，所有的表层形式必须经由音系规则作用一次性导出，而目前的状况显然与要求不符。这让我们对推导过程产生怀疑，需要对推导的各个环节进行分析。回顾这个推导过程，其中有两个重要的假设环节值得注意，到底是底层形式的假设错误，还

是音系规则顺序的假设出现错误。这里我们尝试对音系规则的作用顺序进行重新假设，让插音规则先作用于消音规则，以使得底层形式一次性输出到表层，如表2-2所示。

表2-2 英语名词复数形式变位（插音—消音）

音系规则顺序	底层形式	sit /si:t+z/	beds /bɛd+z/	cases /keis+z/
顺序1：插音		无	无	ə
顺序2：消音		s	无	无
表层形式		/si:ts/	/bɛdz/	/keisəs/

当插音规则首先作用于底层，可以看到符合语音环境的 /keis+z/ 在 /s/ 和 /z/ 之间被插入了 /ə/，其他不满足条件的底层不做变化。接着进入消音规则，可以看到底层形式 /si:t+z/ 因为满足消音规则的音系条件 /z/ 变成了 /s/，其他形式因为不满足条件不做变化。最后来到表层形式输出口，这时可以看到 /si:ts/、/bɛdz/ 以及 /keisəs/ 均已被同时输出，表明推导成功。

回顾以上推导过程，可以总结出几个关键节点：首先，需要有已知的且具有普遍性的约束机制，如在上面的例子中，英语复数形式的三种已知变体及其用法；其次，要有确定的变化机制，如需确定存在底层形式和表层形式，还需要知道相关的音系规则；再次，需要不断地对推导过程进行假设，不仅要有假设失败的准备，还要分析失败的原因并进行重新假设，甚至重新论证。这几个关键点虽然来自研究语言系统的生成音系学，但是作为现代语言学研究范式之一，对拉波夫研究方法的形成还是产生了不小的影响，并形成了一个具有五方面内容的研究方法：

（1）提出研究假设；

（2）识别言语共同体（通常40—150人左右，年龄、性别、阶层均不相同）；

（3）寻找不同群体中的语言变项，比如 /ai/ 在单词 right 以及 time 中的不同发音变体，以及 /r/ 在单词 floor 和 fourth 不同音系条件下的发音变体；

第 2 章 拉波夫传统的社会语言学

（4）进入田野，收集数据，并对相关语言变项进行统计学计算；

（5）在语言变项和社会变项之间寻找共变关系（correlation）以及产生共变的原因。

这五个方面不仅吸纳了如生成音系学推导过程中重视语言内部因素的特点，也包含了对语言外部因素的考察。拉波夫以"有序异质"的语言观为立论基础，以定量分析为手段，通过对言语共同体中实际语言使用者的语言进行采集和分析，将一种新的语言观引入了现代语言学。在2.3，我们将介绍他的两个最重要也是最著名的调查研究——马萨葡萄园岛音变研究和纽约城区音变研究，并结合研究方法具体分析和评论拉波夫的变异研究范式。

2.2.2 数理统计

拉波夫传统的变异社会语言学研究除了在宏观层面采用"假设—推导"框架，在微观层面还采用"数理统计"的方法。数理统计的研究方法主要应用在语料分析方面。具体的做法是，将所发现的语言变体用百分比的形式计算出来，并用图和表的方式直观地呈现出来。例如，在他著名的纽约百货商场的案例研究中，在现场调查的基础上，对收集到的三个百货商场中 264 名受试按商场分别进行统计，如萨克斯商场 68 人，梅西百货 125 人，圣克莱恩 71 人，然后分别记录这些受试全部、部分发（r）音以及不发（r）音的情况，将统计的结果换算成百分比。例如，萨克斯商场 68 人中全部发（r）音的人是 22 人，部分发（r）音的人是 20 人，没有发现发（r）音的人是 26 人。在此基础上，分别将这些全部发（r）音、部分发（r）音和不发（r）音的人数换算成百分比，如 22/68 是 32.35%，20/68 是 29.41%，26/68 是 38.23%。然后，用同样的方法统计出梅西百货和圣克莱恩两个商场受试全部、部分发（r）音以及不发（r）音的人数，并计算出各自的百分比数值，取每一个百分比数值中分子的整数，以表格的形式呈现出来（见表 2-6）。这些百分比数值体现出在各自商场收集到的发（r）这个语言变体的情况，而这些数值之间的排列顺序与这三个商场在社会地位的排名顺序完全一致，这便形象地表明语言变项与社会地位的相关性。

除了表格可以形象地表明语言变体与社会地位的相关性以外，柱形图（如图 2-1）和图表（如图 2-2）也经常被变异社会语言学家用来形象地表明语言变项与社会变项之间的关系。这些我们将在 2.3 讨论变异社会语言学的具体研究案例中详细讨论。同时，在 2.5 我们也会结合案例讨论变异社会语言学研究方法的特征以及在现阶段看起来存在的一些不足。

2.3 拉波夫的变异研究

拉波夫对语言变异的研究大致分为四个阶段：（1）1962 年马萨葡萄园岛实验研究，探究了本土的身份对语言变异的影响；（2）20 世纪 60 年代中期至 20 世纪 70 年代初，纽约市社区系列研究，探究了社会层次对语言变异的影响，如纽约下东区各社会阶层人员的（th）语音调查、纽约市三家不同百货公司售货员的（r）语音调查；（3）1965 年纽约哈莱曼区中南部的黑人英语土语研究，探究了政治文化冲突对语言变异的影响；（4）1972 年费城调查探究了性别因素对语言变异的影响，并归纳出语言变异的不遵从性原则（孙金华，2009）。这些调查对社会语言学乃至其他领域的研究发展都有深刻的影响。下面我们具体讨论他前两个阶段的研究。

2.3.1 马萨葡萄园岛的研究

马萨葡萄园岛（以下简称马岛）的研究是拉波夫结合社会因素研究语言变异的第一次尝试，在此次调查中拉波夫首次提出语言变异问题，奠定了他日后研究的基础，拉开了社会语言学的帷幕，反映了拉波夫将具有社会意义的语言变项置于社会关系中研究的思想以及影响深远的定量研究方法（孙金华，2009）。本节将从建立假设、确定言语共同体、抽样收集不同群体的语音特征、分析语料、得出结论五个方面概述拉波

第 2 章 拉波夫传统的社会语言学

夫的马岛实验过程。

第一，建立假设。实验的假设建立在所观察到的现象基础之上。拉波夫在研究前期发现马岛人通常把（ay）和（aw）发音成 [əi] 和 [əu]，而不是标准的新英格兰西南部的发音 [ai] 和 [au]。这在语言学上被称作双元音央化现象（Labov，2001b）。对于这种特定的语音变异，岛上有明显的分布状况。该岛语言分布虽然复杂，但拉波夫发现这可以依据岛上居民的身份判断出来。由此也催生了很多问题，如语言变异为什么会发生？语言的内部结构是语言变化的动因吗？社会因素对于语言变化的影响是什么？为什么会产生这种影响？该语音变异是否可研究？语音变异和社会群体和地域的关系如何？语音特征的社会意义如何？针对这些问题和岛上语言变异的现象，拉波夫提出群体的社会因素影响语言变异的假设，讨论了岛民维护本土身份的意识对语音变化的影响。

第二，确立言语共同体。马岛的地理位置和复杂的多语言现象成为拉波夫开展实验调查的天然语料库。从地理层面看，马岛分为上岛和下岛。上岛主要是农村地区居民。下岛则由三个小镇组成。岛上四分之三的永久居民都居住在下岛。马岛居民总数约为 6000 人，是多民族混合人群，有英国、印度、西班牙、加拿大、爱尔兰等多个种族人群。尽管这些居民的种族、年龄、性别、身份等不尽相同，在（ay）和（aw）的发音上有明显区别，但却存在相关的双元音央化现象。拉波夫正是将马岛居民的双元音央化现象作为研究对象，探究社会因素对语言变异的影响。

第三，抽样收集不同群体的语音资料，识别语言变项。为了系统地研究该语言变项，拉波夫设计了一张访谈表格用于引导被试者说出研究者需要的发音样本。表格提供了各个风格的（ay）和（aw）的例子，如随意风格、感情色彩风格、小心风格和朗读风格等，调查内容分为以下三部分。

（1）朗读词表：根据 1941 年的《新英格兰语言地图集》中最重要的地区标记以及他本人的近期观察，拉波夫选中了 8 组 27 个含有（ay）和（aw）音的单词，请受试朗读。

（2）价值判断问题：为了了解回答中包含的社会倾向，拉波夫十分巧妙地设计了一些可以诱导出含有（ay）和（aw）发音形式的答案。

例如,"When we speak of the 'right' to life, liberty and the pursuit of happiness, what does 'right' mean?",回答问题时,讲话人不可避免地要使用问题中的 right 和 life,这就成功引导出了所需的自然状态下的发音。另外,讲话人的态度可以使语料中分别出现强调和非强调这种"风格"上的变化。

(3)特殊材料的朗读:主要在中学进行,表面上是要对学生进行一次自然地朗读故事的能力测试。故事的内容是一个十几岁岛内男孩讲述他发现父亲并非总是正确(right),大约由两百个单词构成,在随后的声谱测量中就使用了可以提供讲话人之间真实对比的这些朗读材料。

调查一共分三个时间段进行:1961 年 8 月、9 月至 10 月和 1962 年 1 月,涉及 69 位岛内本土居民,占总人口的 1%,是对言语共同体本土居民的判断抽样。样本与区域相对应:40 名上岛人、29 名下岛人。职业构成为:渔业(14 人)、农业(8 人)、建筑业(6 人)、服务业(19 人)、专业人士(3 人)、家庭主妇(5 人)、学生(14 人)。族群构成为:英裔(42 人)、葡萄牙人(16 人)、印第安人(9 人)和其他族群(2 人)。通过访谈,收集受试者对例子中出现的(ay)和(aw)的读音,并对出现语言变异的读音进行标注。另外,除了正式的访谈,他还在诸如街道、饭店、酒吧、商店等不同场合进行了大量的实地观察,同时留心收集样本,总共收集了大约 3500 个(ay)和 1500 个(aw)的发音样本作为研究的基本数据。

第四,分析资料:计算相关语言特征出现的频率。在这一阶段,拉波夫将访谈和实地观察收集到的样本按社会变项的不同分门别类,并以图表的形式展现出来。表 2-3 显示出 69 位被试者的语音特征与他们年龄的关系。

由表 2-3 可看出,除 75 岁以上受试者外,拉波夫以 15 岁为一个阶段,将被试人群从 14—75 岁分为四个年龄组,央化比例最低的人群是 75 岁以上的岛民,双元音央化现象从 75 岁及其以上到 31 岁的被试者呈递增的趋势,31—45 岁的青年岛民有最明显的语音央化特征,(ay)和(aw)央化的百分比数值分别为 81 和 88;但在 14—30 岁的更年轻的岛民中,其语音的央化现象却仅比 61—75 岁的岛民略高一点,(ay)和(aw)央化的百分比数值分别为 37 和 46。

第 2 章　拉波夫传统的社会语言学

表 2-3　不同年龄组的人的元音央化比例（Labov，2001b：23）[1]

年龄	（ay）央化比例（%）	（aw）央化比例（%）
75 岁以上	25	22
61—75 岁	35	37
46—60 岁	62	44
31—45 岁	81	88
14—30 岁	37	46

表 2-4 和表 2-5 分别展示出 69 位被试者的语言特征与他们职业和所处地区的关系。

表 2-4　不同职业组的人的元音央化比例（Labov，2001b: 28）

职业	（ay）央化比例（%）	（aw）央化比例（%）
渔民	100	79
农民	32	22
其他	41	57

从表 2-4 可以明显看出，在受试者的职业方面，双元音央化现象在渔民中的应用比例是最大的，（ay）和（aw）央化的百分比数值分别为 100 和 79。

表 2-5　不同地区组的人的元音央化比例（Labov，2001b: 27）

地区	（ay）央化比例（%）	（aw）央化比例（%）
下岛	35	33
上岛	61	66
齐尔马克地区	100	81

1　中文为本书作者翻译。下同。

双元音央化现象还和受试者所在的地域有关，如表2-5显示，（ay）和（aw）两个双元音央化现象在下岛最不明显，双元音央化比例数值最小，分别为35和33；上岛的双语音央化现象更加常见，在渔业中心的齐尔马克地区该语音特征最明显，（ay）和（aw）两个双元音央化的百分比数值分别为100和81。

在对收集到的样本和数据进行统计之后，拉波夫对这些统计结果进行了初步分析。例如，拉波夫认为和下岛小镇地区居民相比，上岛居民央化程度较高，其中渔民的央化程度最高；岛内央化的族群分布则十分复杂。为了解释地域、职业和族群这些社会变项与语言变项之间不同的关系，拉波夫将注意力转向岛内的社会结构和引发当时马岛社会变化的原因。例如，岛内的贫穷经济状况和因此形成的对旅游业的依赖使得岛内居民对夏季游客产生了强烈的抵触情绪，研究材料也显示（ay）和（aw）的高度央化和这种情绪相关。而上岛农业区的居民，尤其是以渔业为经济支柱的齐尔马克居民，对外来游客的抵触最为强烈。他们自然而然不断强调语音差异，以此作为维持身份认同的群体力量。

拉波夫还分析了（ay）和（aw）两个双元音央化现象与样本在年龄上的关系。央化现象在31—45岁的人群中最为明显，（ay）和（aw）的百分比分别达到81和88（见表2-3）。究其原因，拉波夫认为这一年龄段的人比其他各年龄段的人都要承受更大的压力。他们在经济衰退中成长，受客观条件影响审慎地选择了留在岛上。他们有条件外出谋生，但是对家乡的深厚感情使他们宁愿扎根岛上。他们在央化上的"矫枉过正"也表明了这种乡土情结。可见，元音央化现象与岛内本土认同的关系越发明显地体现出来。

第五，得出结论：基于以上关于社会变项和语言变项的相关性分析，拉波夫为我们勾勒出一个统一的模式来完整地解释央化双元音的社会意义。央化语音特征最直接的社会意义就是确定岛民的本土身份。虽然不同群体要应对有关本土地位的不同挑战，但是本土身份却是他们一致坚持的。央化这一语音特点正是马岛本土身份认同的一种表现。齐尔马克人央化使用频率的增高是这种新的元音行为的开端，年老的英裔居民和上岛居民的语言行为成为他们群体中年轻一代人的参照系。央化在愿意留在岛上的年轻人中得到强化。葡萄牙人没有去或留的困惑，但是他们

第2章 拉波夫传统的社会语言学

却强烈地希望巩固自己本土岛民的身份,此时他们的语言参照系自然也是英裔岛民的语言表现。而印第安人则在怀念不幸消失的本族语言资源的同时,自然地在语言上跟随本土意识最强的英裔居民。拉波夫将这一系列的央化使用情况概括为:根据出现的环境来判断,央化现象体现的是马岛本土的正面的认同倾向(Labov, 2001b: 39-43)。

以上我们阐述了拉波夫的马萨葡萄园岛实验研究。这个研究具有以下几个特点。首先,拉波夫在研究中引入量化模式,创新了语言学的研究方法,同时也使量化研究被应用到其他领域。其次,拉波夫的马岛实验中接受调查的受试群体范围大,来自不同社会分层,因此代表性强;搜集资料的方法也多种多样,不仅有访谈、问卷调查,还有实地观察等方法,实验设计十分灵活。最后,拉波夫马岛实验不仅揭示了语言变项和社会变项之间的联系,而且提出了语言的重要特征:语言在不断地变化着,或者说,语言变化是进行中的变化(Labov, 2001a: 56)。拉波夫强调,这种进行中的变化可以被捕捉并记录下来进行研究,这就在很大程度上动摇了传统语言学的理论基础;同时,他将语言结构研究与社会特征分析相结合,也使研究的视野从语言内部扩展到外部因素对语言的影响,从而拉开了社会语言学的序幕。

2.3.2 纽约地区的研究

马岛调查研究之后,拉波夫做了更为著名的纽约英语社会分层研究。在这个研究案例中,拉波夫的语言变异模式包括两个方面的基本内容:社会变异和风格变异。社会变异指语言使用上的变化随使用者的社会属性而变,风格变异指语言使用上的变化随语境(如正式与否)的变化而变化(祝畹瑾,2013: 89)。拉波夫在其精心设计的纽约实验中提出并验证了这一模式,证实社会阶层与语言变异相关,风格亦与语言变异相关,进而完善了量化研究方法,进一步奠定了社会语言学理论和方法论的基础。

1)语言变异与社会阶层

拉波夫首先进行了大量的前期调查,对约70人进行个人采访,并在公共场所进行了大量的观察。这些前期调查使拉波夫确定了在接下来的实验中所研究的主要音位变项（r），即位于元音后的辅音（r）的出现或缺失现象，如 four、fourth 等词发音中的（r）。从前期的调查中拉波夫得出两项结论，并把它们作为纽约实验的假设，它们是：（1）在各社会层级的纽约人的讲话中，音位变项（r）有着明显的社会区别特征；（2）快速匿名语言事件可以作为语言变异系统研究的基础。接下来，拉波夫在纽约的三个商场开展了关于语言变异的实验。拉波夫进一步把假设细化为三点：

（1）与在辅音前的位置相比，音位变项（r）更易出现于词末；

（2）音位变项（r）是年轻人的语言特征，而老年人则没有该语言特征；

（3）当讲话的正式程度上升时，音位变项（r）也更容易出现。

拉波夫认为，如果纽约市中的任何两个群体在社会分层中处于不同的级别，那么这两个群体中的人在发（r）音时（体现为不同的语言变体）也会体现出相同的级别差异。拉波夫选择了三个分别属于不同社会阶层的商场作为开展田野调查的场所：第五大道的萨克斯（Saks Fifth Avenue）、梅西百货（Macy's）和圣克莱恩（S. Klein）。他从地理位置、商品价格、员工工资、广告投入等诸多方面对三个商场进行了比较，认为这三个商场依次代表高档、中档和低档商场，分别面向不同的消费群体。出于迎合消费者的原因，拉波夫假设商场中的售货员应该在音位变项（r）的使用上与目标消费者趋同，所以高档商场（萨克斯）的售货员应该对音位变项（r）的应用最多，其次是中档商场（梅西百货）售货员，而低档商场（圣克莱恩）售货员应该使用最少的音位变项（r）。

拉波夫以顾客的身份进入商场，他的受试者就是这三家商场中的售货员。在进入商场之前，他已经知道哪些商品位于四楼，但是他却故意向售货员询问这些商品位于几楼。例如，他知道女鞋位于商场四楼，便向售货员询问："女鞋在哪？"售货员就会说："四楼（the fourth floor）"。然后他会继续问道："不好意思，哪里？"这时售货员会再说一遍："四楼"（英文 the fourth floor，其中 fourth 和 floor 主要的词均带有（r）这一音位变项）。这样，拉波夫连续两次得到了想要的答案，同时售货员的语音被记录下来成为研究数据。当然，两次的正式程度不同，

第 2 章　拉波夫传统的社会语言学

第一次是随意风格（casual style），第二次是留意风格（careful style），拉波夫在商场的各个楼层多次重复使用这种方法，调查涉及相关商场员工 264 名，其中萨克斯 68 人、梅西百货 125 人、圣克莱恩 71 人。

在后来的社会语言学家所进行的语言变异实验中，拉波夫的这一方法被证明是非常有效的，该方法也因其实施快速、并在受试者没有意识到参加语言实验的情况下进行等特点，被命名为"快速匿名调查法"。从受试者（售货员）角度来看，交流是在与其服务的顾客之间进行，是自己工作的一部分，因此，几乎所有售货员都没有意识到自己参与了一项语音测试。在这个意义上，调查者的真实身份并没有影响到受试者的发音，搜集上来的语料也反映了受试人对于音位变项（r）的真实使用情况。从调查者角度来说，也可以系统地以预想的方式引出所需的语料。拉波夫对所得数据进行分析之后，在三个商场得到的数据结论不同程度地印证了实验前的假设。表 2-6 反映了三个商场售货员发（r）这个音的语言变体情况。

表 2-6　纽约市三个百货商场中（r）使用的百分比（Labov, 1972a: 51）

	萨克斯	梅西百货	圣克莱恩
全部（r）	32%	31%	17%
部分（r）	30%	20%	4%
无（r）	38%	49%	79%
人数	68	125	71

根据表 2-6 显示的实验结果，我们可以看到，无论是售货员的语言中全部使用（r），还是只有一部分使用（r），发（r）音的百分比都是萨克斯依次高于梅西百货和圣克莱恩。萨克斯和梅西百货分别有 32% 和 31% 的服务员在所有语境中都使用了（r）音，而圣克莱恩售货员全部使用（r）发音的比例只占 17%。售货员在谈话中只有一部分使用（r）发音的数据显示，三个商场分别是萨克斯 30%，梅西百货 20% 以及圣克莱恩 4%。所以，在实验中，使用（r）发音的售货员比例（全部使用（r）和一部分使用（r）之和）在三个商场中分别是萨克斯 62%，梅西

百货 51% 以及圣克莱恩 21%，而完全没有使用（r）发音的比例分别是萨克斯 38%，梅西百货 49% 以及圣克莱恩 79%。

综合以上数据，拉波夫在实验前的第一个假设得到了很好的验证：高档商场（萨克斯）的售货员在实验中使用（r）音的比例最高，其次是中档商场（梅西百货）售货员，而低档商场（圣克莱恩）售货员使用（r）音最少。由此印证了在各个层次的纽约人的讲话中，语言变项（r）有着明显的社会区别特征。可见，快速匿名调查法可以作为语言变异系统研究的基础方法。

完成了社会分层对（r）发音的影响分析，拉波夫利用其他自变项进一步验证他的其他假设。种族、职位、性别、楼层的相关分析都显示出和总体模式基本一致的情况，但是，与第二个假设关于年龄的分布模式却出现了不一致。在各商场不同年龄的人群中，（r）的分布呈现不均匀的现象：在萨克斯，年龄越小发（r）的人越多；而在梅西百货，年龄越大发（r）的人越多；但是在克拉莱恩，年龄与（r）的关系却没有发现有何规律，如图 2-1 所示。

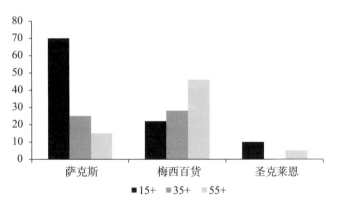

图 2-1　三种不同年龄组（r）音的发音分布图（Labov，1972a: 59）

拉波夫分析其原因认为，由于调查是快速匿名的，年龄是按 5 岁的间隔估计的，年龄样本的复杂分布也许是方法缺陷造成的。为了证明百货公司调查的结果是否与研究方法不当相关，拉波夫将系统访谈调查得到的纽约下东区的相关数据与百货公司的数据进行了对比分析。下东区调查中的上层中产阶级、下层中产阶级和工人阶级可以分别对应萨克斯、梅西百货和圣克莱恩三个商场。快速匿名和系统访谈的结果假如相同，就可以证明百货公司的调查方法已经克服了观察者悖论，其结果是客观存在的语言表现。下东区不同阶层的不同年龄的人发（r）音的情况是：地位最高群体（r）的比例和年龄成反比，即年龄越大越不发（r）音；地位中等的群体（r）的比例和年龄成正比，即年龄越大越倾向于发（r）音；工人阶级中（r）和年龄之间没有明显的相关性。由于百货公司与下东区的方法和规模等因素存在很大差异却呈现出相同的调查结果，说明百货公司的调查结果与研究方法和调查规模无关，而是客观存在的语言事实。下层中产阶级中的这种语言表现后来在拉波夫的研究中被专门分离出来，称为矫枉过正（hypercorrection）。

2）风格变异与矫枉过正

拉波夫在1963—1964年的纽约市下东区语言研究中提出了风格分层研究法，用于有效地分离随意风格和其他言说风格。和百货公司调查相比，对下东区语言变异的系统调查基于更加丰富的语料：对已知社会地位和地域经历的调查对象进行长时间的访谈，这时讲话人对风格变异的关注尤为明显。通过对70位调查对象的访谈表明，有五个音位变项在不同的风格和语境中呈现规则的变异。这五个音位变项是：（r）、（eh）、（oh）、（th）和（dh），其中（r）的两个基本变体和百货公司调查中相同，为 [r-1] 和 [r-0]；（eh）有五个基本变体，可分别标注为 [eh-1]、[eh-2]、[eh-3]、[eh-4] 和 [eh-5]；（oh）有六个变体，分别为 [oh-1]、[oh-2]、[oh-3]、[oh-4]、[oh-5] 和 [oh-6]；（th）有三个变体，分别是 [th-1]、[th-2] 和 [th-3]；（dh）有三个变体，分别为 [dh-1]、[dh-2] 和 [dh-3]。这五个音位变项的第一个变体都是具有声望的风格形式（Labov，1972b）。

拉波夫认为寻找变异的规律性就要控制语境并界定每一语境中可能出现的各类言说风格。他把面对面访谈情景中出现的言说风格标记为五种：

（1）随意言语（casual speech），一种十分放松的语体，受试人在大多数语境中使用的语体，标记为 A；

（2）留意言语（careful speech），在对受试人进行结构式访谈中出现的语体，标记为 B；

（3）朗读风格（reading style），访谈进行半小时到一小时，拉波夫请受试人朗读两段口语风格的故事性文章。其中的一篇重点在段落中连续出现的主要音位变项，另外一篇则包含变项的最小对立体，标记为 C；

（4）词表（word lists），拉波夫请受访者读出在朗读阶段出现的每一对存在最小对立的单词，并请他们评价该词表与日常的发音之间的异同，标记为 D；

（5）最小对立体（minimal pairs），如仅包含音系变项（r）的最小对立体。此时（r）是对立体中唯一不同的音素，因而会受到发音人最大限度的关注，标记为 E。

接下来，拉波夫把阶层群体的等级划分为：下层阶级 0—1、工人阶级 2—5、下层中产阶级 6—8、上层中产阶级 9。拉波夫称这一结构模式为精细分层，因为每一个语体在社会经济连续体中都完全层级化了。纽约市百货公司的调查也存在这种精细的层级化。从言说风格 A 到言说风格 E，语言变体 [r-1] 的出现频率逐渐上升，这表明了它作为声望风格标记的地位。语言变体 [r-1] 在下层中产阶级中呈现出十分明显的增长，在语体 C、D、E 中甚至超过了上层中产阶级，出现矫枉过正的现象，如图 2-2 所示。

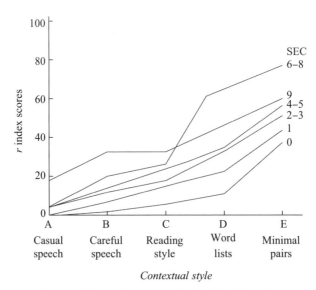

图 2-2　纽约市 [r-1] 变体的社会阶层与言说风格分布图（Labov，1966）

在音位变项（r）的变异分布中，只有社会经济指数为 9 的社会地位最高的上层中产阶级在随意言说风格 A 才有一定程度的使用 [r-1] 音位变体（接近 20%），因为这是社会地位高的人所使用的声望标记。社会经济指数为 6—8 的下层中产阶级在随意风格 A 中的表现和其他各低层阶级相同，很少使用该变体。但是，随着言说风格从 B 到 E 变得越发正式，他们使用 [r-1] 变体形式的频率也就越高，在言说风格 D 和 E 中他们使用 [r-1] 变体形式的频率甚至超过了上层中产阶级 9。不仅如此，拉波夫在同一次调查的其他两个音位变项（eh）和（oh）的变异分布中也发现了同样的超越模式。对此，可以用矫枉过正来描述这种偏离规律模式的超越。该模式告诉我们，这应该不是对规律结构的偏离，而可能是不同于整齐模式的另外一种规律性结构。这种对比可以让我们更加清楚地认识到，下层中产阶级对自上而下的社会压力的敏感是产生这种模式的根本原因。

对于纽约市言语共同体中出现的这种超越，我们还可以进一步深入分析矫枉过正对言语变化的促进作用，同时也应考虑造成这种变化的社会动因。拉波夫在纽约市调查中发现的风格变异及其所使用的方法，使得变异社会语言学在探索语言变化机制方面又进了一步。他使用的方法成为之后许多社会语言学调查研究的典范。另外，拉波夫的调查结果不断地强化了他对言语共同体的界定，即言语共同体不是指使用相同语言变体的一群人，而是指在语言上拥有共同规范（norm）的群体。这种规范既有客观方面的因素，如某些语言变项的变化趋势；也有主观的方面，如对某一语言行为的社会评价。

2.4 埃克特的变异研究

作为拉波夫的学生，埃克特对变异社会语言学的发展做出了卓有成效的贡献。她不仅在具体的案例研究（如 Eckert，1989）中将拉波夫传统的社会语言学推向前进，而且对变异研究的文献进行梳理，在理论上提炼出变异研究的三次浪潮（Eckert，2012，2018），突显变异社会语言学的创新发展。在这一小节，我们先讨论在她案例研究中的一个重要概念"实践共同体",讨论这一概念对"言语共同体"概念的发展,然后讨论她著名的贝尔顿中学研究案例。关于她提出的变异研究的三次浪潮,在下一小节讨论拉波夫传统的再创新时会有所涉及。

2.4.1 言语共同体与实践共同体

"言语共同体(community of speech)"这一概念在社会语言学自20世纪60年代诞生以来就一直广泛应用。由于它突显社会语言学有序异质语言观,能够说明语言变异是有规律的,并且与社会阶层、年龄、性别等社会范畴之间存在共变关系,在揭示语言变异的社会意义方面发挥了巨大的作用。在言语共同体的研究框架下,变异社会语言学家借助历史文献或者被调查对象的信息,可以弄清楚某个特定人群在社会阶层、性别、种族、年龄等方面的构成,考察社会结构和语言行为之间的关系,并通过对社会变量的统计来解释语言变异和演变(刘永厚,2015)。然而,随着对语言变异现象研究的深入,"实践共同体"的概念进入变异社会语言学家的视野,成为一个新的具有阐释力的概念。

"实践共同体"的概念由勒夫和温格(Lave & Wenger, 1991)首次提出,其初衷是将学习的过程视为一个新手通过与更有经验的成员交往而逐渐全面参与共同体活动的社会情景化过程。在勒夫和温格(Lave & Wenger, 1991;Wenger, 1998)关于学习的研究中,学生并不是被动地接受客观知识,而是在参与活动的过程中学习知识。在这个参与的过程中,他们彼此相关,通过相互商讨、相互负责的活动达到相互融合。因此,学生参与学习的过程也被称为"合法的边缘性参与(legitimate peripheral participation)",并形成"实践共同体(community of practice)",即因从事共同活动(或称为事业)而聚集在一起的人群。群体的成员在长时间从事相同活动的过程中,逐渐形成相同的获得知识、信念、价值观和说话方式的实践行为。

在变异社会语言学的研究中,"实践共同体"概念与传统的"言语共同体"概念不同,主要表现在两个方面:一是它同时需由成员身份(membership)和表现这种身份的实践(practice)二者来共同界定

第 2 章 拉波夫传统的社会语言学

(Eckert & McConnell-Ginet, 1992);二是每个个体可以同时属于多个实践共同体,个体的身份也是以不同实践共同体的多重成员身份为基础的。就前者而言,"实践共同体"的概念不像"言语共同体"的概念那样,将"共同体"看作是一个空间或人口概念,如性别、年龄、社会经济阶层,甚至包括种族。"言语共同体"的概念体现出同一群体中的个体彼此之间的联系是断裂的,他们或是在一定的社会空间游动,或是停留在某个网络中的某个位置,或者体现为某个群体中的一员,代表着一些社会特征(Eckert, 2000)。与此不同,"实践共同体"的概念在埃克特(Eckert, 2000)看来则表明某个群体的人聚集在一起是因为彼此都参与一个共同的活动。这个群体可以大,也可以小,可以是一组经常来酒吧聊天的人,也可以是一组在小区活动的人,可以是紧密的家庭成员,也可以是工厂的员工,他们的"实践",如谈话的方式、信仰、价值观、彼此之间的关系,都体现在他们共同的活动之中,并界定他们的身份。就后者而言,"实践共同体"的概念也表明,虽然在参与所属实践共同体的活动时,人们会选择特定的思维、存在、联系和做事方式,但是实践共同体内部也不是平等的,也不是在一切问题上都能达成共识的。共同体的身份尽管持久,但也不断改变。人们不断摒弃旧的方式而采用新的方式(如说话方式、表现何种性别特征等),并借此界定自己新的身份,或者游走于不同的实践共同体之间。

随着变异社会语言学研究的深入,越来越多的研究者倾向使用实践共同体的概念和范式对语言变异进行阐释。在 2.4.2 阐释埃克特如何运用"实践共同体"概念对美国一所中学的学生语言变异现象进行研究之前,我们首先基于刘永厚(2015)归纳的言语共同体和实践共同体的异同,进一步详细阐释二者的一些特征,为后续讨论做理论铺垫。

第一,二者最明显的区别在于,言语共同体强调语言,实践共同体强调社会实践。"言语共同体"的概念将语言的使用作为区分"共同体"的主要标准,具有核心作用,非语言的社会行为或被边缘化,或被忽略。而"实践共同体"的概念则将社会实践视为语言交际的重要情境,社会实践行为在这个概念中占据核心位置。相比之下,在"实践共同体"的概念中语言使用是一种实践行为,它和其他社会实践一起产生意义并构建身份,因此理解语言的意义也需要将之与其他社会实践活动联系起来。将语言变异视为社会实践的出发点就是认为，说话人不仅可以体现某一社会范畴，而且可以建构社会范畴和社会意义。

第二，言语共同体范式关注静态的范畴，实践共同体范式关注动态的实践。"言语共同体"的概念强调社会结构和社会秩序，认为群体具有区别性特征，这是一种静态的立场。研究人员的任务是找到语言使用与某种社会属性之间的相关性。与此不同，"实践共同体"的概念关注动态的实践活动，同时兼顾社会结构和个体能动性两个层面。在"言语共同体"的概念中，身份是既定的、静态的社会特征；而"实践共同体"的概念则体现出身份所具有的动态、灵活和多重性的特征，是可以在实践中不断被协商和建构的。当然，这个建构的过程受到社会结构和个体能动性的共同制约。

第三，言语共同体只关注核心成员，实践共同体则兼顾边缘成员。"言语共同体"的概念强调语言的有序异质性，其焦点是会话者共有的规范。既然有规范，那么成员就会因为掌握规范的程度不同而分为核心成员或边缘成员。这一局限性在语言和性别研究中显得尤为突出。一旦一些女士的女性身份不突出，特征不典型，那么按照这一范式，这些人员就会被置于女性范畴的边缘。所以，言语共同体关注群体，牺牲个体。与此不同，"实践共同体"的概念承认共同体内部各成员之间地位的异质性，兼顾核心成员和边缘成员，将边缘成员也视为重要的研究对象，研究中无抽样的偏见。

第四，言语共同体的前提是"一致"，实践共同体兼顾"冲突"。"言语共同体"概念的核心特征是相同的语言使用规范，这使得其理论建立在群体语言共识的基础上，忽略了成员不同的社会背景，也忽视了共同体内部可能存在多个甚至有竞争关系的规范。相比之下，"实践共同体"的概念则认为事物的常态并非总是共识和一致，也可以是冲突和差异。

第五，二者在单位界限上也存在差异。言语共同体可以是一个孤立的单位，为了让某些群体的结构对语言使用具有解释力，语言学家从外部确定言语共同体的界限，但不关注共同体之间的界限是如何建构和维系的，这一模式也不考虑来自共同体外部的影响，因而共同体之间的语言文化接触常被忽略。与此不同，实践共同体的界限在共同体内部产生,并非是与其他群体相对照而存在,也不是孤立的社会群体。从"实践共同体"的角度出发,对共同体的描述必须置于大的社会背景下。

第六,就体现在成员身份上的差异而言,言语共同体的成员身份是通过与其他言语共同体相对照来界定的,群体身份和成员个体身份之间的关系不构成研究的焦点。实践共同体的成员身份是在共同体内部建构起来的,强调个体与群体认同的相互建构和相互依存。同时,实践共同体的成员身份来自参与的活动,而非由既有的社会范畴界定。因此,从实践共同体的视角出发有助于捕捉具体语境中的共同体成员所具有的多重身份。

第七,这两个概念在研究范式上也存在差异。"言语共同体"的概念体现为一种自上而下的研究范式,研究者会不可避免地将社会范畴强加在研究对象身上,同时对某些语言现象的理解也依赖研究者的解释,而非当事人自己对其实践行为的理解。与此不同,"实践共同体"的概念体现为一种自下而上的研究范式,研究者采用民族志学的研究方法,从个体的实践出发,以个体为中心,旨在发现意义,着眼于即时的诠释。因此,得出的阐释性结论不会像以研究者为中心作出的解释那样显得牵强。

以上关于"言语共同体"和"实践共同体"区别特征的讨论表明,"实践共同体"的概念强调动态研究,因而将变异社会语言学关于语言与社会关系的阐释向前推进了一步,认识到这不仅是一种"共变关系",而且在这种关系中言说者具有一定的能动作用。将这一概念应用到变异研究之中,可以使研究者对特定语境中的语言变异做出更为详细的民族志式的微观分析,并借此探寻有意义的社会交际行为,考察共同体目标的协商过程。由于民族志式的分析不是在真空中进行,而是将阐释会话个体的语言选择置于一个宏大的社会背景之中,所以实践共同体的概念提供了一个将微观研究和宏观研究联系起来的有效途径。这也是这个概念对变异社会语言学的明显贡献。正是因为社会环境赋予了语言变异的社会意义,实践共同体成员的多重身份得以被更为清晰地阐释。接下来我们将通过埃克特的研究进一步了解"实践共同体"理论在语言变异研究中的阐释作用。

2.4.2 贝尔顿中学的研究

将实践共同体理论运用到社会语言学变异研究的典范，当属埃克特20世纪80年代末对美国底特律市郊区贝尔顿中学（Belten High）的一项调查研究（Eckert, 1989）。该项研究不仅关注多个语言变项共同对语音变异造成的影响，而且考察动态的社会实践活动，强调个体的主体性及个体身份的动态性和灵活性。埃克特的这项研究被认为是对拉波夫变异社会语言学的实质性发展。下面我们从埃克特在美国底特律市郊区的贝尔顿中学所做的调查实验入手，以埃克特对七个语言变项的"极端变体"所做的分析为例，展现实践共同体理论影响下的语言变异研究。

埃克特在贝尔顿中学做田野调查时发现，该中学以及其他类似学校的学生不论是在学习还是进行社交活动时都有明显的分化。那些与学校办学目标相符，适应并尊崇学校文化的学生被称为"Jocks"，他们热衷于参加学校组织的课外活动和各类学生社团，毕业后也会有良好的上升空间；而与学校的制度文化不一致、行为不受学校规则约束的学生被称为"Burnouts"，他们课后不在学校里活动，而是到街区和社会上去玩乐，毕业后也是自找就业门路。Jocks和Burnouts[1]在学校中对立存在，可以被看作是学校内学生自发形成的两个不同的实践共同体，因每个共同体都有男生和女生，因此又分为男性Jocks和女性Jocks，以及男性Burnouts和女性Burnouts。埃克特通过对Jocks和Burnouts两个实践共同体中成员的访谈，收集到一些语言变项的样本，主要集中在六个音位变项和一个涉及否定句式的语法变项上面。这六个音位变项分别为：(aeh)、(o)、(oh)、(ʌ)、(e)和(ay)，表示否定的句法变项标记为：neg。埃克特注意到，这两个实践共同体中的男生和女生在这些音位变项和语法变项上都有明显的不同，音位变项的具体语音变体形式为：(aeh)抬高、(o)靠前、(oh)靠前、(ʌ)靠后、(e)靠后、(ay)抬高和(ay)单音；句法变项neg的具体变体形式为双重否定。对这些体现为语音变体和句法变体的具体发音和句法表现，埃克特结合这两组

---

1 Jocks和Burnouts在汉语中有多个表达方式。徐大明（2006）将Jocks译为"骑士"，将Burnouts译为"灰烬"。祝畹瑾（2013）则不将其译成中文，直接用英文表示。本书采用祝畹瑾的表述方法。

人群中的不同"实践"（体现为属于 Jocks 或是 Burnouts 的活动）分"性别"进行了细致描述和分析，如表 2-7 所示。

表 2-7　语言变项的不同变体使用情况表（Eckert，2000: 120）

	(ʌ) 靠前	(e) 降低	(aeh)	(o)	(oh)	(ʌ)	(ay) 抬高	(e)	neg	(ay) 单音
Jocks 女孩										
Burnouts 女孩										
Burnouts 男孩										
Jocks 男孩										

在表 2-7 中，每个语言变项（音位变项和句法变项）在具体使用中的变化（如语音变体）都按照说话者使用的程度高低分为四个等级，黑色为使用频率最高的变体，依次类推为深灰色、浅灰色和白色。埃克特特别关注了"极端变体"，即那些超过了通常音变幅度的变体，如把（ay）的核心元音（a）抬高到发 [e] 的程度，或者发成 [ə] 靠后重读，或发成 [ɔ] 圆唇。就性别而言，如表 2-7 所示，Burnouts 女孩使用频率最高的极端变体包括（aeh）、（o）、（oh）、（ʌ）和（ay）抬高（标为黑色）。（ay）单音在 Burnouts 女孩中使用程度最低（标为白色）。在 Jocks 女孩中，使用频率最高的极端变体只有一个，即（e）降低（标为黑色），而（ʌ）靠前、（aeh）、（o）、（oh）等变体的使用程度次于（e）降低（标为深灰色）；（ʌ）、（ay）抬高、（e）、neg、（ay）单音对 Jock 女孩来说，使用程度最低（标为白色）。在 Jocks 和 Burnouts 女孩中，极端变体（ʌ）靠前和（e）降低都有表现，但在 Jocks 女孩中使用程度最高，在 Burnouts 女孩中使用程度偏低。极端变体（aeh）、（o）、（oh）在两者中使用程度均较高，但在 Burnouts 女孩中属于最极端变体。极端变体（ʌ）、（ay）抬高,（e）、neg 在二者之间的对比最为明显：Jocks 女孩的语音变异程度最低，而在 Burnouts 女孩的语音变异中程度最高。极端变体（ay）单音则在两个实践共同体中所占比例最小，没有差别。由此可见在 Jocks 女孩和 Burnouts 女孩的发音中的相同之处是：（aeh）、（o）、（oh）是所有女孩都喜欢用的极端变体，而（ay）单音是所有女孩几乎都不用的极端变体。不同之处在于：极端变体（ʌ）、（ay）抬高、

(e)、neg 只有 Burnouts 女孩会使用，且变异程度较高，Jocks 女孩几乎不用该变体。Burnouts 女孩使用的极端变体种类远大于 Jocks 女孩，但 Jocks 女孩和 Burnouts 女孩使用极端变体的程度总值相当。由此可以推断，Burnouts 女孩的极端变体的使用情况比 Jocks 女孩更明显，发音更不标准。

在男孩中，Burnouts 男孩的语音变体包括（ʌ）靠前、（e）降低、（aeh）、（o），这四个音的极端变体使用程度最低；（ʌ）、（ay）抬高、（e）、neg、（ay）单音使用频率均较高，其中（e）和 neg 是使用程度最高的极端变体。在 Jocks 男孩的语音变体中，（ʌ）靠前、（e）降低及（ay）单音这三个变体的使用频率较高，其中（ʌ）靠前是使用程度最高的极端变体。（aeh）、（o）、（oh）、（ʌ）、（ay）抬高、（e）、neg 使用程度较低，最低的为极端变体（oh）。在 Jocks 和 Burnouts 男孩中，（aeh）、（o）、（oh）三个极端变体在二者中使用程度均较低，极端变体（ay）单音在二者中使用程度均较高。而极端变体（ʌ）靠前,（e）降低在二者中对比最鲜明：Jocks 男孩的使用程度最高，而 Burnouts 男孩几乎不用该极端变体。极端变体（ʌ）、（ay）抬高、（e）、neg 在 Burnouts 男孩中使用程度最高，而在 Jocks 男孩中使用程度较低。从极端变体使用程度总值来看，Burnouts 男孩使用极端变体的程度明显多于 Jocks 男孩，可推断出相较于 Jocks 男孩，Burnouts 男孩的语音中出现的变体更多。

以上体现在性别上的语音变体的使用情况，不仅表明极端变体的使用与性别有关，也在一定程度上说明极端变体的使用与这些中学生所属的实践共同体有关。例如，极端变体（ʌ）靠前和（e）降低在 Jock 实践共同体中使用程度较高，而极端变体（ʌ）、（ay）抬高、（e）、neg 在 Burnouts 共同体中使用程度较高。同样，相较于 Jocks 的使用程度最高的极端变体只有 3 项来讲，Burnouts 使用程度最高的语音变项的极端变体的数量更多，有 7 项，语音现象也更加突出明显，这种不标准的极端变体的使用也成为 Burnouts 身份的标志。诚然，性别不同，变体的使用程度也有所不同，如 Jocks 女孩更多地使用极端变体（e）降低，Jocks 男孩更多地使用（ʌ）靠前；Burnouts 女孩使用极端变体（ʌ）、（ay）抬高程度最高，Burnouts 男孩使用极端变体（e）、neg 程度最高。但是，埃克特的研究已经很明确的表明，性别和社会范畴与语言变体的

第 2 章　拉波夫传统的社会语言学

关系不是"性别与语言变体"和"社会范畴与语言变体"这样单一的关系，相反，考察性别与语言变体关系的同时也需要考虑社会范畴对语言变体使用的影响。在这个意义上，较以往把社会范畴和性别作为独立变项分别处理的简单方法而言，埃克特的研究将二者结合起来考量语言变体的使用问题，更具有意义。

这一点同样体现在以个人社会范畴为参照考察性别与语言变体使用之间的联系上面。在 Jocks 实践共同体中，如表 2-7 所示，女中学生使用（ʌ）靠前、（e）降低、（aeh）、（o）、（oh）这些极端变体的程度较高，使用程度最高的极端变体为（e）降低，而（ʌ）、（ay）抬高、（e）、neg、（ay）单音则为使用程度最低的极端变体。男中学生使用（ʌ）靠前、（e）降低和（ay）单音这几个极端变体的程度较高，使用程度最高的极端变体为（ʌ）靠前和（ay）单音，使用程度最低的极端变体为（oh）、（aeh）、（o）、（ʌ）、（ay）抬高，（e）和 neg 使用程度也偏低。可见，Jocks 实践共同体中，女学生和男学生的共同点在于，他们对极端变体（ʌ）靠前和（e）降低的使用程度都较高；对极端变体（ʌ）、（ay）抬高、（e）、neg 的使用程度都偏低。他们的差异性在于：（ay）单音极端变体在 Jocks 女孩和 Jocks 男孩的语音变体中呈现明显的对立互补状态。Jocks 男孩对极端变体（ay）单音的使用程度较高，而 Jocks 女孩对其的使用程度最低。据此可以推断，Jocks 实践共同体中女学生语音变体的使用现象比男学生更明显。

下面观察 Burnouts 实践共同体的情况。如表 2-7 所示，在这一群体中，女中学生的语音中极端变体（aeh）、（o）、（oh）、（ʌ）和（ay）抬高的使用程度最高，极端变体（ʌ）靠前、（e）降低的使用程度较低，极端变体（ay）单音的使用程度最低。男中学生的语音中，（ʌ）靠前、（e）降低、（aeh）和（o）三个极端变体使用的程度最低，（oh）极端变体的使用偏低，（ʌ）、（ay）抬高和（ay）单音这三个极端变体使用的程度较高，而（e）和 neg 这两个极端变体使用的程度最高。比较这个实践共同体中男女学生发音情况可以发现，极端变体（ʌ）靠前、（e）降低、（ʌ）、（ay）抬高、（e）和 neg 的使用程度相差不大，但在极端变体（aeh）、（o）、（oh）以及（ay）单音的使用方面，二者呈现对立的状态。比较使用程度最高的极端变体的数量，可以发现女学生有 5 项，男学生有 2

项；从使用极端变体的总值来看，女学生使用极端变体的总值约为男学生的2倍。据此可推断，Burnouts实践共同体中女学生的语音变体使用数量更多，语音变异现象也比Jocks实践共同体中的男学生更明显。

以上讨论表明，在两个实践共同体中，极端变体（aeh）、（o）、（oh）和（ay）单音的使用程度主要受性别的影响。女中学生对极端变体（aeh）、（o）、（oh）的使用程度高于男中学生，且不同实践共同体中的女中学生在这三项变体的使用程度上差别并不大。而（ay）单音极端变体的使用主要出现在男中学生身上，所有男中学生该极端变体的使用程度都较高，而且（ay）单音极端变体的使用程度不受阶层的影响和分化。除此之外，不论在哪个实践共同体，女中学生语音变体的使用现象都要比男中学生的情况更加明显，由此可知女中学生对自己的发音更加注意，说话时身份意识的凸显度更高，也更看重自己所属的实践共同体的身份认同。

以上分别从个人社会范畴和性别讨论了Jocks实践共同体和Burnouts实践共同体中各自成员使用极端变体的情况，发现个人社会范畴和性别这两个社会因素对语音变项的极端变体使用情况均有影响，但性别对极端变体的使用程度影响更大，甚至也会影响或分化个人所属的社会范畴。

为更清楚地体现个人社会范畴和性别两种社会变项对语音变项的影响，我们用柱状图对上面的讨论进行总结。

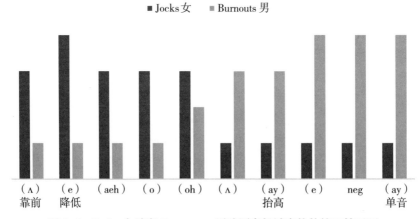

图2-3 Jocks女孩和Burnouts男孩语音极端变体的使用情况图

第 2 章　拉波夫传统的社会语言学

从图 2-3 中可看到，除变体（oh）之外，其他极端变体的使用情况在 Jocks 实践共同体的女学生和 Burnouts 实践共同体的男学生之间呈现出明显的差异，有的极端变体，如（ay）单音，甚至在 Jocks 女学生和 Burnouts 男学生之间的区别度高达三倍（如图 2-3 中最右边的一组柱形显示）。根据上文对个人社会范畴和性别的分析，极端变体（ʌ）靠前、（e）降低的使用程度受社会阶层的影响，（aeh）、（o）、（oh）的使用程度受性别的影响，（ʌ）和（ay）单音的使用程度主要受性别的影响，（ay）抬高、（e）、neg 的使用程度受阶层的影响。由此可知，正是性别和个人社会范畴的共同影响，极端变体的使用情况才会出现有规律的区别。

与图 2-3 类似，图 2-4 呈现出 Burnouts 女学生和 Jocks 男学生之间在极端变体上的区别。可以看到，虽受个人社会范畴制约，Burnouts 女学生的极端变体使用程度明显高于 Jocks 男学生。这与前文中关于性别与语言变体关系的分析结论一致，Burnouts 女学生更希望通过自己的发音来表明自己所属的实践共同体的身份特征。

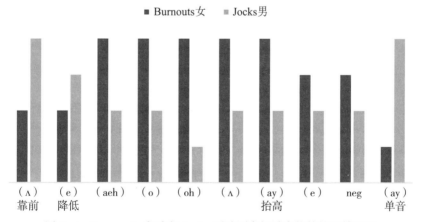

图 2-4　Burnouts 女孩和 Jocks 男孩语音极端变体的使用情况图

通过以上对埃克特研究的介绍和讨论，可以看到，这项研究揭示出语言变异一方面体现在个体与宏观社会范畴（经济阶层）的系统关联上，另一方面体现在个体与实践这一微观层面上。如前面所指出的，埃克特的研究打破了以往变异社会语言学单独考察某一个社会变项的研究模式，同时关注个体特点（如性别）和社会范畴（如属于哪个实践共同体）与使用语言变体的联系。拉波夫的变异研究对与语言变异相关的社会变量（如社会范畴和性别）作为独立变量分开处理，并没有结合在一起考量，也没有考察其动态变化的特征。而且，拉波夫的研究更多地聚焦社会群体之间的共性而忽略个体特性。与这些传统不同，埃克特的这项研究表明，学生家长的社会阶层与学生的发音特征之间的相关度并不明显，影响贝尔顿中学高中生语言变项的主要因素是个人社会范畴和性别。除此之外，该项研究还发现，Jocks 实践共同体和 Burnouts 实践共同体并不是两个静态和稳定的社会范畴，它们是以日常实践为基础、因而也是界线模糊的社会范畴。例如，一些成员虽然属于某个实践共同体，但是，他/她们游走在两个实践共同体之间，其中的一个表现就是他/她们属于那些使用极端变体程度最低的成员，因而既有可能转化为 Jocks 也有可能转化为 Burnouts。可见，这些中学生正是通过其语音变体来建构实践共同体，并在各自的共同体中通过不断的社交活动来加强自己的语音特点，并与本共同体的成员共同构成身份认同。同时，跨社会群体接触程度最高的个体，体现其个体身份变量的语言变体在表现形式上也最为极端。

2.5 拉波夫传统的再创新

进入 21 世纪的第二个十年之后，社会语言学领域的重要学术期刊《社会语言学刊》（*Journal of Sociolinguistics*）在 2016 年将它的第 4 期用来纪念拉波夫博士论文《纽约市的英语社会分层》（Labov，1966）出版 50 周年。编辑部在这一期的介绍文章中写道，拉波夫的这部著作，开创了变异社会语言学的先河，是社会语言学领域发展的一个里程碑（Bell et al.，2016）。不仅如此，如我们在 2.1 中指出的那样，拉波夫变异社会语言学的异质性语言观，也是对 20 世纪索绪尔和乔姆斯基主流语言学同质性语言观的巨大挑战。因此，拉波夫运用他的研究方法对语言变异，特别是语音变异进行研究，发现语言与社会具有规律性的联系，同样被认为是对普通语言学的巨大贡献（Cornips &

Gregersen，2016）。

拉波夫的变异社会语言学研究是开创性的。如 2.3 讨论的纽约百货商场的研究案例所示，拉波夫设计的实验场景是三个代表不同社会阶层的商场，他通过现场调查收集到不同售货员的语言变体，最终通过对数据的统计并经过推导证实语言的使用与使用者的社会阶层息息相关。他的贡献在于，一个语言变项的不同变体可以体现出讲话人社会阶层的不同，即社会地位高的阶层更多地使用这一语言变项的某个变体，社会地位居中的阶层对该变项的这一变体使用频率居中，而社会地位低的阶层则很少使用此语言变项的这个变体。换言之，讲话人对某语言变项特定变体的使用频率与其所处的社会阶层地位相符。以这样的理论为基础，语言学家在以后的实验中可以把受试人群分成不同的社会阶层，通过收集不同阶层受试人的语言资料进行语言变异分析，进而得出实验结论。这种社会阶层分层法的提出是对社会语言学研究方法的巨大贡献，为其后的语言学研究提供了可参考的方法，具有重大意义。同时拉波夫的变异社会语言学也对生成学派的"微变异"研究以及生成学派的学者绘制方言地图具有一定的影响（Cornips & Gregersen，2016）。

尽管拉波夫的研究取得了开创性的成果，它依然面临再创新的挑战。例如，就其实验方法而言，语言学家进行变异分析前，如何把受试人群合理地划分成不同的社会阶层？这个问题不解决，变异分析能否顺利进行就是一个问题。在实际的语言变异分析实验中，并不能简单地仅仅依据经济或受教育程度等情况就把受试人群分成不同的社会阶层；其他社会因素，如受试人所属的宗教组织、所从事的休闲娱乐活动以及所从属的社会团体，也能对受试人的语言使用产生重要影响。所以，社会分层法的一个缺陷在于，对受试阶层准确定位的难度影响到变异分析实验的最终结果。这一缺陷可以从两方面来看，一方面对实验人员的要求非常高，需要在开展实验之前准确判断哪些社会因素在受试人的语言选择中起到重要作用；另一方面，也要求在实验过程中更多的关注受试的个体差异和特征。就前者而言，因为音变的引领者和变体的最大使用者不是那些处于社会经济等级最低端的人（人们往往认为处在低阶层的人最不受标准压力的影响），而是下层中产阶级的成员（这个群体是当地参与度最高的社会群体），所以，具有地方地点的土语变体并不仅仅是最自然的说话方式,相反,这些土语变体应该具有与当地生活密切相关的某种积极的指向性价值或意义(Eckert,2012)。在这个意义上,说话者的语音可以在其整个生命周期中持续变化,在某些情况下变得更加保守,而在其他情况下变得更具创新性,因而对导致这种变异原因的分析是一个复杂的社会因素分析,并非像拉波夫的变异研究那样简单。就后者而言,由于拉波夫的变异研究关注的是社会经济地位以及社会阶层等宏观社会变项,他们把社会阶层、性别和民族等社会身份看成是区分语言使用的本质变量,因此变异研究忽视了个体差异和个体能动作用,没有注意到微观的、个人的社会意义对于语言变异的影响(祝畹瑾,2013)。

正是认识到拉波夫的变异研究存在这些不足,后来的变异研究者不断地推动拉波夫传统的变异社会语言学向前发展。其中的一个发展方向就是在变异研究中关注说土语(语言变体)的人所具有的个体主观能动性。这是对拉波夫变异社会语言学的一种再创新,它不再像拉波夫那样将语言变异视作某种社会变项(如年龄、性别、社会阶层身份)在语言使用上的客观体现,而是将语言变异视为说者个体身份的一种主动表达。在这方面,米尔罗伊(Milroy,1980)和埃克特(Eckert,1989)的研究具有鲜明的代表性。

关于米尔罗伊的研究,我们在1.2.1和1.2.2讨论社会语言学在美英两国的发展时有所提及,但就其对拉波夫研究的发展而言,还需进一步强调。米尔罗伊(Milroy,1980)在对贝尔法斯特工人阶级中的语言变异现象进行研究的过程中,发现他们之间的社会关系非常密切,而这种密切的社会网络对其语言变异具有一定的影响。在米尔罗伊看来,"社会网络"即是人们按照自己的意愿形成的社会关系结构。米尔罗伊和米尔罗伊(Milroy & Milroy,1997/1980)用"网络密度"这个术语表示一个社会网络中人与人之间联系的紧密程度。例如,在一个社会网络中,所有人与这个网络的中心人物都有直接的联系而彼此之间也有直接的联系,这个网络的密度则高,而与中心人物有直接联系的所有人彼此之间只通过中心人物联系,则网络密度低。米尔罗伊通过考察音位变体与社会网络成员的地区、性别、年龄的关系,发现个人的语言运用与其在社会网络中的地位等级相关,即社会网络密度越高,语言变体使用

第 2 章　拉波夫传统的社会语言学

的比重就越大,而且不同地区、不同性别、不同年龄的说话人会运用不同的语言变体来实现各自与网络之间的适应程度。在这个意义上,米尔罗伊将人的能动作用引入变异研究,认为这种密切的社会网络关系具有很强的地方规范和形塑作用,对土语的使用具有很大的影响。

社会网络作为与语言使用相关的社会因素,并不仅仅是一种人与人之间的某种固定和静态的关系或联系,相反,社会网络的概念在一定程度上体现出社会实践的特征,表明人们通过共同参与的实践活动生活在一个网络之中。在这个意义上,"社会网络"的概念与"实践共同体"的概念一样,将拉波夫传统的变异社会语言学研究推向一个新阶段。如我们在 2.4.2 中讨论的那样,埃克特(Eckert,1989,2018:31–65)借助这个概念,在对底特律市郊贝尔顿中学学生的语言变体研究中,不仅考察学生父母的社会经济阶层和受教育程度,也不局限在学生的性别和社会身份这些静态的社会范畴上面,而是侧重考察这些分属不同群体的中学生从事的日常活动以及参与活动时谈论的各种话题,即考察他们的"实践共同体"。

例如,在考察 Jocks 和 Burnouts 的语言变异问题时,埃克特认识到这两个群体分别在"言语共同体"和"实践共同体"方面的特征。从言语共同体的角度看,每一所公立市郊中学都存在 Jocks 和 Burnouts 两类学生。Jocks 属于这样一个群体,他们主要来自当地上层社会经济阶层,理想是考上大学,在参加学校安排的课外活动中形成社交网络、身份认同及其社会生活,形成了一个紧密而有竞争力的共同体,而且他们还与教师和学校行政人员保持着密切的关系。与此相对,Burnouts 主要来自下层,几乎所有的 Burnouts 都追求职业课程,他们拒绝将学校作为其社交生活的网络和身份认同的场所,而是将街区及更广泛的大都市作为活动的场所。这些在"言语共同体"方面的特征并不是直接影响这些中学生语言变异的原因。在埃克特的分析中,虽然青少年的阶层类别与父母的阶层作为语言变异研究的相关因素,而且具有足够的交叉比较关系,但是,这两组学生所属的不同阶层之间的不协调关系也表明,语言变异的模式不是在童年时期形成的,而是随着个体的社会身份变化不断发展的。例如,距离底特律市中心较远,在这些人的社会经济地位提高的同时,能够使用的城市语言变量在减少。当每所学校的 Burnouts 学生都使用非标准的否定形式（neg），并且将变化的语音变项不断从大都市末端向外推进时，这种现象就会显现出来。不可否认，这种否定形式的使用与其父母的受教育程度及其社会阶层之间存在共变关系，但是，语音变异更多的是与同一实践共同体中的其他成员的关系相关，而不是与父亲或母亲或者父母亲两者的阶级成员相关。艾克特的这些发现表明，语音变异模式不是在童年时期形成的，而是作为以后生活中构建个体身份的资源而存在的。这也表明，更广泛的阶级相关性与个体受教育程度、职业、收入并不具有简单的因果关系，而是对植根于实践与意识形态的本地语音的动态反映，这些实践与意识形态由阶层塑造并反过来塑造阶层。

埃克特对 Jocks 和 Burnouts 两类中学生语言变异的研究不仅表明这种变异更多的与其实践相关，而不是与其所处的言语共同体相关，而且，埃克特的研究也将"风格"纳入社会语言学的研究之中，视"风格"为一种社会变项，在一定程度上体现在语言变异之中。所谓"风格"，广义上也包括地域、装饰、食物以及其他物质使用在内的全方位的消费上，如 Jocks 和 Burnouts 在构建他们相互对立的身份时展现出的不同的音乐品味等。底特律城市学校的校服与郊区学校各式校服夹克、喇叭裤与直筒牛仔裤、深色与淡色之间的对比，无一不能体现出城市学校与郊区学校之间的对比（Eckert，1980）。郊区学校的 Burnouts 羡慕城市学校 Burnouts 的自由以及街头智慧；同时，城市学校的 Jocks 嫉妒郊区学校 Jocks 的学习资源，成熟智慧及其在学校学到的技能。这种风格复合体与社会生活中本地个体及其生活和社交活动的不断重复组合，导致了语音变异的标识化。如果在同一个城镇，一名学生来自一个学生家庭多为工人阶级的学校，并且这个学校的学生都穿着宽腿喇叭裤，那么这个学生就与喇叭裤建立了标识联系。在这方面，埃克特（Eckert，1989，2018）还发现，城市之间差异的逐渐淡化导致了郊区与城市的对立，尤其对 Burnouts 而言，他们喜欢把平淡无奇的郊区生活与充满刺激的城市生活进行对立。然而，Burnouts 对底特律的认识并不是始于市区，而是始于那些从属于市区边缘的贫困郊区。同时，在本地人看来，Jocks 和 Burnouts 两极对立的类别范畴，也是从社会连续体中划分出来的。在任何一所学校，只有大约一半的学生认为自己是 Jocks

第 2 章　拉波夫传统的社会语言学

或 Burnouts，其余一半学生则把自己称为这两个极端类别之间的连续体，即处于"二者之间"。如 Burnouts 女孩中就划分出两个更小的集群：普通 Burnouts（regular burnouts）以及极端 Burnouts（burned-out burnouts）。普通 Burnouts 自视有野性，性格叛逆并且吸毒而成为"最厉害"的 Burnouts 群体；而极端 Burnouts 则把她们之外的 Burnouts 划到了 Jocks 类别中，而且在语音变体的使用中起着引领别人的作用。

以上讨论表明，埃克特的实践共同体变异社会语言学研究模式对于拉波夫言语共同体变异社会语言学研究模式是一种发展和再创新。虽然这两种研究模式都关注说话者明显且稳定的社会阶层，并且将说话者的身份同其社会范畴归属联系起来，但是，二者之间存在的差异以及埃克特实践社会理论的提出，还是可以体现出社会语言学沿着拉波夫开创的传统不断发展创新的潜力。在语言变异研究的早期，拉波夫的语言变异研究在突破同质性语言观的基础上，通过考察自然的、生活中鲜活的语言使用中的某个音位变项的特定变体，突显社会经济阶层与语言变异的共变关系。然而，这种研究体现的社会经济阶层与语言变异的关系是简单的，如果语言变异受到社会关系和阶层的影响，这种影响也是直接的，说话者的语音和结构变异过程也是被动的。埃克特将"实践共同体"的概念引入语言变异研究，将宏观的社会范畴与更加精确的本地化范畴（如某个实践共同体中的男性或女性）联系起来，并且赋予它们本土的实际和具体意义，同时她也指出，社会关系的构建是围绕着社会实践活动展开，语言变体也体现在具体的社会实践之中。可见，埃克特的研究将语言变异与社会实践联系在一起，并在研究中突出了个体的积极能动作用。这表明，语言变异不是指向个体所属的（静态的）社会类别，而是指向个体所具有的（动态的）身份特征。埃克特的研究使变异社会语言学从拉波夫开创的第一次浪潮进入以她和米尔罗伊为代表的第二次浪潮（Eckert，2012），也为语言变异研究向风格变异研究发展提供了全新的理论基础和方法论。同时，埃克特发现实践共同体成员在其所属的不同言语共同体之间游走，在这个过程中一个共同体的成员会主动通过使用语言变体指向其所属的群体特征，进而突显他/她对于这个共同体的归属感。对这些问题的研究，也导致越来越多的学者把语言变异视作说话者社会身份及其社会类别的表达，并转向对说话者语言实践的研究。这也将进一步发展社会语言学的理论和方法。对此，我们将分别在第 7 章和第 8 章展开讨论。

2.6　小结

  拉波夫传统的社会语言学关注社会生活中的语言变项，特别是关注具体体现在发音上的音位变项，探究这些语言变项与社会变项之间的联系。这种传统的社会语言学主要进行语言变异研究，因此也称为变异社会语言学。在 2.1 小节，我们讨论了语言变异研究的起源，认识到拉波夫的异质性语言观超越索绪尔的同质性语言观，催生了语言变异研究。在 2.2 小节，我们对语言变异研究的方法展开讨论，提出在宏观层面需要"假设—推导"，在微观层面需要"数理统计"，之后在 2.3 小节我们结合两个案例对变异社会语言学的原理和方法进行了详细阐释。这两个案例是拉波夫做的著名的马萨葡萄园岛的研究和纽约地区社会分层的研究，属于变异社会语言学的经典案例。在 2.4 小节，我们讨论了"实践共同体"的概念及其与"言语共同体"概念的区别，并介绍了埃克特进行的底特律市郊贝尔顿中学的研究案例。这一章讨论的拉波夫的两个研究案例和埃克特的贝尔顿中学案例，分别代表着变异社会语言学发展的第一次浪潮和第二次浪潮。关于这三个案例所体现的变异社会语言学研究的不同范式，以及体现在这些不同范式中的变异社会语言学的发展，我们在 2.5 小节进行了讨论。变异社会语言学还将沿着拉波夫开创的语言变异研究路径继续发展，对此，我们在后续几章关于社会语言学在 21 世纪新发展的讨论还会涉及，特别是在第 7 章，我们将重点讨论代表变异社会语言学第三次浪潮的风格变异研究。

第3章
人类学传统的社会语言学

社会语言学的人类学研究传统历史悠久，甚至可以说我们现在称之为社会语言学的研究都可以在人类学的研究中找到痕迹。或许正因为如此，狄安迪（Duranti，1997）称其为"语言人类学"，海姆斯（Hymes，1986/2009）则称其为"交际民族志学"，而在斯科隆和斯科隆（Scollon & Scollon，1995/2000）的研究中则被称为"跨文化交际学"。关于其悠久的历史，我们在绪论中也提到，海勒和麦克林尼（Heller & McElhinny，2017）认为的美国社会语言学的三个奠基人中的两个，即甘柏兹和海姆斯，都在这个研究传统中留下了他们的研究痕迹。不仅如此，社会语言学的人类学研究传统在研究范围方面也非常广泛。依据库尔玛斯（Coulmas，2001）把社会语言学分为微观社会语言学和宏观社会语言学的观点，人类学传统的社会语言学当属宏观社会语言学，而与之相对的微观社会语言学研究则包括我们在上一章讨论的变异社会语言学。关于微观社会语言学的这个认识，库尔玛斯表示赞同，但是关于宏观社会语言学，他则认为，除了涉及社会学家和社会心理学家关注的以语言为中心的领域中的宏观议题外，其研究领域并非具体和确定。然而，我们认为，如果变异社会语言学属于一种社会语言学的微观研究视角，那么我们完全有理由认为人类学传统的社会语言学属于宏观社会语言学范畴，其研究范围可涵盖人类学、民族志学以及社会学领域关于语言运用的研究。更有学者称其为"互动社会语言学"（Gumperz，1982/2009）。

基于这样一种认识，我们在这一章讨论的人类学传统的社会语言学研究，将是一个研究范围非常宽泛的领域。为了讨论的方便，我们将围绕语言与社会的关系展开，首先在 3.1 小节介绍人类学传统的社会语言学关于这个问题的诸多观点，系统展现从萨丕尔和沃尔夫、马林诺夫斯基和戈夫曼到海姆斯和甘柏兹的发展，然后在 3.2 小节讨论这个研究传统的一个典型学派——互动社会语言学，并在 3.3 小节具体讨论互动社会语言学的研究方法，最后在 3.4 小节讨论这个传统的社会语言学在 21 世纪的两个新的研究课题，并讨论其在社会语言学领域中的重要地位。

3.1 语言与社会之关系

回顾人类学传统的社会语言学在过去将近一个世纪的发展历程，可以发现一条关于语言与社会之关系的认识论发展主线。从早期的萨丕尔和沃尔夫，到后来的马林诺夫斯和戈夫曼，再到美国社会语言学的奠基人海姆斯和甘柏兹，他们的研究无一不涉及语言与社会之间的关系，尽管"社会"在这里是一个雨伞式的术语，既可指"思维方式"，也可指"语境"。然而，他们对语言与社会关系的认识却各不相同，如萨丕尔和沃尔夫认为语言决定社会，马林诺夫斯和戈夫曼认为社会决定语言，而海姆斯和甘柏兹则将语言与社会结合在了一起。可以说，正是这些不同但不断更新的关于语言与社会之关系的认识构成了人类学传统的社会语言学创新发展的轨迹。

3.1.1 萨丕尔和沃尔夫

人类学传统的社会语言学研究可以追溯到 20 世纪二三十年代。当时，美国学者沃尔夫（Benjamin L. Whorf, 1897—1941）受其导师萨丕尔（Edward Sapir, 1884—1939）的影响，继续研究语言与思想、语言与种族、语言与文化的关系。他对美洲印第安人使用的霍皮语（Hopi）进行了仔细的实地考察，提出母语系统中存在的语法范畴和语义体系影响甚至决定人们对周围环境的认识。这种"语言决定论"便是后来被人们称之为的"萨丕尔—沃尔夫假设（Sapir-Whorf hypothesis）"。按照

第 3 章 人类学传统的社会语言学

"萨丕尔—沃尔夫假设",不同语言所固有的不同结构和词汇可以决定使用这些语言的人具有不同的思维方式。例如,汉语中对父母同辈的男性亲属有很多称呼:伯父、叔父、舅父、姑父、姨父,而英语中则只有 uncle 一种称呼,这使得说汉语的人比说英语的人更关注这些亲属间的父系母系之别。对于说汉语的儿童而言,这些不同的称呼决定了他们对自己与这些亲属之间亲疏关系的认识。换言之,他们根据自己所在的语言集团的词语符号对这些亲属进行相应的分类与排列(申小龙,2000:6-7)。然而,萨丕尔和沃尔夫这种关于语言对语言使用者理解世界的方式具有决定性的影响的假设,也引发无数的争议。一些学者举出反例来批驳"语言决定论",但他们也不能彻底否定使用不同语言的人对世界的感受和体验有所不同。这样,"萨丕尔—沃尔夫假设"就有了与"语言决定论"这一强式版本相对的"语言相对论"的弱式版本,在认为语言可以决定人们思维方式的同时,也认为这种决定作用是相对的。例如,就使用不同语言的人们而言,至少我们可以达成这样的共识,即他们使用的语言在结构上区别越大,他们对世界的概念化方式就越不同。

沃尔夫和萨丕尔提出的关于语言与思想、语言与种族、语言与文化之间关系的学说,尽管存在很大争议,而且也没有充分的研究对任何一方的"假说"加以佐证,但是,比较一致的看法是"萨丕尔—沃尔夫假设"开创了与变异社会语言学不同的社会语言学的人类学研究传统。实际上,几乎与萨丕尔和沃尔夫的人类学研究同步,英国人类学家马林诺夫斯基(Bronislaw K. Malinowski,1884—1942)也发现语言与社会有着紧密的联系。所不同的是,萨丕尔和沃尔夫的强假设认为语言决定思维,弱假设认为语言与思维存在联系,而马林诺夫斯基则从相反的方向出发,认为语言所表达的意思由它所出现的社会语境决定。

3.1.2 马林诺夫斯基和戈夫曼

马林诺夫斯基于 1915 年到 1918 年间在新几内亚(当时由澳大利亚政府管辖)的特洛布里恩群岛(Trobriand Islands)进行田野调查,记录了大量当地土著人使用语言的实例,其中一个例子涉及时间和空间。

在当地使用的美拉尼西亚语言中，有一种表达方式是"boge laymays"，可以被大致翻译成英语"He has already come."，汉语是"他已经来了"。一次马林诺夫斯基在岛上的一个村庄观察渔民和村民交易的情景，当他听到有人喊"boge laymays"时，立即放下还没有完成的工作，奔跑了800米来到海边，原指望亲眼看到现场的交易，但却失望地发现船还在离岸很远的地方慢悠悠地划着桨。后来他才知道，词根"ma"虽有"come（来）"和"move hither（向这儿移动）"的意思，但并不包括"arrive（到达）"的意思，更没有特殊的时间方面的暗示。"boge laymays"这个言语对当地人来说意思是"他们已经向这儿移动了"，而不是马林诺夫斯基（Malinowski，1923：303-304）按照英语的框架理解的"他们已经来到这儿了"。通过分析这些原始语言实际使用的案例，马林诺夫斯基（Malinowski，1923：305）"试图明晰语言本质上是植根于文化事实之中的，是植根于一个民族的部落生活和习惯之中的，因而它是无法解释的，除非经常性的参考这些言语发生的广阔语境"。

据此，马林诺夫斯基提出"情景语境"的概念，用以说明对交际意义的理解受到交际语境的制约，在这方面，美国社会学家欧文·戈夫曼（Erving Goffman，1922—1982）对人们面对面（face to face）的交际活动进行研究，也发现了类似的问题。例如，当人们相遇时，面对面交际互动的语境便会显示许多信息，如互动双方会透露出彼此的外表、阶层、关系等。这些信息通过互动仪式化过程被标准化并传达给对方。在此过程中，互动双方会以扮戏的方式来加强、制造并表现出符合社会规范的自我形象，借以提升自己在对方心目中的地位。由于个体的表演场域是被限制在面对面互动的框架当中，他必须使用适当的社会交往规则才能够顺利地与他人互动。然而，事实上个体将永远无法符合所有的社会规则，因此就必须运用各种行动策略来使自己顺利过关。

戈夫曼在对人际互动的研究中发现，互动之所以可以有序地进行，其中的一个原因是参与交际互动的双方都共同遵守一定的规则。戈夫曼始终致力于探究这个规范人们交际互动的规则，在他的早期研究中，他使用"社会秩序"这一术语来界定这个规则。后来又使用"互动秩序"这一术语（Burns，1992）。在他的"拟剧理论"（Goffman，1956）和"框架分析"理论中（Goffman，1974），他发展出"框架"的概念，指人们内化了的现存的社会规范和社会准则,借此说明一系列的惯例和共同理解是人们在社会生活舞台上进行演出的依据。戈夫曼的这些努力实际上表达出他关心的是这个世界在人们心目中的状况,而这种主观的经验结构在戈夫曼看来是统治和决定一个"社会演员"如何表演的依据,决定着人们的交际互动行为。在这个意义上,戈夫曼的"互动秩序"和"表演框架"等概念和马林诺夫斯基的"情景语境"同样具有对语言意义的决定作用。

马林诺夫斯基和戈夫曼的研究发现开创了研究语言使用的先河,这不仅与20世纪主流语言学并驾齐驱,也将语言运用的语境引进语言学的研究视野。沿着马林诺夫斯关于"情景语境"的论述,英国语言学家弗斯(John Rupert Firth,1890—1960)进一步发展关于语境的研究,并创立了伦敦学派。在弗思学术思想的影响下,韩礼德(Michael Alexander Kirkwood Halliday,1925—2018)将语境分为语场(field)、语旨(tenor)、语式(mode)三个语域变体(register variables)。语场指语言使用时所要表达的话题内容和活动,即话语参与者正在从事的活动;语旨是语言使用者的社会角色和相互关系,以及交际意图;语式指语言使用者进行交际时所采用的信道、语篇的符号构成和修辞方式。韩礼德(Halliday,1994/2000)以这三个语域变体为参照提出语言的三个元功能,即概念功能、人际功能和语篇功能,并通过对语言结构的系统描述找出这三个元语言功能在语言结构上的具体实现方式。而在戈夫曼的理论影响下,布朗和列汶森(Brown & Levinson,1987)对人们交往中的面子和礼貌问题进行深入研究,构成了语用学和跨文化交际学的重要内容。这些内容超出了本书的论述范围,但有兴趣的读者可以沿着这个路径继续探索。

3.1.3 海姆斯和甘柏兹

系统功能语言学沿着马林诺夫斯基和弗斯的路径研究语境,但研究的重点最终落在了语言结构如何体现语言功能上面。与此不同,美国学者甘柏兹继续沿着马林诺夫斯基的路径探索语境决定语言意义的问题,提出"情景化提示(contextualization cues)"的概念,将情景确定会话意义的作用进一步具体化。所谓"情景化提示",按照甘柏兹(Gumperz,1982/2009)的阐释,指说话人为了达到自己的谈话目的而有意无意地发出的语言和副语言符号,借此示意听者确切理解其交际意图。情景化提示随会话的进行不断产生,可以体现在言语本身,如谈话的重音、声调、停顿,讲话速度、使用词语或习语的特点以及语码转换,等等。情景化提示还可以是副语言符号,如手势、体态、面部表情等。当听者觉察到这些情景化提示后,就会凭借自己已有的知识和经验(亦称"框架"或"知识结构"),判断或假设出说话人的背景以及正在进行的谈话的类型等信息,以此推断出此时此刻说话人的用意和期待获得的结果,进而决定自己下一步用什么言语回应,使会话有序进行下去。总体来讲,情景化提示可以帮助会话参与者理解交际情景,预设交际意向,进行会话推理,从而做出适当的回应。

甘柏兹提出的"情景化提示"概念回答了这样一个问题,即在会话过程中如何通过情景来判断说话人的意图。这一研究路径体现出说话人与听话人在会话过程中的互动,因而甘柏兹的研究也称"互动社会语言学(interactional sociolinguistics)"。如果把实时进行的会话作为一个发生在特定环境中的交际事件来研究,如商场里的买卖交易,课堂里的师生对话,或者酒会上的彼此交谈,分析社会文化因素对交际活动的影响,那么这种研究路径就是美国学者海姆斯开创的"交际民族志学(ethnography of communication)"。

与甘柏兹提出的"情景化提示"概念类似,海姆斯提出的"交际能力"概念也在一定程度上预设出情景对于确定言语互动中意义具有决定作用。"交际能力"的概念与乔姆斯基的"语言能力"概念相对,表明语言使用者作为言语事件的参与者所具有的依据"情景"判断交际意义的能力。根据海姆斯(Hymes,1986/2009)的观点,语言使用者参与交际事件不仅需要具有关于语言结构的知识,还需要了解这种语言结构所具有的社会意义,而了解社会意义则需要借助海姆斯提出的描写交际事件的"SPEAKING"框架,即需要对言语事件发生的场所和场景、参与者及其目的、行为序列、基调、媒介、交往规范和解释规范、以及交际类型等与交际相关因素有所了解。这些言语事件所涉及的因素在一定

第3章　人类学传统的社会语言学

程度上对言语事件参与者确定社会意义有帮助。

以上我们关于人类学传统的社会语言学研究的讨论涉及它早期的一些观点，这些观点源自关于语言与社会之关系的认识，如认为"语言决定社会"，或者认为"社会决定语言"。萨丕尔和沃尔夫的人类学研究最初认为语言决定人们的思维方式这类属于社会范畴的因素，即使这种强势假说被弱化，仍然可见其认为语言对社会产生一定的决定性影响。同样是人类学的研究，马林诺夫斯基的研究路径则认为社会文化因素对语言意义的确定具有决定性的作用。这与社会学家戈夫曼注重探究决定社会互动有序进行的规则有异曲同工之处。在这个意义上，或许我们可以在祝畹瑾（2013：2）认为人类学家萨丕尔、沃尔夫、马林诺夫斯基是社会语言学学科的先驱的基础上，再将社会学家戈夫曼列入其中，进而体现从"社会"的角度研究语言的历史源远流长，也从一个方面表明人类学传统的社会语言学研究范畴之广泛。就这一研究视角的后续发展和继承而言，可以说马林诺夫斯基的嫡传弗斯和韩礼德并没有进一步阐释语境如何决定语言，倒是互动社会语言学和交际民族志学将这一研究传统继承下来。在以上的讨论中可以看到，甘柏兹提出的"情景化提示"概念以及海姆斯提出的"交际能力"概念和分析交际事件的"SPEAKING"框架，对认识交际过程中会话双方的意图具有重要作用。实际上，互动社会语言学和交际民族志学已经将社会语言学的研究对象定格在"言语事件"上面，他们对交际过程中意义的动态特征的认识，不仅为后来的社会语言学理论的创新提供了启迪，也为跨文化研究提供了理论基础。下面我们沿着这个思路，讨论人类学传统的社会语言学体现为互动社会语言学的新发展。

3.2　互动社会语言学的源起

在3.1小节的讨论中，我们已经看到甘柏兹关于"情景化提示"的概念所体现的听者判断说者言说意义所依据的线索多种多样，而众多的"情景化提示"则增加了判断说者言说意义的不确定性。这种基于说者和听者在"互动"中确定言说意义的过程成为互动社会语言学关注的焦点。

具体来讲，在互动社会语言学看来，语言形式与其所处的语境之间的关系不是固定不变的，说者的意图与其选择使用的词汇、发出的音调、以及伴随其中的手势和面部表情，对于听者来说并非彼此之间存在一一对应的固定联系。在此基础上，互动社会语言学认为语境是说者和听者在交流过程中以相互协商的方式共同构建出来的。在交流互动过程中，交流的双方通过对意义的协商性理解确定某个语言形式的具体意义，从构成语境的多个非语言因素中选择合适的一个，并确定语言形式和非语言因素之间的关系。在这个意义上，"互动"的概念成为互动社会语言学的核心。下面我们讨论"互动"概念的特征，它与"交际"这一概念的区别，并在此基础上讨论互动社会语言学赖以产生的学理基础。

3.2.1 "互动"的三个特征

在互动社会语言学中，交际双方的"互动"体现在三个方面，我们分述如下。

首先，互动社会语言学关注的互动发生在特定社会情景之中，并且体现为个体与个体在这些社会情景中的"会话（conversation）"。关于互动社会语言学，很多学者都指出其研究对象是具体情景中的会话，并借助会话分析的方法描述交际双方如何彼此相互影响、进而使会话顺利进行下去。例如，维索尔伦（Verschueren，2010/2014：171）列举了互动社会语言学的许多研究案例，包括对法律诉讼、工作面试、医患会话的研究，以及在服务场所、工作场所、教育场所进行的会话研究，还包括对男女之间、不同文化背景的人之间以及陌生人之间的会话进行的研究。这些研究案例均表明，交际互动的场景是某个特定的社会情景，交际互动的形式是言语交际过程中的会话。

其次，"互动"在互动社会语言学中的含义相对集中在意义产生的方式上面，一方面表明特定情景中的会话含义产生于会话双方的互动与协商，另一方面表明会话所依赖的情景也通过会话双方意义互动和协商构建出来。正如甘柏兹自己所讲，"我目前对会话的研究主要目的就是说明诸如音调、语码及语体转换、程式化表达这些指示性符号如何与象征性符号(如语法词汇这些符号)、交谈的次序、文化及其他相关的背景知识实现互动,借此构成社会活动"(Prevignano & di Luzio, 2003:9)。可见,互动不仅体现在参与会话的双方之间,还体现在会话(语言使用)与会话发生的情景(社会语境)之间,而这两个层面"互动"的结果则构建出社会活动。换言之,社会活动中的语言使用通过会话参与者关于会话意义的互动与协商又反过来建构出社会活动。在这个意义上,互动社会语言学将语言与社会"互动性地"捆绑在一起,正如迪鲁兹欧(di Luzio, 2003)所指出的,言语互动的规则在互动社会语言学中不再被认为是反映独立存在的社会规范,相反,这些规范被认为是通过在交际情景中的互动重新产生出来,因此,通过"互动"所构建的"社会活动"在互动社会语言学中还仅是特定情景中的交际活动。

第三,就"互动"的后果而言,互动社会语言学所关注的是会话双方是否通过意义协商彼此互动以及是否可以通过这种互动将特定情景中的会话顺利进行下去,或者在互动过程中恰当理解会话含义。在这个意义上,互动社会语言学在关注会话双方借助"情景化提示"进行理解和互动的同时,还对会话策略、会话风格、会话推断、会话标记等问题进行研究(祝畹瑾,2013:177-193)。例如,关于会话推断,甘柏兹曾举过这样一个例子来阐释:在一个古典音乐电台播放的一个节目即将结束的时候,代替原先主持人的播音员用这样的话结束当天的节目:"I've enjoyed being with *you* these last two weeks."(同你们一起度过这两周我非常愉快。)。播音员对"you"的特别强调引起了甘柏兹的注意,听起来好像播音员在对别的什么人讲话,但是当时节目上没有其他人在场。播音员的话使甘柏兹想起了人们道别时的情景,通常是一个人先说"I've enjoyed being with you."(和你在一起过得很愉快。),而另一个人也会回应说:"It was fun being with *you*."(和你在一起过得很有意思。)。因此,甘柏兹推断,播音员强调回应句中的"you"是在表达告别的意思。实际情况也是如此,第二天原来的主持人就回来继续主持这个节目了(祝畹瑾,2013:183)。

可见,尽管互动社会语言学通过"互动"这个概念指出会话意义的确定需要会话双方的互动与协商,但是,就"互动"这个概念本身而言,互动社会语言学所关注的"互动"仍然是"言语互动"。在这个意义上，互动社会语言学中的"互动"与跨文化交际学关注的人们日常交往中的"交际"有许多相似之处。或许正因为如此，祝畹瑾（2013：177）指出，"互动社会语言学非常适合于研究具有文化和语言多样性的言语交际"。

3.2.2 "互动"与"交际"

"交际"在语言学的许多分支学科中成为研究课题，尤其是在语用学跨文化交际研究领域。关于"交际"的研究一般都以"言语交际（verbal/speech communication）"为重点，以社会活动者通过言语传递和接受信息的过程为研究对象。在语用学研究领域，言语交际指借助语言这一不同于其他表意符号和模态的载体进行的交际活动。在跨文化交际研究领域，言语交际指不同种族、不同民族、和不同文化背景的人运用语言进行的交流。这里的"言语"一般指口语，但也可以指用于交流的书面语。对于"言语交际"的认识，不同的研究领域发展出不同的理论见解。例如，在语用学领域，斯珀伯和威尔逊（Sperber & Wilson, 1995/2001）认为在交际过程中，说者试图将信息意图明白地展现出来，而听者则要尽最大努力将这些信息准确无误地接受过来；因此，如果说交际对于说者是一个明示过程，那么对于听者就是一个推理过程，他需要根据说者的明示行为（言语），结合语境假设，求得语境效果，获知说者的交际意图。基于对"交际"过程的这种认识，斯珀伯和威尔逊认为交际是一个涉及信息意图和交际意图的"明示—推理"过程，说者所要传递的意义、观点、思想、信仰、态度、情感等信息，都需要听者通过推理获知，因此，他们的研究重点落在推理过程上面，并在相关研究的基础上提出"关联理论（relevance theory）"。

语用学领域对交际的研究以言语交际为重点，而在跨文化交际领域，学者更多地关注人与人之间的交际（interpersonal communication）。例如，斯科隆和斯科隆（Scollon & Scollon, 1995/2000）认为，跨文化交际实际上是以人际交际为体现的，也就是说，笼统的文化与文化之间的交流，需要以个体与个体的交际来具体实现。他们以一个刚出校门的

第3章 人类学传统的社会语言学

年轻人如何融入一家公司为例,呈现出个体与个体之间的交际过程,借此阐释跨文化交际。这个年轻人刚进入公司时会感到陌生,她会接触到不同的表格,不同的公文,这些都是这个公司特有的具体运用语言的形式,她必须学习。她可以通过向同事学习或参加公司组织的培训课程学习这些具有该公司特点的语言运用方式;在这些正式和非正式的学习过程中,她慢慢开始融入这个公司。在这个学习语言运用的过程中,她还接触到这个公司的文化,即这个公司的指导性思想。例如,她会了解到公司职员对待客户的态度是平和礼貌还是盛气凌人,而这个公司的文化也会影响到她的行为,影响到她与同事相处的方式和关系,以及她对待客户的方式和态度。她慢慢地学会了如何对待上级公司,如何对待下属公司,以及如何称呼年长的员工,哪个可以直呼其名,哪个不能。最终她可以在与人交往的过程中熟练使用各种语言表达方式,娴熟地处理各种人际关系,既有炉火纯青的真功,又有游刃有余的灵活,以至于她可以顺利从一种文化进入到另外一种崭新的文化之中(Scollon & Scollon,1995/2000:95-97)。

斯科隆和斯科隆关于人与人之间跨文化交际的阐释,已经将语用学中"交际"的含义扩展到"互动"的维度。换言之,跨文化交际已不仅仅是信息的传递与接受,而是一种"社会互动",体现为这种信息交流可以导致对参与交流的社会个体造成一定的影响,如上面的例子所示,不同文化背景的社会个体通过言语交际可以使自己融入另一种文化之中。这实际上与社会语言学中的交际民族志研究传统将言语交际视为"言语事件(speech event)"具有异曲同工之处。下面我们沿着这条主线继续讨论。

3.2.3 "言语事件"与"情景化提示"

"言语事件"是互动社会语言学的一个重要研究对象。如果说人类学传统的社会语言学将语言与社会作为独立因素来探究二者之间的关系,那么将语言与社会集结在"言语事件"上面进行探究则标志着这一传统的社会语言学发展到了以交际民族志为代表的互动社会语言学阶段。"言语事件"可以定义为"一种具有文化特征、基于语言运用的交际活动"（Coupland & Jaworski，2009：576），这种发生在特定环境中的交际活动，可以是"教堂里做礼拜、拍卖行里做交易、教室里上课、酒会上交谈"，等等（祝畹瑾，2013：166）。一个言语事件可以是一个言语行为（speech act），也可以由多个言语行为构成。按照海姆斯（Hymes，1986/2009）的观点，研究一个完整的言语事件，应该观察八个方面的内容，包括场所和场景、参与者、目的、行为序列、基调、媒介、交往规范和解释规范、交际类型。这八个方面的英文第一个字母合在一起构成一个英文单词：SPEAKING，即是海姆斯提出的描写言语事件的框架，并可进一步细分为十六个方面的内容（Hymes，1986/2009：589-596）。"言语事件"的概念，以及海姆斯关注的"言语共同体"概念，实际上体现出海姆斯的社会语言学思想，即他不是将社会语言学关注的"社会"和"语言"在概念上加以清晰地区分，而是在拉波夫认识二者之间存在关联关系的基础上，将语言范畴与社会范畴两方面的内容集中在言语事件上面，强调交际过程中的"文化意义在互动中被创造出来并保持下去"（Coupland & Jaworski，2009：577）。

　　海姆斯对于交际民族志这一社会语言学分支的发展做出了重大贡献。他摒弃了将语言视为普遍能力的理论，提出"交际语言能力"的概念，将研究的重点指向语言表达方式的多重性和复杂性。他还定义了"言语共同体"概念，表明人们在交际过程中一方面可以共同具有多种表达方式，另一方面又依据适当的关系调节使用这些表达方式。这些概念在卡博兰德和吉沃斯基（Coupland & Jaworski，2009：576）看来，都成为社会语言学的基本内容，并在社会语言学的多个领域里反复应用。然而，更重要的是，海姆斯的交际民族志传统的社会语言学研究从最初开始就坚持将语言与社会在概念上合为一体，认为二者之间没有清晰的边界，语言运用的某种特定形式和功能即是社会生活的规范性组织方式，在一定程度上构成社会文化本身的某些特征。基于海姆斯的这些研究，特别是他关于"言语事件"的研究，甘柏兹的"互动社会语言学"最终将"交际"的概念化作"互动"，体现出社会语言学从社会的角度研究语言与从语言的角度研究社会这两条研究路线在"社会活动"上的交汇。对此，卡博兰德和吉沃斯基（Coupland & Jaworski，2009）

第3章 人类学传统的社会语言学

曾指出,一方面,社会语言学对语言运用的研究不断加深,逐渐认识到语言运用所具有的社会意义在人际交际中的重要,因此也赋予语言以"社会活动"的性质;另一方面,社会语言学对社会范畴的研究,如对身份如何在语言运用中产生的研究,也突显了社会语言学对"社会活动"的关注。在这个意义上,社会语言学对语言变异的研究发展到互动社会语言学这个阶段,其中的一个重要标志就是将研究的对象转向"社会活动",提出"言语事件""言语共同体"等概念,将"交际"的含义从单纯的意义传递发展为交际双方之间的"互动"。就互动社会语言学而言,会话交际的双方在言语事件中的交际不仅仅是意义的传递,而且还形成彼此之间的相互影响,并据此维持会话的顺利进行。

前面我们提到,甘柏兹的互动社会语言学对会话参与者如何在交际过程中实现"互动"做出了具有创新意义的解释。甘柏兹(Gumperz, 1982/2009:598)认为,在会话交际的过程中,说话的一方需要对另一方给出的"情景化提示"不断地做出判断,以决定自己下一步需要做出什么言语反应;而听的一方也要运用一些会话策略(如会话推断)来理解对方给出的语言信息,进而推断讲话人在采取某个言语行为时所遵循的语境规约,并检验相关的语言信号获得怎样的理解,了解交际是否成功,如果不成功,要判断问题出在哪里、如何调整,等等。这里,"情景化提示"是甘柏兹提出的一个重要概念。情景化提示可以出现在会话之中,如在严肃的场合讲了一个笑话,这说明说者试图调整一下严肃的气氛;也可以是会话交际过程中出现的手势和面部表情,还可以是会话过程中出现的具有边缘语言特征的表现形式,如音高、节律、非音位性发音特征、程式化表达,等等。情景化提示作为会话策略凸显了言语交际中会话双方彼此互动的特征,表明会话的顺利推进不是依赖于事先认可的社会范畴,而是取决于会话双方对交际内容阐释的协商这一互动过程。

甘柏兹提出"情景化提示"的概念,认为会话交际的双方彼此之间的影响(如采取什么言语回应对方)取决于对情景化提示的不同理解。"互动"在互动社会语言学中预设出不确定和动态变化的含义,并且明白无误地表明在语言与社会、语言选择和语境之间并不存在固定的、必然的联系,相反,在特定的情景中选择什么语言形式进行交际是一个因人而异、因景而定的偶然事件。在这个意义上，互动社会语言学并非仅是将社会语言学的研究对象集中在"实时发生的特定情景中的言语互动"上面，发展出互动社会语言学的主张和观点，体现出互动社会语言学与人类学传统的社会语言学的密切相关。维索尔伦（Verschueren，2010/2014）曾经指出，互动社会语言学可以在甘柏兹早期作为人类学家在印度的工作中找到痕迹。作为一个方言学家，甘柏兹考察了印度的多语问题，同时进一步研究了语言、社会、文化之间的关系问题。正如维索尔伦（Verschueren，2010/2014：169）指出的那样，他在实地考察中发现人们的社会身份或地理身份与其在社会交流中使用的语言变体之间并不是一种可以客观显示出来的一一对应关系，社会生活中人们彼此之间存在身份的差异，这种差异本身对于人们社会身份的建构以及决定某种语言形式的使用并不十分重要，更为重要的是对人的社会身份的主观认识，这种主观认识对于使用什么语言形式以及建构什么身份更为重要。甘柏兹同时还认为，研究语言形式如何体现身份不应该采取一种普遍和抽象的方法，而应该仔细观察人们面对面的具体交流，仔细分析人们既相互认可又彼此协商的交流过程。分析维索尔伦如上这些对于甘柏兹的评论，我们可以认为，甘柏兹的互动社会语言学既起源于他的人类学研究，又起源于他的民族志学研究。起源于人类学研究是强调互动社会语言学的理论观点，而溯源至民族志学研究则指互动社会语言学的研究方法。在这个意义上，互动社会语言学可以追溯至言说民族志、民族志方法论、微观民族志学、符号互动论，以及认知人类学（Verschueren，2010/2014），并且将"民族志、民俗方法学、语言学、认知科学、话语、会话分析深度且灵活地融入社会语言学研究之中"（Rampton，2016：307）。当然，认为互动社会语言学与这些研究传统同时发展起来也是有道理的，而且，认为其与会话分析、话语分析、人类语言学中的某些分支有所重叠，更是没有悬念的。但是，更重要的是，互动社会语言学形成了一个与先前注重研究语言变项和社会变项之间相关性的拉波夫传统社会语言学传统相区别的"新的阐释学方向"（di Luzio，2003：3）。

3.3 互动社会语言学的研究方法

在上一节的讨论中,我们认识到互动社会语言学之所以能够形成,一个重要的原因就是它在人类学传统的社会语言学关于语言与社会关系的探索过程中,将语言与社会集结在"言语事件"上面,形成新的研究对象,并发展出"情景化提示"等新的社会语言学理论,在学术思想上对社会语言学做出巨大贡献。接下来,在这一小节我们讨论互动社会语言学的研究方法。在 3.3.1 我们讨论互动社会语言学所体现的质的研究方法,3.3.2 讨论互动社会语言学收集和分析语料的步骤以及在分析语料过程中运用的会话分析方法,最后在 3.3.3 讨论新时代互动社会语言学在方法论方面的更新。通过讨论我们试图说明,互动社会语言学的一些重要理论主张一定程度上也体现在其研究方法上面;而且,随着社会的进步,数字技术和互联网的广泛应用,互动社会语言学的研究方法也在不断地发展更新。

3.3.1 质的研究

互动社会语言学具有人类学的研究传统,这一特征体现在研究方法上,明显地表明互动社会语言学具有质的研究特征。这不仅体现在语料的收集步骤上面,也体现在对语料的分析上面。下面我们具体讨论质的研究,之后在 3.3.2 结合互动社会语言学的具体研究案例,讨论这些特征的具体体现形式。

"质的研究(qualitative research)"一般指与"量的研究(quantitative research)"相对的社会科学研究方法。如第 1 章讨论拉波夫传统的社会语言学时我们看到的,量的研究方法是一种对事物可以量化的部分进行测量和分析,以检验研究者自己关于该事物的某些理论假设的研究方法。与此不同,质的研究是"以研究者个人作为研究工具,在自然情况下采用多种资料收集方法对社会现象进行整体性探究,使用归纳法分析资料和形成理论,通过与研究对象互动对其行为和意义构建获得解释性理解的一种活动"(陈向明,2000:12)。在理论上,质的研究建立在后实证主义、特别是批判理论和建构主义的基础之上,与量的研究所依据的实证主义理论传统不同,是对科学理性主义的一种反动。

从历史渊源来看,质的研究可以追溯到早期的民族志研究。我们在 3.1.2 讨论的马林诺夫斯基 20 世纪初在特洛布里恩群岛进行的长期艰苦的实地工作便是人类学家从事质的研究的一个典范。除了人类学以外,质的研究还可以追溯到 19 世纪末 20 世纪初西方国家进行社会改革时期社会学工作者对城市劳动者进行的细致的实地研究。这些早期质的研究主要受后实证主义的影响,采取的是自然主义的做法,强调在实际生活情景中收集"真实"的资料。

如果将这一时期(1900—1950)质的研究划归为传统期,那么接下来的 20 年(1950—1970)质的研究便经历了它的现代主义时期(陈向明,2000)。这一时期是质的研究发展的黄金时期,它受到了现象学、阐释学、扎根理论、象征互动主义以及批判理论和女性主义研究的影响,形成了许多特征。例如,受现象学的影响,质的研究注重整体性、情景性和关联性,要对现象进行具体的、原汁原味的描述;受阐释学的影响,质的研究将理解视为研究的主要目的,它认可研究者的"偏见(bias)",并通过研究者与被研究者的共同努力来实现对研究对象的理解;受批判理论的影响,质的研究不求证实,也不求证伪,而是把消除参与者无知和误解的能力视为衡量研究质量的标准。

根据陈向明(2000)的研究,质的研究在 1970—1990 年间经历了"领域模糊期"和"表述危机期"。所谓"领域模糊期"(1970—1986),指的是很多社会科学家从人文学科借用理论、模式和分析方法,使得各种文体相互之间交叉使用的情况越来越明显。在这个时期,建构主义的范式在质的研究中开始占据影响地位,社会科学内部统一标准、统一规范的"黄金时代"已经过去,取而代之的是一个含混的、解释的、多元的新时代。由于受建构主义"事实是多元的,因历史、地域、情景、个人经验等因素的不同而不同"的观点影响,质的研究进一步认可研究者的"偏见",认为研究结果是研究者和被研究者平等互动和辩证对话达成的共识。在研究的过程中,本体与认识、主观与客观、知者与被知者、事实与价值之间的界限已经不存在了,研究者要做的是通过反思,"客观地"审视和领会互为主体的"主观"。在"表述危机期"(1986—

第3章 人类学传统的社会语言学

1990），质的研究者认识到语言表述中存在的危机，开始对语言中隐含的意识形态进行批判。批判理论和女性主义进一步扩展了质的研究者的视野，他们越来越强烈地认识到，研究和写作本身就是权力、阶层、种族和性别的反应。

在接下来的"后现代时期"（1990—），人类的生活变得越来越物化、非真实化、商品化，这直接导致了所谓的"决定性、稳定性、有序性、均衡性、渐进性"等现代科学的基本范畴被"不稳定性、不确定性、非连续性、断裂、突变"等后现代的观念所取代。这个时期的质的研究对研究的价值取向和实际作用更加敏感，因此，质的研究者更加注重以行动为取向的研究。他们将研究视为一种社会实践，将研究的过程视为一种社会批判，强调研究本身对社会事实的改变。

根据陈向明（2000）的相关论述，田海龙（2013b）认为质的研究具有以下八个特征。

（1）以研究者为工具，注重自然、情景的研究。在质的研究中，研究者即是研究工具，而不是像量的研究那样以统计软件为研究工具。在这个意义上，质的研究要求研究者通过长期深入实地体验生活从事研究，同时，质的研究对研究者发现问题和分析问题的能力等素质有较高的要求。与此相联系，质的研究注重在自然环境而非人工控制环境中进行研究，如通过访谈和观察收集资料时要特别注意情景的自然性、整体性、相关性和具体性。

（2）对意义的解释性理解。质的研究主要目的不是像量的研究那样证实普遍情况，而是寻求生成性理解，即"领会"被研究者的个人经验和意义建构。研究者也不像量的研究那样与研究对象分离，而是在研究过程中与被研究者反复互动，在这个过程中与被研究者密切接触，相互影响，彼此信任。在质的研究中，研究不再只是对一个固定不变的"客观事实"的了解，而是一个双方彼此互动、相互构成、共同理解的过程。在这个过程中形成解释性理解。

（3）承认研究者的倾向或偏见。许多质的研究者都意识到研究永远不可能"客观"，不可能保持道德上和政治上的中立。研究者个人的思维方式、使用的语言和解释的原则必然符合他们生活中基本的、约定俗成的规范，否则就不可能对研究对象进行任何意义的阐释，更不可能与他人交流。在这个意义上,可以说研究者的"偏见"是质的研究达到理解之目的不可排除的一个前提。

(4)重视研究者对研究的反思。质的研究不排除研究者的价值取向,但是要对自己的倾向或偏见进行反思,这是达到"解释性理解"的关键所在。除了对研究者和被研究者关系进行反思之外,质的研究还注重对语言、政治、历史以及研究者作为一种职业的反思,这直接导致了质的研究与社会实践的结合。

(5)采用归纳的分析方法。质的研究与量的研究采用演绎的分析方法不同,它是采用归纳的方法,在实地研究收集语料的基础上,对语料进行分类、归纳,寻找概念和主题。这种归纳贯穿研究的全过程。

(6)建构小理论。质的研究在研究中发现问题,注重微观的、具体的研究,成文方式以描述为主。但这并不表明质的研究不注重理论建构。然而,质的研究不以建构宏观的、具有普遍性规范的大理论为目的,而是通过自下而上地对资料的归纳分析建构解释性理论,提出具体的、独特的和具有地域性特征的观点和看法。

(7)注重研究的实践性。受批判理论和后现代主义思潮影响,质的研究强调学术研究不仅仅是再现世界,而且是创造世界,研究者在构建研究结果的过程中正在起着重新"构筑"现实的政治作用。研究与实践之间不可能绝对分开,在后现代时期,质的研究与社会变革和社会行动之间的结合越来越紧密。

(8)建立在多种不同但又倾向一致的理论基础之上。质的研究在其发展过程中先后受到阐释学、批判理论、建构主义以及后现代主义思潮的影响,这使得质的研究加速了它从后实证主义开始与量的研究分道扬镳的步伐,也越来越突出了它的解释性、互动性、反思性以及社会实践性的特征。

以上讨论的质的研究在互动社会语言学的研究方法中都有不同形式和程度的体现。例如,互动社会语言学不是基于研究者的客观观察,而是采取一种"会话当事人的视角"(Coupland & Jaworski, 1997a:391);再如,互动社会语言学在分析步骤方面强调将所分析的录音分别播放给会话参与者和非会话参与者听,听取他们对初步研究结果的反应和解释(祝畹瑾,2013:70)。在这些方面以及其他方面,互动社会语言学在研究方法上都具体体现出质的研究的特点。下面我们通过讨论菲什曼（Fishman，1997）的研究案例详细说明这一点。

3.3.2 质的研究在互动社会语言学中的体现

质的研究在互动社会语言学的研究中体现在两个方面，一个方面涉及对会话中言语交际片段进行分析的方法，另一个方面涉及收集语料并对其进行分析的步骤。下面我们分别讨论。

"会话分析（conversational analysis）"方法是互动社会语言学研究中分析语料所采用的分析方法。对此，祝畹瑾（2013：70）也指出，互动社会语言学在很大程度上沿用了会话分析的方法。所谓"会话分析"，如于国栋（2020）所指出的，是20世纪60年代由萨克斯（Harvey Sacks）、谢戈罗夫（Emanuel A. Schegloff）和杰弗逊（Gail Jefferson）提出的一种社会学研究方法。在实际操作层面，会话分析主张以每个独立发生的言语交际片段为分析对象，通过分析诸如序列组织（sequence organization）和话轮设计（turn design）等会话的细节对语料进行深入挖掘，借以发现人与人之间言语交际背后那些常见但不熟悉的模式和规律。这些实际操作在一定程度上体现出会话分析的基本原则，如会话分析要求所有的观察和发现都必须基于对自然发生的言语交际的客观观察，分析过程不受任何理论和假设的干预（于国栋，2020）。互动社会语言学在具体的研究中遵循着会话分析的这些操作方法，在这方面可以说并没有多少革新（祝畹瑾，2013：69）。但是，互动社会语言学在对语料进行细致描写中特别注重发现那些具有社会意义的东西。例如，在菲什曼（Fishman，1997）的案例研究中，她通过对三对夫妻会话片段中的"最小反馈（minimal response）"进行分析，发现他们彼此之间存在的不对等关系。"最小反馈"是在会话过程中所说的"嗯""哦"之类的话。菲什曼发现，在夫妻会话过程中，夫妻都会有这样的最小反馈，但是方式却截然不同。例如，妻子在说了一长段话之后，丈夫只是简单地说一个"哦"，不再多说一句。相反，在丈夫说话的过程中，妻子在不断地插入这些最小反馈，而不仅仅是在丈夫说完之后才"嗯"一下。菲什曼（Fishman，1997：422）认为，丈夫的最小反馈不具有任何鼓励和评论的作用，而妻子的最小反馈不仅是评论，还表示出她对丈夫说话的注意，表示出她的投入和参与，以及她对说者和会话交流的兴趣。

就互动社会语言学借鉴会话分析的方法分析语料而言，研究者需要在语料分析的过程中突出互动社会语言学的特点，注意与单纯的会话分析相区别。例如，祝畹瑾（2013：69）指出，与会话分析方法相对，互动社会语言学需要关注说话人的背景知识，而且了解得越深越广分析得就越透彻；互动社会语言学还要特别关注会话双方的韵律和副语言现象，如声调、音高、面部表情这些"情景化提示"；互动社会语言学需要听取与说话人背景相同的人的意见，以验证原先的假定是否基本正确。总之，互动社会语言学在分析会话互动的过程中，虽然使用的是会话分析的方法，但是要特别注意，互动社会语言学不是像会话分析那样仅关注会话的结构，或者说，仅就话轮序列本身的发展过程做出推断和解释，相反，互动社会语言学要通过研究者的眼力对会话过程进行由表及里、从语言线索进入到社会文化层面的解析。

就互动社会语言学的研究方法而言，除了分析语料时运用会话分析的方法之外，在语料收集和分析步骤方面互动社会语言学也有明显的特点。在这方面，祝畹瑾（2013：69-70）认为可分七步进行，它们分别是：

第一步：需征得当事人同意后，对两个或几个人的长篇自然谈话进行录音或录像，从中挑选一部分内容较为完整、编辑较为清新的连贯会话片段。

第二步：从录制的会话中分辨出含有明显特色的部分。

第三步：仔细、反复地听这一部分的录音，或看这一部分的录像，根据转写的惯例把它写成文本，并将转写惯例附后。

第四步：依次就一个话轮接着一个话轮对会话文本进行分析研究，搜寻与研究目标有关的证据，加以分析。

第五步：把重点部分的录音分别放给会话参与者和非会话参与者听，听取他们对上一步（第四步）研究结果的反应和解释。

第六步：对照会话其他部分所含相同话语特征，得出自己的解释。

第 3 章 人类学传统的社会语言学

第七步：提出假设，以备进一步检验其有效性。

这七个步骤比较系统地总结了互动社会语言学在收集语料和分析语料过程中的具体做法，成为互动社会语言学研究需要遵循的一般规则。例如，菲什曼（Fishman，1997）运用互动社会语言学的方法分析研究家庭情景中夫妻之间不对等关系的问题时，对三对夫妻长达 52 小时的对话进行录音，就是经过他们的同意后才在他们的房间放置了录音机。而且，录音机什么时间开始录音、什么时间停止，都由当事人决定，录音也都在当事人听过并认可之后再交给研究者进行分析研究。关于录音时长，菲什曼（Fishman，1997：418-419）还专门交代，录音带可以连续录音 4 个小时，但何时开始、何时结束都由当事人掌握。录音机被放置于当事人家中的时间分别为 4—14 天，最终获得的分析语料是 1—4 个小时不间断的、自然的录音片段。

以上是菲什曼（Fishman，1997）关于她进行互动社会语言学个案研究的方法介绍。如果说这与祝畹瑾提出的第一个步骤相吻合，那么第二和第三两个步骤则体现在菲什曼（Fishman，1997：419）下面这些方法描述之中："我将五个小时的录音语料转写成文本（第三步），从这五个小时的会话片段中我选择了三个片段作为分析语料，一个话轮一个话轮地仔细分析这三个片段（第四步），我选择这三个片段是因为它们与我所观察的夫妻之间不对等关系密切相关（第二步）。"除此之外，她在与当事人交流的过程中（可以认为是第四步）了解到当事人在夫妻关系中存在不对等的问题（第七步，提出假设），进而在对语料的细致分析中加以验证，作出阐释（第六步）。

互动社会语言学具有人类学的研究传统，因此在方法论方面非常注重现场调查搜集的语料都直接来自特定的时间和空间。同时，互动社会语言学强调对语料的分析不应该基于研究者置身于研究之外的阐释，而应该注重从"会话当事人（insider）的视角"（Coupland & Jaworski，1997a）阐释与会话相关的问题。例如，在菲什曼（Fishman，1997）的研究案例中，她提供了许多关于当事人的信息，不仅有他们忽略录音机存在这类可以证明收集的语料很自然的信息，而且还包括和研究课题相关的信息，如这三对夫妻的种族、年龄、工作、亲密程度、结婚年限等，甚至包括是丈夫还是妻子决定录音的开始和终结以及谁对录音材料进行审查这类信息。这些不仅可以帮助提出假设，而且对语料分析后得出研究结论也有一定的帮助，同时，更明显地体现出质的研究特征。

3.3.3 方法论的更新

以上关于互动社会语言学研究方法的讨论表明，互动社会语言学的一些理论原则，如体现在"互动"概念中的理论主张，都通过其研究方法具体体现在互动社会语言学家在收集语料和分析语料的具体过程之中。这同时也预设着随着研究课题和理念的变化，这些研究方法也会不断更新。这在理论上是完全可能的，因为当进入21世纪，新的研究课题催生出新的理论主张的时候，旧的研究方法必然会得到更新，以适应新的研究内容和研究目的的需要。在这方面，一个明显的例子就是社会语言学家在进行现场调查时不再使用录音机。他们收集语料的方式随着互联网技术在社会生活中的广泛应用而变得多样。这一方面是因为所要分析的语料变得越来越与数字媒体技术相关，另一方面也是由于媒体技术（如一些应用软件）为收集语料提供了便利。就前者而言，在当代社会人们面对面的交流方式日益让位于经由媒介（mediated）的交流方式，而且，由于言语交流所借助的媒介多种多样，这种经由媒介的交流方式也变得多种多样，更具有个性化和偶然性，依具体的交流目的、交流场域而变化。例如，布鲁马特（Blommaert，2010）在研究全球化背景下语言流动（mobility）的问题时，分析了一种特殊的邮件语体。这种邮件从尼日利亚这样处于世界体系边缘的国家发出，发给像他这样处于世界体系中心的人，通知他将会收到一大笔财富。这种"全球化的语体"体现出邮件作者具有高超的互联网技术（如可以找到免费和匿名的邮件服务商以及接受者的邮箱地址），也体现出邮件作者具有一定的文化知识和能力（邮件的语体结构是权威的，反映出商务信函的语体结构，个人叙事等方面也很得体)，但是其语言（通常是英语）表达却是糟糕的，表明他们的语言能力是很弱的。布鲁马特收集这些分析语料的方法显然与菲什曼（Fishman，1997）收集语料的方法是不同的。这些体现为互动社会语言学在收集语料方面的方法更新在3.4的研究案例中会有更多的讨论。

除了在语料搜集方面互动社会语言学以及广义的社会语言学具有更新方法的动力之外,在分析语料的方法方面也是如此。田海龙(2019a)在讨论批评话语分析在 21 世纪呈现的三个新的研究动态时,特别讨论了其在研究方法方面的更新。例如,费尔克劳对其提出的三维分析框架(Fairclough, 1989)进行修正,提出了一个五步分析框架(Chouliaraki & Fairclough, 1999),之后又将其更新为一个称作"过程路径"的四步分析框架(Fairclough & Fairclough, 2018)。这些分析方法不断更新的基础是研究理念的变化,是一种理论发展的结果。社会语言学语料分析方法更新的基础亦是如此。我们在第 4 章将讨论基于认知科学的社会语言学研究,在第 5 章将讨论基于话语研究的社会语言学研究,这两个社会语言学的研究范式与传统的社会语言学研究,如拉波夫传统的社会语言学和人类学传统的社会语言学,在理论上有一定的发展,体现在对语料的分析方面其研究方法也会有一定的更新,更会有一定的扩展。这些分析方法将不会局限在变异社会语言学的量的研究方法上面,也不会局限在互动社会语言学会话分析方法上面,甚至也不会仅仅体现在互动社会语言学的"当事人视角"这样狭义的质的研究方法上。我们会在相应的研究案例中具体讨论这些更新的分析方法。

3.4　21 世纪的新课题

人类学传统的社会语言学研究从探究语言与社会的关系入手,经历了"语言决定社会"的认识阶段,也经历了"社会决定语言"的认识阶段,最终将语言与社会集中在"言语事件"上进行研究,深入细致地分析"言语互动"展开的具体过程,发展出互动社会语言学的研究范式。在甘柏兹的互动社会语言学研究中,以往社会语言学发现的社会群体之间的边界消失了,体现一定语言特征的固定的"言语共同体"被个体之间具有社会交往特征的"社会网络"所替代,社会群体特有的言说规范也随之被弱化,个体对言说语境进行回应的自由度变得更为宽泛。所有这些都得益于甘柏兹提出的"情景化提示"概念,正是这个概念使得研究者认识到会话双方对对方会话含义的理解是动态变化的，是随语境、语调，甚至是手势和面部表情的变化而变化的。在这个意义上，当下学者普遍关注的许多社会语言学研究课题，包括涉及意义和文本跨时空流动的跨文化交际研究，都可以在甘柏兹互动社会语言学研究中找到注脚，同时也都在一定程度上对互动社会语言学的研究进行拓展。下面我们讨论两个互动社会语言学在 21 世纪的新课题，借此阐释互动社会语言学在 21 世纪的发展。

3.4.1 "表演"与"使文本化"

"表演"（performance）是狄安迪（Duranti，1997：14–21）论述他所称之为"语言人类学"的人类学传统的社会语言学研究时提到的三个理论领域中的一个，其他两个分别为"指向性"和"参与"。这里，狄安迪所强调的是语言人类学注重研究人是如何作为来自不同文化背景的会话参与者借助语言实现交流与互动。这三个概念至今仍然是社会语言学理论中重要的概念，而且社会语言学的理论仍然在这三个方面得到发展（Coupland，2016a：10）。我们将在第 7 章"风格变异研究"中看到"指向性"的概念在变异社会语言学第三次浪潮的相关研究中显示出的强劲解释力。"参与"的概念应用也非常广泛，如在媒体话语分析、语言景观研究以及少数民族语言研究领域。下面我们重点讨论"表演"的概念在社会语言学中的应用以及对社会语言学理论发展的贡献。

所谓"表演"，不是仅仅表明艺术性地运用语言，也不是指这种语言运用与日常生活和意义无关。相反，一个特定的"表演"与一系列发生在之前和之后的言语事件联系在一起，包括过去已发生过的表演、文本阅读、协商讨论、彩排、交谈、报告、评论、挑战、后续表演等。因此，"表演"的概念可以提供一种框架以便对交际过程进行批评性反思，而对一个表演进行充分的分析则需要对其所采取的形式以及具有的意义如何体现表演以外更为广泛的话语类型进行细致的民族志研究（Bauman & Briggs，2009：607）。为此，鲍曼和博瑞格斯提出一个分析框架，通过研究话语的"去情景化"和"再情景化"来分析表演所具

第3章 人类学传统的社会语言学

有的"去中心化"和"再中心化"功能。这个分析框架在宏观层面包括六个方面的内容（Bauman & Briggs，2009：610-611）。

（1）架构，即如何认识被再情景化的文本，如这个被再情景化的文本与前面的文本是一种什么关系？是重复还是引语？

（2）形式，即注重音位、语法、言语风格以及语体这些形式和结构从一个情景移出并被移入另一个情景时发生的形式上的转换。例如，通过转喻的方式将一个文本中的表示地点的名词用来代表一个发生的事件，通过这种形式的转换来唤起听众或观众对事件整体的认识。

（3）功能，包括明显的、隐含的以及实施的功能。例如，一个程序化的文本可以被用在娱乐、实践和教育之中。

（4）指向性基础，包括人称、地点、时间的指向性标记。

（5）翻译，包括语际翻译和符际翻译。例如，如何将一种语言翻译成另一种语言，如何将口语形式的叙事翻译成文本形式。这其中的空间存在着语言人类学家反思其学术实践的重要问题。

（6）出现在新情景的结构。这是再情景化过程的结果。文本不仅在情景中产生，同时也塑造情景语境，并被情景语境所塑造。

鲍曼和博瑞格斯提出这样一个研究表演的分析框架，是基于他们对表演的深刻认识。他们认为，表演是一种具有高度反思性的交际模式，同时也是一种特别标注的艺术性言说方式。表演将言说行为置于聚光灯之下，使言说得以物化，将言说行为从其会话的场景中脱颖而出，并使言说行为接受观众和听众的审视。表演提升了表演参与者对言说行为的意识程度，也赋予了观众和听众评判表演者技巧和表演效果的特权。正是基于这些对表演的认识，鲍曼和博瑞格斯（2009：609）认为表演本身具有"去情景化"的可能性。所谓"去情景化"，简而言之，就是把一个文本从其生成的情景中移出。就某个言语事件中的言语互动而言，如果把这个言语互动视作"表演"，那么"去情景化"即是将言语互动中的言语（或称文本）从其所处的表演情景中剥离出来，回归其原情景之中。

与"去情景化"随影同行的是"再情景化"，正如鲍曼和博瑞格斯（Bauman & Briggs，2009：610）所讲，这是一个过程的两个方面。当一个文本通过"去情景化"被移出其存在的情景时，它也需要被移入另一个情景,即被"再情景化"到一个新的情景之中。这个包括"去情景化"和"再情景化"的完整过程称为"使文本化(entextualization)",在这个完整的过程中意义会发生变化,如会发生中心重置性质的变化。事实上,如鲍曼和博瑞格斯(Bauman & Briggs,2009:611)发现的那样,将一个文本去情景化和再情景化,就等于在实施一个控制性的行动,由于互动双方实施控制行动的比例不同,就形成了一个权力关系问题。具体来讲,对文本的接触和掌控程度不同、使用文本的能力不同、赋予文本的意义和价值不同,都可以导致权力关系的变化,导致权力中心的重置。所有这些都是在文化中构成,在社会中建构,并通过意识形态保持,而且随着文化的不同而变化,没有哪一个因素是事先确定的,一成不变的。

因此,鲍曼和博瑞格斯在提出上面那个包含六个研究内容的宏观分析框架之后,还特意提出关于表演的研究在微观层面应该体现的四个要旨(Bauman & Briggs,2009:612),分别为:

(1)对于文本的接触机会取决于机构的组织架构、对资格的社会认可,以及其他关于哪些可以包含进来哪些必须排斥在外的机制和标准。

(2)合法化是一个被给予的问题,某个权威如此挪用一个文本,以便使你认为对该文本的重置合法。例如,一个文化对版权的认识与另一个文化对版权的认识虽有所不同,但是都调节着合法化这种权威的运作。

(3)成功实施文本去情景化和再情景化过程的能力和知识是人的内在能力,是可学习的技能,也是一种特殊的天赋,与人在社会生活领域中所处的地位相关,因此也因人而异,具有个体性的特点。

(4)对于文本的评价取决于人们使用它的目的,以及从它那里得到的好处,或者取决于它们具有的指向性是否与你的期待相关。因此,人们的价值观决定着文本的地位以及在不同等级的期待中的应用。

以上讨论表明,鲍曼和博瑞格斯将言说行为视为"表演",提出"使文本化"的概念,在一定程度上发展了社会语言学的人类学研究传统。我们在3.1.2讨论过这一传统中戈夫曼的研究,他曾经将社会生活比作一个大舞台,人与人之间的言语交际就是一种"表演"(Goffman,1956)。半个多世纪过去了,如今鲍曼和博瑞格斯沿着甘柏兹关于言语互动的思路前行,深入挖掘言语事件的情景,从文本的"去情景化"和

"再情景化"的角度分析表演这一言说活动,不仅涉及当下学界关心的权力关系问题,而且体现出互动过程中权力关系变化与社会文化的密切联系,使我们认识到不同文化的言语行为实际上是一种可以移动的符号,它们可以被"去情景化",离开它们原来的文化情景,被"再情景化"到另外一种文化情景之中。这里,社会语言学与文化研究的联系清晰可见,其意义如同卡博兰德和吉沃斯基(Coupland & Jaworski,2009:578)所言,"社会语言学分析需要对于表演事件中那些熟悉的因素敏感,也要对那些新的因素敏感。文化正是在这种新和旧的角力中发生变化。"或许,互动社会语言学对于21世纪社会语言学研究的意义就在于此。在不同文化之间的交流更为密切的当下,如何在文化交流中彼此相互借鉴,互动社会语言学的研究会给我们许多启迪。

3.4.2 言语互动与新媒体依赖

进入21世纪,新媒体数字技术在社会生活中的应用更为广泛,人口及语言的流动和全球化的进程也更加深入,人们的交流和互动也越来越依赖于互联网媒体软件和小程序。继电子邮件和微博之后,微信、推特等一大批可以广泛应用的技术给人们的交流和互动方式带来了巨大的变化。这些产生于新世纪的新的言语互动问题为互动社会语言学提供了新的研究课题和理论发展的契机。

互动社会语言学在21世纪的应用研究,可以关注许多现实社会问题。例如,兰普顿(Rampton,2016:321-322)列举了五个可以展开实际研究的方面,分别为:

(1)将互动社会语言学的研究与一些困扰当代思想和政治的议题联系起来进行研究。

(2)关注新技术发挥作用的互动以及这些互动带来的微动态现象,采用民族志的研究方法研究摩擦的问题。

(3)注重研究新出现的前所未见的控制策略,同时注意那些老的控制策略的新形式。

(4)注重历时比较,将移动数字技术大量应用前后的数据并置,以便避免对划时代的变化夸大其词。

（5）实施合作性干预措施，低调但注重实效；将干预看作是思考的对象，拷问其意义何在，条件如何，以及目标为何，并将其作为问题进行反思。这些干预措施体现出的批评思想不是也不能是一种外在的评价。

这五个方面的研究本质上并非界限分明，有的涉及研究对象，有的涉及研究问题，而对研究对象的分析研究也会解决一些研究问题，并提出一些理论主张。例如，兰普顿（Rampton，2006）曾经将互动社会语言学与当今世界的学校教育结合起来进行研究，这实际上是将互动社会语言学的研究与一些困扰当代思想和政治的议题联系起来进行研究的一个典范。他在1997—1999年间几十次到他所观察的中学去收集语料，通过听课录音、收集学生作业和课程材料、记田野日记、采访面谈等方式，获得了大量学生在课堂上的言语互动资料。在此基础上，他运用互动社会语言学的理论和方法分析这些语料，发现标准语言教育的体制并没有使学生遵守纪律、服从规则、团结一致和减少选择，相反，一些学生对于标准语言课程的反应是自发主动、贸然行事、喜欢尝试、自我主张、富于情感、追求娱乐和休闲。这里，兰普顿运用互动社会语言学的研究方法对所收集的言语互动语料进行细致的分析，阐释了21世纪普遍关注的权力关系问题，尤其是体现在学校里的课程体制对于学生培养教育的权力关系问题。

互动社会语言学在21世纪的应用与发展，特别关注到与新媒体技术相关联的一些社会问题。这方面的一个典型案例是乔戈科普卢（Georgakopoulou，2014）关于中学生使用电子设备对其言语交际方式影响的研究。

进入21世纪，移动数字设备大量进入人们的日常生活之中，几乎每人拥有一部手机，这也在很大程度上改变了人们的交流方式。新技术在新世纪给交流互动带来的革命性变革，引发许多社会语言学家的关注和研究。乔戈科普卢（Georgakopoulou，2014）对女中学生在学校言语交流的片段进行研究，发现这些女学生谈论的话题在很大程度上都与手机和MP3等新的电子设备带来的歌曲、游戏、休闲娱乐项目有关，而且她们对于这些新的电子设备的依赖程度已经影响到她们的主体性，包括她们的自我感觉、对异性的感受、如何认识展示自己所需要的伦理情景，以及自己和圈内、圈外人员的社会关系等。例如，乔戈科普卢（Georgakopoulou，2014：222-226）对叫作 Habihah 和 Lily 的两名女学生的一段会话进行分析，发现 Habihah 在会话过程中哼唱从新媒体上听到的歌曲的频次非常多。从言语互动的角度看，Habihah 的哼唱与会话的主题以及会话的语境没有任何联系，如她试图请 Lily 一起哼唱的时候并没有得到响应。乔戈科普卢还发现，Habihah 在会话过程中通常会有犹豫、自我修正、反应延迟的情况出现，这表明她意识到自己的某些言语表述可能与对方正常的期待相悖。对这种在会话过程中临时出现的互动性偏离，乔戈科普卢称之为"麻烦"，并认为是会话参与者过度依赖新媒体技术的结果。就新的移动通信设备对中学生的影响而言，这实际上是一个新媒体流行文化与正规教育的平衡和角力问题，一方面学校有制度，规定在什么场合不使用这些通信设备，或者学校在一些场所安装监控设备以防止学生滥用这些通信设施，另一方面市场上有越来越多的应用软件和小程序供免费下载使用。乔戈科普卢的这个研究表明，运用互动社会语言学的民族志研究方法，对学生实际会话进行分析，在一定程度上可以发现这些新的移动设备对学生言语互动的影响，也可以发现互联网上传播的歌曲、电子游戏对学生生活的影响，这些都可以对新时代更新教育理念提供可参考的依据。这也在一定程度上体现出互动社会语言学在 21 世纪新发展的社会意义所在。

3.5 小结

人类学传统的社会语言学研究在社会语言学领域举足轻重，不仅历史悠久，而且涉及的范围也非常广泛。因此，这一章的讨论限定在语言与社会的关系上面，围绕萨丕尔和沃尔夫、马林诺夫斯基和戈夫曼，以及海姆斯和甘柏兹等人类学传统的社会语言学的先驱关于语言与社会关系的认识，勾勒出这一传统的社会语言学发展的大致脉络。在此基础上，我们的讨论聚焦互动社会语言学，认为互动社会语言学在对语言与社会关系的认识不断深入的过程中产生并发展壮大。互动社会语言学的生命力是强大的，应用潜力是巨大的，发展前景也是广阔的。对此，这一章关于互动社会语言学研究方法及其更新的讨论，以及互动社会语言学在 21 世纪新课题的讨论，都做出了令人信服的阐释。在第 9 章讨论话语互动研究时，我们还会涉及互动社会语言学的新发展问题，包括从跨学科角度讨论它的创新发展问题。

第 4 章
基于认知科学的社会语言学

与拉波夫传统的社会语言学和人类学传统的社会语言学相比，基于认知科学的社会语言学研究还没有经历一个比较长的历史发展阶段。在 20 世纪末，社会语言学，尤其是变异社会语言学，展现出与其他学科交叉发展的倾向，而认知科学的发展也更多地注重引入语言学和社会语言学的研究成果。正是在社会语言学和认知科学跨学科发展的背景下，基于认知科学的社会语言学应运而生。作为二者融合发展的产物，基于认知科学的社会语言学在 21 世纪的前二十年经历了快速发展，取得了丰硕的研究成果。对此，讨论社会语言学在新时代的新发展，我们不可忽视。我们将在这一章讨论基于认知科学的社会语言学关于语言、社会与认知的理论主张，特别是这些主张的起源和产生背景，以及这些理论主张的基本内容，最后讨论一些研究案例。

4.1 语言、社会与认知

基于认知科学的社会语言学就其本质来说是社会语言学研究与认知科学研究跨学科融合的结果。这种融合对于认识语言与社会之间关系的实质以及探究这种认识过程的本质是至关重要的。然而，就其产生以及后续发展而言，这种融合并非是二者均衡的结合，相反，这个融合的过程体现出一种有所侧重的特征，即或侧重认知科学，或侧重社会语言学的研究倾向，以至于发展出"认知社会语言学"和"社会语言学认知研究"两种范式。下面我们分别叙述之。

4.1.1 认知社会语言学

"认知社会语言学（cognitive sociolinguistics）"，顾名思义，其基础或出发点是认知科学，或者说是认知科学研究转向关注语言并形成认知语言学之后，进一步与社会语言学融合的结果。自20世纪90年代起，认知语言学出现了一种倾向，研究者开始从探索认知的体验性和普遍性转向探索语言和认知的社会变异特征。在这个过程中，一些认知语言学家越来越清晰地认识到认知语言学社会转向的必要性和迫切性，并发出了认知语言学研究同社会语言学研究融合的呼吁（Geeraerts，2005：163-169）。在经历了20世纪末、21世纪初的认知语言学与社会语言学初步融合阶段之后，2007年波兰举行了第十届国际认知语言学研讨会，并在会议上正式确立了"认知社会语言学"的名称。继这次在波兰南部文化名城克拉科夫举行的学术研讨会之后，2008年英国社会科学院和英国认知语言学研究会联合主办了"语言、交际与认知"大会，哥本哈根大学教授哈德（Peter Harder）在这次大会上也正式提出了"认知语言学的社会转向"这一概念，主张在基于使用的语言描述和语言变化研究中重新强调宏观层面，即除了个人的作用之外，还需要考虑社会团体的作用，并认为语言的变化发生在规范力量操作的范围内，而不是在其范围之外（Harder，2010）。同年，第一部以"认知社会语言学"为书名的著作《认知社会语言学：语言变异、文化模式、社会系统》（Kristiansen & Dirven，2008a）出版，进一步明确了认知社会语言学的理论方法和应用范畴，体现出认知语言学的社会转向这一研究动态。

根据高佑梅（2020）的这些考证，我们可以认为，基于认知研究的社会语言学尽管是社会语言学和认知科学融合的产物，但就认知社会语言学这一范式而言，最初还是建立在认知语言学研究的社会转向基础之上，是认知语言学领域的学者将研究视角扩展至社会语言学领域并关注语言变异问题的结果。而且，在后来的发展过程中，也体现出明显的认知研究倾向。关于这一判断，还可以在随后几年较有影响的文集出版方面得到验证。例如，2010年在德国科布伦茨—兰道大学举行了主题为"认知社会语言学：语言认知和使用中的社会文化差异"的第34届国际劳德（LAUD）研讨会，基于这次研讨会，出版了三个文集，第一

第4章　基于认知科学的社会语言学

辑为《认知社会语言学：认知和语言使用方面的社会文化变异》（Pütz et al., 2014a），这个文集内的文章曾于2012年发表在《认知语言学综述》2012年第2期上；第二辑为《认知社会语言学的语境与应用》（Kristiansen & Geeraerts, 2013），以《语用学刊》专刊形式出版；第三辑为《语言和语言使用的差异：语言、社会文化和认知视角》（Reif et al., 2013）。这几部文集不仅反映出第34届国际劳德研讨会的主题以及相应的议题，探讨了基于使用的认知语言学方法和变异社会语言学研究的融合问题，而且还阐释了认知社会语言学的理论基础和认识论基础，提出了认知社会语言学这一新兴领域的研究课题，概述了这一研究领域的主要研究方向和重要成果，进一步明确了认知社会语言学研究的先决条件就是将语言的认知和社会维度结合起来，同时凸显了该领域发展中面临的一些挑战和问题。

　　实际上，认知语言学的发展也需要将研究范畴扩展至社会语言学的研究领域，关注语言使用中的认知问题。认知语言学产生于20世纪70年代，随着脑神经科学的发展及人们对大脑和语言之间关系研究的不断深入，这门新兴学科开始趋于成熟，并在此后的20年间得到迅猛发展，成为一门显学。究其迅速发展的原因，借助福柯（Foucault, 1972）有关话语形成的论述，可以认为与它之前盛行的乔姆斯基生成语言学存在一定的区别性联系。首先，生成语言学将抽象的语言知识视为一个独立存在的系统，认为句法与意义、语境、记忆、背景知识和认知过程没有关系，因而认为对抽象语言结构的研究可以不涉及其他认知能力。在语言内部层面，生成语言学将语音、句法、语义等语言层面视为独立的模块，认为模块与模块之间存在种类的区别，因而认为句法的研究可以不涉及语义。与生成语言学的这些主张不同，认知语言学则认为，就语言外部层面而言，语言使用的原则包含更多普遍的认知原则；就语言内部而言，对语言的解释必须跨越层次之间的界限。在认知语言学视角下，语言与其他认知过程的关系不是种类的不同，而是层次的区别，造成语言形式差异和概念结构差异的主要原因是人类认知世界的方式。因此，认知语言学将不同的认知过程融入其研究范畴，将句法原则的研究与语义紧密地联系在一起（高佑梅，2020）。认知语言学与生成语言学的这些不同，为认识语言运用的机制提供了新鲜的理解，也促进了认知语言学本身的发展。而且，更重要的，同时也构成其快速发展的另一个原因是，生成语言学的巨大影响力为认知语言学这些与其不同但新鲜有趣的思想快速传播奠定了基础。正像批评语言学与其前期的文体学研究发生分化、与变异社会语言学产生断裂，从而界定出可命名、可描述的对象，形成最初的批评话语分析研究对象一样（田海龙，2019b），认知语言学在研究视角上与生成语言学形成区别，进而明确提出自己的研究课题，在词法、句法、语义和语用的研究方面取得许多令人兴奋的研究成果，并在此基础上发展壮大起来。在认知语言学寻求进一步发展的努力中，认知语言学领域的学者进一步认识到"基于语言使用"这一原则的重要，因而不再满足于对语言本身的研究。他们将研究的视角扩展到语言的社会性质，研究语言因地域和社会不同而产生的变异，提出了认知语言学的社会转向，由此催生认知社会语言学这一新的语言学研究范式。

  实际上，从"基于语言使用"的角度研究语言变异问题以及从"文化模型"和"意识形态"的角度研究语言变异问题，都成为第一部以"认知社会语言学"为书名的文集关注的研究领域。例如，在这部文集的"前言"部分，文集的编者认为，以往的认知语言学在语法和词汇研究方面只是关注语言符号的概念功能和指示功能，而认知社会语言学则将这些认知研究范式扩展到语言符号应用过程中所体现的地域和社会规则之中，因此，认知社会语言学从"基于语言使用"的角度研究语言变异问题，很自然地将语言使用者社会认知作用置于研究的中心（Kristiansen & Dirven, 2008b: 4）。关于从"文化模型"和"意识形态"的角度研究语言变异问题，编者特别指出在这方面认知社会语言学已经取得的成果，以及这些成果在这部文集中的延续。例如，莱考夫（Lakoff）在被问及认知社会语言学是否存在问题时，曾经做出肯定的回答，并提到摩根（Pamela Morgan）政治研究的论文，以及厄本（Nancy Urban）研究商业隐喻被用来重组教育结构的论文。这两位学者新的研究成果都被收集到这部文集当中。摩根（Morgan, 2008）通过考察一些隐喻在源域和目的域之间的联系，发现社会体系之间的联系呈现三种方式：竞争，合作，或某一种彼此连接的状态，其中前两种方式比较明显，如在商业领域，企业与企业是竞争关系，而在企业领域则是合作关系；在政治领域，选举期间彼此竞争，但在获取共同目标时则需要结成联盟。厄本（Urban，2008）的研究涉及商业的竞争模式在高等教育中的介入，通过考察隐喻在高等教育管理中使用情况，发现通常在商业领域使用的隐喻被使用在高等教育领域，构成了高等教育的竞争特征。

作为一种基于认知科学的社会语言学研究范式，认知社会语言学的特征体现在两个方面。首先，从狭义上讲，认知社会语言学将语言使用的社会因素和认知因素融合在一起，并以此为基础研究语言变异问题。其次，从广义上讲，认知社会语言学不仅仅研究语言结构本身，如语音、词汇、句法、篇章，还研究语言在社会生活中的实际应用，如语言与意识形态、语言政策、文化语言学、世界英语等（黄嫣，2020）。认知社会语言学在微观和宏观两个方面研究语言在社会生活中应用的认知问题，对社会语言学的深入发展具有推动作用。它一方面可以为语言变异研究方法提供新的准则，如提供基于实证研究（尤其是偏向于语料库研究）的方法，进而使社会语言学可以深入探究与社会维度相关的语言内部或跨语言之间的变异问题。另一方面，认知社会语言学也可以将认知语言学成熟的理论应用到社会语言学研究之中，为社会语言学的研究提供新的概念性工具，如语法化、隐喻、框架等。因此，认知社会语言学的问世不是一种临时性的跨学科研究，而是认知科学近年出现的"社会转向"的一个组成部分（Pütz et al.，2014b），可以认为是认知语言学和社会语言学二者之间实现的互补（王天翼、王寅，2012）。

4.1.2 社会语言学认知研究

"社会语言学认知研究"范式与上一小节讨论的"认知社会语言学"范式不同，它不是认知语言学家对语言与社会关系这一社会语言学主要问题从"认知视角"进行的探究，而是认知科学领域的学者对语言变异这类社会语言学关键问题的"认知维度"进行的探索。认识这一区别，我们可以先回顾一下本书已经讨论的问题。

在绪论和前两章，我们阐述了社会语言学的起源以及它的基本发展脉络。总体而言，社会语言学的基本内容可以分为两大类，一类是从社会的角度研究语言,或称用社会学的方法研究语言,可称为"社会的语言学",另一类称为"语言的社会学",是从语言的角度研究社会,从语言变化的角度研究社会变迁,或称用语言变体和语言演变的事实来解释相关的社会现象及其演变和发展的过程(Hudson,2000)。在第2章讨论拉波夫传统的社会语言学时我们看到,从20世纪60年代末开始,美国社会语言学家拉波夫和他的追随者对语言变异展开研究,开启了语言学研究的新领域。在第3章讨论人类学传统的社会语言学时我们同样看到,一代一代的人类学家和民族志研究者深入不同的言语社区,在分析第一手语言运用资料的过程中发展出不同的关于语言与社会关系的理论,进而将社会语言学发展到互动社会语言学的新阶段。我们看到,社会语言学的研究有着独特的研究传统,它不同于以语言本体为研究对象的结构主义语言学,而是把研究重心放在社会生活中实际使用的语言上面。社会语言学也不同于强调与生俱来的人的语言能力的生成语言学,而是强调人在社会生活中获得的交际语言能力。事实上,社会语言学家对结构语言学的形式结构语言观不满意,对生成语言学的唯生物属性语言论也不满意,因此才努力从静态的"任意论"和天生的"普遍语法"规则的桎梏中挣脱出来,把语言研究的重点放在动态的语言变异及其与社会文化因素的关系上面,进而形成了语言学研究的社会转向。毫无疑问,不论是在语言变异研究领域,还是在语言与社会关系的研究方面,社会语言学已经取得了许多令人瞩目的研究成果。然而,语言研究是一个持续发展的过程。以往的革命性成果自然会带来新的思考,比如,语言变异的根源何在?社会变化在语法理论中如何处理?语言变异与语境化的认知过程是什么?可以说,社会语言学的认知研究范式正是在对这些值得社会语言学研究者深入思考的问题进行认真探究的过程中产生出来。

需要明确的是,社会语言学的认知研究范式与在4.1.1中讨论的认知社会语言学的研究范式是不同的。如果说"认知社会语言学"是借助认知科学的研究成果深入阐释社会语言学关注的语言与社会的关系,那么,"社会语言学的认知研究"范式则更倾向于探索社会语言变异在编码、感知和产生过程中所涉及的大脑认知机制。黄嫣(2020)在介绍社会语言学的认知研究范式时,曾提到托马斯(Thomas,2011)关于社

第 4 章 基于认知科学的社会语言学

会语言知识（sociolinguistic knowledge）与语言各层级（语音、词汇、句法、语义）之间的认知整合模型（见图 4-1），认为语言变异对于理解语言的认知表征是至关重要的。这个模型表明，在言语感知或产生过程中，语言的不同层级之间存在着大量的平行加工；且在语言的每一个层级中都存在反馈循环（feedback loop），对言语产出的大脑加工过程起着至关重要的作用。除此之外，该模型还表明社会语言知识与语言加工各层级之间存在着错综复杂的相互关系，使得说话者能够在不同的场合下，针对不同的听众说"合适"的话。从这个模型我们可以看出，社会语言学的认知研究更多的是采用心理语言学和认知科学的研究方法，借助一些技术手段的支持，通过实验的方式来验证语言在社会生活中实际运用时所经历的心理过程。

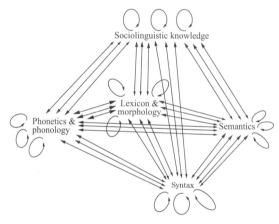

图 4-1　社会语言知识与语言层级之间的认知整合模型（黄嫣，2020）

如果沿着社会语言学认知研究采用实验方法进行研究的路径前行，我们可以发现，黄嫣（2020）所讨论的社会语言学与认知科学跨学科融合所产生的一些研究领域，如社会语言变异的习得研究、计算建模研究、以及跨物种语言/交流变异的比较研究，都在一定程度上具有社会语言学认知研究的特征。例如，为进一步了解语言习得过程的心理机制，促进语言的有效学习，并为此提供新的视角和方法，社会语言学和心理语言学家对社会语言变异的母语和二语习得展开深入研究，他们（如 Nardy et al., 2013）强调，儿童或成人学习者身处的语言环境是可变的，同时语言变异也受到不同语境和社会因素的影响。社会语言模式在学习早期阶段形成，且输入形式的频率在习得过程中对习得结果起到关键作用。根据这些研究成果设计的认知心理实验范式，可以深入探究学习者习得社会语言模式的方式，以及在变化的语言环境中融合语言和社会信息的方式。

关于计算建模，黄嫣（2020）认为是从量化的角度探究社会与语言认知之间的紧密关系，因此也是一个典型的基于认知科学方法来研究社会语言学问题的新领域。所谓计算建模，即是通过对不同言语社区内相互作用的群体进行动态建模以及对受社会和认知约束的模拟语言线索进行共享。计算建模研究可以探索语音、语法和词汇这些语言的基本成分产生的条件，也可以观察不同语言体系中语言变异和语言变化的动态发展。有些计算模型可以验证大量社会和认知因素对语言使用的影响，包括社区成员的社会地位及成员间的社会距离、对领导者的注意偏向、以及说话者的身份特征等。通过计算建模，研究者可以在一段集中的时间内测试各类参数/变量（如性别、年龄、社会互动、社会地位、社会距离等）对语言变异的长期影响。由于这些变量在一般的实验研究或日常语言使用中难以控制，所以计算建模研究可以有效地解决社会语言学在研究过程中遇到的一些问题，也有助于更好地了解社会与语言变异和语言演变之间的联系。这方面的研究具有广阔的空间，研究者可以利用丰富的语言资源，搜集大量现有的语音或文字数据，在真实的语音生成数据分布基础上，通过计算建模的方法来推断说话者的身份，从而进一步验证语言的社会性问题。

社会语言学认知研究的另一项有意义的研究内容是将人类语言变异与动物交流的变异进行比较。我们已经知道人类的语言变异主要指方言，如地理方言。以此类推，"动物交流的变异"这一术语可以用来指某些物种（鸟类、非人类灵长类动物、海洋哺乳动物等）在发声过程中产生的、动物行为学家发现并描述的达尔称之为"方言"的"语言变体"。不同的"语言变体"由位于同一空间（方言区）的动物所共享。此外，动物交流的变异在很大程度上取决于社会因素（如个体间的互动频率），而这些变异就像"社会密码"，表明它们属于一个群体。亨利等人（Henry et al., 2015）的研究发现，这些动物的交流情况与人类社会语言变异的发展和使用有很强的相似性。这个研究发现很有意义,因为动物在社会认知形式上表现出相当大的多样性,所以,如果人类语言变异与动物交流变异确有一定的关联,将会加深人类对社交性、交流和认知之间关系的理解。当然,如何有效搜集、描述动物交流的变异现象,如何建立跨物种语言或交流变异之间的联系,社会语言学的认知研究范式还有待进一步发展完善。

4.2 认知社会语言学的案例研究

在 4.1 小节我们讨论了基于认知科学的社会语言学研究的两种范式,一种称为"认知社会语言学",一种称为"社会语言学认知研究"。这两种范式在研究角度和研究侧重方面有所不同,前者强调从认知的角度进行社会语言学研究,后者强调采用认知科学(包括心理学)的方法研究与语言变异相关的问题。由于本书主要关注社会语言学问题,这一章"基于认知科学的社会语言学"也自然在余下的几个小节进一步讨论"认知社会语言学"。这一小节将首先讨论认知社会语言学的一个研究案例,以扩展我们在 4.1 关于认知社会语言学的讨论。

4.2.1 **两个相关概念**

我们在 4.2 讨论的案例是《牛津英语词典》2014—2019 年发布的热词。这是郑艳(2020)发表的一个研究成果。在这个案例研究中,她使用了两个概念"社会视角化"和"社会认知参照点"作为分析工具。我们在讨论这个案例之前先阐释这两个工具性概念。

"社会视角化"源自兰盖克(Langacker,1987)认知语言学理论"识解(construal)"观中的"视角"概念。"识解"是指说话者的一种认知策略,即在描述或概念化某一特定事件时,用不同的方式表达同一事物,它有五个维度:背景(background)、视角(perspective)、认知域(cognitive domain)、详略度(specificity)、突显(prominence),重点关注的是与语言内部变异或语言选择密切相关的语言使用问题。在兰盖克（Langacker，1987）提出的识解观中，"视角"是一个重要内涵，指人们在认知社会现实时，基于特定出发点，采取特定视角，对认知对象进行概念加工。然而，这种认知语言学的理论在解释人类语言交际互动的时候，还需要引入社会文化因素，因此，认知社会语言学认为，运用"视角化"概念理解说话者产生的内在心理过程时，必须从言语交际的角度（包括说话者和听话人）来考察视角化理论。换言之，语言不仅仅要作为一种心智现象来研究，而且要作为一种社会互动现象来研究。就年度热词而言，在纷繁复杂的世界里，各个民族因历史背景、发展水平和传统价值观的不同，各自需要突显的概念和语词也不尽相同。考察《牛津英语词典》发布的年度热词，就需要采取一种"社会视角化"的方法。

"社会认知参照点"这个工具性概念来自认知语言学的"认知参照点"概念，即人们在认知自身和世界时通常选择特定的对象作为认知参照点（Langacker，1993：1）。该理论的工作机制可以图示如下：

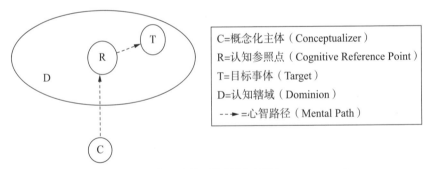

图4-2　认知参照点的工作机制（郑艳，2020：51）

如图4-2所示，概念化主体（Conceptualizer）是认知主体，可以是机构，也可以是依托机构的个人。概念化主体在认知社会现实的时候，在特定的认知辖域（Dominion）内（包含社会因素），会选取一个特定的概念作为认知目标事体（Target）的认知参照点（Cognitive Reference Point）（包含社会伦理、价值观和历史传统等维度），这样就会从C到R，再到T形成一条心智路径，如图4-2中虚线所示。概念化主体具有社会性，因此在选取认知参照点的时候，往往体现出三大倾向：（1）在特定的语境中，选取的认知参照点往往受制于价值观取向

第 4 章　基于认知科学的社会语言学

和采取的立场和视角；（2）在认知加工过程中，由于受到经济原则驱动，选取的认知参照点往往由远及近，由抽象到具体，由陌生到熟悉；（3）在认知加工过程中，由于受到目的原则驱动，选取的认知参照点往往有利于自身的立场，建构自己的话语权力。例如，作为机构话语发布者的《牛津英语词典》，在选取年度热词时的一个重要指标就是用户的查找频率，这样发布出来的热词有利于人们对《牛津英语词典》的更大关注，从而确立自己的权威，不断增强自身话语权，扩大自身的影响力。

4.2.2　年度热词的社会认知机制

郑艳（2020）基于以上她阐释的工具性概念，对《牛津英语词典》作为机构话语单位所发布的年度热词进行了认知社会语言学分析，我们将这个研究分六个方面择要呈现如下，以阐释认知社会语言学研究的一个侧面。

一、在科学技术方面，《牛津英语词典》在 2004—2019 年间共计选取了 5 个科学技术类词汇作为年度热词，表征新科学技术为人类带来新的生活方式，它们分别是 Sudoku（数独，2005）、podcast（播客，2005）、GIF（图像交换格式，2012）、selfie（自拍，2013）、vape（电子烟，2014）。以下是这些热词（下划线的词）出现的例句：

(1) The crushing number of books devoted to Sudoku, the most addictive game since the Rubik's Cube. (COCA, 2005)

(2) To hear Alicia Parlette talk about her series, download her podcast at **25;6115; (COCA, 2006)

(3) Additionally, there are screen graphics (in the CompuServe GIF format) of 41 objects, including the planets and prominent galaxies and nebula... (COCA, 1991)

(4) As Baker leaves for the Iridium, a fan tries to take a selfie with him as he shuffles past. (COCA, 2013)

(5) Bushwick had to visit a local vape shop and improvise with hot

glue and a needle. (COCA, 2014)

  Sudoku 在 2005 年首次正式进入英语，并且成为该年年度热词。之后，该词在 COCA 语料库中出现了 91 次。Podcast 作为苹果公司开发的新产品，于 2005 年之后风靡全球，该词也是同年正式进入英语，在 COCA 语料库中出现了 1240 次；GIF 作为一种新的可交换的图像文件（Graphic Interchange Format）最早出现在 1991 年，但那个时候该项技术并没有得到广泛传播和普及，直到 2012 年成为《牛津英语词典》年度热词后，GIF 得到了广泛传播和应用，在 COCA 语料库中出现了 238 次；科学技术也为人类的照相技术带来了革命性的变化，随着智能手机的普及，自拍已经成为人们生活中的一重要拍照方式，2012 伦敦奥运会上，自拍尚未成为风尚，里约奥运会，自拍几乎是所有参赛者、观众的必然社会行为，在 COCA 语料库中 selfie 出现了 469 次；vape 作为香烟的替代品出现在 2014 年，以英国为研究对象的日内瓦学院大学预防医学得出结论：vape（电子烟）对减少或消除烟草使用很有帮助，而近日英国政府的药品监督管理部门也批准 vape 作为戒烟用药，基于这一认知视角，《牛津英语词典》于 2014 年将其选做年度热词，在 COCA 语料库中出现了 52 次。因此，郑艳（2020）认为，尽管随着人类社会的进步，突飞猛进的科学技术正在改变着人们的生活方式，但是，《牛津英语词典》将科学技术的进步视作社会认知参照点，也是基于自己的价值判断。

  二、在生活方式方面，由于年轻人在思想和行为上都呈现出一种反传统、反权威、反中心的后现代"流浪式"生活方式，这也造就了在生活方面与传统生活方式和价值观念的不同，有时甚至形成反叛式的生活方式和理念。《牛津英语词典》将以上理念视作社会认知参照点，往往将新的生活方式选做年度热词。例如，在 23 个热词中有 4 个年度热词与此相关，分别是 chav（查夫，2004）、bovver（波沃，2006）、simples（简单，2009）、youthquake（青年地震，2017）。以下是这些热词（下划线的词）出现的例句：

  (6) ...after an internet backlash? # a Insects # b Death row dinners # c Chav cuisine # d Roadkill # 27 In response to a Freedom of Information request, (COCA, 2014)

(7) ...<u>Bovver</u> boys in Athens and Rome? Apparently so, according to Robert Garland, who... (COCA, 1991)

(8) ...topped off vials of agius regae, bloodswart, hellbane, and other herbs and <u>simples</u> which wizardly demons find useful. "Put that crap away," Azzie said. (COCA, 1991)

(9) "CNN. # 63. MAGAZINE SHOW, SPECIAL OR SERIES: "<u>Youthquake</u>," USA Network. # 64. GAME SHOW, SPECIAL OR SERIES... (COCA, 1991)

chav 一般指"教育程度不高并有反社会或者不道德行为倾向的人",在COCA语料库中出现1次(需要说明的是,chav 在 COCA 出现的时间是 1991 年,2004 年成为《牛津英语词典》年度热词);bovver 作为一个新词于 2006 年进入《牛津英语词典》,特指由青少年引起的喧闹滋事,在 COCA 语料库中出现 2 次;simples 早在 1991 年就出现在 COCA 中,但 2009 年成为《牛津英语词典》年度热词,意指"容易做的事或容易完成的事",在 COCA 中出现 52 次;youthquake 是 youth (青年)与 quake(地震)的合成词,意指"年轻人的行为对政治、社会或文化变迁造成重大的影响",2017 年成为《牛津英语词典》年度热词,在 COCA 中出现 20 次。

三、生存环境是人类赖以生存的基础,也是人类关注的永恒话题。但随着地球人口数量的激增,人类的各种不合理生活方式为地球环境造成了巨大伤害,有时候甚至带来环境灾难,近年来在全球有识之士推动下,人们开始关注全球环境治理问题,减少环境负荷,节约环境资源,崇尚绿色生活方式慢慢深入人心,《牛津英语词典》基于以上理念,并将其作为社会认知参照点,采取"绿色"视角,在过去的 16 年中共有 5 个环境类年度热词,他们分别是:carbon-neutral(碳中和的,2006)、locavore(土食者,2007)、carbon footprint(碳足迹,2007)、hypermiling(超级惜油,2008)、climate emergency(环境危机,2019)。以下是这些热词(下划线的词)出现的例句:

(10) ...that solar, wind, and hydro power can be either carbon-free or <u>carbon neutral</u> (COCA, 1998)

(11) with plenty of access to year-round farmer's markets, Maiser is

a self-described "locavore" (others, including vegetarian cookbook guru Deborah Madison, refer to themselves as... (COCA, 2007)

(12) All in all, using cold water once per week shrinks your carbon footprint by 275 pounds each year; not using the dryer once a week gets you (COCA, 2006)

(13) The most useful sites: // CleanMPG.com is the location for advice from the original hypermiling guru, Wayne Gerdes. (COCA, 2008)

(14) "What will happen when we get an unambiguous signal of a climate emergency?" asked Socolow. (COCA, 2010)

  carbon neutral 表示"碳中和的",是一个形容词,往往与 life style 等连用,据 COCA 语料库该词最早出现在 1998 年,《牛津英语词典》2006 年将其选做年度热词,在 COCA 语料库中出现了 30 次。需要指出的是,该词虽然在 1998 年就出现,但在 COCA 中 1998 年出现 1 次,2004 年出现 1 次,其余 28 次都是成为《牛津英语词典》年度热词之后才出现;locavore 指称"土食者(指那些热衷于食用住所附近所产食物的人)",其寓意在于减少碳排放,倡导绿色生活,2007 年正式进入英语并成为《牛津英语词典》2007 年年度热词,在 COCA 中出现 72 次;carbon footprint(碳足迹)指一个人的能源意识和行为对自然界产生的影响,于 2006 年首次出现在 COCA 中,共出现 246 次,成为 2007 年《牛津英语词典》年度热词;hypermiling 指称"超级惜油"及其"对汽车进行改良或改进驾车技巧,做到超级节油的驾车方式",2008 年度《牛津英语词典》年度热词,在 COCA 中出现 6 次;climate emergency(气候紧急状态)指称,需要采取紧急行动以缓解或阻止气候变化,避免由此造成的潜在不可逆转的环境损害的形势,《牛津英语词典》2009 年年度热词,在 COCA 中出现 3 次。以上 5 个年度热词反映了人们已经意识到保护环境,节约资源的重要性和倡导低碳生活的必要性。

  四、现代科学技术为人们的生活提供了便利,但也给人际关系提出了新挑战,特别是人们交际的便利程度使得传统的面对面交流正在悄然发生着改变。基于这一社会认知参照点,《牛津英语词典》敏锐地意识到了这种非积极变化,分别在 2009 年和 2010 年选取了两个人际关系负面清单作为年度热词,提醒人们关注人际关系正在面临的挑战:

第 4 章　基于认知科学的社会语言学

unfriend（拉黑，2009）和 refudiate（拒驳，2010）。以下是这些热词（下划线的词）出现的例句：

(15) ...the exposure that being a Facebook friend of mine brings to your profile, "unfriend" me—I won't feel slighted." // Says Barak Kassar, president. (COCA, 2008)

(16) usual conservative suspect, recently pleaded with "peaceful Muslims" over Twitter to "refudiate" the construction plans, claiming the pain is "too real, too raw... (COCA, 2010)

随着社交媒体的普及，运用社交媒体进行人际交往成为人们生活的一部分，但社交媒体交际也引起了一些人际关系方面的问题，unfriend 意为取消某人在社交网页上原有的"朋友关系"，即将某位已被加为"好友"身份的人从好友名单中删除，该词 2009 年成为《牛津英语词典》年度热词，在 COCA 中出现 31 次；refudiate 由 "refute"（反驳）和 "repudiate"（批判）所组成，彰显了人们在处理人际关系时的一种尴尬境界，该词 2010 年成为《牛津英语词典》年度热词，在 COCA 中出现 9 次。这两个词被收作热词表明，作为机构的《牛津英语词典》关注现代社会生活中人际关系面临的新问题和新挑战，力图唤醒人们摒弃消极人际关系，倡导积极人际关系。

五、现代社会新变化必定带来新问题，国家治理已经是各国政府面临的重要挑战，《牛津英语词典》以西方政治上的负面性为社会认知参照点，基于自身价值观和历史传统，特别关注西方政治治理中出现的负面政治现象，分别于 2008 年、2012 年和 2016 年选取负面政治类表达作为其年度热词，以其独特方式唤起人们对全球治理和国家治理的关注，这些热词分别是 credit crunch（信贷紧缩，2008）、omnishambles（一团糟，2012）和 post-truth（后真理，2016）。以下是这些热词（下划线的词）出现的例句：

(17) ...the system with liquidity, to keep a banking panic from cascading into a credit crunch and a general depression. But a belated and somewhat capricious vigilance on the part... (COCA, 1990)

(18) # 2 Ed Miliband used the Oxford Dictionaries 2012 word of the year, "omnishambles", to refer to what? # a The NHS reforms... (COCA, 2012)

(19) its worst, it marinates people in conspiracy theories and helps to foster this "post-truth" era of politics. It was all crystallized in the hysterical "lock her (COCA, 2016)

众所周知，2008年西方国家发生了金融危机，credit crunch 指称"信贷紧缩；信贷危机"，成为 2008 年《牛津英语词典》年度热词，在 COCA 中出现 323 次；omnishambles 指称"（政治方面）一团糟"，因为当时英国面临了脱欧的激烈争议，于 2012 年首次出现在 COCA，同年成为《牛津英语词典》年度热词，在 COCA 中出现了 3 次；post-truth 指称"2016 年 6 月英国脱欧公投和美国总统大选之后被定义为与客观事实对公众舆论的影响不如情感诉求大的情况"，2016 年首次进入 COCA，并成为《牛津英语词典》年度热词，在 COCA 中出现 26 次。从以上可以看出，《牛津英语词典》作为一个出版社和机构话语拥有者，关注社会政治生活方面的热点问题，希冀全社会在政治治理方面直面问题，贡献智慧。

六、现代社会的快节奏和现代科学技术正在改变着人们传统生活方式，全球治理已经成为人们关注的热点问题之一，《牛津英语词典》以国际生态发生的变化和给人们生活带来的挑战为社会认知参照点，基于自身价值观和伦理道德，采取特定的视角，提醒人们关注当下国际生态问题，分别于 2010 年、2011 年和 2018 年选取 3 个年度热词，呼吁人们关注国际生态变化为人们的生活带来的挑战。这类热词包括 big society（大社会，2010）、squeezed middle（受夹板气，2011）、toxic（有毒的，2018）。以下是这些热词（下划线的词）出现的例句。

(20) Tuxedo, high hat... He must be some big society fella... Wait a minute, his shirt's lighting up... He's advertising... (COCA, 1996)

(21) ...the "hourglass economy", in which those at the top coexist with a squeezed middle and a burgeoning, low-skilled mass at the bottom. State officials estimate that... (COCA, 2000)

(22) Other allegations are more extreme, for instance, that Americans have dropped toxic nuclear waste in the region. Can these kinds of charges find fertile ground in... (COCA, 1990)

从以上语料来看，big society 于 1996 年进入英语，但其意义发生了变化，big society 指在"英国扩大地方政府权力"，2010 年成为《牛津英语词典》年度热词，在 COCA 中出现 14 次；squeezed middle 一词直译就是"被挤压或夹扁的中央或中间部分"，也可以译成"受夹板气"等，可以指称国家间在处理国与国之间关系时的一种尴尬状态，2000年进入 COCA，2011 年成为《牛津英语词典》年度热词，在 COCA 出现 6 次；toxic 有毒的，早在 1990 年就进入了 COCA，但该词当代意义已经发生了变化，toxic 已经不仅仅是化学品或其他物质"有毒"的简单描述词，如今这个词的语境拓宽了，例如，与它关联最多的词是 masculinity（男性），仅次于 chemical（化学）。而 toxic masculinity（毒男）常用来指拥有霸权气质的男性，也应用到政府的言辞、议程等方面，该词成为《牛津英语词典》2018 年度热词，在 COCA 中出现 9131次。可以看出，《牛津英语词典》选取特定社会认知参照点，基于特定的视角，关注国际生态的变化以及对我们生活的影响，力图唤起人们对相关问题的关注。

在讨论了这些年度热词之后，郑艳（2020）发现，作为语言机构的《牛津英语词典》往往基于自身立场和固有价值观，采取特定的视角，选取有利于服务于自身价值取向的对象概念作为认知参照点，对自身和人类社会进行认知加工，建立主体间性，达成语言社群的一致，最终选定特定的词或者创造新词作为年度热词，从而建构了年度热词，也建构了新的社会现实。从认知社会语言学的角度看，《牛津英语词典》的年度热词是一种机构话语行为，其年度热词源自人们面对的各种社会问题和面临的各种挑战，发布这些年度热词的社会实践也具有建构社会事实的作用。该词典拥有机构话语权力，通过年度热词的发布《牛津英语词典》也建构了一个充满冲突和不确定性的社会现实。

4.3 体认社会语言学

体认社会语言学是王寅（2014）将认知语言学本土化、提出体认语言学的概念之后，又提出的一个研究范式（王寅，2021）。他认为，以莱考夫和约翰逊（Lakoff & Johnson，1980）等人为代表的认知语言学家虽然对乔姆斯基的语言观进行了批判,但是,他们在非常广的范围内定义"认知",将传统的"有意识认知"扩展至"无意识认知",同时又将自己的研究局限于体验性认知上面。对于这一学科术语中"名不符实"的现象,王寅认为其根源在于这其中只有"认知",而没有"体验"。他(王寅,2014)提出的"体认语言学(Embodied Cognitive Linguistics)"将源自国外的认知语言学本土化,并在此基础上进一步提出"体认社会语言学"的概念。在这一小节我们介绍"认知语言学"到"体认语言学"再到"体认社会语言学"的发展,借此阐释认知社会语言学发展的一个侧面。

4.3.1 从"认知语言学"到"体认语言学"

所谓"认知语言学",在王寅(2019)看来,是莱考夫、约翰逊(Mark Johnson)、兰盖克、泰勒(John Taylor)、福考尼尔(Gilles Fauconnier)、德尔文(René Dirven)等语言学家和哲学家,在后现代哲学和认知科学的影响下,冲破传统形而上学哲学思想的羁绊,在哲学和语言理论研究中建构起"体验哲学(Embodied Philosophy)"基础上,在语言学领域批判索绪尔和乔姆斯基的客观论和唯心论,发展出以意义为中心的功能学派之后创立的语言学派。"认知语言学"实现了语言研究的一次重大飞跃,王寅(2019)称之为"20世纪的第三场语言学革命"。而"体认语言学"则是"认知语言学"本土化的产物,其重心是突显语言研究中的"唯物论"和"人本观"。

"体认语言学"强调语言的"体认性",其中的"体"强调"身体力行",突显"互动体验"之义;而"认"则强调"认知加工",在继承乔姆斯基"心智研究"视角的同时,批判其"天赋、普遍、自治、模块、形式"等立场。"体"的概念突出语言理论研究中的"唯物观",与索绪尔的语言先验论和乔姆斯基的语言天赋论区别开来。正是在这个意义上,"体认"二字所代表的意义合在一起,构成"体认语言学"的核心内涵。"体认语言学"中的"体认"既强调"物质决定精神"的唯物论立场,也突显主观能动性,体现辩证法原则。在这个意义上,"体认"

的概念将客观与主观有机地结合起来，能够更好地解释语言的本质。

王寅（2019）曾经将体认语言学与索绪尔的结构主义语言学、乔姆斯基的转换生成语言学、韩礼德的系统功能语言学进行比较，说明体认语言学的"语言体认观"。他（王寅，2019）认为，结构主义语言学强调语言的系统性、符号性和任意性，转换生成语言学强调语言的天赋性、心智性和生成性，系统功能语言学强调语言的社会性、交际性和功能性。与这三个语言学派对语言的认识不同，体认语言学强调语言的体认性、象似性和实践性。体认语言学的这种语言观后来又有了一些不同的表述，在《体认语言学》这本著作的前沿部分，将"体认性、象似性和实践性"修改为"体验性、人本性、认知性"（王寅，2020：5）。这里的"体验性"指身体与客观外界的"互动体验"，"人本性"和"认知性"指在前者基础上进行的"认知加工"，这便是"体认性"。可见，语言的体认性这一认识是体认语言学的核心内容，它不仅对认识语言的特性提供了一个全新的视角，也成为解释语言各层面成因的一个最为简单和最具概括性的表达（王寅，2019）。

4.3.2 从"体认语言学"到"体认社会语言学"

如上所述，"体认语言学"是"认知语言学"本土化的产物，其核心原则为"现实（体）—认知（认）—语言"，表明语言是"体、认"的产物，用"体"突显唯物论的身体经验观，用"认"反映主客结合论。基于这些对"体认语言学"的认识和阐释，王寅（2021）在以往关于"认知社会语言学"的论述（如王天翼、王寅，2012）基础上，提出"体认社会语言学"的概念。

我们在4.1.1讨论了认知社会语言学的起源、发展和基本观点，认识到认知社会语言学源自认知语言学，是从认知语言学的视角探究语言变异问题。体认社会语言学的前身，即王天翼和王寅（2012）讨论的认知社会语言学，基本上赞同这个观点，并认为认知社会语言学体现出认知语言学和社会语言学在研究视角上的互补。而王寅（2021）提出的体认社会语言学则是其将认知语言学"修补"为"体认语言学"之后，沿着这个思路对以前讨论的"认知社会语言学"在名称上做的再次"修补"（王寅，2021）。这后一个修补，建立在他对社会语言学中的一些观点的反思上面，例如，他（王寅，2021）对社会语言学中关于"语言与社会共变"的观点进行反思，认为社会语言学提出的"语言与社会共变"，即拉波夫纽约百货商场研究案例中的观点，与"语义指称论"犯有同样的错误，二者都无视语言形成和运用中的人本因素。他认为，社会中的诸多现象不直接作用于语言，只有经过人的认知过程才被发现和理解，也只有在人的作用下才能被概念化和词语化。因此，在语言表达和社会现实之间必须经过"人的认知加工过程"才能建立联系。王寅（2021）反思的另一个社会语言学的观点是"语言表明社会身份"。他认为，讲不同语言确实可表明其不同身份，但这必须建立在交际双方或多方之间的人际关系以及具体语境的基础之上。换言之，语言只有通过"人的认知"才能与社会身份相关联，因此，他认为，将社会语言学中的这一命题改为"人的身份决定语言"更为合适，这样才能突显人本精神。换言之，只有当言谈者认识到自己与他人当下所具有的人际关系之后，才能准确决定自己所择用的词语、句型、语调和交流方式。对此，他用某人遇到自己的老乡就会很自然地换用乡土方言来与他（或他们）交谈的实例来说明"人的认知"在交际过程中的重要性。他认为，这种语言选择的目的是突显人际乡亲关系，便于拉近社会距离。

除此之外，用"体认社会语言学"这一术语替代"认知社会语言学"这一术语还可以突显关于语言的社会语言学认识，如可以将语言认为是权力的体现，并认为语言是生产力，是民族凝聚力，同时语言也是存在的家园，语言符号也是资本（王寅，2021）。实际上，就像他将"认知语言学"本土化为"体认语言学"一样，"体认社会语言学"替代"认知社会语言学"也是将前者本土化的一种努力。如果说体认语言学的核心是"现实（体）—认知（认）—语言"，那么体认社会语言学则将这个核心原则细化为"社会现实—认知加工—语言表达"，这将进一步突显语言研究中的社会和文化要素，包括被认知语言学所忽视了的性别、语言政策、交际双方等内容（王天翼、王寅，2012），同时体认社会语言学还可以弥补被社会语言学所忽视的心智分析模型，即运用体认语言学提出的体认方式（如互动体验、意象图式、范畴化、概念化、认知模型、概念整合、识解、隐转喻等）来分析社会语言学中的若干议题。

以上关于体认社会语言学的介绍,在一定程度上反映出我国学者在基于认知科学的社会语言学研究方面的努力。用"体认社会语言学"替代"认知社会语言学",从目前的研究文献来看,其在理论上的阐释力还只是体现为术语名称上的不同,然而,它所体现的基于"体认语言学"的研究路径已经显现出与基于"认知语言学"的"认知社会语言学"在研究内容和关注重点方面的不同。我们在这里对其进行介绍,也是对基于认知科学的社会语言学研究在 21 世纪新发展进行思考的一个内容。下面我们回到"认知社会语言学"这个术语上面,讨论其在 21 世纪新进展的其他方面。

4.4　认知社会语言学的新进展

社会语言学的产生是语言学与社会学实现跨学科融合的结果,同样,社会语言学的发展也是一个跨学科的发展历程。4.1 小节的讨论显示出社会语言学与认知科学融合发展的过程;不仅如此,社会语言学也在其发展过程中与批评话语分析相结合。正如卡博兰德(Coupland, 2016a: 10)所指出的那样,20 世纪 80 至 90 年代在欧洲兴起的批评话语分析也促进了美洲大陆的社会语言学发展。当然,卡博兰德所讲的"促进"主要指社会语言学更多地受到批评话语分析关于"社会批评"以及"语言意识形态"的一些影响,以至于"社会语言学近几年取得的最大成就之一便是发展出一种视角,在互动社会语言学和方言、变异和表演的研究中,如果涉及诸如性别、种族、阶级这些社会语言学的老课题时,批评/意识形态方面的敏感性更为增强"(Coupland, 2016a: 11)。然而,在 21 世纪之交社会语言学面对新的历史发展现实将研究重心转向"社会批评"和"语言意识形态"问题之际(对此我们将在第 5 章详细讨论),认知科学同样在社会语言学的新课题研究中发挥重要的融合作用。换言之,社会语言学对"语言意识形态"问题的研究在受到符号学影响(如 Silverstein, 1985; Gal & Irvine, 2019)的同时,也受到认知科学的影响,而这后一种影响集中体现在批评话语分析的认知研究路径上面。下面我们基于田海龙(2013a)关于认知话语分析和认语境分析的论述，讨论认知社会语言学从批评话语分析的认知研究路径中汲取养分、获得新发展的启示。

4.4.1 认知话语分析

认知话语分析从语言层面切入进行认知取向的批评话语分析，其理论依据主要来源于认知语言学，如莱考夫的概念隐喻研究（Lakoff & Johnson，1980）。在这方面，批评隐喻研究（critical metaphor analysis）是最早将认知语言学与批评话语分析融合的研究方法，许多从认知角度进行批评话语分析的学者（如 Charteris-Black，2004；Koller，2004；O'Halloran，2003；Chilton & Lakoff，1995）都采用过这个方法。然而，虽然批评隐喻研究能够"为批评话语分析提供最严谨的语言学分析"，也是"最具阐释力的方法"（Hart，2010），但是，在社会语言学对语言意识形态的研究方面，英国学者保罗·齐尔顿（Paul Chilton）发展的认知语言学方法更能够揭示语言中所蕴含的意识形态意义。

齐尔顿长期从事政治话语分析研究，他早年的研究通过分析政治话语中的隐喻来解释其隐含的意识形态意义（如 Chilton & Lakoff，1995；Chilton，1996）。在他看来，无论是机构化的政治，还是非正式的社会运动式的政治，抑或是日常生活中人与人之间存在的等级关系，其基本框架是人的内在认知机制；因此他主张，如果对大部分是语言活动的社会和政治活动进行研究，不可避免地要研究参与这些活动的人的心智（human mind）。他进而提出，如果从话语的角度研究社会和政治活动，就要运用现有的认知语言学和心理学的研究成果，研究人运用话语实施这些活动内在的认知机制（Chilton，2004）。正是这些语言学思想促使齐尔顿在研究语言与社会的关系时，把研究重点放在了政治话语的研究上面，并且努力创建研究社会活动和政治活动的认知语言学分析框架。

在《政治话语分析：理论与实践》中，齐尔顿（Chilton，2004）阐述了他的政治话语分析理论，包括运用过滤分析、矢量理论、时空概念、隐喻研究等方法研究政治话语的一套独特的认知话语分析模式，并把这些理论应用于政治采访、国会语言、政治家演讲以及有关移民

第 4 章　基于认知科学的社会语言学

和宗教的政治话语的分析之中。下面通过齐尔顿的"过滤分析（filter analysis）"方法来说明社会语言学关注的言语互动过程中所体现的意识形态问题。

齐尔顿在研究政治话语中使用的过滤方法源于他对语言的"再现意义"和"所指意义"的区别。例如，在新闻报道中，两个名词词组"the Commander-in-Chief of the armed forces（武装部队总司令）"和"the president of the United States（美国总统）"同指实际生活中的一个人，即它们的所指意义是相同的。但是，它们的含义却有所不同，前者表示他是武装部队总司令，再现他统帅武装力量的权力；后者表示他是美国总统，再现行政领导的权力。很明显，所指意义相同的两个名词组，其再现意义可以不同。再现意义区别于所指意义的意义在于：（1）用不同的语言表达方法指相同事物/人物可以产生不同的再现意义；（2）也是更重要的一点，"再现"本身也并非总是原原本本地再现存在的实际事实。

齐尔顿进一步举例说明仅通过词汇和句法的变化就可把一个动作再现成一个状态，如：

动作：Tom is working. → 状态：Tom is at work.

或把一个状态再现成一个动作，如：

状态：Mary is asleep. → 动作：Mary is sleeping.

表达"再现"的话语策略是多种多样的，政治家对此尤其心知肚明，他们往往运用各种各样的话语策略把实际存在的事实"再现"成与其集团利益相一致，或者故意掩盖，或者借机躲避，或者声东击西。话语分析家，尤其是批评话语分析家，就是要揭露政治家的这些语言伎俩，还被语言所折射、甚至歪曲的事实以本来面目。在齐尔顿看来，批评话语分析的这个任务通过认知话语分析来完成再合适不过了。

齐尔顿的"过滤分析"方法就是揭露政治话语中常见的折射事实的一个方法。这一分析方法的基础在于：语言结构可以被分析成由"论点（argument）"和"谓语（predicate）"构成的"命题（proposition）"。论点由名词词组表达，谓语由动词（或形容词和介词短语）表现。除了这些主要成分之外，语言结构还包括表示地点、时间和方式的状语。齐尔顿认为，一系列连贯的命题组成话语，并建立起一个"话语世界

(discourse world)"或"话语本体(discourse ontology)"。话语世界是说者认为是"实际事实"的心理空间。语言中名词表达的所指,无论是实体还是抽象概念,是话语世界中的参与者。这些话语世界中的话语所指不断出现,相互连接,至少部分地构成了话语的整体连贯。

然而,在实际的政治话语中,"论点—谓语"结构,及它们的关系和作用,并非总是以"主语—动词—宾语"这一普通结构的形式出现,而是以"镶嵌"的形式出现,即"论点—谓语"结构镶嵌在一些名词词组之中,镶嵌在一些隐去论点的从句之中,镶嵌在被各种句法和词汇结构引发的预设语义现象之中。因此,齐尔顿提出在政治话语分析中运用"过滤分析"方法,将话语所指反复出现的语言表达方式"过滤"出来,从而揭示动作发出者和动作承受者之间的关系。例如,在分析下面这句美国总统克林顿1999年3月24日演讲的开场白时,齐尔顿就应用了过滤分析法,将以介词短语形式出现、镶嵌在这个句子中的动作发出者和动作承受者之间的关系"过滤"出来。

> My fellow Americans, today our Armed forces joined our NATO allies in air strikes against Serbian forces responsible for the brutality in Kosovo.(我亲爱的同胞们,今天我们的武装部队已经参与了我们北约盟友对造成科索沃残暴行为的塞尔维亚部队的空袭。)

动作发出者:our Armed forces(我们的武装部队)
谓语:joined(参加)
动作承受者:our NATO allies(我们的北约盟友)
状语:in air strikes against Serbian forces responsible for the brutality in Kosovo(对造成科索沃残暴行为的塞尔维亚部队的空袭)
在这个状语中,可以过滤出以下三组关系:
(1)
动作发出者:US forces and NATO forces(美国武装部队和北约武装部队)
谓语:made air strikes against(对……空袭)
动作承受者:Serbian forces responsible for the brutality in Kosovo(造成科索沃残暴行为的塞尔维亚部队)

第 4 章　基于认知科学的社会语言学

（2）
动作发出者：Serbian forces（塞尔维亚部队）
谓语：are responsible for（造成，对……负责）
动作承受者：the brutality in Kosovo（科索沃发生的残暴行为）
（3）
动作发出者：brutality（残暴行为）
谓语：exists（存在）
状语：in Kosovo（在科索沃）

Argument 1 typically P-Agent, grammatical subject, typically a noun phrase	Predicate relation, action existence, etc., intransitive, transitive or ditransitive verb	Argument 2 typically P-Patient, grammatical object, typically a noun phrase	Other arguments e.g., noun, phrase or prepositional phrase	Adjunct/conjunct e.g., adverbs, particle phrases, conjunctions like "and" "if"
				today
Our Armed forces **agent** (themes, i.e., thing moving)	joined	our NATO allies **patient (location)**		in air strikes against Serbian forces responsible for the brutality in Kosovo
[US forces and NATO forces] **agent**	[made air strikes against]	[Serbian forces responsible for the brutality in Kosovo] **patient**		
[Serbian forces] **agent**	[are responsible for]	[the brutality in Kosovo] **patient**		
[brutality]	[exists]			[in Kosovo]

图 4-3　"过滤分析"（Chilton，2004：55）

　　这个分析过程可以用图 4-3 更为清晰地表示出来。可以看出，运用这个过滤分析方法，可以将政治话语中隐含的命题公开化，将被认为是理所当然该接受的命题焦点化；同时使政治家把一些事实模糊化、背景化的企图破灭。运用这个过滤分析方法，也可以实现批评话语分析的批评使命，即"将话语中模糊不清的部分明朗化"（Fairclough & Wodak，1997：258）。这个过滤分析方法也清晰地呈现出读者认知/解读文本意义和话语意义的过程。

在认知话语分析方面，齐尔顿（如 Chilton，2005，2011）还致力于推出一种新的认知话语分析理论，即"指代空间理论（deictic space theory）"。所谓"指代"，在指代空间理论中指某些表达方法或词语，它们的指代关系被置于说话者的时空关系之中，进而引申到与说话者的立场相关联。这样，一些词汇和表达方式就可以用抽象的几何关系来描述。例如，可以从时间、情态和前景/背景三个层面来研究这些表达方式的意义，而这三个层面都与立场、心智距离以及离开说者的方向有关。这样就使得从几何角度研究空间概念成为可能，诸如关于观念、认识、报告这些通过语法构建的意义的理论，以及关于可能出现的、想象的以及与事实相反的世界的意义的见解，都可以通过几何关系统一起来。在这个意义上，我们可以得出一个令人信服的结论，那就是齐尔顿的认知话语分析为批评话语分析和社会语言学的结合提供了一个很好的契机，为基于认知科学的社会语言学研究开辟了一个新的方向。

4.4.2　认知语境分析

与认知话语分析注重对语言运用进行认知语言学分析不同，认知语境分析注重对语境进行认知分析，即分析语言使用者在交际过程中如何认知所处的语境以及这种即时认知对交际有何影响。这种认知语境分析不同于传统的语境研究，如不同于借助甘柏兹的"情景化提示"分析交流互动过程中对于意义的确定。它不是把语境视为静态的、不变的一些组成成分（如把语境看作由时间、地点、参与者以及参与者的身份地位等成分构成），也不是把语境视为话语活动的条件或意义产生的直接原因（如认为意义的确定离不开具体的语境），更不是仅仅观察语言运用的直接情景语境（如时间地点等），而是把语境视为语言使用者在交际过程中通过不断地认知来完善的主观建构体（van Dijk，2008：110）。

第4章 基于认知科学的社会语言学

具体来讲,认知语境分析研究交际双方作为一定社会组织的成员如何在交际中通过对语境不断实时更新和建构来完成话语的生产与解读。由于批评话语分析更注重对社会问题的研究,而这种对语境的认知研究所关注的语境亦指社会这一大的话语实践语境,因而认知语境分析也可以更好地满足批评话语分析的初衷。正是在这个意义上,这一被称为批评话语分析"社会认知(socio-cognitive)"研究路径的认知语境分析可以成为认知社会语言学向前发展的一个方向。

认知语境分析的主要贡献来自荷兰学者范戴克(van Dijk)的研究,其主要理论观点集中体现在范戴克集20多年研究成果为一体的两本相互联系又各自独立的专著《话语与语境》(van Dijk,2008)和《社会与话语》(van Dijk,2009)里。在这两本书中我们可以看到,范戴克对语境的认知研究最初源于认知心理学(cognitive psychology)。范戴克把认知心理学中"心智模型(mental model)"的概念应用到人的语言交际活动当中,发展出"语境模型(context model)"这一后来具有重要影响的概念。所谓"心智模型",即是活动参与者在社会交往过程中对与他们相关的社会情境特征进行的主观和社会建构。这与人们在语言交际过程中的情况不同;在语言交往过程中人们要使用语言,语言使用者一方面需要选择词汇和表达方式,一方面也要对交际的情景进行主观分析,不断地修正和建立对交际情景的判断。范戴克用"语境模型"的概念将事件的心智模型与关于这些事件的话语的心智模型联系起来。这样,就像心智模型指导"活动参与者"如何使自己的行动适应社会情景和环境一样,语境模型指导"语言交际者"如何策略地选择使用语言以适应交际情景的整体环境。

然而,范戴克作为批评话语分析的代表,并不满足建立在认知心理学基础之上的语境模型,因为这里并没有将批评话语分析所关注的与话语生产和解读相关的社会因素考虑进去。于是,范戴克又从社会心理学(social psychology)的角度扩宽了心智模型和语境模型的概念。如果说在认知心理学的框架下语境模型对交际情景的主观建构只是依赖交际者个人的经历,那么在社会心理学中语境模型则涉及对与交际相关的更多社会因素的主观建构,包括交际双方对交际时间、地点、参与者集体身份及其彼此之间的相互关系等因素在社会意义上的共识,对社会信仰

（如意识形态）和社会关系（如权力和身份）的主观建构，对交际及交际参与者机构背景的主观建构以及对交际对象关于这些建构的认可程度的建构，等等。只是在这个阶段，范戴克才提出一个较为完善的"社会认知"理论；也只是在这个意义上，认知语境分析才具有话语分析的"批评"色彩，成为社会语言学在21世纪发展所关注的对象。

范戴克（van Dijk，2012：274）曾以性别（gender）为例来说明认知语境分析的批评话语分析特征。他指出，认知语境分析之所以具有话语分析"批评"的色彩，就是因为它不仅关注代词、礼貌用语以及叙事和修辞风格如何影响性别本身的建构及讲话者对性别概念的理解如何影响其语言选择，更重要的是它关注社会语境中与性别相关的因素如何造成性别的不平等和歧视这些社会问题。范戴克（van Dijk，2012）还认为，发表在不同报纸上的关于同一事件的报道之所以会有所不同，就是因为属于不同通讯社的记者对这一事件发生的社会语境有不同的主观建构。同样，也是由于对社会语境的主观建构不同，同一记者在不同的场合会因报道的局限而做出不同的报道。这里，社会认知理论要说明的是社会与话语的关系，这种关系不是相互决定的，而是因人而异、依情景而变化的。这个理论的中心是交际活动的参与者对所处的社会情境的定义、解释和再现，即他们对语境的主观建构（语境模型），影响其说话、阅读、倾听和理解的方式。换言之，社会和情景的构成成分不是直接地影响人们的话语方式，而是通过语言使用者的主观建构这一中间体间接地影响人们如何说话。

范戴克在许多实例分析中阐述了社会结构影响话语结构的原理，说明交际者对社会语境的主观建构如何影响其选择合适的话语方式实施话语实践。例如，范戴克（van Dijk，2012）曾以英国前首相布莱尔在国会下院的一个讲话为例，阐释认知语境分析方法。在这个案例分析中，范戴克首先对社会语境的构成成分进行分析，列出一些需要考虑的因素，如演讲者和发言者对演讲时间和场景的认知、对彼此身份的认知（如议员们知道布莱尔是演讲者、首相、工党领袖、议员、政府首脑、入侵伊拉克的赞同者等）。然后，分析这些认知对语言选择的影响，如对演讲者身份地位的认知可以导致议员提问时选择合适的称谓（如the Prime Minister首相），对场景的认知可以促使发言人使用确切的指示代

第 4 章　基于认知科学的社会语言学

词（如 this House 在此下院）。

接下来，范戴克的这个案例分析进一步说明对语境的认知（语境模型）还可以促使辩论的双方推测彼此的意图和下一步的交流，进而确定自己需要采取的策略，如需要谴责、反对或辩护。例如，议员们通过布莱尔的言辞（我们对……感到自豪，对成为它的朋友和同盟感到自豪）、他的命题（"我们"给伊拉克带来民主），以及他对有争议的入侵伊拉克行动给予的正面评价（这是一件非常好的事情），认识到布莱尔使其入侵伊拉克的行为合法化。范戴克认为，议员的这种认知并非是一种普遍意义上的推理，而是与当时的语境密切相关，因为布莱尔用"今天""这里""国会""我们"这些指示词明确地将他的意图与当下的语境联系在一起。从保守党议员对布莱尔的质疑来看，范戴克认为，这位议员在对当下语境认知的过程中，形成自己的语境模型，并据此对布莱尔的论点进行反驳，而布莱尔基于对这位议员保守党身份的认知，在回答质疑时采取了果断而强硬的拒绝言辞，如 simply will not accept（绝不会接受），这有别于他在回答工党议员提问时使用的稍微缓和的拒绝言辞，如"I will not accept."（我不接受）。

之后，范戴克着手分析在语境模型影响话语结构方面与批评话语分析联系最紧密的问题，即国会议员通过对语境的认知如何承认或挑战在国会辩论中存在的权威（dominance）和权力滥用（power abuse）。在这场辩论中布莱尔第一个发言，他确定这是一场辩论，而且确定了辩论的主题和辩论的方式（如提问）。布莱尔的这些权力和权威得到认可，如范戴克（van Dijk, 2012）所分析的，不仅是分析者所具备的一个政治常识，而且是布莱尔和在场的议员们所必须具备的知识。正是这些知识使得议员们没有挑战布莱尔第一个发言的权力，同时认可布莱尔行使他"允许"议员就他确定的议题提问的权力。而布莱尔基于对这种辩论的社会认知（语境模型），也不加掩饰地行使其权力，形成许多带有权威的话语行为。

在范戴克对布莱尔讲话进行认知语境分析的这个案例中，我们可以看到对布莱尔身份的实时主观建构影响着辩论双方语言形式的选择。这也在一定程度上表明，认知语境分析中的"语境模型"是一个"联接体"，一边是语言运用的形式，一边是交际的社会语境，二者通过"语境模型"联系起来。在这个意义上,范戴克提出的"语境模型"概念,以及在此基础上提出的认知语境分析方法,相对于甘柏兹的"情景化提示"概念,更为深刻地揭示出人际交往和互动过程中所体现的意识形态意义,因而也更具有"批评"的意义。在社会语言学发展到21世纪更为关注人际交往和互动过程中的"语言意识形态"问题的时候,社会语言学需要与认知科学相结合,而其中的一个方向便是认知社会语言学。范戴克提出的"认知语境分析"路径,以及4.3.1中讨论的齐尔顿提出的"认知语言分析"路径,都可以体现认知社会语言学的发展方向,代表认知社会语言学的基本原则。

4.5 小结

在这一章我们重点讨论了基于认知科学的社会语言学。与拉波夫传统的社会语言学和人类学传统的社会语言学相比,基于认知科学的社会语言学研究历史并不悠久。但是,我们的讨论已经表明,社会语言学与认知科学的融合对于社会语言学的理论发展至关重要。不论是认知社会语言学,还是社会语言学认知研究,都在一定程度上加深了我们对语言与社会关系的认识,尤其是加深了我们对语言变异机制的认识。这一点明显体现在4.1的讨论中。实际上,本章首先在4.1区分出基于认知科学的社会语言学的两个研究范式,分别称作"认知社会语言学"和"社会语言学认知研究",在此基础上,4.2结合一个研究案例,进一步阐释了认知社会语言学的研究。之后在4.3中,我们介绍了认知社会语言学本土化为"体认社会语言学"的主张,借此展示我国学者在这方面的思考,并说明基于认知科学的社会语言学的发展潜力。最后,通过在4.4阐释"认知语言分析"和"认知语境分析"这两个批评话语分析的认知研究路径,展示了认知社会语言学在新时代的发展方向。我们认为,正像社会语言学与批评话语分析的融合体现出新时代社会语言学的发展方向一样,认知社会语言学也同样需要与批评话语分析的认知路径相互借鉴。在下面一章我们将重点讨论基于话语研究的社会语言学研究,这也可以从另一个角度延续本章4.4讨论的问题。

第 5 章
基于话语研究的社会语言学

　　第 4 章讨论了基于认知科学的社会语言学，对其中的一个研究范式"认知社会语言学"进行了深入讨论。4.1 和 4.2 的讨论表明，认知社会语言学是认知语言学在 20 世纪末经历了"社会转向"之后在 21 世纪初形成的一个新兴的研究领域，并有许多研究成果问世。4.3 介绍了我国学者关于认知社会语言学本土化为体认社会语言学的主张，而 4.4 对"认知话语分析"和"认知语境分析"所做的阐释表明，社会语言学研究需要采用认知研究路径，而这一认知路径与批评话语分析研究采用的认知研究路径彼此相通。第 5 章将延续 4.4 的讨论，进一步深入探讨社会语言学与批评话语分析融合的问题，取名"基于话语研究的社会语言学"。

　　与基于认知科学的社会语言学研究一样，基于话语研究的社会语言学研究也是进入 21 世纪之后社会语言学家与批评话语分析研究学者相互借鉴的结果，这不仅体现在认知社会语言学的"社会认知"研究路径方面（如 4.4.2 所示），而且体现在更为广阔的研究课题和研究方法方面，甚至在某个方面体现着社会语言学创新发展的方向。鉴于此，这部关于 21 世纪社会语言学新发展研究的著作对于基于话语研究的社会语言学展开讨论，已然成为必要。下面，我们将首先讨论批评话语分析与社会语言学的融合问题，之后讨论二者融合的动因，最后通过一些研究案例进一步认识基于话语研究的社会语言学，并借此讨论话语研究与社会语言学融合发展的趋势。

5.1 批评话语分析与社会语言学的融合

批评话语分析是 20 世纪 70 年代至 80 年代在欧洲兴起的一个通过对社会政治经济生活中实际使用的语言（包括书面语和口语的形式）进行语言学分析，进而剖析其中隐藏的意识形态意义和权力关系的一个语言学研究学派。这种研究视角最初由英国东安格利亚大学的四位学者在 1979 年出版的《语言与控制》（Fowler et al., 1979）一书中提出，称为"批评语言学"。经过十年的发展，到 20 世纪 80 年代末 90 年代初，英国、荷兰、奥地利的学者创造性地将福柯和哈贝马斯等后现代主义学者关于话语的论述引入相关研究当中，并将"批评语言学"改称为"批评话语分析"（田海龙，2006）。进入 21 世纪，批评话语分析学者对 21 世纪在社会政治经济等领域出现的新问题进行研究，提出了新的理论和路径，因此也更倾向于用"批评话语研究"替代"批评话语分析"（Krzyzanowski & Forchtner, 2016）。尽管这一研究学派的名称随着研究的深入不断变化，它对社会活动者通过语言使用来参与社会活动、建构身份以及再现事实的关注始终没有改变，而这种关注始终将"话语"视为一种社会实践，不仅涉及语言使用，而且涉及与语言使用密不可分的各种社会因素，包括语言使用者的价值取向、意识形态、权力关系以及所代表的机构利益。在这个意义上，我们在本书中将这种研究视角（或学派）称作"话语研究"，它与社会语言学的融合也称为"基于话语研究的社会语言学"。这种融合体现在共同的研究对象和研究课题上面。

5.1.1 共同的研究对象

我们在 1.3 中指出，社会语言学研究的对象是"语言"和"社会"，在 3.1 中，我们通过讨论关于语言与社会关系的不同认识勾勒出人类学研究传统的社会语言学发展脉络。在这一点上，批评话语分析与社会语言学有着惊人的相似之处。具体来讲，批评话语分析也是研究语言与社会的关系，也在探究语言与社会关系的过程中不断发展自己的理论。然而，需要指出的是，社会语言学关注的"语言"是实际使用的语言体现

第 5 章　基于话语研究的社会语言学

在音位、词汇和句法等方面的"语言变项",其关注的"社会"是社会主体在语言使用过程中体现为年龄、性别、社会地位、社会网络等的"社会变项"。与此不同,批评话语分析关注的"语言"是在社会、政治、经济等领域使用的语言,其关注的"社会"主要指体现在社会主体语言使用中的"权力关系"和"意识形态"。

批评话语分析关注的"具体使用的语言"可以是某个政治家的演讲,也可以是某个媒体的新闻报道。这些演讲和报道不论是以文字还是以声音(抑或以图像或影像等模态)的形式存在,都可被称作"文本(text)",表明它们都有一定的篇章结构(或叙事结构),都具有一定的逻辑并表达一定的意义。同时,这些以文本形式呈现的演讲和报道还具有各自的行文特征,如演讲要遵循演讲的规则、要对听众有所提及并与之形成互动,报道要对新闻背景有所交代,等等。这些行文特征体现在不同的语步(move)排列方式上,形成不同的语体结构(generic structure),表明演讲和新闻报道是不同的做事方式。在这个意义上,它们在被称为"文本"的同时又分属不同的"语体(genre)"(Fairclough,2003)。

在批评话语分析看来,这些具体使用的语言,如演讲和报道,可以用"文本"和"语体"来表示它们的不同属性和特征。然而,如果将演讲和演讲者联系起来,或者将报道和新闻媒体联系起来,以至于认为演讲者和新闻媒体要表达的意识形态意义就存在于演讲和报道的"文本"或"语体"之中,二者不可分割的混为一体,那么,就需要引入"话语"的概念。所谓"话语",即是使用的语言与语言使用者的完全融合:一方面语言代表着语言使用者的身份以及他使用语言的意图,另一方面语言使用者通过使用语言参与社会活动、再现社会事实、建构社会身份。所以,"话语"被认为是一种"社会实践"。

关于"语言"在批评话语分析的研究中体现为"文本""语体"和"话语",可以借用批评话语分析代表性学者费尔克劳(Norman Fairclough)的研究来说明。他(Fairclough,2000)在分析一篇英国工党发布的福利改革绿皮书时,对这篇绿皮书的整体结构及其各部分之间的互文关系、小句与小句的组合、小句类型、情态和及物性、词汇选用等方面进行细致的语言学分析,体现出费尔克劳首先将这一绿皮书视为文本。同时，费尔克劳也认为这个绿皮书是一个推销式的语体，是一个单向的从事推销政府政策的活动，而不是绿皮书一般应该呈现的双向对话的语体。例如，构成其语体结构的成分为：对意图的描述、政党修辞、提供信息时采用的教育式的方式，而这些成分与构成绿皮书语体结构的成分（如"咨询"和"讨论"）则完全不同。最后，这个绿皮书也是"话语"，它是英国工党政府借以推动福利改革的一个"社会实践"，是工党新话语的一个部分。费尔克劳的分析揭示出，英国工党政府推销这个政策的意图以及它相对于公众的主导地位都在这个绿皮书话语中体现无疑，同时工党政府的意图和与公众的等级关系也借助这个绿皮书话语构建出来并且得到实施。

批评话语分析关注的"社会"包括"权力关系"和"意识形态"。所谓"权力关系"是体现为不同或区别的一种社会关系，它还指这种区别在社会结构上造成的后果（Wodak，2009）。例如，医生和病人之间是存在区别的，这种区别可以在社会等级关系上造成一定的后果，如医生对病人具有主导的作用，或者说，医生拥有支配病人的权力。在批评话语分析看来，"权力关系"的概念至少具有四个特征。第一，"权力关系"是和机构紧密相连的。在医生和病人的例子中，如果医生不是在医疗机构（如医院），那么他就不具备对病人的支配权力。第二，"权力关系"是通过话语来实现的，也就是说，医生对病人行使权力需要通过医学话语，通过使用一些病人不懂的专业词汇来控制病人的活动，使病人服从他的支配。第三，权力关系的形成需要有一个前提，即处于被支配地位的一方需要认可处于主导一方对其行使的权力。在上面这个例子中，如果病人不认可医生的权力，医生的权力便不能成功和顺利实施。第四，权力关系经常处于动态变化之中。权力关系不是固定不变，被支配的一方如果掌握了一定的话语，如病人了解了一些医学知识，会使用一些医学术语，那么他对医生的权力就形成了挑战和威胁，就有可能改变现存的医生对其支配的权力关系。

"社会"在批评话语分析中的另一个内容是"意识形态"，其基本含义是一种有意识的、主观的关于世界的看法。然而，意识形态之所以成为批评话语分析研究中属于"社会"的一个范畴，是因为这种主观的看法或观点来自具有一定立场的社会主体的兴趣和利益，是这些兴趣和利

第5章 基于话语研究的社会语言学

益的反应,也是对这些兴趣和利益的回应。在这个意义上,以意识形态为体现形式的关于世界的看法就不一定与实际情况相符,或者说,就有可能不是客观的。因此,意识形态便具有一定的倾向性。这种倾向性特征赋予意识形态规范社会行为和社会实践的作用,也是意识形态具有获得权力并维护已有权力关系的作用。对于批评话语分析而言,"意识形态"的概念与话语密切联系。首先,意识形态需要以话语的形式存在。不论是对世界的主观看法,还是观点和信仰,都需要语言来表达,这是显而易见的。其次,就意识形态的作用而言,由于意识形态需要通过社会行为和社会实践来实现或推广,它就需要借助一定的话语策略、语言手段和修辞方法,并借此实施其所具有的规范作用。这些话语策略在话语中往往是不为人们明显察觉的。意识形态规范作用的隐蔽性使批评话语分析的学术研究具有社会价值,同时也使意识形态与权力关系一起成为批评话语分析关注的"社会"范畴的内容。

可见,批评话语分析和社会语言学都关注"语言"和"社会"。尽管各自关注的"语言"和"社会"的具体内容有所不同,但是必须明确的是,这种不同更多地体现在研究的语言形式方面,而对于关注的社会问题,二者有着惊人的相似之处。例如,就"意识形态"而言,批评话语分析的学者和社会语言学家都有深入的论述和研究(前者如 van Dijk, 1998;后者如 Woolard, 1998)。二者另一个相似之处在于,批评话语分析和社会语言学都始终致力于探究语言与社会之间的关系。而且,和社会语言学经历了从"语言决定论""社会决定论"到语言与社会合为一体的"言语事件"的认识过程(参见 3.1 的讨论)一样,批评话语分析关于语言与社会关系的认识也经历了二者从"直接联系"(批评语言学的观点)到"间接联系"(批评话语分析的主张)的发展历程。下面我们讨论这个问题,并借此认识批评话语分析与社会语言学共同的研究课题以及围绕共同的研究课题体现出的相似发展轨迹。

5.1.2 共同的研究课题

认为语言与社会之间存在"直接联系"的观点是以福勒为代表的批

评语言学的主要学术思想。在20世纪70年代末，福勒和他在英国东安格利亚大学的同事关注大众媒体的新闻报道，分析并揭露其中隐含的意识形态意义。他们继承文体学的研究传统，强调对文本进行细致的语言学分析，注重通过分析文本的语法结构来挖掘文本中的意识形态意义。他们借助当时兴起的系统功能语言学（Halliday，1978/2001）的研究成果，对新闻报道中使用的动词及物性（transitivity）进行分析，通过分析各种"过程（process）"在文本中所占比例以及各种"过程"与活动的关系来揭示文本的意识形态意义。他们还对文本中的语气结构（mood structure）和情态（modality）进行分析，通过对文本中有生命主语和情态状语类别的统计来分析作者与读者之间距离的远近，从而揭示文本是否具有客观性。批评语言学观察的文本特征还有"转换（transformation）"，包括"名词化（nominalization）"和"被动化（passivization）"两种形式。例如，通过观察新闻语篇中是否具有省去动作者的名词化或被动化的"转换"现象，来看文本是否具有"客观"的文体色彩。批评语言学观察的另一个文本特征是"分类（classification）"，即文本的词汇特征，包括"再词汇化（re-lexicalization）"和"超词汇化（over-lexicalization）"。他们认为，如果媒体在新闻报道中使用不同的词汇指代同一个人或事（再词汇化），那么这些不同的词汇就体现出不同的意识形态意义；而新闻报道中一旦出现众多的同义词或近义词（超词汇化）则说明媒体表达的意识形态意义比较集中地凸显了其价值观（Fowler et al.，1979）。

可见，批评语言学对文本的分析首先是发现话语的文本特征，然后指出这些文本特征"说明"某些社会范畴（如意识形态），进而建立起一种语言结构与社会结构的直接关系。这方面一个典型的例子是福勒分析两家媒体对警察与示威者冲突这一相同事件的报道。一家媒体的新闻标题是"The police shot 100 demonstrators."（警察射杀了100名示威者），另一家媒体的新闻标题是"100 demonstrators are dead."（100名示威者死了）。借助功能语法对小句动词过程的及物性进行分析，发现第一家媒体使用的是及物动词"shot（射杀）"，属于系统功能语言学所说的表示动作的"物质过程（material process）"，它前面需要有行为的发出者，后面需要有动作的承受着。在这个新闻标题中，射杀这个动作

第 5 章　基于话语研究的社会语言学

的发出者是"警察",承受者是"示威者"。批评语言学的分析认为,由于把动作的发出者明显置于标题之中,不言而喻这个媒体的意识形态意义是把射杀示威者的警察暴露在公众面前,因而具有亲示威者的意识形态倾向。同样,由于另一家媒体在标题中将"警察"隐藏起来,而且使用"关系过程(relational process)"把射杀的动作以射杀后状态的形式呈现出来,所以,批评语言学可以得出结论:这家媒体有意把射杀示威者的警察掩饰起来,因而其表达的意识形态意义是亲警察的。

批评语言学通过这样的语言学分析,说明使用物质过程进行报道的新闻语篇较使用关系过程进行报道的新闻语篇更多地含有媒体"谴责警察、同情示威者"的意识形态思想。这种将语言结构与社会结构一对一地直接联系起来的分析方法是批评语言学的一个核心特征。在批评语言学的研究中,文本与文本中的意识形态意义被视为一种固定的、直接的、透明的关系。一种语言结构,如被动语态,被机械地赋予一种价值或意识形态意义,因此导致文本特征和社会意义之间的关系是一种一对一的简单联系,而且,这种联系一旦建立就被认为是理所当然,一成不变。在这一点上,批评语言学与拉波夫传统的社会语言学研究的早期成果有着许多相似之处。例如,拉波夫变异社会语言学的纽约百货商场的语言变异研究案例,将语言变异与社会范畴(如社会经济地位)的关系视为一种静态反映和被动的机械关联,似乎语言变异的社会意义必然会从社会空间坠落到语言变体上面。

批评语言学关于语言与社会关系的这种认识在批评话语分析的研究中得到修正。批评话语分析始终认为语言与社会的关系是辩证的,即一个话语事件(体现在话语中的社会活动)与其所在的社会语境、机构和社会结构的关系是相互制约的。具体来讲,这个话语事件是为情景、机构和社会结构所塑造,同时它也塑造情景、机构和社会结构。这个辩证关系的两个方面在批评话语分析中并非均等,相反,语言对社会的建构作用更多地在批评话语分析的研究中受到重视。换言之,批评话语分析始终将话语对社会的建构作用视为其研究的重点。这种"建构"在费尔克劳和沃达克(Fairclough & Wodak, 1997)看来有两个具体的含义:一是话语可以帮助维持社会现状并使社会现状以新的形式再次出现,二是话语可以帮助转变社会现状。这里所说的社会现状,可以包括话语事件发生的情景、知识的对象以及社会个人或群体的身份及彼此之间的关系。当然，在话语对社会的建构过程中，权力关系和意识形态两个社会范畴也发挥着媒介作用。这便是话语、权力、意识形态成为批评话语分析关键词的原因所在。在这个意义上，批评话语分析关注的话语对社会的建构性，即是话语对相关的社会范畴实施的既维持和再生、又转变和改变的社会功能。

批评话语分析关于语言与社会关系的认识受到后现代主义思潮的影响。后现代主义是 20 世纪中叶在西方兴起的一种思潮。就语言学的研究而言，后现代主义反对意义是确定的、一成不变的观点，不认为意义是事先由系统内部的相互关系确定的某种实体或关系。相反，后现代主义坚持意义是认知主体主动建构的结果，只有在交际过程中才能确定。后现代主义要求重新考虑词与物的关系，认为符号的能指不但与所指密不可分，而且还会反过来影响所指。在后现代主义思潮影响下，批评话语分析认识到语言与政治经济领域的社会实践密不可分，正如批评话语分析的学者克瑞斯（Kress，2001：37）指出的那样，社会并非在语言的周围，也不是与语言有关联，更不是一个可以使用的资源，相反，"社会就在语言符号之中"。这里所说的社会就在语言之中，实际上指出了社会与语言二者不可分离、相互建构的特征。这也体现出后现代主义对于"话语"这个概念的认识。说者的身份、他的意识形态、机构属性、年龄和性别，说话的目的和意图，所有这些和社会相关的属性都存在于他的语言之中，都需要他通过语言呈现出来，通过语言构建出来。基于这种认识，批评话语分析的使命便是运用语言学的分析工具，通过对使用的语言（话语）进行系统的语言学分析来认识存在于（或曰隐藏在）语言中的各种社会范畴，如男女之间、社会等级之间、种族之间以及国家之间存在的不平等的权力关系。

关于语言与社会关系的认识，从批评语言学所认为的"直接联系"到批评话语分析所坚持的"间接联系"，从前者发现的"语言反应社会"到后者主张的"语言建构社会"，体现出批评语言学到批评话语分析的发展。同样，在社会语言学研究领域，关于语言与社会关系的认识也有类似的发展。我们在 3.1 详细讨论了人类学传统的社会语言学关于语言与社会关系的认知及其发展，这里再以拉波夫传统的变异社会语言学为

第5章 基于话语研究的社会语言学

例说明这个问题。拉波夫纽约百货商场案例中发现语言变项与社会阶层相关联,之后米尔罗伊和埃克特(变异社会语言学第二次浪潮的代表)的研究发现在语言变项与社会范畴(如社会经济地位、社会网络、社会身份)关系中发挥作用的能动性,再后来到变异社会语言学第三次浪潮,埃克特提出风格实践的概念,强调语言变项的使用可以主动建构言说者的风格(见本书第7章的讨论),变异社会语言学的发展也体现出与批评语言学到批评话语分析、再到批评话语研究三个发展阶段(田海龙,2006,2016b)相类似的发展轨迹。

例如,关于语言与社会之建构性,在社会语言学的研究中主要体现在语言变项对社会变项的建构方面。这种建构性需要通过言说者的语言实践来实现,即语言变项的社会意义是说者在语言实践中反复不断地使用多个语言变体建构的。讨论语言变项对社会变项的建构则需要将研究的重心转向语言实践,探讨说者是如何通过选择使用一定的语言变体构建其说话风格和社会身份,并借此将自身置于社会和语言景观的特定位置。这方面一个典型的例子是,中国春节期间在北京写字楼里工作的白领回到自己的东北家乡过年,他(她)们在和儿时的玩伴聚会交流的时候,在向自己的长辈和亲戚拜年的时候,都选择使用自己的家乡话,而不是平时使用的普通话或北京话,这种选择某种特定语言变体的语言实践构建出他(她)们的"狗蛋""翠花"[1]身份,也构建出与家乡亲人和朋友的友好关系,进而形成自己在当地社会景观和语言景观中的特定位置。

在这样的语言实践过程中,语言变项的社会意义被凸显出来。然而,语言变项所指向的社会意义是不断变化的,不会被认为具有固定的社会意义。张青曾经对在中国改革开放中出现的一个"白领"阶层的语言实践做过研究,发现这一社会群体在某些语言变项上的发音与老北京土话不同,也与国企管理人员的发音不同(Zhang,2005,2008)。例如,北京土话的发音经常带有"儿化"现象,如把"花(hua)"说成[huar],而这一新的白领阶层在讲话时"儿化"现象则比在国企工作的北京人少很多,尤其是女性,白领女性"儿化"现象要比国企女性"儿化"现象少七分之一(0.1∶0.7)。除了"儿化"现象,这些女性还在

---

[1] 在中国东北农村,男孩和女孩的乳名一般都是"狗蛋""翠花"。

自己的言谈中将本该弱化的音重读，如将"明白 [ming2bai0]"说成 [ming2bai2]。她们通过将这些音位变体"拼凑（bricolage）"在一起反复使用形成了自己的说话风格，而这种风格与在国企工作的北京人的说话风格形成了鲜明的对照。不仅如此，她们使用的语言变项在给她们这个群体带来社会标签的同时，也会形成一种意识形态意义的变化，或给外人带来认同感，唤起外人的羡慕和模仿；或者给外人带来不快，引发外人的抵制。这些模仿或抵制，不是一个偶发的事件，而是一个不断延续的过程，语言变项会不断具有新的指向性变化，不断处于各种意义的包裹之中，不断形成新的指向秩序（indexical order），最终构成一个指向场域（indexical field），一个与意识形态相关的各种意义的聚集地。就这个研究案例中的"白领"阶层而言，她们在语言实践（风格实践）过程中构建起自己都市白领女性的语言风格和社会身份，在工作的场所形成一道靓丽的风景线，给地方语言景观和社会景观带来变化。可见，语言对于社会的建构性并非仅指语言变项与社会变项的简单联系，而是表明语言变项与各种社会变项之间的联系具有动态变化的特征，一旦语言变项被社会群体广泛接受就会被赋予新的社会范畴和社会意义，就会作为一种语言创新成为推动社会变革的力量。

5.2　基于话语研究的社会语言学形成动因

批评话语分析与社会语言学虽然关注的问题都是语言与社会之间的关系，但却发展出不同的研究领域，形成各自的研究范式和研究学派。然而，不容忽视的一个现象是，二者相互借鉴的趋势越来越明显。除了在 5.1 中表明的二者具有共同的研究对象和研究课题之外，近年来批评话语分析领域里重要的国际学术期刊，包括《话语与社会》(Discourse & Society) 和《批评话语研究》(Critical Discourse Studies)，刊发的社会语言学研究成果也越来越多，而社会语言学的重要学术期刊，包括《社会中的语言》(Language in Society) 和《社会语言学学刊》(Journal of Sociolinguistics)，也越来越多地刊发批评话语分析学者的研究成果。这种现象的普遍出现，已经很难清楚地区分出一个学者属于批评话语分

第 5 章 基于话语研究的社会语言学

析领域还是社会语言学领域。在这一背景下，香港大学的贾沃斯基（Adam Jaworski）教授曾倡导召开一个"批评话语分析与社会语言学"的学术会议，将两个研究领域的学者集合在一起讨论共同关心的学术问题。

批评话语分析与社会语言学在 21 世纪最初的二十年形成超学科融合发展的态势，既有历史的原因，也有学科发展的需要。下面我们分别从这两个方面展开讨论。

5.2.1 社会历史动因

本书关于社会语言学起源和发展的讨论，都基于这样一种认识，即社会语言学与社会发展密切相关。在这方面，话语研究也是如此。社会发展产生的新的社会问题无不与语言运用密切相关，因而也成为批评话语分析与社会语言学两个研究领域共同关心的新课题。两个领域的研究相互借鉴，融合发展，形成"基于话语研究的社会语言学"。下面我们具体讨论批评话语分析和社会语言学围绕"全球化中的语言"展开的研究，进而展示批评话语分析与社会语言学超学科融合的历史动因。

进入 21 世纪，全球化日益深入，不仅带来跨地区、跨国别的人口流动、货物流动以及服务流动，也将语言流动的范围进一步扩大，不同语言之间相互接触的程度进一步加深。对于这些深刻的社会变革，批评话语分析和社会语言学的学者都进行了深入的思考。例如，来自批评话语分析领域的学者费尔克劳在 2006 年出版了《语言与全球化》一书，运用他所倡导的批评话语分析的"辩证—关系"方法，研究语言与全球化之间的辩证关系。"语言"在这本著作中包括语体（genre）和话语（discourse），前者指交际或交流的方式，如美国 CNN 传播新闻的方式，后者指对世界某个方面进行再现的方式，如将市场运作再现为"自我调节、政府只是帮助而不是干预"的新自由经济话语。"全球化"在该书中一方面指跨大洋、跨地区的社会关系和社会活动的流通和转型过程，一方面指现代社会所特有的迅速发展和日益加深的复杂的联系和彼此的相依，包括经济领域财和物的流通以及国际金融和贸易的网络联系。全球化在一定程度上也是语言的全球化和被全球化,一方面体现为流通在一定程度上包括语篇、再现和叙事的流通,另一方面也体现在社会主体之间构成的网络、联系和相互作用也需要特定的语言交流形式。在费尔克劳(Fairclough,2006:4)看来,实际发生及将要发生的全球化过程和关于全球化过程的话语有可能是不完全相同的,而且,关于全球化的某种话语并非仅是实际发生及将要发生的全球化过程的真实再现,它在一定条件下还可以造成全球化过程的实际发生并决定全球化的进程和方向。他在书中讨论了关于全球化的不同话语,如全球主义(globalist)话语、政府机构和非政府机构话语等。在这些关于全球化的不同话语中,全球主义话语处于主导地位,但是它的霸权地位也不断受到其他关于全球化话语的挑战。这些话语通过一定的话语策略,如语体及语体混杂、话语及话语混杂、争论及特别的争论语体、叙事、对社会主体及其活动的不同再现、假设、情态、名词化、推理、"我们"的用法、文本的区分、修辞以及各种说服手法,相互制约、相互抗衡,形成对主流话语的挑战。他特别以罗马尼亚的高等教育改革为例,通过讨论罗马尼亚在进入欧盟这一全球化过程中出现的不同话语,以及这些话语之间的相互制约关系,阐明话语在全球化过程中发挥作用的机制。例如,他(Fairclough,2006:72-86)分析了布加勒斯特大学质量控制手册的文本,讨论了欧盟的话语策略在罗马尼亚"再情景化"的问题,指出欧盟的新策略和新话语并非自然而然地"流入"罗马尼亚这个"层次体",而是被它内部的机构(以及对内部机构有影响的外部机构)"带入",这个过程充满了矛盾、不平衡和不可预测的结果。他还讨论了"自下而上的全球化"问题,如某一地方的普通人群抗衡全球主义话语的策略问题。他认为,全球化给这些地区带来新的话语、语体和文体,成为当地民众活动的资源;如何操纵这些资源,使之本地化,以消除全球化带来的负面影响或利用全球化带来的新机遇,是一个话语策略问题。然而,全球化与地方利益总是一对矛盾,这又是一个辩证的问题。在这方面,他通过讨论英国失业者抗衡全球化带来的失业压力的话语策略、匈牙利和泰国村民抗衡全球化带来的污染问题的话语策略,说明普通民众如何通过将全球化的话语"本地化"以便在全球化中生存的问题。例如,失业工人用自由经济中经常使用的"灵活"这个词来给自

第 5 章　基于话语研究的社会语言学

己打黑工的行为正名,即是把全球主义话语"本地化"为自己的话语,使自己的行为合法化(Fairclough,2006:125)。这些地方民众抗衡全球主义的话语策略在将外部资源本地化的过程中发展起来,并可形成新的活动模式,在全球化过程中发挥作用。

《语言与全球化》(费尔克劳,2020)是批评话语分析领域研究全球化问题的一部著作,而《全球化的社会语言学》(布鲁马特,2022)则是社会语言学领域对于全球化问题的研究。在这本书中,布鲁马特(Blommaert,2010:1)首先指出,全球化并没有使世界变成一个地球村,而是将世界变成了一个非常复杂的网络,村庄、城镇、社区、居住点都以通常不可预测的方式通过物质和符号纽带连接在一起,而这种复杂性为社会语言学提供了新的课题,也为社会语言学家提出新的理论创造了机遇。对此,布鲁马特提出了一系列现在看来颇具创新意义的概念术语,如移动性(mobility)、层级(scale)、资源(resources),并参照西尔弗斯坦的"指向秩序"提出"指向性秩序"的概念[1],系统分析了在全球化过程中随着人口的流动,与之随行的语言作为一种资源,在新的语境中被重新利用和开发的问题。例如,在互联网取代了传统的函授课程,成为语言学习的一个有效途径的背景下,他通过分析一个出售美国口音的网站来探究全球化过程中语言流动的问题。他发现在这家公司展示为中性的、"没有口音"的英语,实际上是该公司销售的一种"标准(化)口音"以及一种带有标准(化)语言所具有的意识形态特征的地区性("美式")口音。在这家公司的网站上,有一个明显快乐的年轻白人男性,还有一个明显沮丧的亚洲女性。这个男人已经习得美国口音(或者从一开始就有),而那个亚洲女人没有。将她沮丧的神情与一系列可能的原因联系起来,就会发现她的"非美式口音会阻碍她实现职业和个人目标"。由此可以看出,这个互联网销售的产品不仅仅是语言,而是"美式口音、个人幸福和自信、与美国人顺畅有效的沟通、工作满意度、商业机会和金钱"这一套关于"语言"的包装和表征形式。换言之,购买这些课程的顾客买到的不仅是语言,还买到对语言、社会和自我进行再现的一系列描述。他们希望通过"消减"他们英语中非母语的口音来

---

[1] 关于"指向秩序"和"指向性秩序"两个概念的区别与应用,参见本书 6.4.3 中的讨论。

改变自己,并且通过投入巨大的努力学会美国口音,以使自己在社会语言学的意义上不惹人注意,进而使自己的言语不再带有"噪音"(他们的"外国口音"),成为一种正常、统一、不奇怪、因而不再分散注意力的交流工具。这种努力是有回报的,因为它将消除由于他们言语中的"噪音"导致的误解所带来的挫折感。因此,它将让美国人看到他们真正的样子,这将为他们提供向上层社会移动的机会。

布鲁马特用这个案例表明,我们面对的不是新的全球性话语秩序大规模的出现,而是一种小众(niched)的生活现象,它影响相对少数的群体。而且,这是更大、更缓慢的全球化进程的结果——国际商业活动和劳动力的管制放松,虚拟交流空间的开发、商品化的学习,以及像全球主义这样更为普遍的意识形态和话语带来的权力。同时,这个案例也表明语言规范性问题变得相当复杂。美式英语口音网站迎合的是一个不受国家正规学习系统约束的市场。在学校学过英语并在全球呼叫中心求职的印度人需要接受美式口音的再培训,因为他们在学校学的英语带有太多这个例子中所谓的"浓重外国口音"的痕迹。国家举办的学校提供(带口音的)"英语",互联网公司则提供另一种可能更好的口音。因此,我们能看到在相互依存的行为者复合体中行为者是如何合作生产语言规范的:学校系统使用自己的教学方法和指向性秩序来生产"英语";但是,为了学习能够在全球化经济中带来工作岗位的特定种类的英语,人们需要求助于私人供应商,而私人供应商又给他们强加了另一套规范和规则来规范恰当的口音。

以上关于批评话语分析和社会语言学围绕"全球化过程中的语言"的讨论表明,历史发展到21世纪,社会也给批评话语分析和社会语言学提出了新的研究课题。对这些新问题的探究,助推了批评话语分析与社会语言学超学科融合,这也是社会语言学在新世纪的新发展,同时也是话语研究对社会语言学研究新发展的一个贡献。第4章的讨论已经表明,社会语言学在21世纪对语言使用中所体现的意识形态问题的关注,促使社会语言学研究接纳认知语言学家提出的从认知的角度探究语言变异问题的观点,进而形成认知社会语言学。同样,批评话语分析关于语言使用中意识形态的研究也为传统的社会语言学提供了新的研究空间。很多学者(如Coupland,2016a:10)都认为,在社会语言学以外为数不多的可称作社会语言学理论的学术思想中，批评话语分析就是其中的一个，而且，批评话语分析对于社会语言学在整体上具有批评意识起到了"激励"作用。在这个意义上，我们完全可以认为，话语研究（以及狭义上的批评话语分析）与社会语言学的跨学科融合是一个彼此相互从对方汲取养分丰富自身发展的"超学科"（Fairclough，2009）融合。关于这一点，我们在第10章展望社会语言学在新时代发展趋势时会进一步论述。

5.2.2 学科融合动因

批评话语分析与社会语言学融合发展，产生了许多新的学术思想，这也使二者融合之后的学科归属问题被提上议程。我们可以将这种融合称为"基于话语研究的社会语言学"，但是可否将批评话语分析纳入社会语言学的学科之中？这是一个实践问题，也是一个理论问题。

首先，这是一个实践问题。特别是在我国，学科归属是一个学者需要面对的现实问题。而在目前，我们有社会语言学二级学科，却没有话语研究二级学科。例如，在人文社会科学研究领域，我国现在执行的学科分类国家标准是《中华人民共和国学科分类与代码国家标准》（简称《学科分类与代码》）。该标准经国家技术监督局批准实施，共设5个学科门类，58个一级学科，573个二级学科。语言学在该标准中设在人文与社会科学学科门类之下，为一级学科，下设普通语言学、比较语言学、语言地理学、社会语言学、心里语言学、应用语言学、汉语研究、中国少数民族语言文字、外国语言以及语言学其他学科共10个二级学科。类似的问题也发生在人才培养方面。在国务院学位委员会和教育部2011年共同颁发的《学位授予和人才培养学科目录》中，设有13个学科门类，在文学学科门类中有三个一级学科，分别为中国语言文学、外国语言文学和新闻传播学。在外国语言文学一级学科下的二级学科有英语（日语、俄语等）语言文学、外国语言学及应用语言学、区域国别研究等，但是都没有批评话语分析和社会语言学二级学科。从实践的角度讲，这是一个学科归属的问题。

其次，这也是一个理论问题。从学术研究的角度来看，批评话语分析与社会语言学有许多共同之处，除了在5.1讨论的内容之外，还可以从以下两个方面深入探讨。

第一个问题涉及批评话语分析和社会语言学的研究本身。批评话语分析与社会语言学都是从语言研究入手关注语言与社会的联系，进而把社会问题作为研究的课题。批评话语分析不是以建立大理论为终极目标，而是以社会问题为研究导向，注重对语言/话语/文本进行分析，进而揭示语言与社会的关系。实际上社会语言学也非常重视个案研究，并通过不同的个案分析研究语言的不同成分与社会因素（包括阶级、性别、年龄、身份等因素）之间的联系。社会语言学家乌拉德（Woolard，1985）曾经指出，社会语言学对社会科学知识有两个重要的贡献，一个是认识到哪怕是最一致的社会中也存在明显的语言变体，另一个是认识到这个变体是"真实"语言的反应，重要且含义深刻，而且具有系统性，值得认真研究。可以说，社会语言学与批评话语分析的许多个案研究都是并驾齐驱，对许多社会生活中的重要问题进行了研究。例如，田海龙（2009a）对批评话语分析的重要学术期刊《话语与社会》（范戴克主编）第17卷（2006年、共6期）发表的28篇研究论文进行观察，发现研究的问题包括婚礼邀请问题中男性的权力、就职演说构建政治前途、警察询问话语中权力与抵抗的动态关系、出版物中个人资料构建身份等。同样，观察社会语言学领域的重要学术期刊《社会语言学学刊》（卡博兰德和贝尔主编）第10卷（2006年，共5期）发表的21篇研究论文，也发现研究的问题有日本男子使用语言的礼貌问题、英国女孩的身份建构问题、新加坡语言思想的符号性问题、微博中的语言变体与性别问题、言语社区中等级身份的叙事学分析等。可见，仅就研究的问题而言，批评话语分析和社会语言学已很难看出彼此之间的区别。

第二个问题涉及批评话语分析与社会语言学分享的"语言思想"。所谓语言思想，也称"语言意识形态"，是有关语言信念的集合（Silverstein，1979），是有关语言性质的共享的常识性概念的总和（Rumsey，1990）。之所以说批评话语分析与社会语言学有相同或相似的语言思想，是因为二者对语言的认识完全不同于20世纪主流语言学对语言的认识。索绪尔和乔姆斯基的语言学认为语言是一个抽象的、封

第 5 章　基于话语研究的社会语言学

闭的内在系统,与此不同,批评话语分析与社会语言学认为语言是语言使用者使用的实实在在的语言。语言使用者运用语言的不同成分来实现交流思想、构建身份或者再现事实的目的。在这方面,批评话语分析和社会语言学非常注重研究语言使用者对语言成分的选择问题。例如,批评话语分析的代表人物沃达克(Wodak,2009)对种族歧视话语进行批评性分析时,就非常重视分析话语制造者如何选择使用不同的话语策略来实施种族歧视。在社会语言学领域,盖尔(Gal,1998)对奥地利东部欧伯沃德小镇年轻妇女选择德语或匈牙利语情况的研究也是一个很好的例子。在欧伯沃德,匈牙利语象征着农民的社会地位,在日常生活中选择匈牙利语意味着与农民的牵连。而德语由于象征着工业化,在人们心中享有更高的威望和更正面的联想。盖尔注意到,这些年轻妇女极力选择象征工业化的德语进行交谈,不是为了适应交际对象的需要,也不是为了交际的成功,而是要通过语言选择来表明自己的思想意识,来代表自己向往的新的社会身份。库马斯(Coulmas,2005)的专著《社会语言学:说话者如何做出选择》将社会语言的语言选择研究进一步系统化,指出选择是社会语言学的中心问题,社会语言学即是研究语言选择的语言学。可见,社会语言学与批评话语分析在语言思想上有许多共识,在很大程度上分享着共同的研究范式。

　　批评话语分析和社会语言学共享的语言思想与后现代主义思潮一脉相承。在 5.1.2 中我们认识到,后现代主义追求语言研究的多视角,摒弃结构主义的一统天下;追求语言研究的动态特征,摒弃静态的、封闭的语言系统研究。后现代主义要求重新确立"意义观",认为意义是认知主体主动建构的结果,而不是靠系统内部的相互关系来实现和确定的某种实体或关系。这一小节关于社会语言学与批评话语分析共同语言思想的讨论表明,社会语言学对语言选择目的的探索触及语言选择与选择者社会地位、思想意识及其所从事的社会实践的关系(田海龙、张迈曾,2007),与批评话语分析通过分析语言选择来实施话语的社会功能有着异曲同工之效果。许多文献(如 Chouliaraki & Faiclough,1999; van Dijk,2008;田海龙,2009b)都讨论过批评话语分析从人文社会科学中汲取养分、得益于人文社会科学研究(如福柯、拉克劳和墨菲的研究)的问题,实际上,在语言选择研究方面,社会语言学也深深地烙

155

有人文社会科学的印记，或许这正是因为二者都是语言学科与人文学科整合和交叉的产物。

由于具有共同的研究问题，以及共享的语言思想和研究范式，社会语言学和批评话语分析具有了同属一个学科的潜势。也正因为如此，田海龙（2012）曾经提议批评话语分析应该具有社会语言学的学科属性，归为已经获得学科体系认可的社会语言学。实际上，不论批评话语分析的学者还是社会语言学的学者都曾表达过将批评话语分析归于社会语言学的观点。例如，沃德劳夫（Wardhaugh, 2006）在讨论社会语言学的"干涉主义"时就认为费尔克劳和范戴克的批评话语分析属于广义的社会语言学；费尔克劳（Fairclough, 2000）也明确指出批评话语分析是广义的社会语言学的一个部分。社会语言学领域的重要学者卡博兰德（Coupland, 2016a）更是在理论上将批评话语分析与社会语言学连在一起。如果我们接受这些观点，承认批评话语分析属于社会语言学学科，那么，我们完全可以再往前进一步，用"基于话语研究的社会语言学"这个新表达体现批评话语分析与社会语言学彼此融合的发展态势。对此，下一小节将具体阐述。

5.3 话语研究与社会语言学的融合发展

我们在 5.2.1 的讨论中认识到，社会发展到 21 世纪的新时代，全球化进程进一步深入，在一定程度上导致语言使用出现新的形式，这也为以探究语言与社会关系为己任的批评话语分析和社会语言学提供了新的研究课题。正是在这个意义上，批评话语分析和社会语言学对新的社会语言问题的研究导致了二者的超学科融合，形成了"基于话语研究的社会语言学"。这种社会语言学的研究范式，与拉波夫传统的社会语言学、人类学传统的社会语言学以及基于认知科学的社会语言学一样，是社会语言学研究领域一个重要的研究范式。这个研究范式与其他社会语言学的研究范式存在传承性的密切联系，同时也有自身的特征。它与变异社会语言学和互动社会语言学相比，发展历程还相对较短。在这方面它与基于认知科学的社会语言学类似，都是在世纪之交发展起来的新的社会

第 5 章　基于话语研究的社会语言学

语言学研究范式,但是也有不同,如基于认知科学的社会语言学的发展动因源自认知科学内部,特别是来自认知语言学自身发展的需要,而基于话语研究的社会语言学的发展动因主要来自外部,来自批评话语分析和社会语言学对于 21 世纪出现的新的社会问题的思考,包括对由此产生的新的语言使用问题的探究。在这一小节,通过讨论批评话语分析和社会语言学关于"市场与市场化""媒介与媒体化"的认识,我们会发现,在对新的社会语言问题进行研究的过程中,批评话语分析也对社会语言学关注的问题进行反思,进而在一定程度上体现出批评话语分析与社会语言学融合发展的态势。

5.3.1 **市场与市场化**

在第 2 章关于变异社会语言学的讨论中,我们了解到拉波夫做的纽约百货商场的经典研究案例。他的研究目的在于观察日常生活中正常的语言使用情况,如观察人们如何在公众场合自然使用语言的情况,借此建立起特定言语社区中语言变项与社会变项的共变关系。为了实现这个研究目的,拉波夫选择了坐落在纽约、分属不同等级的三个百货商场,观察这三个百货商场中店员和顾客自然使用语言过程中的社会语言变异问题。我们看到,拉波夫对这个商场的等级特征做了详细的描述,诸如它们在纽约的地理位置、广告的投入程度、售卖商品的价格、店员的工资结构等。据此,凯利—霍姆斯(Kelly-Holmes,2016:158–159)指出,拉波夫所观察的语言使用的商场实际上是一个地理意义上的"市场"。实际上,在拉波夫开展变异研究的 20 世纪 70 年代,百货商场仍然是一个"售卖场",是一个物理意义上的公共场所,在时间上和空间上都有一定的定位和边界。而且,拉波夫选择这三个商场,而不是这三个商场附近的学校或公共交通场所,在凯利—霍姆斯看来也是为了研究的方便,因为这三个商场在社会阶层上的等级关系非常明确。在这个意义上,凯利—霍姆斯(Kelly-Holmes,2016:158–159)认为选择这三个商场虽然可以收集到可以分析的语料,但无法将语言使用中出现的音位变项(r)与商业活动联系起来。

早期变异社会语言学对语言变异的研究,在有边界的地理空间意义上的"市场"收集语料,发现了特定言语社区中的语言变异规则,但却忽略了人们的社会实践对语言变异的影响。对此,我们在2.4讨论埃克特的变异研究时有所阐述。实际上,埃克特的研究对拉波夫经典研究案例的发展,不仅在于表明与"语言变项"相关的"社会变项"不是一种静态的社会因素,而且表明社会语言学观察的"语言变项"不应来自具有时空边界的物理场所,而应来自人们在社会实践中谈论共同感兴趣问题的过程之中。与埃克特对变异社会语言学的发展类似,批评话语分析的代表人物费尔克劳提出"市场化"的概念,在一定程度上更新了拉波夫经典案例研究中关于"市场"的认识,拓展了社会语言学关于"语言与市场"的理论认识。

费尔克劳的批评话语分析研究路径特别关注话语在社会变革中的作用。在他的研究中,"社会变革"是一个涵盖面非常广的概念,上至全球化这样跨国家、跨地区性质的社会变革,下至市场化这样商业领域对其他领域的侵入过程,都可以称之为社会变革。在这些种类不同、层级各异的社会变革过程中,语言起到不可或缺的作用。一方面语言是参与社会变革的重要手段,另一方面语言也是再现社会变革的重要方式。在这个意义上,各种社会主体为了赢得、占据和保持社会变革的主导地位,都需要借助语言,因此语言也是社会主体斗争的场所。就"市场化"这个社会变革的方面而言,语言在其中发挥了重要的作用。费尔克劳在这方面的研究可以说将拉波夫关于"市场"以及"语言"的认识推向了一个新的高度。

首先,费尔克劳(Fairclough,1995:19)认为,随着新自由主义经济的发展,世界经济发生了重组,拉波夫经典研究时代的"市场"已经不复存在,取而代之的是在市场基础上的社会领域之间的重组,如体现在经济方面的社会关系、文化价值和社会身份的重组。这个重组的过程即是"市场化"过程。这个市场化过程在很大程度上是一个使用语言的过程,商业领域的话语实践,如做商业广告,充斥在社会生活的方方面面。如此认识语言对于"市场化"的推动作用,可以促使我们对拉波夫变异社会语言学关于"市场与语言"关系的描述进行反思,认识到这种描述并没有解释二者之间存在相互作用的内在联系。在这个问题上,

第5章 基于话语研究的社会语言学

凯利—霍姆斯（Kelly-Holmes，2016：163）认为批评话语分析较之变异社会语言学，对于浸透在社会交往过程中的资本主义的经济体系具有更强的解释力。

其次，费尔克劳对于语言与市场化的观察，将拉波夫经典研究中的具有时空意义的"市场"引申为一个具有不平等关系的市场，而且这种不平等的关系还处于隐蔽状态，这实际上突显了语言在市场化过程中的作用，表现为一种基于市场交换的交际模式已经对其他交际模式起到主导和重组的作用，甚至将其他交际模式置于边缘的地步。这种现象在社会生活中屡见不鲜。例如，赵芃（2019）注意到一档名为《科学大见闻》的电视节目，将商业话语"再情景化"到电视节目之中，与教育话语和医学话语混杂在一起，看似是一档介绍减肥知识的电视节目，实则是一个推销减肥药的软广告。在这档电视节目中，不仅有对发明这个减肥药医生的夸耀，如"她是×××省×××市一家三甲医院的中医科主任，也是中国著名的中西医结合特级专家，从医30余年，最擅长中西医结合治疗各种肥胖、大肚子，被称为中医界的减肥快手"。而且还有对这个减肥药潜在疗效的吹嘘，如"减肥速度比普通减肥方法快5倍。传统减肥需要半年，它只需要2个月。别人减肥需要1个月，它只需要1周时间，并创造了当天变瘦的快瘦奇迹，达到了目前国内减肥无人可以比拟的最高级水平"。甚至直截了当地在电视上呼吁观众赶快购买："要想瘦的快，就喝快瘦汤。减肥快4倍。有双下巴、粗胳膊、大象腿、水桶腰、大肚子的，现在就喝快瘦汤，赶快拨打屏幕上的电话体验快瘦汤吧！"根据赵芃（2019）对这档电视节目所做的批评话语分析，我们可以发现，推销这款减肥药的商家将推销的话语方式植入电视节目之中，在专家医学"知识话语"和普及医学知识的"教育话语"掩盖下，电视节目主持人和医生通过一定的话语技术完成了对电视观众的控制。例如，在这档电视节目中，医生和主持人作为话语技术者，共同运用相关的医学知识和所谓减肥真相将该减肥药从医院这个社会机构移位到大众媒体中进行推广。他们不仅采用访谈、授课、问诊等精心设计的话语技术，而且还通过仿拟的方式将医患问诊和师生授课进行杂糅，进而从多个视角说明减肥活动是社会群体的极大情感渴望以及该减肥药出色的治疗效果，最终通过最直白的广告推销语体将披着电视节目的伪装撕下，直接暴露出其推销药品的本质。经过这样一个"话语技术化"（Fairclough，1992）过程，各领域里的不同话语和语体被杂揉到电视节目之中，借此这位医生以专家的身份重新建构起与观众之间新的权力关系。由于她采用了更为隐蔽和寻常的话语技术，这种权力关系便更容易为观众所接受，进而引发对该减肥药的信赖感和购买欲望。

　　从以上两点我们可以看到，批评话语分析在"语言的市场化"研究方面对社会语言学是一个发展。这个发展体现在研究语料的收集方面。以往的主流社会语言学关注的语言变体主要来自生活中的口语交流，而批评话语分析更为关注的是借助某种媒体的文本，如前面讨论的借助电视媒体的商业话语。批评话语分析对经由媒介的语料的分析更加注重揭示语言运用中体现的习以为常的意识形态意义，而不是仅仅将语料视作社会语言学实践场所的产物（Kelly-Holmes，2016）。这个发展也体现在对问题的阐释方面。在当代社会，媒介与市场密切联系，因此，"经由媒介的话语（mediated discourse）"（Fairclough，2006）也在一定程度上是市场导向的话语，这种话语反过来对构建和再现经济现实具有不可忽视的作用。批评话语分析对"语言的市场化"研究表明，在21世纪，"市场"已经从一个时空意义上的"售卖场"转变为一个涵盖整个经济活动的"抽象概念"。语言的政治经济化、商品化和市场化，已经将社会语言学研究对象置于市场化的社会之中。显而易见，批评话语分析在这方面为社会语言学提供了有价值的借鉴，促进了二者学术思想的进一步融合。

5.3.2　媒介与媒体化

　　上面的讨论已经涉及批评话语分析和社会语言学关于媒体与媒体化的研究。媒体技术的发展促使人们交际的方式不断更新，这些不仅带来更为广泛的信息流动，而且也催生了新的、不断变化的语言使用方式。人们不再像以往那样面对面地直接交流，而是热衷于借助一定的媒体，通过一定的技术，以间接的方式传递信息，彼此交流，产生许多"经由媒介（mediated）"的交流特征。在日常生活中，我们经常可以看到，

第 5 章 基于话语研究的社会语言学

即使同在一个特定的场景之中,如围在一个餐桌用餐,大家也会借助移动终端设备(如手机)的某个技术软件(如微信)进行交流。这些新的技术手段可以使人们的交流超越时空的限制,同时也对人们在语言使用方面形成一定的约束,如在使用的字数上加以限制,以至于人们按照新技术所要求的那种模式组织句子、选择词汇、编排信息,用一种前所未有的新方式表达思想、再现世界、构建身份。这些媒体技术突显了语言使用中的"媒介"和"媒体化"问题,使其成为批评话语分析和社会语言学实现融合的一个契机。

例如,在批评话语分析领域,朱莉亚基(Chouliaraki,2004)分析了丹麦国家电视台对"9·11"事件的报道。她首先分析的是演播室主持人与身在纽约的丹麦领事的电话连线采访,穿插其中的是曼哈顿街头的景象,镜头移动且不稳定,焦距和框架都有瑕疵,镜头上覆盖有白色粉尘。领事作为现场见证人对情况进行描述,表达自己的感受,同时对这一事件的长期后果进行评估。报道的焦点是"情绪",也就是观众的情感投入,这可以通过相机带给观众的"瞬间接近性"完成,如将观众置于目击者的位置,随着报道的展开,遭到破坏的大楼、飞扬的尘土、四处散开的人群、戴着头盔的救援人员,一一映入眼帘;这种情绪性的报道也可以通过领事对灾难的生动描述和对自己感受的表达来完成,如用"戏剧性的、令人震惊的以及难以形容的"来描述这一事件;还可以通过领事对后果的评估及其带给人们的沉思来完成,如他的评估使用了"我们正在进入一个新阶段","担心、深深的焦虑、内心很是害怕,担心会对我们所有人都有深刻的政治后果"这样的表述。朱莉亚基(Chouliaraki,2004)的分析表明,"事情绝不会再一样了"这一主题从许多方面贯穿在事件的报道之中。丹麦领事的表述反复使用"忧虑"、"焦虑"等词汇,显示出他自己的担心,领事还反复使用"害怕"一词,两次使用形容词"深刻"来强调含意,并在说明后果的普遍性甚至全球性时使用"对我们所有人而言"这样指向明确和具体的词汇,所有这些都传达出"9·11"事件及其后果具有非同一般的特征。

朱莉亚基分析的第二个片段是一个 2 分钟的事件集合,主要是一段视觉影像,开头是塔楼燃烧的镜头、之后是第二架飞机撞击大楼的镜头、美国时任总统布什的第一次公开声明以及两座塔楼的坍塌、燃烧中的五角大楼。语言只用来介绍时间、地点、航线、航班号以及受害人数的详细信息。布什的声明显示在屏幕上,但不是报道的形式,他的声明将这一片段聚焦在"谴责"上面,表明"这显然是对我们国家的恐怖袭击",承诺"追捕那些实施这些行动的人"。她分析的第三个片段是一个持续8分钟的显示曼哈顿在燃烧的远距离镜头。画外音来自一个专家小组对事件原因和后果的讨论。这些视觉和语言元素将观众与事件的具体特征撇开。在前两个片段中,观众处于与事件相关的"情绪"和"谴责"的关系定位之中,而在第三个片段中观众处于与"沉思"的关系定位之中,对此费尔克劳(Fairclough,2006)评论道:这里的视觉形象是一种"生动的场面",它与某种"壮丽景色"联系在一起,唤起人们的审美欣赏,并可开辟一个与同情有所不同的道德维度,促使人们对大都市居民所普遍具有的虚假安全感进行深刻反思。

通过这些对电视如何再现"他者"痛苦所做的分析,朱莉亚基(Chouliaraki,2004)指出新技术对人们使用语言具有操控的作用,同时她也将"他者"痛苦在电视中被再现的方式与观众对痛苦做出回应和反应的方式联系起来,为我们思考权力机关如何通过媒体再现"他者"痛苦提供了新的视角。她(Chouliaraki,2005)发现,电视在再现社会事实的过程中,在再现方式方面可以利用很多资源,包括视觉和语言的再现以及利用两者间关系的方式,如电视特有的符号编码和规范,同时也受到一些电视技术的"制约"。不仅如此,新闻制作者在视觉和语言再现方面也有着许多选择,如新闻是在演播室播放,还是在现场播放;焦点是事实,还是唤起同情、愤慨或其他感受;使用什么类型的视觉再现方式,是使用图形、照片、档案电影,还是现场直播;就视频影像而言,在角度、距离等方面要做出什么选择,是否使用特写镜头或长镜头;新闻叙事主要采取描写的方式,还是通过故事来讲述,抑或是分析性的阐述;语言与视觉元素的联系是强还是弱,视觉是否需要语言解释,抑或"让其自己说话"。而且,这些选择还可以通过特定的方式组合在一起使用,如一个特定的新闻报道会将局部描述、适当的叙述故事以及分析阐述等不同的方式融合在一起使用。除此之外,空间和时间以及能动性也可以被融入电视媒体对事实的再现过程当中,如"他者"苦难是否被再现得与观众的距离接近或较远,被再现为发生在现在还是过去,

第5章 基于话语研究的社会语言学

对未来具有影响或没有影响，受害者是否被再现为能动者（如他们是否发言，是否与他人互动还是直接与观众互动），以及哪些其他相关人员（特别是减轻痛苦的恩人或制造痛苦的作恶者）也被再现进来。这些出现在新闻报道中的不同范畴，可以根据不同的选择以及这些选择的不同组合被区分开来。可见，媒体技术的应用对于通过语言再现社会事实既是一个可以利用的资源，同时也是一个制约语言使用的手段。而对于这些媒体技术的掌握与否则构成了人文社会科学领域人人皆知的新闻报道中的不平等问题。例如，在全球化背景下，一些有实力的媒体公司，可以依据自己掌握的媒体技术，按照自身的价值取向，将某些"他者"的生活在媒体中再现得比另外一些人的生活更有价值。

媒体技术在语言交流中的广泛应用也引发社会语言学领域的学者对"媒介"和"媒体化"等问题进行深入研究。例如，安德鲁斯（Androutsopoulos，2016）注意到，社会语言学关注的语言已经超出了人们面对面交流的范围，一方面扩展至数字媒介的语言，即人们通过数字技术进行日常生活中的交流，另一方面扩展至语言使用的媒体化，如政治、经济、教育等领域里使用的语言都要通过媒体来传播，都要被"再情景化"和"吸收"到媒体之中。就前者而言，社会语言学的研究者已经注意到，由于数字技术的广泛应用，已经在社会生活中出现了一种"大众读写文化"，即越来越多的人通过键盘和屏幕来书写；而且，因为通过键盘和屏幕书写，人们写的也越来越多，越来越随意，因此那些未经仔细组织和斟酌的书写流入公众视野。这种以数字技术为媒介的语言书写形式随意、即时、不正式，但却由于在日常生活中普遍出现，使得语言的书写形式越来越多样且变化无常，如英语中狗这个词dog可以写成dogg，还可以写成dog，甚至写成Dd@gG（Sebba，2007）。这些不同的拼写形式或者指向不同的社会领域，如dogg指向嘻哈歌唱，或者不一定被社会所认可，如Dd@gG，但是，这种随意的拼写已经对社会语言学所关注的"真实的语言使用"形成了挑战，长期以来社会语言学所认为的"真实语言"是一个社区最认同的语言变体的观念已经不复存在（Androutsopoulos，2016：288）。

如同社会语言学对媒体语言的高度关注一样，社会语言学关于"媒体化"的研究也有很多重要的成果。所谓"媒体化"，在安德鲁斯（Androutsopoulos，2016）看来，对社会语言学研究的意义在于：（1）"媒体化"的概念体现出机构和群体都对实践极为关注；（2）"媒体化"的概念表明媒体的变化可以导致人们交流、文化实践以及社会形成方面的变化。就前者而言，一方面特定的信息通过"媒体化"可以更为广泛地传播；另一方面，尽管人们对媒体化的信息有不同的反应，这些信息至少可以引起人们的广泛关注。就后者而言，"媒体化的青少年"就是一个典型的例子。如同安德鲁斯（Androutsopoulos，2016：294）指出的那样，青少年通过使用媒体工具和消费媒体内容，改变了他们自己的社会形态，如他们彼此之间交流的方式。在这方面，多夫钦等人（Dovchin et al.，2018：36-40）通过观察蒙古大学英语专业两个大学生在课间的网络对话，发现他们使用的语言既有英语又有俄语，当然还有蒙古语。俄语和英语指向他们的性别特征，而俄语和英语、蒙古语混在一起使用则指向他们的教育背景。这些跨语言的特征在一定程度上表明年轻人之间的交流受到数字技术的影响，变得更为多样。

5.4 小结

这一章首先讨论了批评话语分析和社会语言学的融合问题。通过讨论二者对语言与社会的认识，我们认识到批评话语分析和社会语言学不仅有共同的研究对象，而且有共同的研究课题；正是在对语言与社会关系的研究中，二者体现出类似的发展轨迹，并趋于融合。在此基础上，我们提出"基于话语研究的社会语言学"这一命题，并通过讨论全球化过程中新出现的语言使用问题认识到，"基于话语研究的社会语言学"虽然没有拉波夫传统的社会语言学和人类学传统的社会语言学那样历史悠久，但是它充分体现了鲜明的时代气息，同时也是批评话语分析学者和社会语言学家关注新时代社会发展变化以及这些变化带来的新的社会语言问题的结果。也正是在这方面，它区别于"基于认知科学的社会语言学"。"基于认知科学的社会语言学"和"基于话语研究的社会语言学"可以说都是世纪之交的时代产物，但前者更多的是源自认知科学，是认知科学社会转向的产物，而后者更多的源自学者对新时代社会语言

第 5 章　基于话语研究的社会语言学

问题的关注和研究。

　　这一章关于批评话语分析与社会语言学融合发展的论述，最后归结到我们对"市场""市场化""媒介""媒体化"几个概念的讨论上面。如果说费尔克劳关于"市场化"的论述代表着批评话语分析对拉波夫关于"语言"和"市场"认识的发展，拓展了变异社会语言学关于"市场"的概念，那么，批评话语分析和社会语言学关于"媒介""媒体化"以及"经由媒介的交流"的探究则更明显地表现为二者的融合发展。批评话语分析关于"市场化"的研究凸显了新时代社会变化的一个形态，即一个领域的话语对另一个领域话语的殖民与介入，对此我们将在第 9 章 "话语互动研究"中进一步详细讨论。除此之外，批评话语分析关于"市场化"的研究也代表着当代社会语言学的发展，正如凯利·霍姆斯（Kelly-Homes，2016：169）指出的那样，当代社会语言学研究的两个路径都与市场有关，一个是"语言与市场，或市场中的语言"，另一个是"语言的市场，语言中的市场，为语言的市场"。正是在这个意义上，"市场"也成为卡博兰德（Coupland，2016b）指出的当代社会语言学关注的五个主题中的一个。除了"市场"，另一个主题"媒介"，以及与其相关的"媒体化"概念，本章也有所论述。这五个主题中的其余三个，"流动""情态"和"元交际"本书都会有不同程度的涉及，特别是语言流动问题，本书将专辟第 6 章加以讨论。

第二部分
经典与创新

第 6 章
语言流动研究

　　在第 1 章探究社会语言学的起源时，我们认识到，社会语言学作为一门学科从其诞生之日起就和社会生活密切相关。不论是美国的社会语言学最初对其国内的语言教育问题和国外民族国家语言政策问题的研究，还是我国社会语言学最初关于文字改革以及汉语拼音方案的制定和实施等问题的研究，社会语言学始终致力于研究社会生活中的语言问题。社会语言学的这一特点在世界进入 21 世纪之后仍然得以坚持并越发明显。对此，我们在 3.4 讨论人类学传统的社会语言学在 21 世纪的新课题时有所涉及，如互动社会语言学关于新媒体对青少年语言使用影响的研究。在 5.2 讨论形成"基于话语研究的社会语言学"的社会历史动因时，我们也曾提到全球化过程中的语言问题。实际上，在 21 世纪的前二十年，随着全球化进程的不断深入，社会生活的方方面面都不同程度地受到影响，人们使用的语言也不例外。各种新的语言使用方式层出不穷，这一方面体现为表达意义的方式不断翻新，另一方面也体现为语言的结构、词汇乃至不同的语言在使用过程中的混杂。这些新的语言使用方式，与全球化进程联系起来，与人口的流动联系起来，就明显地体现在"语言流动"这个 21 世纪的社会语言学问题上面。因此，在本书第二部分关于社会语言学在 21 世纪创新发展的探讨中，我们首先在第 6 章聚焦全球化与语言流动问题，包括对全球化的特征和由此产生的语言流动问题的讨论，以及结合研究案例对语言流动的隐性和显性方式、语言流动的特征和复杂性等问题的讨论。

6.1 全球化及其话语再现

语言流动与全球化密切相关,因此,在这一小节我们首先讨论关于全球化的一些基本概念和论述,以及在全球化过程中出现的语言问题。我们将在实际发生的全球化与关于全球化的描述二者之间作出区分,并在此基础上明确全球化的语言特征。

6.1.1 全球化

所谓"全球化",一般被认为是全世界经济、政治、技术、文化整合的综合过程,也可以说是这个整合过程的模式或特征在全球范围移动的过程(布鲁马特等,2011)。对于全球化带来的影响,不论在什么领域或什么层级,也不论在世界的什么地方,生活在 21 世纪的人都能切身地感到。然而,全球化并非 21 世纪才开始。它在本质上是一个不断深化的过程,而人们在当下之所以更深刻地感觉到它的发生,是因为全球化在 21 世纪表现得更为深刻、广泛和复杂。我们可以看到,全球化一方面体现为社会关系和交易的空间组织发生变革,进而导致洲际或区域之间产生流动,生成活动网络,彼此互动以至产生权力运作(Held et al., 1999: 16);另一方面,全球化体现为一个复杂的连接体,一个快速发展和日趋密集的网络,使得现代社会的各个组成部分更为紧密的相互联系和相互依赖(Tomlinson, 1999: 2)。不仅如此,全球化涉及的内容也是多种多样的,既体现为通过增加商品、服务、资本甚至劳动力的流动,使世界各国的经济更加紧密地连成一体,也体现为与这种流动相伴的思想和知识在国际范围内流动并形成文化共享。全球化可以给社会带来益处,例如,全球化可以促进贫穷国家的商品进入海外市场,也可使外国投资获得准入,导致新产品以更便宜的价格出售,借此提高相对贫穷地区的生活水平;同时,全球化还可以扩大边界的开放,人们可以通过出国接受教育或工作,把获得的收益带回国内以帮助他们的家庭拓展新的业务(Stiglitz, 2006: 4)。当然,全球化也可以带来负面影响,如会使贫富不均的现象在全球范围内扩大等。

全球化体现在"流动""网络"和"相互联系"这些通常被视为具有不同意义的概念上面。例如,关于"流动"我们可以看到货物和资金的流动,作为移民、旅行者或商业或政府组织成员的人口流动,以及图像、叙事方式和交流内容通过当代媒体和通信技术而产生的流动。关于"网络",我们可以看到国际金融和贸易网络,各国政府之间的网络。关于"相互联系",我们可以看到国际组织之间的相互依存、相互作用和相互联系,如联合国、国际货币基金组织、世界贸易组织和各国家和地区的政府机构之间的相互联系。这些"流动""网络"和"相互联系"发生在全球化过程中的不同层级上面,如国际层级、地区层级,也发生在不同的走向上面,如费尔克劳(Fairclough,2006)所说的"自上而下"的全球化和"自下而上"的全球化。

6.1.2 全球化的再现

相对于这些实际发生的全球化,还有一种全球化,就是话语的全球化,指实际发生的全球化通过话语得以再现,而这些再现的全球化以话语的形式进入全球化的过程之中。根据费尔克劳(Fairclough,2006)的研究,关于实际发生的全球化的话语再现,体现为四种认识全球化的立场。第一种立场是客观主义立场,主要来自赫尔德(Held)等学者,他们把全球化视为真实世界中的客观过程,并认为用"全球化的流行辞令"(Held et al.,1999:1)来描述客观过程则是社会科学家的任务。

第二种立场是修辞立场,海和罗莎蒙德(Hay & Rosamond,2002)认为有大量证据表明,活动者采用特定的全球化修辞手段试图证明某些通常令人难以接受的社会和经济改革存在的合理性。但实际上,海和罗莎蒙德将"全球化话语"和"全球化修辞"区分开了。前者指的是"全球化已经成为提供认知过滤器、框架或概念透镜或范式的途径,社会、政治和经济发展可通过这种方式进行排列并使其易于理解"。这里关注的重点是全球化对人们可用的"话语资源库"的影响。相比之下,"全球化修辞"指的是"这些话语的策略性和说服性运用……,以使特定行动方针合法化"(Fairclough,2006)。

第三种立场是意识形态主义立场，它专注于如何在一个更系统的层面使话语实现并维持某些策略和实践的主导或霸权地位，并特别关注从这些策略和实践中受益的社会活动者的主导或霸权地位。在这方面，斯狄格（Steger，2005）把全球化看作是一套物质过程，是在公共领域传播的一系列思想体系，这些思想或多或少是一连串试图定义、描述和评估这些过程的故事。这些"故事"中最有影响的是斯狄格所说的"全球主义"。全球主义在利科（Ricoeur，1986）看来是一种意识形态，它扭曲了事实（全球化不能简化为"自由市场"），使有权力的社会活动者的行为和政策合法化，并有助于增强"个人和集体身份聚集在一起"所产生的综合效应。因此，借用葛兰西的术语（Gramsci，1971），它是一种超越社会团体、社会领域和国界并被广泛认可或至少被默许的意识形态。

第四种立场是社会建构主义立场，它强调社会现实所具有的社会建构特征，以及话语在社会建构中的重要性。持这种立场的主要代表是卡梅伦和巴兰（Cameron & Palan，2004），他们认为关于全球化的叙述对全球化的实际过程和机构具有建构性影响。对于很多人而言，可行且可信任的叙述引导他们将其时间、精力、金钱和其他资源投进这些叙述所展现的想象中的未来，而且这些叙述通过在叙述中对投资（广泛意义上的"投资"）进行承诺，可以把投资变成现实。

6.2 语言流动的两种方式

可见，实际发生的全球化可以在话语中被再现为不同的全球化。这些被话语再现的全球化出自对实际发生的全球化的不同认识，进而形成关于全球化的不同立场，这为社会语言学研究提出了一个问题，即语言在全球化中扮演的角色是什么？这实际上预设出本章讨论的语言流动问题，除了体现为显而易见的语言符号的流动以外，还包含着隐藏在这些显性语言流动背后的"内容"或"观点"的流动。在6.2.1我们以这四个关于全球化的立场和观点为例讨论这后一种隐性的语言流动问题，在6.2.2讨论显性语言流动问题。

第 6 章　语言流动研究

6.2.1　隐性语言流动

"隐性语言流动"是我们提出的一个概念，指话语对实际发生的全球化的再现所体现的观点和立场在全球范围的移动。费尔克劳（Fairclough，2006）通过讨论语言与全球化的关系，指出语言可以再现全球化，为人们提供关于全球化的信息并促进他们对全球化的理解；同时，语言也可能会歪曲全球化并使其神秘化，给人以困惑和误导的印象。他进一步指出，话语可以修辞性地用来投射一种特定的全球化观点，这种观点可使特定（通常是强大的）社会机构和社会活动者的行动、政策或策略正当化或合法化；语言可以对意识形态的建构、传播和复制做出贡献，这也可以被看作是神秘化的形式，但它对于维持一种特定形式的全球化以及（不平等和不公正的）权力关系具有至关重要的系统性作用；语言可以在寻求变革的策略内生成关于世界将如何或应该如何的想象性再现，这种再现如果成为霸权，可以被操纵以使想象变为现实。他（Fairclough，2006）进一步指出，"全球主义"话语就是关于实际发生的全球化的一种话语再现，这种话语通过强大的机构主导着全球化的发展方向，进而使全球化的发展符合他们集团的根本利益。这里的"全球主义"，是里根、撒切尔及其追随者鼓吹的后冷战时期全球化的新自由主义。这样的全球化是全球化发展中极为具体、有限的过程。新自由主义的全球主义以广泛散布的话语出现，如"西方"的管理技术、再层级过程、大众传播后果的加剧以及全球"反恐战争"的话语。

杰索普（Jessop，1999，2002）的研究在这方面提供了强有力的支撑。他将全球化视为"多中心、多层级、多时间、多形式和多因果过程的超复杂系列"，这一系列同时具有结构性和策略性两个特征。在结构层面，全球化正在使不同"功能子系统"（如经济、法律、政治、教育等）或"生活世界"领域（如体系之外的那些社会生活部分）中行动、组织和机构之间在全球范围的相互依赖逐渐增强，如在空间上的扩展。在策略层面，全球化表现为众多行动者试图在全球范围内协调其在生活世界的特定子系统中的活动。语言在全球化社会建构中的作用被纳入杰索普所说的"策略"层面。在他的理论中，结构和策略之间存在辩证关系：结构约束但不决定策略；结构由策略产生和再产生；结构可通过策略进行转化。社会机构和社会活动者形成集团，为结构性变革制定出可替换且具有竞争性的策略，特别是在不稳定或危机时期。然而，策略只有在话语中才得以阐述，或者通过话语进行阐述。换言之，通过不同的叙述，通过将当下的问题构建为过去的失败或者构建成在未来可能实现的愿景，来赋予这些问题以意义。杰索普（Jessop，1999，2002）还将全球化视为社会活动和互动所在"层级"发生的变化，以及这些层级之间关系的变化。它与新层级的出现有关，这不仅指"全球"层级，还包括诸如国际区域经济集团的层级，以及将不同民族国家的地区整合起来的跨境区域层级。新兴层级是否能够制度化，是否得到规范和治理，视具体的权力技术而定。全球化并不完全与全球层级相关，考虑到特定的子系统（经济、法律等）或子系统组合，它还与全球层级和其他层级以及特定空间实体（民族国家、国家内的区域、城市等）的"重新层级化"（rescaling）之间的一套新关系有关。全球层级是"行动的极目之界"，也是较低层级"行动导向的动因"。层级和层级之间关系的实际变化可以被看作是运用策略成功操作想象的结果，即将想象付诸实施或实践，如此便是话语和叙述。层级不是自然给出的，它们由社会构建而成。

以上这些讨论源自费尔克劳（Fairclough，2006）关于实际发生的全球化与话语再现的全球化的论述，它对我们认识隐形语言流动很有意义。与显性语言流动相区别，隐形语言流动不是指伴随人口流动的那些方言的流动，而是指不同利益集团对实际发生的全球化作出的不同阐释在不同层级之间的流动，指这些不同的阐释及其观点在强大的利益集团推动下形成的全球性流动。这种流动可以是跨层级、跨国界、跨区域的流动，在这个流动过程中某种体现在话语中的关于全球化的观点，借助利益集团的主导地位会对全球化的进程产生影响，一个结果便是重组层级之间的关系。6.3 对"层级"以及"重新层级化"的讨论亦会涉及这种隐形语言流动产生的后果。

6.2.2 显性语言流动

所谓"显性语言流动"，顾名思义，与"隐性语言流动"形成对照，

第 6 章　语言流动研究

指语言作为一种符号或资源随着人口的流动从一个地区流动到另一个地区，或者从一个层级流动到另一个层级。当然，伴随"显性语言流动"的还有这些流动的语言自身携带的意义，以及这些流动的语言所体现的它们固有的语言声誉和地位。这与我们上面讨论的"隐性语言流动"不同。"隐性语言流动"虽然也涉及意义的流动，但是"隐性语言流动"更多地指实际发生的全球化在话语层面的再现以及这种"再现"的流动。在这个意义上，"隐性语言流动"指的是观点立场的流动，这种流动体现为一种关于全球化的观点立场对其他关于全球化的观点立场的制约和影响。

显性语言流动是一种新的社会语言现象，它随着全球化进程的深入而受到社会语言学家的关注。在社会语言学刚问世的年代，显性语言流动并未成为社会语言学的研究课题。虽然当年电报、电话、广播、电视这些早期的科技成果对人们的语言以及语言在社会生活中的种种变化产生过巨大的影响，但是，由于我们常常从语言本身的角度而非社会角度来理解语言现象，因此会把语言现象局限在它的即时情境，把语言与其使用者所生活的时代剥离开，把使用者限定在特定的地理区域内（董洁、布鲁马特，2011）。在涉及时间概念的情况下，传统语言学倾向于使用谱系模型（genealogical model）；当涉及空间概念的时候，空间常被描述成是水平空间。例如，传统的变异社会语言学研究关注的是语言变项在水平空间里的传播和分布，时间和空间的概念趋于表面化，通常专注于一代人及其下一代人之间的语言传承（时间），以及地区间的语言变量分布（空间），如城市之间、地区之间、国家之间的语言变异。在这些研究中，语言资源的移动是在水平的、固定空间里发生的，而其纵向维度通常是在阶级、性别、年龄、社会地位等方面传统的社会分层，因而将研究对象固定在某一清晰界定的空间里，忽略了时空的历史性。

然而，在全球化日益深入和复杂的过程中，人们的空间移动频率加大，他们掌握的语言资源和社会语言资源也随之移动。以前那些只在一个地区或国家使用的"静止的"语言，变成了跨国、跨地区的"流动的"语言，而且流动的语言和静止的语言二者之间的边界越来越模糊。例如，现在的一些欧洲国家的移民能够轻而易举地通过电话、网络与家乡联系，他们这时使用的语言原来都是"静止的"地方语言，现在却随他们移动到欧洲的某个国家成为一种"流动的"语言。"流动的"语言和"静止的"的语言各有特长，相互补充，共同发生作用，这也导致不同程度的语言创新和语言保持（Blommaert，2010），小语种和一些边缘性地方语言在某些特定的语言环境中可能重新成为热门语言（Heller，2003），嘻哈音乐（Hip-Hop）和说唱饶舌（rap）等流行文化也可成为一些语言在全球范围内广泛传播的载体（Pennycook，2007）。由于这些显性语言流动现象的出现，人们在日常的社会交往过程中，经常会付诸多语模式和多语结构。因此，在全球化变得越发复杂的21世纪，语言流动研究，特别是对显性语言流动的研究，就成为新时代社会语言学新发展研究必然关注的课题。我们不仅需要像以往那样研究某一空间中的语言，更要研究在不同时空框架之间频繁流动的语言，而且还要研究这些时空框架之间的相互作用对语言流动的影响。在这方面，布鲁马特（Blommaert，2010）曾注意到，一个人若要从本土层面移动至全球层面并参与全球化过程，就必须掌握英语资源，否则就无法参与到全球化过程之中。然而，并非每个人都能够说一口流利、纯正的标准英语，并非每个人都能接触到并占有标准英语这一资源，这也预设出语言流动所反映的社会资源占有不均的社会问题。就某一层级而言，如在欧盟这样的区域层级，也并非人人都均衡地具有能够在这一层级上实现有效交际的能力，换言之，不是每个人都有能力在某一层级上运用语言进行有效交际。显性语言流动所体现的这些社会问题，我们在下面具体讨论。

6.3　语言流动的特征

在6.2我们讨论了语言流动的两种方式，即隐性语言流动和显性语言流动。在接下来的两个小节里我们将讨论的重点放在显性语言流动上。首先在6.3讨论显性语言流动的特征问题，我们特别关注语言在不同层级间流动产生的后果。

第 6 章 语言流动研究

6.3.1 语言流动与社会意象的唤起

"层级"是一个从历史学和社会地理学等学科借鉴而来的概念（Swyngedouw，1996；Uitermark，2002）。根据沃勒斯坦（Wallerstein，1983，2000）的观点，对世界体系进行分析，就要分析层级和层级过程，如分析一个社会事件和过程在一个层叠的层级连续体上的移动和发展，而这个连续体则严格地以区域（微观）和全球（宏观）为两级，中间包括几个类似国家层次的中间层级（Lefebvre，2003）。全球化事件和过程发生在不同的层级上，因此不同层级之间的互动就成为理解此类事件和过程的核心特征。在这方面，阿帕杜赖（Appadurai，1996）提出"土语全球化（vernacular globalization）"的概念，认为全球化的形式有助于形成新的本土化形式。然而，由于受到来自更高层级的影响，这种本土化并不稳定，移民社区看上去并不像"传统"社区，相反，移民和移民社群、社区多语现象以及在消费经济和公共认同中，都存在着对故土的眷恋（Mankekar，2002）。

"层级"这种叠层连续体不仅具有纵向意象，也包含了横向意象。就前者而言，"层级"体现着一些不同顺序的东西按照等级被排列和分层。这种纵向的空间意象是阶层化的，因而是具有权力的，暗示出时空特征之间的深层联系。就后者而言，在沃勒斯坦提出的时空（Time Space）概念中，"时空"这一"单一维度"概念把时间和空间合二为一（Wallerstein，1983；Fals Borda，2000），因此"层级"也同时具有空间的横向意象，每一个社会事件在空间和时间上都是同步发展的，通常是在多重想象的空间和时间框架之中。可见，"层级"虽然首先指的是在空间中产生的现象，但不仅仅是发生在"空间"维度上；"层级"是一个具有时空维度的概念。在时空中产生的层级是社会现象，因此所产生的时空也是一个由"客观"（物理）情景产生的社会情景。人们通过语言符号把物理空间和时间变成可控的、可管制的物体和工具，因此符号化的时空是社会、文化、政治、历史、意识形态的时空（Lefebvre，2003；Haviland，2003；Goodwin，2002）。更为重要的是，将时空符号化为社会情景往往不仅仅涉及空间和时间的意象，还可以唤起一定的社会意象，即从一个层级到另一个层级的移动可以唤起或指向新的社会意象。

　　这一点在下面这个本书第二作者实际经历的事件中非常明显。一个学校的硕士研究生在毕业论文开题报告会之后，按照学院管理要求需填写"开题论证意见表"。对此，学生和导师关于答辩专家的"论证意见"表述非常不同，如下所示。

> （学生）对于**年**月**日开题答辩会议中各位评委老师给予的宝贵意见总结如下：首先，是关于选取语料大小的问题……评委老师建议要把控好语料"质"和"量"选取的度；其次，涉及论文选题的研究方向和具体的语料分析方法……本人所选的题目研究……评委老师对此提出质疑……；再次，……评委老师提出……；最后，听取总结上述老师们提出的宝贵意见，并建议做研究时，要学会打开自己的研究思路，敢于尝试从不同的角度和方式看待研究的问题，这样更有助于理顺思路并使得棘手问题得以解决。

> （导师）一、关于选取语料的问题……要把控好语料"质"和"量"选取的度。
> 二、关于研究理论与研究对象的适配性以及明确研究对象的问题。论文拟选取的研究理论为"想象实践共同体"可能会较难把握；研究的对象和目的不够明确……这些需要在文中交代清楚。

　　从该学生对答辩专家"论证意见"的归纳和表述来看，他/她把"论证意见"限定在具有特定性的"本土层级"。例如，他/她的表述中出现了"本人""自己""评委老师"等指向具体的词汇，修饰语"宝贵意见"也界定出学生与老师的具体关系。与此不同，导师对"论证意见"的表述则是处于一个具有普遍性的"超本土层级"，例如，他/她的表述中没有使用"我"这一具体的指示代词，同时用"一""二"表示列举，使用情态词"需"进一步与所述之事保持距离。可以看到，学生的语言表述将专家的"论证意见"限定在自己的论文修改层面，而导师则将专家的"论证意见"重新置于学术团体和机构环境这样一个更高的层级之中。这两个层级的界线是分明的，等级也是不同的。将这种表

第 6 章　语言流动研究

述上的不同置于上面讨论的"层级间语言流动"的视域里来审视，我们会发现导师在"论证意见"的表述中完成了从特定和具体的"本土层级"移动到具有普遍意义的"超本土层级"。换言之，导师通过从个人和特定的层级向上移动到非个人的普遍层级，实现了对此时此刻的实践活动的超越。导师将"论证意见"从较低的层级（学生的个人关切）提升到更高的层级（制度和群体的规范和规则），这种跨层级的语言流动本身就是一种权力的移动，体现着规范，使得学生个人被制度上限定的普遍角色所取代，同时专家提出的针对学生的具体建议也被更高层级的普遍价值所取代。

　　值得注意的是，这种跨层级的语言流动导师可以完成，而学生则不太可能。这不仅仅是语言表述能力的问题。一些人或群体可以实现跨越层级语言流动，而另一些人则不能，这表明跨层级语言流动是一种常见的权力策略。能否将某个特定的具体问题提升到另一个别人无法企及的层级，这在一定程度上取决于对话语资源的占有程度。这些资源可以指向特定的、彼此有等级区别的层级，因此获取这种资源的能力就并非世人均等。就这个案例而言，导师对"论证意见"的表述通过简单的词汇和语法操作，引发了一系列的指向转换，并重新定义了情境、参与者、话题以及与话题相关的可接受的陈述范围；与此同时，他/她还把该事件设置在规范的、具有普遍意义的以规范为导向的框架之中。这种语言表述的不同不是一系列的个体操作，而是一个复杂的指向移动，是在分层的、具有社会意义的体系内的跨层级移动，它可以产生新的带有指向性的意义，也可以造成秩序重组的陈述形式，还可以让这些形式发生移动。可见，在分析语言流动问题时引入"层级"的概念，不仅可以引入一个层次性的、分层的社会模式作为解释语言流动的框架，而且还可以更清晰地探究语言流动中的权力关系和不平等问题。在"层级"框架下探究语言流动的特征，我们会发现语言的跨层级流动可以唤起新的社会意象，组成新的指向性秩序。在这个案例中，导师对"论证意见"的表述即引入了一个严格的、规范性导向的、跨个人的社会空间，唤起更为普遍的社会意象。

6.3.2 语言流动与个人上升空间

我们在 1.2.3 论述国内社会语言学的发展时，讨论了农民工离开乡村进入城市，同时也将乡村土话带到了大城市。我们提到董洁和布鲁马特（2011）曾以国内大规模的移民潮以及中国日益深入的国际化进程为宏观社会环境进行的语言流动研究。她/他们的语料采集工作是在北京奥林匹克运动会圆满结束不久后进行的，当时北京随处可见奥运会的标志和广告宣传牌。为了奥运会的顺利召开，北京大街小巷的标牌、指示牌都经过政府有关部门的统一规范和整顿。她/他们的研究语料虽然采集自公共场所，但并非官方标牌，而是受访者自制的标牌，未经任何部门批准，属于"草根文化"。她/他们分析了一位农民工制作的标牌，这是在北京市高等院校集中的区域出售的一种叫作"关东煮"的街边小吃的标牌。由于留学生是"关东煮"摊位的主要客户群，因此摊主用"英文"将他的产品广而告之，如图 6-1 所示。

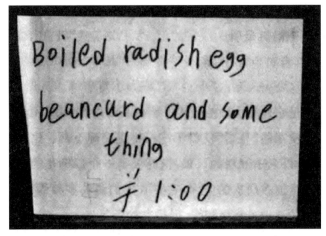

图 6-1 "关东煮"（董洁、布鲁马特，2011）

根据董洁、布鲁马特（2011）的研究，图 6-1 这个标牌传递了多方位、多模态的（multimodal）信息，不仅是语言本身所传达的意义，也包括丰富的视觉信息。广告牌的大部分空间都被英文占据，首先映入眼帘的是英文字母的书写。字母的大小、摆放很不规范，看似小学低年

第6章 语言流动研究

级学生的书写,因为即使是英语初学者,由于早期受到汉语拼音的书写训练,字母书写也可以比这个标牌上书写得规范和整齐。由此可见,摊主接受的学校教育较少,文化程度不高,幼稚的书写手法指向(index)书写者较低的文化程度。最后一行关于价格的写法也印证了这一推论:书写者似乎混淆了金额的书写方式和时间的书写方式。在广告牌左下方用不同颜色的笔注有中文"串"字,似乎是后添加上去的,用以辅助解释英文内容。可见摊主的顾客不仅是留学生人群,也包括中国学生。这块看似简单的广告牌其实并不简单。

广告牌中的英文是整个语料最引人注目的地方。"关东煮"被翻译成"Boiled radish egg beancurd and Something"(煮的小萝卜、蛋、豆腐等物)。其中 beancurd 的正确拼写方法应为 bean curd 或 bean-curd,Something 中的"S"应为小写字母。虽然英文翻译让人啼笑皆非,其中又有拼写错误,但是它比较准确地描述了该食品的内容:关东煮是由煮红鸡蛋、豆腐及其他食材组成的。摊主所使用的"英语"仅限于这一特定交际空间:一个国际化大都市,一个中外人士混居的区域,同时又是一个以学生为主的地区,很多农民工在此地谋生。这是一个多维度多层级的空间,它要求人们调动多种语言资源,从方言到英语,从本土到跨国。广告牌上的英语虽然很初级,但是它能满足摊主的交际需求,使摊主成功地和操不同语言的人们做生意。成功的交际也使摊主对自己的语言能力和生存能力感到满意,由此产生一种自豪感。

在这个例子中,我们看到全球化过程中一个农民工尽可能地调动他的语言资源和交际能力谋求生存和发展。他所生活的空间是动态的空间。他的移动过程涉及一系列空间,在不同的空间中人们以不同的方式进行交际。摊主的语言库至少有三种语言资源:家乡话、普通话和英语。这三种语言资源指向三种不同的空间——家乡、城市、国际化空间。这三种空间处于不同层级,从本土层级到国际层级,从私人空间到公共空间。跨空间的移动同时也是跨层级的移动。要实现跨越层级的移动,尤其是从较低层级跨越到较高层级,人们就必须能够占有和支配相应的资源。在老家时,方言能够满足摊主在许多场合的交际需求。来到北京,方言很大程度上被局限在私人空间,成为家庭中、老乡间以及与家乡的亲友联系时使用的语言。换言之,空间发生转换的同时,语言的有用性、重要性也随之发生了变化。在从老家到北京的生活空间的变换中，老家方言的重要性和有用性下降，普通话取而代之成为他生活中的主要语言。熟练使用普通话这一语言资源是该农民工在北京生存发展的先决条件之一；他能够成功地和外国人做生意，占有和支配英语这一国际语言，哪怕是只言片语，也是非常必要的。北京是一个多元化的空间。在全球化社会大背景下，英语不仅影响着"精英阶层"的语言库，也进入到这位普通农民工的日常生活。这突显了全球化对语言的影响已经深刻影响到我们生活的方方面面。就这位从农村进入到国际化大都市的农民工而言，伴随他跨地域流动的家乡方言与流入地的多种语言相汇合，为他提供了实现跨层级流动和实现个人空间上升的有效语言资源。

6.3.3　语言流动与新层级的产生

费尔克劳（Fairclough，2006）通过分析布加勒斯特大学的一个《质量控制手册》，阐释了体现欧洲教育体制的博洛尼亚话语如何被"再情景化"到罗马尼亚教育改革之中。这实际上是一个"再层级化"的过程。博洛尼亚话语属于欧盟层级，是一个区域层级；罗马尼亚是一个民族国家，属于国家层级。博洛尼亚话语体现的"阶段""流动""质量""竞争力""就业能力"等主题，在从区域层级向国家层级"再层级化"的过程中，这些语言词汇流入体现罗马尼亚教育话语的布加勒斯特大学的《质量控制手册》之中，形成了跨层级的语言流动。在这个过程中，新的层级被建构出来。

在这些新的层级中，有一个被明确称为"高等教育的欧洲领域"（Fairclough，2006）。这是由话语以及在某种程度上通过对话语的操作和实施由实体构建的众多"欧洲领域"或"欧洲空间"中的一部分，也是建设欧洲层级更广泛过程的一部分。它的出现与里斯本理事会通过的有关欧盟构建知识经济的策略密切相关。《里斯本宣言》本身就号召对教育（包括高等教育）进行改革，这对实现知识经济很必要。其中包括"研究和创新的欧洲领域""终身学习"的开发以及教育和培训的变化。另一个新层级可以被认为是"高等教育的罗马尼亚领域"，即罗马尼亚

第 6 章　语言流动研究

在推行欧洲的教育体制过程中所形成的新领域。这个层级体现在布加勒斯特大学的一个《质量控制手册》和其他相关文献之中，如在罗马尼亚的教育中推行一个由三个"阶段"组成的体系（本科生或"高职生"3—4年，硕士2—3年，博士3年），规定本科学位课程一般涵盖普通学科领域（把专业课程留给硕士学位），并引入了博洛尼亚体系的"学分制"和"文凭补编"制度。在每个阶段获得学位都要求学生掌握一系列"能力"及学科知识。

在 6.3.1 和 6.3.2 的讨论中我们认识到，语言在层级之间流动可以唤起流动的语言所固有的某种社会意象（如 6.3.1 的讨论所示），也可以体现语言所依托的社会个体在社会空间上的提升（如 6.3.2 的讨论所示）。不仅如此，语言流动还可以在一定程度上建构起新的层级以及新的层级关系。按照费尔克劳（Fairclough，2006）的观点，层级的分类主要依靠各种策略进行，如在积累体制和社会调节模式之间寻求新"方法"的策略，或是全球主义策略与知识经济策略之间的联结。这种策略包括构建新层级、以特殊方式协调各层级间的关系，以及再层级化民族国家这类空间实体的层级（如将其重置于层级间的新关系之中）。因此，层级和再层级化都有着结构和策略两个层面（Jessop，2002）。就结构而言，层级和再层级化体现为层级的变化和层级间关系的变化；而策略则指推动这种变化朝着特定方向发展的策略，从层级间的关系中获得经济或政治优势的策略，及捍卫现有地位或为某一社会活动者或机构确立新地位的策略。实施策略的人可以是国家政府、政党，也可以是国际机构及当地社区成员。在特定空间实体内，层级之间的"纵向"关系的变化会影响社会领域或机构之间"横向"关系的变化，并会与之相互作用。在费尔克劳讨论的罗马尼亚推行欧盟启动的教育改革进程这一案例中，欧盟国家层级与宏观区域层级间的变化就影响了罗马尼亚的教育、政府和市场之间的关系，进而建立起新的层级关系。这在一定程度上表明，层级不是自然生成的，而是通过社会建构产生的。层级不仅在社会建构过程与权力关系以及对权力的争夺密切相关（Swyngedouw，1997），而且还是一个集各种经济、政治、社会和文化关系和过程集结的空间，形成某种"错落有致"的局面。在这方面，哈维（Harvey，2001）也曾指出，在一定的区域空间，生产和消费、商品和劳动力的供求和需求、生产与实现、阶级斗争与积累、文化与生活方式在生产力及社会关系的整体以某种错落有致的形式结合在一起。

就布加勒斯特大学《质量控制手册》而言,按照费尔克劳(Fairclough,2006:77-80)的分析,该文件将大学再现为处于一组新的层级关系之中,并用文本编织起这所大学的"再层级化"。例如,在《质量控制手册》中有"国家和国际环境下的布加勒斯特大学"这样的标题,费尔克劳认为这是新层级关系的文本编织,而且,这部分的第一句("如同世界上所有的优秀大学一样,布加勒斯特大学目前正面临着严峻的挑战")在全球层级上将该大学定位在精英大学之列。后面列出了七项"挑战"并对其一一讨论。对第一项挑战("信息和通信技术领域的快速革新")讨论之后得出这样的结论:"如果布加勒斯特大学无视信息和通信技术的挑战,那就意味着其要将自己排除在精英教育市场之外。"(Fairclough,2006:77)这样,费尔克劳认为,该文件又一次将布加勒斯特大学定位在全球精英大学之列,然而,他也指出,更重要的是这个文件将布加勒斯特大学再现为一个"市场"。这同时也表明,再层级化对一个新兴"定位"的"横向"维度产生影响,如在高等教育和商业二者的边缘之间切换,将前者纳入后者的范围,具体表现为教育和经济话语间的话语杂糅。

语言在层级之间流动可以形成新的层级和层级关系,这其中的关键是要采取一定的"策略"。就布加勒斯特大学《质量控制手册》这个案例而言,最主要的一个策略是"合法化",即变革在这个文件中以规避风险的名义被合法化。在这个文件中有许多假设条件句,不仅具有警告的语用力量,而且还以对未来进行预测的方式,如说明目前未采取的某个行动将导致某个结果,这很明显地将目前的行动合法化。这方面的一个例子是,该《手册》在对第二项"挑战"("全球化过程及其多重形式和后果")进行讨论时,再次将布加勒斯特再现为全球层级的行动者,声称全球化过程是"客观的",警告说这一过程"是无法避免或忽视的",并主张布加勒斯特大学必须是"全球化过程的积极参与者"(Fairclough,2006:78),不仅要致力于为学生开辟机会,还要作为在文化全球化危机背景下捍卫国家文化认同的使者。

6.4 语言流动的复杂性

以上讨论了显性语言流动所具有的一些特征,如语言流动可以体现权力关系并可唤起一定的社会意象,它可以使社会个体在社会空间得到提升,还可以导致新的层级和层级关系的产生。接下来我们讨论语言流动的复杂性问题。严格来讲,语言流动的复杂性也是语言流动的一个特征,但是,为了更好地认识这种复杂性的成因,我们单辟一个小节,从显性语言流动和隐性语言流动的交错、语言流动所处的两种秩序的交叉这两个方面详细地讨论语言流动的复杂性问题。我们先看一个语言流动复杂性的例子。

6.4.1 购物袋上的语言流动复杂性

语言流动在我们的研究中既是一个跨层级的流动,也是一个跨区域的流动;既是一个显性流动,也是一个隐性流动。而语言流动的复杂性则指这种流动的过程具有复杂性的特点,同时也指语言流动的结果不是单一的,而是复杂的。下面这个例子表明语言流动的结果具有复杂性。关于语言流动过程的复杂性我们留在 6.4.2 和 6.4.3 讨论。

我们说明语言流动结果具有复杂性的例子是北京天坛公园一个礼品店的购物手提纸袋(见图 6-2),每个在店内消费的顾客都可获得。这个简单而普通的物件在语言和符号上其实都非常复杂。我们看到三种书写系统:汉字、带音调的汉字拼音和罗马字体,以及两种"语言":汉语和英语["I 福(fú)YOU!"]。我们认为,这是语言符号跨层级、跨地区显性流动的结果。对于想要理解它的意义的人来说,它具有语言流动的复杂性。

在图 6-2 中,汉字"福"的上方有以罗马字体为基础的带音调的汉字拼音,提示消费者要读成二声 [fu2]。有意思的是,汉语在这里的作用是发音,而且需要发音正确。如果我们翻译整个句子,它是"我祝福你!"更有意思的是,作为母语为汉语的人唯一能看懂的可能就是"福"这个汉字,对于不懂英语的人而言 I 和 YOU 既没有意义,也没有作用,因为他们的英语能力可能不足以让其理解 I 和 YOU 这两个英文单词到底是什么意义。即便对于母语为英语的人而言，这句话同样没有意义，因为"I fú YOU！"也不能被称为英语，他们的汉语能力也不足以让其理解"fú"是什么。因此，要理解礼品袋上的语言，恐怕英语和汉语都需要懂一点才行，而且汉语知识需要多于英语知识，因为人们既需要知道 fú 上的那一撇是汉语的音调符号而非其他语言的重音符号，还需要知道汉字"福"在文言汉语中可以做动词，表"赐福保佑"之意。复杂的汉语语言知识显然对于母语不是汉语的人来说要求过高，而对于母语是汉语的人而言，即便看不懂 I 和 YOU，仅凭借朱红色和鹅黄色颜色的使用以及行书的"福"，应该都能猜出礼品袋传递的美好喜庆和祝愿。因此，可以说，在这里使用英语并非真的是想使用英语语言，而是把英语当成异域的符号，传递出一种象征意义，而非语言意义（虽然句子结构符合英语语法）。

图 6-2　天坛公园礼品店袋子上的"I 福（fú）YOU！"

礼品袋上的英语严格来说既是本土的（象征性符号），也是跨本土的（英语语言符号）。然而，并不是认识所有符号的消费者都能平等地进入跨本土层级。对于当地人（北京人）而言，英语语言的指向性秩序（见 6.4.3）赋予"英语"的象征意义是与"国际化"相关联的含义。而对于英汉双语都知晓一些并具有一定英语言能力的人来说，礼品袋上的英语便可以是用"汉语"方式解读的英语，也就是说，它脱离了规约意义上的英语语言功能并被重新安置在了具有本土化的中国北京符号之中。对于英语为母语的人来说，礼品袋上的英语就变成了一种"奇怪的"英语形式，这是在一个特定层级和指向性秩序内作出的评判，也就是跨本土层级上的判断。如果把这个福袋从本土的北京语境重新设置到跨本土的"英语"语境，那么这个过程就涉及符号的重新层级化，涉及不同的意义归属过程。假如这个符号随全球化的特征而移动，如一个母语是英语的游客在福袋的产地北京看到它，并用自己的英语语言"阅读"和"解码"能力来处理它，这时的母语为英语的游客就会将该符号从北京时空框架中提取出来，并将其带入另一个他熟悉的时空框架。然而，这时礼品袋上的英语对英语为母语的人来说就只有"奇怪的"含义了。

所有这些语言流动的后果都集中在礼品袋上，这与传统社会语言学中的语码转换的结果不同，体现出语言符号跨层级、跨区域显性流动的特征。这里起作用的不仅是汉语语言和英语语言，而且是一个多模态符号系统，在这个系统中发生的移动比语言之间的转换复杂得多。此外，我们所观察到的显然不止是一个语言问题，而是一个符号问题。因此，我们需要关注资源，关注真实的人在真实的环境中部署真实情景中的资源，以及被其他真实的人再情景化的资源。我们在这里看到的是由传统意义上定义的"语言"的片段组成的语言技能，具体说它们由语域和语类的形式构成，是用特定语言模式（如手提礼品袋）进行交流的形式。即使这些资源可以传统地标记为"属于"中国人或英国人，但这种标记都是为了将这些资源从它们的传统来源中剥离出来。礼品袋上的英语之所以成为我们关注的焦点，不是因为它的语言特征，也不是因为它是"英语"，而是因为它以特殊的方式渗透到中国人的言语符号库中，并在那里获得了意义和功能。可见，语言流动的后果是一个复杂的语言现象。

6.4.2 显性和隐性语言流动的交错

在 6.3 讨论显性语言流动具有的特征时，我们注意到费尔克劳关于教育话语从欧洲区域层级向罗马尼亚国家层级流动时突显了语言流动对层级及层级关系的建构。对此，布鲁马特（Blommaert，2010）提出质疑，认为费尔克劳将其观察的全球化过程太过于限制在语言建构层面，未曾涉及具体的语言运用，这导致费尔克劳观察到的各种新的语言类型具有历史的断裂和不连续的特点，而如此断裂的"全球化"就像是全球化历史全景图中的一张"截图"。布鲁马特以罗马尼亚的"再层级化"为例进一步分析了费尔克劳的不足之处。"层级"在费尔克劳看来主要指空间范畴，而罗马尼亚的"再层级化"大致是指罗马尼亚现在变成了欧盟这个更大的复杂体中的一部分。新的"管理"话语的出现，以及欧盟高等教育的博洛尼亚宣言的实施，在费尔克劳看来，是一个新的过程，罗马尼亚从一个民族国家的层级被再层级到一个"区域性"的欧盟层级。然而，布鲁马特从更大历史空间对此进行观察，发现罗马尼亚以前也曾被"再层级化"。在 1991 年前冷战时期的全球结构中，华沙条约组织完全和欧盟一样是一个"区域性"的层级，而共产国际就像经济合作与发展组织一样是一个全球化的机构。因此，费尔克劳所谈论的罗马尼亚在高等教育方面的再层级化的变革不可能是新的或独一无二的，而只是罗马尼亚在 1991 年之后新的世界秩序中产生的断裂的变革。他认为，较高的层级总是存在的，在现代的世界体制中民族国家不可能彼此完全隔绝。因此，罗马尼亚的再层级过程不是产生新的层级，而是原有层级在操作结构上的变化。"国际环境"这个术语出现在布达佩斯大学的手册里，也不是像费尔克劳（Fairclough，2006：77）所说的"新的层级关系的文本表述"；相反，这充其量仅是意义的变化而已："国际环境"不再指以前的共产主义的国际环境，而是指现在的欧盟。在布鲁马特（Blommaert，2010）看来，真正重大的再层级化过程并没有发生，所有的变革都是对层级的外貌以及所涉及的各种实践和话语的改变，它只是相对地标示外在的文化、政治和意识形态方面的变革，因而是地缘文化全球化进程的一部分。

这里，我们无意参与两位学者关于语言流动是否可以形成新的层级

第6章 语言流动研究

和新的层级关系的讨论,但是,从这个讨论中我们可以认识到语言流动是复杂的。这种复杂性体现在隐性语言流动和显性语言流动之间的相互作用上面,其复杂程度则因二者交错的程度而异。下面我们通过讨论语言在多中心之间流动的问题来认识这一点。

所谓"中心",在布鲁马特(Blommaert,2010)看来,来自对权威的感知。换言之,当人们使符号产生指向性轨迹时,他们就会向中心靠拢。例如,当人们在用语言交流时,除了要照顾到交流中出现的直接受话人之外,还要向某个适当的且被公认的规范标准靠拢,而在这个向更大的社会和文化权威机构靠拢的过程中,说话人会把面对面的交流以及相关的直接受话人嵌入其中。一般来讲,这些被靠拢的权威都与讲话人相关,可以是个人(老师、家长、榜样、明星),集体(同辈群体、次文化群体、群体形象如"朋克""哥特式"等),抽象的实体或理想信念(教堂、民族国家、中产阶级消费文化及其时尚、自由、民主),等等。在这样的语言交流过程中,人们经常通过与直接受话人的互动来表达评价性权威的存在,并参照这种评价性权威行事。

中心具有权威,这体现在评价上面,而进行评价则需要涉及符号特征,包括主题域,地点,人(角色、身份、关系)和符号文体(包括语言变体、表现方式)。在这个意义上,如果提出特定的话题,就意味着需要使用特定的符号语体,并暗示出参与者之间的特定角色和关系,以及特定类型的交际事件需要适当的地点和场合(Scollon & Scollon,2003)。例如,每个人都有不同的说话方式,他们在谈论汽车或音乐时,其说话方式也会不同于谈论经济。在某种情况下,人们可以像专家一样通过使用特定语域把自己指向专家群体的认同,而在另一种情况下,他们可以像一个新手似的说话。例如,人们可以在特定的话题上从一个非常男性化的声音(如谈论性或汽车时)转换到中性的声音(如在讨论伊拉克战争时),每次转换时也会转换语域,还会转换口音、节奏、语调和节奏(如一个话题用陈述语气,另一个话题用犹豫语气)。话题、风格和身份认同属于特定领域,并可以被排除在其他领域之外。这方面的一个例子是,在学术会议的会后交流活动中,参会者的语言风格与会上发言的语言风格完全不同。因此,人们在交流过程中,每一次的语言流动都是转向其他可以提供理想规范或适当性标准的权威中心。

布鲁马特（Blommaert，2010）认识到，多中心性是人们交往过程中的一个关键特征。尽管许多交往看起来"稳定"且具有唯一中心性，如在考试过程中学生是中心，在婚礼过程中新郎和新娘是中心，但是，由于有许多系列规范存在，人们可以根据这些规范来确定方向和行为，多中心是存在的。在这方面，"多中心性"的概念把问题从描述层面转移到解释层面。就语言流动而言，话题、地点、风格和人的组合构成了交流的指向，而某些话题则需要特定的符号模式和环境，并依此组织身份和角色（Agha，2005）。对此，戈夫曼（Goffman，1981）用"立足点的转移"进行阐释，认为说话者位置的微妙变化伴随着语言和符号模式的转移，并重新定义互动中的参与者角色。然而，即使地点限制了交流，我们还是可以注意到人类聚集和交流的每个环境几乎都是多中心的。人们可以在这个过程的任何步骤中遵循或违反某种规范，有时是故意的，而有时则是偶然的。例如，当学生在课堂上对老师的问题做出冒犯性的回应时（焦点），会（给老师）留下负面的印象，也会给他的同学（对那些努力避免被归类为"书呆子"的同学）留下正面的印象（非焦点）。之所以会在语言流动和人际交往过程中产生多中心问题，其中的一个原因是具有权力特征和不平等性的社会结构在发挥作用。这种具有指向性秩序的社会结构表明准则的多样性并不意味着这些准则是等价的，也不意味着可以平等地获取商谈的资格或平等地进行谈判。

"中心"以及"多中心"的概念可以帮助我们认识语言流动的复杂性。在人们的交流过程中，显性语言流动往往受到研究者的注意，不论一个语言符号是从一个层级到另一个层级的"纵向"流动，还是一个语言符号从一个地区到另一个地区的"横向"移动，在显性语言流动层面，这种语言流动一般是容易被发现的，因此，一般也不会造成语言流动的复杂性问题。然而，在这个显性语言流动发生的同时，还发生着隐性语言流动，即伴随显性语言流动而流动的语言的社会意义、语言所体现的立场观点以及语言使用者个人的身份变化等。这个隐性语言流动过程与显性语言流动过程同时叠加发生，呈现出一种你中有我、我中有你的交错状态。这在一定程度上导致了语言流动的复杂性。以上讨论的"中心"和"多中心"的概念提示我们，语言流动不仅是一种跨层级、跨区域的流动，而且是一种跨"中心"的语言流动，是一种跨越心理认知乃至社会认知的语言流动。这无疑体现出语言流动的复杂程度，需要研究者特别关注。

6.4.3 指向秩序与指向性秩序的交叉

在6.1的讨论中我们认识到，全球化不是一个单一的过程，而是多个过程的复合体，它在多个层级展开和发展，在规模、速度和强度上都有所不同。语言在如此复杂的全球化过程中流动，无疑也是复杂多变的。前面的讨论表明，理解语言流动的复杂性需要特定的概念工具，如"层级""中心""多中心"等。同时，我们需要观察更大的符号和文化集成，需要用历史的视角考查这些集成成为特定符号的历史，用动态的视角考察它们的使用、理解以及再使用序列。在这个意义上，语言需要被看作是一个有可能出现在不同层级水平上的现象。跨层级的语言流动可以引发功能、结构和意义的重要转变，这涉及规范性秩序重组的转变，如语言资源在不同的指向性秩序之间移动，而且每次移动都涉及这些资源所具有的不同的指向性潜力。一个显而易见的事实是，在一个情景中使用效果好的语言资源可能在另一个情景中就没有任何效果。

语言流动引发语言的"指向意义（indexical meaning）"流动，但是其指向性在很大程度上是在语言/符号层次上起作用，不是无结构的，而是有序的。语言的指向性有两种排序方式，一种是西尔弗斯坦（Silverstein，2003）所称的"指向秩序（indexical order）"，在这种秩序中语言的指向意义以模式的形式出现，提供了相似性和稳定性的感知，这些感知可以被视为符号实践的"类型"，具有可预测（可预设或蕴含）的方向（Agha，2003，2005）。例如，某些公式化的语言形式可以指向特定的社会形象和角色，且这种语言形式不仅可以用于组织交互实践（如交谈中的话轮、叙事），也可以呈现出一种表面上的稳定性，这种稳定性有时可以用于类型化或刻板化，如某种言谈方式被认为为"时髦"，某种言谈方式被认为"粗俗"。这样，当使用这些公式化的语言形式进行说话或写作时，一些可识别的"声音"（如"标准"的声音）就会介入，以至于使听者（读者）觉得，如果这样说话他才会像一个男人，或像一个律师，或像一个寻求避难的人，等等。如果介入适当，此人将被视为就应该以这样的身份说话（Agha，2005）。因此，"指向秩序"被认为是在语言"语用性（pragmatics）"背后的元语用组织原则。这种"指向秩序"的形成有时有着漫长而复杂的演变历史（Silverstein，2003；Agha，2003）。这些历史往往与民族国家的形成历史及其文化和社会语言工具有关，包括与"标准语言"的概念及其派生概念（Silverstein，1996，1998；Errington，2001）相关。

需要指出的是，这种"指向秩序"只在某一特定层级中通用的语言技能范围内实现，这一层级中的某种语言技能所具有的特定指向秩序与其他指向秩序中的语言技能所具有的指向性，彼此处于一种相互比较的关系之中，一些层级较高，另一些较低，一些较好而另一些较差。这种关系预设出另一种具有指向特征的秩序，即布鲁马特（Blommaert，2010）提出的"指向性秩序（orders of indexicality）"。这是一种在社会结构的更高层面上运作的秩序。例如，在具有意义的符号普遍性系统中，在任何给定时间内，这种秩序对某些群体具有效力。

"指向性秩序"这一概念与福柯"话语秩序"概念有一定的联系。福柯（Foucault，1984：109）认为，在每一个社会中，话语的产生都是由一定数量的程序同时控制、选择、组织和重新分配的，这些程序旨在防止权力和危险，控制偶然事件的发生，避免其沉重和可怕的物质性。而"指向性秩序"这一概念也突显指向意义之间所具有的价值差异。在指向性秩序中，一些符号形式被认为是有价值的，另一些被认为不那么有价值，还有一些则根本没有被考虑进去，但所有的符号都受流通规则和规章的制约。这意味着，这种指向性的系统模式也是权威、控制和评估的系统模式，因此也是真实或可感知的包容和排斥的系统模式。同时，这也意味着每个语域都容易受到准入机制的影响。不仅如此，这还意味着有交换经济的存在，一些人附加给某种符号形式的价值可能不会被其他人认可，例如，加拿大魁北克区的中产阶级人士所说的法语可能不会（也不太可能）被视为巴黎的中产阶级特征。可见，"指向性秩序"这一概念体现出权力和不平等性的内容。在这个意义上，如果某种符号形式在社会和文化上受到重视，那么这些评价过程就应该显

第6章 语言流动研究

示出权力和权威的痕迹,显示出赢家和输家斗争的痕迹,以及在这种斗争中,通常赢家群体比输家群体要小。

以上关于"指向秩序"和"指向性秩序"两个概念的讨论为我们理解语言流动的复杂性提供了概念性工具。在某一个层级中使用的语言符号可以形成某种类型化或刻板化指向意义,如在北京城区老北京人使用的京腔京调可以形成某种老北京人的身份认同,当这种京腔京调随着人员的移动而流动到欧洲的伦敦或巴黎,它同样可以形成老北京人这种刻板印象。然而,伦敦或巴黎已经不是北京,这两个城市相对于京腔京调来说已经不是一个这种说话方式所归属的地区层级,而是一个混杂了各种腔调和语言的国际层级。这样,两个京腔京调的"指向秩序"就形成了具有不同层级关系的"指向性秩序"。在这个指向性秩序当中,京腔京调所指向的北京人刻板印象具有不同的意义,一个明显的区别就是北京人在北京的那种本乡本土的意义在伦敦或巴黎的国际层级已经不复存在,而北京人如果要在伦敦或巴黎获得"本乡本土"的意义则需要掌握一口流利的当地语言,获得那种语言的技能。

可见,语言流动所体现的是一种"指向秩序"和"指向性秩序"的相互交叉。流动的语言符号在一个层级所形成的指向秩序,通过该语言符号流动到另一个层级,便形成由两个指向意义构成的"指向秩序"。对这两个指向意义的关注,如果从其所带有的"刻板印象"转向其带有的"价值",我们关注的"指向秩序"就转向了"指向性秩序"。因为指向性秩序是有层次的,会赋予不同的符号模式不同的价值,并系统地使某些模式优先于其他模式,也可以排除或取消某些模式,所以在这个指向性秩序中,该流动的语言符号在不同层级所形成的刻板印象就具有不对等的关系。可见,关于语言流动和指向性的社会语言学思考也引发我们对特定的社会语言技能(语言或符号资源)在不同地点、情境和群体之间流动及其效果的思考。具体来讲,从"指向秩序"和"指向性秩序"的角度分析语言流动可以帮助我们更深刻地认识权威、准入和权力与语言流动的关系,进而更深刻地理解语言流动的复杂性。

6.5　小结

　　这一章主要讨论社会语言学关于语言流动问题的研究。语言流动由不断深入的全球化引发，因此在 6.1 我们首先讨论了全球化的定义，以及关于全球化的不同立场和观点。这些不同的立场和观点是对全球化的不同话语再现，它们可以在一定程度上引领全球化朝着特定的方向发展，例如"全球主义"关于全球化的话语将全球化领向新自由主义的发展方向。这种体现在话语中的关于全球化的观点在全球范围的"流动"我们称之为"隐性语言流动"。与其相对，作为一种符号或资源的语言随着人口的流动从一个地区流动到另一个地区，或者从一个层级流动到另一个层级，我们称之为"显性语言流动"。6.2 对二者进行了区分，6.3 聚焦显性语言流动，具体讨论了语言流动的几个特征，包括语言流动对社会意象的唤起、语言流动与个人上升空间的关系以及语言流动与新层级的产生。6.4 重点讨论了语言流动的复杂性问题，借助"层级""多中心性""指向秩序""指向性秩序"等概念，并通过案例具体分析了语言流动的复杂过程。

　　这一章的研究表明，21 世纪的世界是一个文化多样、层级分明的世界，语言在其中流动也具有复杂的特性，其中的差异性很快就会转化为不平等性，潜在行为与实际行为对抗的复杂模式也会发生。因此，人们在全球化背景下移动，或者信息在地理和社会空间中移动，其过程实际上体现为语言在不同的指向性秩序之间流动。这一章讨论的几个社会语言学概念，在一定程度上都对"权力"的概念有所强调，它们都暗示了语言符号资源的价值体系实际上是一个层次分明的体系。在语言流动过程中，某个特定的语言符号形式可以被认为且被评价为是"最好的"资源，也会被认为或评价为"不好的"资源。新时代社会语言学的新发展聚焦全球化背景下的语言流动现象，体现出社会语言学关注社会问题的传统，同时也通过研究这些伴随新时代而产生的新的社会语言问题，社会语言学提出新的概念和理论，实现新的发展。

第 7 章
风格变异研究

　　风格变异研究属于变异社会语言学发展过程中出现的第三次浪潮。它继承了变异社会语言学缜密观察语言变体的传统，但又突破了变异社会语言学第一和第二次浪潮诸多研究将说者视为语言变体被动和稳定携带者的局限，将说者视为创新使用特定语言变体并体现一定语言风格的能动者。第三次浪潮中从事语言变异研究的学者将研究的重点放在说者的风格实践上面，试图阐释说者在一段时间内自我建构与众不同的身份时不断调整自己语言风格的实践过程。在这一章，我们首先讨论变异社会语言学的第三次浪潮，之后讨论风格变异研究采用的一些工具性概念，并阐释风格变异研究遵循的基本分析框架，最后我们通过两个研究案例阐释风格变异研究的具体内容。

7.1　变异研究的第三次浪潮

　　在第 2 章讨论拉波夫传统的社会语言学研究时，我们曾在 2.5 讨论过拉波夫传统的再创新问题。我们提到，埃克特的贝尔顿中学研究案例引入"实践共同体"的概念，发现分属不同"实践共同体"的中学生使用的语言变体不仅与他们所处的具有静态特征的"社会范畴"相关，而且更多地受到他们从事的具有动态变化的社会活动的影响。这已经初步涉及变异社会语言学的最新发展，即艾克特（Eckert, 2012）所讲的变异研究的第三次浪潮。下面我们分别讨论变异研究第三次浪潮的基本特征和典型案例。

7.1.1 基本特征

按照埃克特（Eckert，2012）的观点，变异社会语言学的第一次浪潮是拉波夫所做的马萨葡萄园岛和纽约百货商场的经典研究（见 2.3）。代表变异社会语言学第二次浪潮的研究是米尔罗伊（Milroy，1980，亦见本书 2.5 中的相关内容）对贝尔法斯特工人阶级中的语言变异研究。这个研究的特点是运用民族志研究方法将宏观的社会范畴与更加精确的本土化范畴联系起来，并且赋予这些宏观范畴以本土的实际意义，如将工人中语言变异现象更具体地与他们的"社会网络密度"（即社会网络中人与人之间联系的紧密程度）联系起来（Milroy & Milroy，1997/1980）。米尔罗伊的研究没有运用拉波夫的数据统计方法研究语言变项与社会变项之间的联系，而是采用民族志的方法探究社会网络对语言变异的影响。在这个意义上，米尔罗伊的研究对拉波夫的研究来说是一个重要发展，因此也被认为代表了变异社会语言学研究的第二次浪潮（Eckert，2012）。但是，第二次浪潮的研究与第一次浪潮的研究有一个共同点，就是这些研究都侧重说话者明显且稳定的社会阶层，并且将说话者的身份同其社会范畴的归属等同起来。正是对这个特征的修正形成了变异社会语言学发展的第三次浪潮。具体来讲，变异研究第三次浪潮中的研究将语言变异作为说话者社会身份的体现，其社会类别和属性是说话者语言实践的再现。这些研究的共同特点在于阐释说话者在语言实践中如何通过风格实践（stylistic practice）将自己置于社会环境之中（Bucholtz & Hall，2005；Bucholtz，2010；Irvine，2001）。

可见，语言变异研究的第三次浪潮将语言变异的社会意义视为语言的根本特征。在这个意义上，可称作变异社会语言学第三次浪潮的研究与前两次浪潮的语言变异研究形成了巨大的反差。第一次浪潮的语言变异研究，如拉波夫的经典案例研究，将语言变异的意义与社会范畴联系起来，确定了二者存在"相关性（co-relation）"。第二次浪潮的语言变异研究，如米尔罗伊的研究，认识到语言变异的意义与社会范畴存在偶然的因果关系。然而，在第三次浪潮的语言变异研究中，语言变异构成了一个社会符号系统，而这个符号系统可以表达一个实践共同体中所有的社会关切问题。随着这些社会关切的不断变化，语言变项不再作为表达固定意义的共识性标记；相反，语言变项的不同变体所具有的社会意义具有了可变的指向性。这种指向意义的可变性是在风格实践中实现的，因为说话者的讲话内容可以被看作是进行中的社会符号活动，而且语言变项的不同变体在说话者说话的过程中可以获得新的意义，这些意义还可以在不断拼凑过程中进一步得到组合甚至重新组合（Hebdige，1984），以获得更新的意义。

第三次浪潮的变异研究与前两次浪潮的变异研究还有一个区别，就是它注重对语言实践的阐释。因此，这些研究也提出了许多新的概念，其中就包括"指向性"（Silverstein，2003）。关于"指向性"的概念及其在变异研究中的应用，6.4.3 有所涉及，下一小节也会详细阐释；为了叙述方便，这里仅作简单铺垫。"指向性"首先表明在某个活动的初始阶段，一定人口数量的群体被突显出来，而且该群体的某种说话方式的某个显著特征引起人们注意。一旦该特征被识别并认可，人们就可以将其从所在语言环境中提取出来，并视作是这个群体的指向性标志。之后，在人们的思想中，这个明显的语言特征就指向了这个群体，一旦该语言特征出现，使用该语言特征的人就会与该特征所属的原始群体产生联系。这种联系具有归属的特性，也就是说，他者可以把这个特征当成是这个群体的刻板印象，不论这个印象是好还是不好。例如，有盎格鲁血统的美国人使用西班牙语（Hill，1993），以及中国香港记者对同性恋群体自称"同志"（tong zhi）这一现象的偏见（Wong，2005），表明这些词汇的指向意义在使用过程中可以产生污名化。同时，这种明显的语言特征也可以用来指向具有令人钦佩的品质，例如，美国白人男孩使用非裔美国英语土语（AAVE）的语言特征来指向男子气概（Bucholtz，1999；Cutler，1999）。而且，指向性特征还可以被用来区分群体中的成员，例如，人们可以通过语言特征来指向马萨葡萄园岛上的英裔渔民。当这种指向行为不断被重复并且约定俗成为新的符号系统，就可以用于进一步的意义指向性移动。这种指向性移动不是偶然的，而是一个持续的过程，在这个过程中，各种语言变量的特征不断被赋予各种不同的含义。因此，指向秩序（indexical order）不是线性的，而是可以跨越时间，同时指向多个方向并衍生出一系列与之相关的意义的。这些意义在某一个特定时刻可以构成一个指向域（indexical field），即埃克特

(Eckert, 2008)所说的一个人们在思想上联系起来的意义集群。其中任何一个区域都可以在特定社会语境中被激活从而产生新的意义。

7.1.2 典型案例

在埃克特（Eckert, 2012）列出的变异研究第三次浪潮的典型案例研究中，张青（Zhang, 2005, 2008）关于北京新出现的中产阶级使用的汉语语言变体的指向性挪用问题的研究很有代表性。在全球化背景下，中国出现了一种新的社会阶层，张青（Zhang, 2005）称之为"雅皮士"，即在外商独资企业工作的年轻经理人。雅皮士在全球金融市场中的价值取向取决于对大都市式自我认同的投射，他们用一种说话方式来匹配更为物质化和大都市化的生活方式，而他们的这种说话方式与国有企业同行的说话方式形成鲜明对比。这种讲话方式中最明显的特征是全音调（full tone）的使用，这是当时在中国香港和台湾地区通常使用的一种汉语发音，称为"港台腔"，当时主要出现在中国香港和台湾地区具有全球化特征的市场中。而这种对于北京人来说完全陌生且从未出现在国有企业职工工作环境的说话方式，将雅皮士的工作环境带入了跨国领域。虽然雅皮士也使用一些北京本地的发音方式，但是这些发音方式并没有将本地特征与大都市发音方式混合得很好。这方面的一个例子是词尾的儿化音（rhotacization）（如"花"[hua]发音为[huar]）。儿化音这个语言变项是北京话中最明显的语音特征，并且这样的发音被普遍视为北京话独特的"油腔滑调"的语调（Zhang, 2008: 201）。儿化音是可以被标记出来的一种发音方式，张青（2008）追溯了中国整个20世纪的文学作品，在这些文学作品中，她发现作家在描绘典型的生活在北京皇城根儿下的男性人物形象"京油子"的说话方式时多用儿化音。虽然国有企业经理人说话时带有明显的儿化音，但雅皮士，尤其是雅皮士中的女性却极力避免使用儿化音这一北京本地的发音方式。

另一个北京本地的音位变项/z/的齿间发音，通常与"胡同串子"联系在一起。"胡同串子"指在北京的胡同里串来串去的一类人。雅皮士在说话过程中极力避免这个发音，因为对于跨国商务人士来说，理想的说话方式应该避免这个发音(在张青的研究中,一个雅皮士公开明确地提及这一点)。胡同串子是一个男性刻板印象,使用这个发音方式的女性经理人远远少于男性经理人。这样,雅皮士创造了一种与国企经理人形成鲜明对比的发音方式。张青指出,雅皮士女性更多地使用全音和为避免儿化音而产生的断音,这种断音现象与女性在国际化市场中所需的干练形象相匹配,并且与已经刻板标识化的北京油腔滑调的说话方式形成鲜明对照。通过这种说话方式,雅皮士不仅构建了自己的大都市形象,而且也相应地间接构建了当地国有企业经理的本地形象。通过这样的说话方式,雅皮士改变了北京的社会语言景观。

作为语言变异研究第三次浪潮的典型研究案例,张青(Zhang, 2005)的研究表明,雅皮士和国有企业经理这些社会范畴的说话方式并不是与生俱来的,而是由他们所在的工作场所导致的不断变化的社会差异体现而来,并且这种差异可以在相对短期内发生。关于这一点,摩尔(Moore, 2004)采用民族志方法对英国博尔顿中学女生说话方式的研究也有发现。这些高中女生组成了一个称作 populars 的反叛群体,仅仅在一年的时间里,populars 中的一部分人的生活方式像 townies 一样变得更加狂野。在此过程中,她们越来越多地使用非标准句法,例如,她们在第一人称和第三人称后使用 were(如"I were drunk.")。虽然 populars 对该句式的使用率基本保持不变,但城镇居民对这种非标准句式的使用率从 25% 跃升至 48%。这种社会分裂产生的原因,如摩尔(Moore, 2004)的分析所示,就是由于 townies 群体不断地使用非标准句式所导致。

除了张青的研究,埃克特(Eckert, 2012)所述第三次浪潮的变异研究还包括基斯林(Scott Kiesling)、杜博伊斯(John W. Du Bois)、布霍尔茨(Mary Bucholtz)等学者的研究。例如,基斯林(Kiesling, 1998)对兄弟会(fraternity)这一群体的说话方式进行研究,发现兄弟会通过高频率使用语言变体舌尖音 [-ing] 来突显他们的权力,而这个语言变体同时指向工人阶级的文化和一种对抗性的社会阶级立场。基斯林随后的研究(如 Kiesling, 2001, 2005, 2009)更加普世性地说明个人、群体或者一个社会范畴的说话方式是在不断重复的阶级立场(交际界位)形成的过程中产生的。关于"立场(stance)",我们译为"交际界位",将在第 8 章讨论。我们的讨论不仅包括基斯林的研究,还包括杜博伊斯的研究,后者的研究也被埃克特(Eckert,2012)认为属于变异研究的第三次浪潮。同属第三次浪潮的布霍尔茨和霍尔(Bucholtz & Hall,2005)对身份实践的研究,以及摩尔和波得斯瓦(Moore & Podesva,2009)对上面提及的 populars 和 townies 使用反义疑问句的策略研究,都运用了"交际界位"的概念来阐释语言变异问题。这些研究突显语言的使用与社会阶层的移动二者之间的关系,强调这种移动导致新的社会范畴和社会意义的产生。新的社会意义可以在人们言语交际互动过程中自然产生的立场转变中体现出来,其中的具体差别是在不断的本地实践中形成的。

以上这些研究案例也表明,第三次浪潮的语言变异研究在研究对象方面也与前两次浪潮的研究相比发生了转变。例如,前两次浪潮中的研究重点关注的是具有地区性的、明显的、非标准的语言变项,如拉波夫关注的音位变项(r),而语言变异研究的第三次浪潮则超越了前两次浪潮的研究关注,将个人说话方式与语言变异之间的关系作为研究的重点。语言变异研究的第三次浪潮首先从说话人的说话方式入手,然后找出个体说话方式的独特之处并对其原因作出理论阐释,同时,致力于探索赋予语言以社会意义的各种资源。这种研究强调个体的说话方式,说话者不再是特定语言变体或方言的被动载体,而是作为可以选择说话方式的能动个体,并且在不断的自我调整和社会差异化过程中改变自己的说话方式。很明显,在第三次浪潮的变异研究中,语言变异模式不是预先设定好的,而是主动选择的一种说话方式。语言变异研究的第三次浪潮将说话者思想(意识形态)定位在语言本身和意义的建构上,这更为广泛而深远地影响了语言理论的创新。因此,我们在这一章重点讨论"风格变异"问题,作为社会语言学在新时代发展的一个观测点,并借此讨论社会语言学如何通过对传统理论的再创新实现新的理论发展。

7.2 工具性概念

在这一小节,我们讨论两个在风格变异研究中普遍使用的工具性概念,一个是"再情景化",另一个是"指示性"。我们认为,工具性概念一方面是案例研究的有用工具,另一方面也体现着案例研究在理论建构方面的贡献。正如我们将在下一章以及第10章讨论的那样,社会语言学在21世纪的新发展,其中一个标志便是其在理论和概念方面的新发展。下面的讨论也是这一观点的具体体现。

7.2.1 "再情景化"

关于"再情景化"我们先讨论其内涵,然后结合一个典型的应用案例对其工具性特征进行阐释,以说明这一概念所具有的强大阐释力。

"再情景化"的概念源自伯恩斯坦关于教育话语的研究。他提出"再情景化"的概念是基于他对两种情景的区分,一种是创造知识的情景,另一种是传播知识或再创造知识的情景。伯恩斯坦认为,在从创造知识的情景转向传播知识的情景过程中,意义会发生变化,因为"再情景化原则通过有选择性的对其他话语进行挪用、再分配、再聚焦以及重新建立关系来构建一种自己的秩序"(Bernstein, 1990:184)。在这种情景转化过程中,教育话语并非是普通的语言表达,而是一种规则,这种规则由教学性话语和规约性话语构成,且前者嵌在后者之中,因为规约性话语是主导性话语,它是关于社会秩序的话语或规则,而教学性话语是关于各种知识以及各种知识传递和习得的话语或规则,它要受社会秩序规则的控制。

在伯恩斯坦关于教育话语和再情景化的论述中,教育话语是一种规则,这种规则由道德和社会秩序的话语和教学技能性话语杂糅而成;教育话语的形成是一个再情景化过程,这种再情景化不仅是话语的移位和再定位,也是教学话语生产场域的移位和再定位,更是附着在场域上的权力关系和意识形态的移位和再定位。"再情景化"指某个话语经历了被从原来的位置移走和被重新定位的过程,而此时被重新定位的话语已经不是原来的话语了,因为这种移动实质上是话语从一个场域被带到另一个场域的过程,同时也受到了教育话语对其实施的意识形态作用。在这个意义上,"再情景化"并不是一种静态现象,而是一个动态的意义生产过程，这个过程并不是机械性的情景之间的投射，而是一种带有自省特征的主动转化过程，有意识形态、权力等非话语因素参与其中。

范柳文将"再情景化"的概念应用在批评话语分析之中。他首先明确了可以被再情景化的对象，认为文本、语体、甚至是图像和声音都可以被社会活动的参与者从一个情景移出，再被带入另一个情景（van Leeuwen, 1993）。他甚至认为社会实践亦是再情景化的对象，指出"被再情景化的社会实践可以是几个相关联的语言活动或非语言活动，也可以是二者交替出现的活动，而起到再情景化作用的社会实践，一定是体现为'语体'的语言活动"。同时，他还认为，"再情景化"过程也充满了权力关系的较量和意识形态的再现，体现出话语是社会实践的特征（van Leeuwen, 2008：12）。所有这些关于"再情景化"的认识都体现在他的具体案例研究之中。下面我们就通过他的一个研究案例进一步认识"再情景化"这个概念的解释力。

社会实践在范柳文看来是由社会所规范的做事方式。社会实践一般包括以下这些成分：参与者、活动、行为模式、参与者的资格条件、表现样式、时间、地点、地点的资格条件、资源（工具和材料）、资源的资格条件；而对社会实践的再情景化则可以是对其中任何一个成分的再情景化。例如，范柳文（van Leeuwen, 2008：86）观察了"时间"这一社会实践的构成成分在不同情景中再现的情况，发现 *Mark and Mandy* 这个小册子在描写小学生在学校第一天的经历时，就与另一个小册子 *Mary Kate and the School Bus* 关于学生在校第一天经历的描写有所不同，前者有强调时间的表述（教师说"要上课了，铃响了"）以及强调准时的表述，而后者关于确定时间的表述就极少。在第三个情景中（指导老师如何处理开学第一天事务的文本），第一个小册子描写的活动有64%的时间是确定的，而且关于时间管理的表述也非常多。

通过观察时间这个社会实践的成分在不同情景中被再情景化的情况，范柳文（van Leeuwen, 2008：86）得出结论，如上这三个再情景化的社会实践以语言行为（体现为三个语体）的方式将"确定时间"这个社会实践再情景化（转化）到其他话语之中，这其中是一个被过滤的过程，有些成分被添加进来，有些被删除，有些被替换，有些被重新编排。例如，前面的两个小册子实际上代表了不同的社会阶层，同样一个"确定时间"的社会实践在被"再情景化"到这两个不同的情境之中时,就出现了不同的表述方式,如在社会阶层较低的情景中(Mark and Mandy)就特别强调要准时,而且类似"铃响了,上课了"的表述也较多;相对于社会阶层较高的情景(Mary Kate and the School Bus)表示时间的频率就比较低。这两个文本的读者对象是小学生;与此相对,在第三个情景中,即在教师培训的文本中,教师就被再现为时间的控制者(van Leeuwen,2008:87),这也是因为该文本的目的就是指导教师如何在开学第一天掌握好各种活动的时间。

  "再情景化"这一概念在范柳文的案例研究中体现为社会实践的某个成分被再情景化于某个特定文本之中,除此之外,"再情景化"还可以体现为某个话语被再情景化到另一个话语之中。例如,赵芃和田海龙(2013)从元话语的视角出发,观察话语被再情景化的问题。所谓"元话语",可以指"原始"的话语,或指"上一级"的话语,但是,"元话语"更多的指话语的一种特性,它不仅可以讨论各种社会实践,甚至可以控制和约束这些社会实践的形成,产生的时间以及带来的影响。在这个意义上,"元话语"是受意识形态控制的一种行为方式或行为规范(赵芃,2017:22)。正因为话语具有元话语性,话语中的语言表述才可以在再现社会事实的同时再被他人转述,形成"再情景化"。例如,"向雷锋同志学习"的领导人题词从其最初的20世纪60年的语境中移出,并被移入和刊登在1977年3月5日的《人民日报》第一版,这种"再情景化"突显了领导人题词对于推动当时的"学雷锋"活动以及借此规范社会行为的"元话语"社会实践作用(赵芃,2017:175-177)。与此类似,雷锋日记中"把有限的生命投入到无限的为人民服务之中"的表述,也作为"元话语"多次从其1958年6月7日的日记语境中移出,并被移入到其后的多个历史语境之中,如分别重新置于1981年3月5日《中国青年报》的社论中,以及1990年3月6日和1993年3月5日领导人在学雷锋大会上的讲话中。依据田海龙(2016a)提出的再情景化分析框架对这些"再情景化"社会实践进行分析,可以发现元话语的再情景化不仅是一种对社会实践的再现过程,而且是元话语通过再情景化过程对社会实践实施规范和控制的过程。

7.2.2 "指向性"

关于"指向性"这一概念性工具，我们仍延续上面的讨论思路，先讨论其内涵，然后结合典型的应用案例对其工具性特征进行阐释，以说明这一概念所具有的强大阐释力。

"指向性（indexicality）"的概念最早出自皮尔斯的符号学，之后经西尔弗斯坦（Silverstein, 1985, 2003）的系统阐释，在语言人类学和社会语言学的研究中得到广泛应用（如 Ochs, 1992; Bucholtz & Hall, 2005; Johnstone, 2010）。2018 年约德和约翰斯通（Yoder & Johnstone, 2018）也将这一概念作为分析工具应用于对政治话语的批评性分析。

"指向性"的概念本质上是一种方式，借助这种方式一个具有意义的符号（包括语言符号）指向它经常出现的那个或多个情景（Yoder & Johnstone, 2018），因此，"指向性"可以阐释一个具体的符号如何产生不同的意义（指向意义）以及这些意义以什么方式彼此建立联系。例如，"茶"这个名词作为语言符号，它所指向的一个情景可以是播放某位茶农谈论采茶和制茶艰辛过程的电视节目；它还可以指向人们日常生活中在一起喝茶的情景。在西尔弗斯坦（Silverstein, 2003）看来，这两个情景的发生是有先后次序且彼此相关联的。例如，电视节目在前，则人们喝茶的时候会想起电视节目中的画面；如果喝茶的情景在前，则看这个电视节目的时候会想起喝茶的情景。而且，这两个情景还可以相互影响，例如，电视节目先发生并反复播放，那么，"茶"这一名词同"艰辛的采茶和制茶过程"之间的意义联系就会印入人们的头脑；一旦这种意义关联建立起来，当人们在喝茶的时候谈及"茶"这一名词时，也会自觉或不自觉地把已经获得的有关这个词的关联意义同当前喝茶的情境联系起来，如可能会因认识到采茶艰辛而更为珍惜茶这一产品。如此这般，当一个语言符号出现在不同情景中时，不同的人就会把它和不同的情景进行联系。可见，一个语言符号指向不同的情景并产生多个"指向意义（indexical meaning）"，并不是因为它本身具有多个"联想意义（associative meaning）"（Leech, 1974），而是因为它指向某个特定的情景之后又指向其他的情景，而这个语言符号也会因其在第一个情景中所获得的意义与情景的联系发生转移而产生新的"指向意义"。

第7章 风格变异研究

西尔弗斯坦（Silverstein，2003）用"指向秩序"这个概念来描述这些在不同层级情景中产生的指向意义。他将一个语言符号最初产生的指向意义标注为"n"，随后产生的第二个指向意义标注为"n + 1"，第三个指向意义标注为"（n + 1）+ 1"，依此类推，以致这些指向意义有机地组合成一个由不同层级构成的连续体，称为"指向秩序"。指向秩序不仅体现出不同指向意义之间具有先后次序和不同层级的关系，而且还表明不同层级的指向意义一旦被贴附到语言符号上，不仅可以使这些不同的指向意义创造性地彼此叠加并相互对立，而且还可以提供相似性和稳定性的感知，这些感知可以被视为符号的"类型"，具有可预测性或期待性（Agha，2003，2005）。换言之，"指向秩序"这一概念预设了一种意识形态，依据这种意识形态便可以对语言符号在一个情景中的运用进行"创造性"的解释，以此形成该语言符号在另一个情景中的指向意义。例如，成年人在与儿童交谈时会使用比较简单的词语和句式，这种模仿儿童说话方式的说话方式通常被视作"儿语"。这一情景反复出现，久而久之就会被固化为某种特定的语言使用方式（相似性和稳定性的感知），被认为是"如果这样说话就是在和儿童讲话"。如果这样的语言方式脱离"与儿童讲话"的情境而在其他情景中使用，如这种说话方式被用在和其他成年人谈话的情景中，那么关于这种说话方式的认识（一般被称作"意识形态图式"或"刻板印象"）就会发生作用，以至于人们会依据这一"意识形态图式""创造性"地认为采用这种说话方式的人听上去像个家长，而受话者则被赋予了"儿童"的身份。

在7.1.2的讨论中我们谈到，随着外资企业的出现，中国在20世纪80年代产生了一种被称作"雅皮士"的新的社会阶层，即在外商独资企业工作的年轻经理人。张青（Zhang，2005，2008）注意到"雅皮士"的言谈方式非常特别，以一种在国企工作的北京人不同的言谈方式标明自己"外资独企"的身份。例如，她们使用一种全音调的发音方式说话，"学生"不说成北京人通常说的［xue1sheng0］，而说成［xue1sheng1］，特意将"生"发成全音。这种发音在当时通常出现在中国香港和台湾地区具有全球化特征的市场中，被认为是"港台腔"，对于北京人来说是完全陌生的，且从未出现在国有企业员工的说话方式之中。从"指向秩序"的概念来看，这是全音调出现的第一层情景，其所代表的"港台腔"也是在这个情景中出现的"指向意义",可以标注为"n"。当这种带有"港台腔"意义的全音调发音方式出现在北京的时候,其第二情景就从"港台"的地理空间变成了"北京"的地理空间,其在"港台"地理空间所具有的"港台腔"指向意义也随之进入"北京"的地理空间。然而,由于这种港台腔已经在第一情景与"港台人的身份"联系在一起,已经形成相似性和稳定性的感知(Agha,2003,2005),所以,当这种全音调的言谈方式被北京"外资独企"的员工使用时,她们的身份也就被贴上了"港台人"的标签,具有了可标注为"n + 1"的新的指向意义。

与张青运用"指向秩序"这一概念分析身份的话语建构不同,约德和约翰斯通(Yoder & Johnstone,2018)运用这一概念性工具分析了美国匹兹堡2017年的市长竞选中围绕"自行车道"的争论,阐释了奇尔顿(Chilton,2004)曾指出的那种"政治话语的指向性运作",即通过选择使用语言的不同特征来表示不同的政见。

"自行车道"这一语言符号首先出现在谈论物理空间的情景中,代表与机动车道分离的、供自行车骑行者专门使用的车道。"自行车道"还可以在一些人的谈话中进入另一个情景,即谈论其功能的情景,因为这些人认为建造自行车道一定是要服务某种目的。依据这一意识形态图式重新解释"自行车道"在前一个情景中(物理空间)产生的指向意义,"自行车道"这一语言符号就在新的情景中(谈论其功能的情景中)产生出新的指向意义,如对于赞成修建"自行车道"的人而言,"自行车道"表示"安全""健康出行",而对于反对修建"自行车道"的人而言,"自行车道"则表示"城市拥堵""不方便司机开车"(Yoder & Johnstone,2018)。由此进入第三个情景,即关于自行车道使用者的讨论,如可以发现哪些人使用自行车道,哪些人不使用。依此类推,"自行车道"还可以进入其他的情景,如出现在关于未来城市蓝图的讨论之中。这样,"自行车道"这个语言符号在这四个情景中的"指向意义"就可以分别表述为:"n"表示出现在物理空间的指向意义,"n + 1"表示出现在讨论其功能情景中的指向意义,用"(n + 1) + 1"表示出现在讨论自行车道使用者的情景中的指向意义,而未来城市蓝图的情境之中的指向意义则可表示为"[(n + 1) +1] +1"。

第7章 风格变异研究

约德和约翰斯通观察了包括新闻报道、微博评论等语料在内的40篇文章，一共发现216个"自行车道"这一语言符号，其中81个指向物理空间，即与机动车道分离的、供自行车骑行者专门使用的车道；87个指向使用功能，包括对自行车、骑行车来说具有安全性，对机动车驾驶员来说产生某种不方便，等等；17个指向社会身份，如使用自行车道的多为年轻人、城市的外来者，不使用自行车道的多为该城市的老居民，等等；60个指向城市的未来，如21世纪的城市应该拥有自行车道，自行车道可以使城市更加环保、更加人性化，等等。在这个案例中，一个特定的"自行车道"语言符号指向一个或多个情景，分别具有不同的指向意义，如当"自行车道"指向"使用功能"的语境时，它既可以具有"安全"的指向意义，又可以有"不方便"的指向意义，因此，对建造"自行车道"持有不同意见的人便可以用同一个语言符号（自行车道）来表达彼此对立的政见，形成奇尔顿（Chilton，2004）指出的那种"政治话语的指向性运作"，即通过选择使用语言的不同特征来表示不同的政见。可见，"指向意义"与符号（包括语言符号）的"指称意义（denotational meaning）"不同，它不是字典里通常表述的语言符号的意义，也不是单纯地、直接地指语言符号本身所具有的联想意义（associative meaning），如语义学划分出的内含意义、社会意义、情感意义、反映意义、搭配意义（Leech，1974）。"指向意义"是一个语言符号通过指向它所存在的情景而产生的联想意义。

与"指向性""指向秩序"相关的一个概念是"指向性秩序"。"指向性秩序"是布鲁马特（Blommaert，2010）用以讨论语言跨层级流动的一个概念。如同我们在6.4.3的讨论中指出的那样，在北京城区老北京人使用的京腔京调可以形成某种老北京人刻板印象，当这种京腔京调随着人员的移动而流动到欧洲的伦敦或巴黎，它同样可以指向老北京人。但是，伦敦或巴黎已经不是京腔京调所归属的地区层级，而是一个混杂了各种腔调和语言的国际层级。因此，由京腔京调的指向意义构成的"指向秩序"就形成了具有不同层级关系的"指向性秩序"。在这个指向性秩序中，京腔京调所指向的北京人刻板印象具有不同的意义，一个明显的区别就是北京人在北京的那种本乡本土的意义在伦敦或巴黎的国际层级已经不复存在，而北京人如果要在伦敦或巴黎获得"本乡本土"的意义则需要掌握一口流利的当地语言，获得那种语言的技能。可见，"指向性秩序"这个概念突显了指向意义从其所带有的"刻板印象"转向其带有的"价值"，这意味着"指向性秩序"是有层次的，会赋予不同的符号模式不同的价值，并系统地使某些模式优先于其他模式，也可以排除或取消某些模式。这也导致"指向性秩序"这个概念体现出流动的语言符号在不同层级所形成的刻板印象具有不对等的关系特征。

7.3 分析框架

风格变异研究的方法虽然在诸多研究中有所体现，但并没有统一的分析框架。张青（Zhang，2018）曾提出"基于风格的社会语言学演变研究路径"，但是也没有归纳出一个可一步一步遵循的分析框架。这里总结的一些基本分析步骤和观测点，是依据一些研究（包括张青的研究）归纳总结出的四个具体的分析步骤，可以在进一步的研究中参考。

这四个分析步骤依次表述为：

（1）确定语言变项及其相应的语言变体。在这一阶段，研究者需要通过田野调查收集一定数量的研究语料，依具体研究目的确定语言变项及其需要特别关注的语言变体。这些变项和变体可以是词汇句法层面的，也可以是音位层面的。可以采用和标准语对照的方式确立需要进一步研究的语言变项和变体。

（2）确定与这些语言变项和变体相关联的社会变项。这包括两个内容，一是语言变项及其变体所具有的社会意义，二是与这些语言变项和变体相关联的社会变项。这些社会变项可以是年龄性别等固定的社会范畴，但更具有研究意义的社会变项是风格。这里所指的"风格"不是传统意义上的"说同样一件事情的不同方式"，而是说者通过能动地使用语言变项和变体所要体现的与众不同的社会身份特征，如新潮、时髦、网络高手等。因此，"风格"是指超越了语言变项或变体所具有的指向意义的意识形态意义，是一种个人身份的社会变化（social move）。

（3）解释语言变体对言说者新的社会身份的建构机制。语言变项及其变体在这里被视作说者主动做出的语言创新（linguistic innovation），这种语言创新建构出说者新的与众不同的社会身份。这是一个动态的

第7章 风格变异研究

过程，涉及说者及其依托的社会机构的意识形态观念，如这种语言创新是否被认可和接受、是否被模仿以及它所建构的新身份在社会和语言景观中的地位如何，等等。探索这一动态过程需要借助一些新的概念，如"使语域化（enregisterment）""交际界位（stance）""指向秩序（indexical order），等等。

（4）阐释风格实践的意识形态力量。在分析语言创新的"使语域化"过程和"指向秩序"的变化基础上，进一步阐释语言变项或变体作为风格创新对引发社会变化的作用。分析的内容包括对新的语言风格的认可程度、对新的语言风格和与之相对的旧的语言风格的不同评价以及由此产生的不同评价中心的形成及其相互斗争。这样的分析可以说明语言创新通过意识形态力量引发社会变革。

需要指出的是，这四个步骤作为一个分析框架的组成部分，在"风格变异"研究的具体分析过程中具有先后的次序，但是作为一个整体的分析框架，这四个步骤不应该有严格的先后次序之分，甚至在某些研究中这四个步骤还会相互包容地合为一体，呈现出你中有我、我中有你的特征。这一点对于具有人文科学特点的社会语言学研究非常重要，而对于具体的案例分析，其重要性更是有过之而无不及。

7.4 风格变异研究案例

在这一小节，我们将借助两个研究案例来讨论风格变异研究。一方面我们将阐释风格变异研究的具体操作，另一方面我们将说明风格变异研究对于社会语言学的前沿研究所具有的不可替代的重要意义。

7.4.1 "S情报站"

《S情报站》中的"S"是英语"shopping"的缩写，《S情报站》是指天津电视台城市频道在2005年每周播出的一个购物节目，该档电视节目能够提供很多购物信息，而且在当时非常时髦，在很长时间内引领着消费的新潮，就像"情报站"一样提供着普通人无法获得的购物信息。

张青（2010）对这个电视节目所做的社会语言学研究是一个典型的"风格变异"研究案例，体现出社会语言学第三次浪潮所具有的一些特征。下面我们依据7.3总结的"风格变异"研究分析框架具体呈现这一研究。

1. 确定语言变项及其变体

在"风格变异"研究的第一个步骤中，我们应该观察该电视节目中两位女主持人刘玲和于媛的言谈。这两位主持人是购物、时尚和都市生活方面的专家；在节目中她们发型别致，穿着打扮讲究，语言特点尤其明显。这些都展示出一种新颖、时髦、新潮、都市化和国际化的形象。张青（2010）在研究中观察到这两个主持人在词汇和表达方式等方面体现出语言创新。例如，她们使用的新潮词汇包括："香薰疗法""泡泡浴""桌骑""虹吸壶""瘦身""撞衫"；使用的新潮表达方式包括：用"秀"替代"展示"，用"美眉"替代"漂亮女孩"，用"蛮"替代"挺、很"，用"哇"替代"哎呀"。在新潮发音方面，张青（2010）注意到"去儿化音"（用"[R–]"表示）现象和"轻声发主调声"（用"[T4]"表示）现象。所谓"去儿化音"指在一般发儿化音时没有发儿化音的现象，如在下面的对话中，店老板三次提到了"板面"，三次都用到了儿化音。但是主持人两次重复"板面"时却都没有儿化音现象。

（时尚体育装备店里，谈论滑板，"街酷猎物"，9/10/05）
店老板：那我们现在看一下它的板面儿 [R+]。
于媛：板面 [R–]。
店老板：对，滑板面儿 [R+]，一般它的板面儿 [R+] 有三种。
于媛：哪三种板面 [R–] 呢？

所谓"轻声发主调声"现象就是本该发轻声调的却发成了主声调。例如，在下面这段对话中，"漂亮"的第二个音节包含一个轻声（标准普通话中），但刘玲却用了主调声（去声）。然而，在同时段的几分钟后，参与购物者却用了轻声。

（讨论时尚潮流，"街头对对碰"，8/19/05）
刘玲：V字领好像今年比较流行，那种明星参加奥斯卡都是喜欢露出锁骨，很漂亮 [T4]。
......

（参与者试穿了一个夹克，"街头对对碰"，8/19/05）
参与购物者：我觉得这件衣服挺漂亮 [T0]。

需要注意的是，这些语言变项及其变体的确认是以标准语为参照的。在张青（2010）的研究中，词汇层面的变体是参照2005版的《现代汉语词典》，表达方式层面的变体与具体的标准表达方式相对照，而发音方面的变体则依据《普通话水平测试实施纲要》和天津电视台关于播音员和主持人普通话水平的要求。

2. 确定与这些变项或变体相关联的社会变项

在这一研究阶段，需要先确定这些变体的社会意义。这一点在这个案例中比较明显，因为这两位主持人并没有完全遵守《普通话水平测试实施纲要》中标准普通话卷舌音和清音的发音规则，她们使用的新潮词汇也没有出现在《现代汉语词典》中。她们是土生土长的北方人，而且，作为电视媒体专业人士也曾以符合要求的正确率通过普通话测试并获得上岗资格，她们在该发儿化音时不发儿化音，应该发轻声时不发轻声，只能说明这两个创新语音特征具有非传统性及非普遍性特点。从另一个角度来看则是具有新潮和时髦的特征。

如果说某个个别的语言变体的社会意义可以参照标准语的社会意义（在这个案例中不妨认定为是传统和守旧），那么与这个语言变体相关联的社会变项和范畴则需要参考说者使用多个变体的情况确定。换言之，这两个主持人的语言风格是她们综合使用创新性语言变体形成的。而这个都市化、非地方的语言风格也构建出她们时尚和都市化的形象。张青（2010）观察到在下面这段谈话中，两位主持人使用多种形式的语言变体，形成时尚的语言风格，构建出时尚的社会身份。

（讨论外套，"流行点击"，9/3/05）
刘玲：你看我这里面 [T4; R–] 是棉花 [T1] 莱卡的小背心 [R–]，再加上 [T0] 这种比较流行的，这种亮闪闪的效果。
于媛：对啊，对啊，因为是秋天，一定要有一个这样的夹克，而且收腰非常好的。

刘玲：再搭配上这样一个仿蛇皮包 [L]，如果是 office[E] 的话，我觉得也蛮 [L] 好。虽然有一点 [R–] 跳跃，可以当公文包来用。如果你晚上 [T4] 去 party [E] 的话，可以穿里面 [T0; R–] 那个小背心 [R–] 也是完全没有问题的。

在这一段谈话中，两位主持人通过使用去儿化音（[R–]）、轻声发主调声（[T4]）、词汇（[L]）、语码混杂（中文中夹杂英文 [E]）等多种语言变体，突显出自己语言风格与传统语言风格的不同。可以说，她们是用这些语言变体构建了一个新的都市化语言风格，与国家倡导的标准普通话格格不入，也和"旧的、传统的、本地的"特征划清了界限，但却和新潮、时尚和全球化生活方式相得益彰。这些语言特征和流行配饰、名牌运动装备等符号手段一样重要，都被有效地用来实现社会身份的清晰划分。这不仅体现出一种社会意义，更体现出社会意义的区别与变化，而正是这种社会意义的变化才被确认为是与语言变体相关的社会变项或范畴。

3. 解释语言创新对社会新身份的建构机制

在这个案例中，两位女主持人使用的新潮词汇和表达方式，以及在发音方面的与众不同，是她们主动而为之。在这个意义上，这些语言变体是说者主动作出的语言创新（linguistic innovation）。然而，这种创新是否被社会认可，是否引领潮流，进而带来社会变化，改变语言和社会景观？回答这些问题，还需借用"使语域化"和"指向秩序"的概念加以分析。

所谓"使语域化"的概念在社会语言学的研究中指一个社会历史过程，在这个过程中，一个特定的语言形式被特定的社会群体认为是一个特别的表达形式，而且这个特定的语言形式与社会意义的认知框架相关联。例如，"轻声发主调声"被认为是港台腔，在中国香港和台湾地区是一个被认可的发音方式（enregistered element），当女主持人的谈话中将轻声发主调声时，便出现了"使语域化"现象，她的语言创新便构建出时尚。如果被认可，在中国大陆更多的人模仿，就会形成新的"使语域化",随着这些被认可的语言创新的流行和传播,它们所建构的新潮和时尚的说者的社会身份也被认可和传播,而且引发新的关于意义的变化,进而成为带动社会变化的力量。

所谓"指向秩序",如前所述,指一个特定的表达方式所指示的社会意义形成的秩序。例如,"轻声发主调声"可以被认为是地域性方言,带有地域性指示意义,如指中国香港和台湾地区;还可以被认为是"港台腔",被官方认为带有发音不标准的社会意义;但是在电视女主播看来却是带有前卫、新潮、时尚的社会意义。当这些关于"港台腔"的指向意义发生变化的时候,即在由这三个指向意义构成的指向秩序中从一个情景转向另一个情景的时候,变化的不仅是关于"港台腔"的认识,还包括价值以及意识形态意义的变化,如以不同的方式体现中国人的身份等。

4. 阐释风格实践的意识形态力量

通过分析语言创新的"使语域化"过程和"指示秩序"的变化,我们在一定程度上揭示了新的社会身份产生的机制。然而,"风格变异"的研究方法还要进一步阐释语言变项及其变体作为风格创新对引发社会变化的作用,因为"风格"在本质上是具有意识形态性质的社会实践。

就作为风格创新的语言变项及其变体而言,认可或不认可的不同态度实质上体现着语言意识形态的变化。这种变化体现在两个层面,一是语言变体产生的时候,一是构建风格创新的时候。就前者而言,只有当电视女主持人对普通话的认识发生变化,只有她们认为普通话不能充分体现她们想要的新的社会身份的时候,她们才打破普通话的语言规范,采用港台腔这种风格创新的语言变体。所以,语言变体的产生,及至风格创新的形成,都是社会活动者语言意识形态发生变化的结果。就后者而言,对港台腔的不同认识,也在一定程度上形成对普通话正统地位的威胁,这对构建一种新的风格起到推动作用。而且,对评介普通话和风格创新也形成一个多中心的评价标准。所有这些都将促进语言景观和社会格局的变化。在这个意义上,风格创新的产生也是以意识形态作为媒介的,是通过意识形态的作用来实现的。

7.4.2 "殡葬"变迁

"殡葬"在不同文化传统中有着不同的风俗习惯；然而，这些风俗习惯也随着社会的进步而变化，而且这些变化也体现在语言的变化之中，同时这些语言上的变化也在一定程度上推动或者导致这些风俗习惯的变化。在这一小节我们借助风格变异的分析框架来分析这一变化过程。

1. 作为词汇变体的"殡葬"

"殡葬"一词原是土葬的文言用词。"殡"一方面有停柩之意，如《礼记》的"殷人殡于两楹之间"，一方面有安葬之意，如《荀子》的"三月之殡"。"葬"则有藏的意思，如《礼记》："国子高曰：葬也者，藏也。藏也者，欲人之弗得见也。"当代社会殡葬更多指的是处理逝者遗体的方法和对逝者的哀悼形式，包括发讣告、致悼词、送挽联等一系列的丧葬活动。由此可见，殡葬不仅是"办丧事"的社会实践，也是含有丰富语言活动并产生多重意义的话语实践（Chouliaraki & Fairclough，1999；Fairclough，2003；赵芃，2017）。近年来，随着殡葬改革的不断深入，在全国大部分地区办理"丧""殡""葬""祭"的相关过程都发生了变化。首先，报丧形式从丧户挂白幡呼嚎变为发讣告；其次，安葬形式即处理逝者遗体的方式在绝大部分地区由"土葬"逐步地变为"火葬"；再次，送别遗体时不再由人抬棺、乐队吹奏，而是在殡仪馆完成停灵、告别、出殡、葬礼等一系列活动；此外，祭扫方式也由上坟放炮烧纸逐步变化为敬献鲜花或网络追思。这些丧葬实践反映出当代社会"殡葬"产生的社会行动意义已经发生了改变：受传统社会儒家孝道观和祖先崇拜观支配的殡葬实践遭遇了来自现当代科学观、经济观、卫生观、人口观的冲击。这些变化在各种殡葬改革文件中均得到了话语再现。在这个意义上，"殡葬"一词可被看作是一个词汇变体，它出现在不同年代的殡葬改革文件中。由于这些文件是不同历史时期的产物，所以，出现在不同历史时期殡葬改革文件中的"殡葬"语言符号可以指向不同的历史语境，并产生不同的指向意义。考察"殡葬"这一语言符号在被不同年代的政策文本不断提取和重置中产生的各种指向意义，可以发现这些指向意义与时代变迁的关系。

2. "殡葬"的多重指向意义

殡葬改革是 1949 年以来国家一直积极推行的遗体安葬与丧事活动改革，主要围绕推行火葬，改革土葬，并对旧的丧葬习俗进行管理甚至是废除。以此为目的国家出台了一系列相关的政策法规和指导意见。在中国殡葬协会官网和中华人民共和国民政部网站，1949 年至 2019 年，共有 163 项涉及国家和地方的殡葬相关政策和法规。其中，12 项由国务院以及民政部颁布并执行，如表 7-1 所示。

表 7-1　1949 年以来的殡葬政策文件（部分）

1985 年	国务院《关于殡葬管理的暂行规定》
1992 年	民政部《公墓管理暂行办法》
1997 年	国务院《殡葬管理条例》
2009 年	民政部《关于进一步深化殡葬改革促进殡葬事业科学发展的指导意见》
2012 年	国务院《殡葬管理条例》（2012 年修正本）
2012 年	民政部《关于全面推行惠民殡葬政策的指导意见》
2013 年	中共中央办公厅、国务院办公厅《关于党员干部带头推动殡葬改革的意见》
2016 年	民政部等 9 个部门《关于推行节地生态安葬的指导意见》
2018 年	民政部等 16 个部门《关于进一步推动殡葬改革促进殡葬事业发展的指导意见》
2018 年	民政部《殡葬管理条例（修订草案征求意见稿）》
2018 年	民政部《关于推进"互联网＋殡葬服务"的行动方案》
2019 年	民政部《对"关于建立现代殡葬礼仪体系，在生命终端实践社会情感治理的建议"的答复》

从1985年的国务院《关于殡葬管理的暂行规定》开始，不同时期的殡葬政策均对"殡葬"具体形态进行了限定，不仅涉及具体的遗体处理方式，而且还对执行方式进行了说明，这是"殡葬"这一语言符号的第一层指向意义，例如：

①积极地、有步骤地推行火葬，改革土葬。（1985年国务院《关于殡葬管理的暂行规定》、1997年《殡葬管理条例》）

②积极地、有步骤地实行火葬，改革土葬。（2012年国务院《殡葬管理条例》）

③积极推广树葬、花葬、草坪葬等节地葬法，鼓励倡导深埋、撒散、海葬等不保留骨灰方式，推动绿色殡葬。（2009年民政部《关于进一步深化殡葬改革促进殡葬事业科学发展的指导意见》）

④鼓励和引导人们采用树葬、海葬、深埋、格位存放等不占或少占土地、少耗资源、少使用不可降解材料的方式安葬骨灰或遗体，使安葬活动更好地促进人与自然和谐发展。（2016年民政部等9个部门《关于推行节地生态安葬的指导意见》）

从以上例句中可以看到在1985年、1997年出现了土葬和火葬，到2009年出现树葬、花葬、草坪葬，2016年新增海葬等遗体处理方式，虽然方式不同，但都指向"殡葬"的最基本意义形式，即遗体处理方式。此外，分析各例句中的述谓动词可知，"殡葬"与遗体的处理方式通过语用预设的手段建立起了的基层语义指向关系。例①中，述谓词"推行"产生的预设是在1985年之前我国的入葬方式还是以土葬为主；例②中"实行"产生的预设是到2012年我国已经有部分地区开始使用火葬的遗体处理方式了；例③和例④中"推广"产生的预设是目前产生了一些树葬、花葬、草坪葬的遗体处理方式，但还不为广大群众所知和接受，这些遗体处理方式带来的好处还需要普及；"鼓励倡导"产生的预设是深埋、撒散、海葬等不保留骨灰方式是好的，值得提倡。但是，殡葬政策文本的功能并非只是对遗体处理方式进行说明，政策中关于改革背景、改革目标、出殡下葬等活动管理均被纳入文本之中，这使得多重指向意义的产生成为可能。

在分析第一层指向意义的同时可以发现，几乎每项政策文本都涉及

第7章　风格变异研究

"殡葬管理方针"的阐述，即告知通过对殡葬方式实施管理所希望达到的目标，以及描述实现目标的方法。这样，方法和目标就形成了一对指向关系：改革"遗体处理方式"是实现目标的方法，而通过该方法就能实现一定的目标。在殡葬政策文本中，二者的指向关系呈现如下：

⑤第二条 殡葬管理的方针是：积极地、有步骤地实行火葬，改革土葬，节约殡葬用地，革除丧葬陋俗，提倡文明节俭办丧事。（1985年国务院《关于殡葬管理的暂行规定》、1997年《殡葬管理条例》、2012年《殡葬管理条例（2012年修正本）》）

⑥第二条【管理方针】殡葬管理的方针是：积极地、有步骤地实行火葬，改革土葬，节约资源，保护环境，革除丧葬陋俗，提倡文明节俭办丧事。（2018年民政部《殡葬管理条例（修订草案征求意见稿）》）

从上面例句可以看出，从1985年到2018年，我国殡葬改革的总方法为"实行火葬，改革土葬"，这也是在第一层指向意义分析中得出的结论，但是在将其从"遗体处理方式"的意义中提取出来重置于指导方针的表述中，却产生了意义的变化。例句⑤和⑥均把殡葬改革的目标表述为"革除丧葬陋俗，提倡文明节俭办丧事"，其中需要"革除"的"丧葬陋俗"指向一些民间传统的出殡方式，在2018年民政部《殡葬管理条例（修订草案征求意见稿）》中有较为明显的所指："不得占用公共场所停放遗体、搭设灵棚"；提倡的"文明节俭"指向的是反对封建迷信，大操大办，在2012年《殡葬管理条例（2012年修正本）》中表述为"不得制造、销售封建迷信殡葬用品"。因此，"殡葬"在政策文本中针对民间的丧葬习俗有了第二层社会性指向意义：革除丧葬陋俗，文明节俭办事。

但是，进一步分析还可以发现，2018年征求意见稿的"改革方针"与之前的方针有很大不同，增加了"节约资源，保护环境"的表述。具体表现在管理条例的第二章"殡葬设施管理"中对安葬形式的限定，如"进行林地、草地和墓地复合利用，实施生态安葬"，对墓位面积和墓碑高度限定时要求"使用可降解骨灰容器"，以及"地上不建墓基，不建设硬质墓穴"。术语"复合利用""生态""可降解"均具有无污染、循环利用的环保之意,而"墓基""硬质墓穴"均指向了破坏土地以及环境污染之意。因此,"殡葬"在政策文本中有了第三层环保性指向意义:节约资源,保护环境。

如果说遗体安放形式等是殡葬改革的方法(第一层意义),它可以服务于殡葬改革的指导方针和目标(第二层和第三层意义),那么改革方针和目标势必需要依托宏观的改革目的而存在,这就产生了第四层指向意义。观察所有政策文本可以发现在文件的第一章或第一条里,都对颁布此规定的目的有着明确的定义,例如:

⑦第一条 为了加强殡葬管理,促进社会主义物质文明和精神文明的建设,制定本规定。(1985年国务院《关于殡葬管理的暂行规定》)

⑧第一条 为了加强殡葬管理,推进殡葬改革,促进社会主义精神文明建设,制定本条例。(1997年《殡葬管理条例》、2012年《殡葬管理条例(2012年修正本)》)

⑨第一条【立法目的】为了加强殡葬管理,推进殡葬改革,规范殡葬行为,满足公民殡葬需求,维护逝者尊严和公共利益,促进社会主义精神文明和生态文明建设,制定本条例。(2018年民政部《殡葬管理条例(修订草案征求意见稿)》)

从以上三个例句中可以看到,殡葬改革目的呈现出不同的表述,包括促进"物质文明和精神文明建设""精神文明建设",以及"精神文明和生态文明建设",还包括逝者尊严和公共利益的维护,等等。1985年《关于殡葬管理的暂行规定》中强调"凡人口稠密、耕地较少、交通方便的地区,应逐步推行火葬","人口稠密"和"交通方便"说明该地区经济发展水平较高,"耕地较少"说明该地区已经实现了一定的工业化,情态词应体现出以经济发展与工业化水平作为物质文明的标志与火葬方式之间的因果关系,即推广火葬是物质文明发展的要求;而关于精神文明建设更多地体现在对"封建迷信"的破除方面,以及对"具有历史、艺术、科学价值的墓地"进行保护方面。在2018年的《殡葬管理条例(修订草案征求意见稿)》中,增加了维护"逝者尊严和公共利益"以及促进"生态文明建设"。对此,民政部在2018年《关于进一步推动殡葬改革促进殡葬事业发展的指导意见》中进行了进一步解释。

⑩深入挖掘阐释清明节等传统节日蕴含的教育资源，充分依托殡葬服务纪念设施，建设生命文化教育基地，打造优秀殡葬文化传承平台，深入宣传殡葬法规政策，普及科学知识，传递文明理念，引导群众转变观念、理性消费、革除陋俗，树立厚养薄葬、文明节俭、生态环保的殡葬新风尚。

述谓词"挖掘""建设""打造""宣传""普及"的使用，预设了引导群众树立正确殡葬观念的方式，即通过教育和文化传承的方式将尊重生命、绿色文明的殡葬理念贯穿于殡葬改革过程，将文明节俭治丧、节地生态安葬、文明低碳祭扫转化为人们的情感认同和行为习惯。这样进一步将"殡葬"意义抽象化，将其指向了社会主义精神文明和生态文明的建设，并赋予了"殡葬"以精神的属性，不仅对生者"殡"的过程提出了要求，实际上也是在扩容逝者在"葬"环节中体现的生命意义。因此，"殡葬"在政策文本中有了第四层指向意义：精神文明和生态文明建设。

综上，在1949年以来我国的殡葬政策话语中，"殡葬"这一语言符号被赋予了四层指向意义，如表7-2所示：

表7-2 "殡葬"的四层指向意义

层次	指向意义	时期
第一层（形态性）	遗体处理的方式	1985—今
第二层（社会性）	革除丧葬陋俗，文明节俭办事	1985—今
第三层（环保性）	节约资源，保护环境	2018—今
第四层（政治性）	物质文明和精神文明 精神文明 精神文明和生态文明	1985—1997 1997—2018 2018—今

这四层指向意义贯穿了我国的殡葬改革过程，使得"殡葬"不仅包

括了遗体处置功能，而且还体现出尊重生命的"厚养薄葬、传承生命教育；保护生态环境、造福子孙后代"的当代殡葬观，成为我国精神文明和生态文明建设过程的一部分，在一定程度上体现出我国的社会文化变迁。然而，从表7-2中还可以看到，第一层和第二层的指向意义并没有随着时代的变化而改变，与此相对，第四层指向意义以及于2018年伴随出现的第三层指向意义则有明显的变化。

3. "殡葬"意义的变化与"新—旧"认知意识的碰撞

"殡葬"一词在不同历史时期的指向意义是不同的，这种变化与其所指向的不同历史时期的特征相关联。然而，这种意义与语境之间的联系，并非完全体现为历史语境对意义变化具有决定性作用，相反，对各层指向意义进行分析会发现，几乎每一层意义的变化都是在"新—旧"认知意识的碰撞甚至是斗争中实现的。

在第一层指向意义"遗体处理的方式"中，可以看到火葬、树葬、花葬、草坪葬、海葬均是对土葬的改革，其本质是对遗体处理认知观念的讨论。传统的土葬被认为是对遗体完整的保留，是对"入土为安"观念的物质性实践：人逝后埋入土中，逝者居于棺椁得其所，生者心安，土葬实践为逝者与生者保持和建立了一种人与人的个体情感关联。火葬以及近些年来推行的海葬、树葬乃至冰葬实践最直接的社会效果是节约用地和集中土地规划以更好利用土地资源，这是对现代经济观和人口发展观的践行，这种观念更加注重建立人与经济、人与社会的集体化关系，人的生老病死都与社会发展密切相关，为社会发展服务。土葬与火葬的对立实际反映出个人主体情感与社会客观发展的冲突，以"火"改变遗体形态的国家机构性实践行为遇到来自个体的反抗。故政策上规定，遗体火化后仍可选用容器承装骨灰入土安葬，以维持棺椁的意象，这在一定程度上缓和了矛盾激化，推进了改革进程。

第二层指向意义"革除丧葬陋俗，文明节俭办事"直接指向了对民间殡葬习俗的贬义，如"送纸马"：殓棺结束掩埋过后，逝者亲属们趁夜深人静之时，持纸扎的"送魂马"和"牵马童子"至社区外十字路口焚化，意喻送魂。虽然该习俗反映了对逝者情感上的牵挂与不舍，但这

第 7 章　风格变异研究

种相信感知既存在的主观唯心论,与马克思主义辩证唯物论格格不入,也不会被国家政策所容。因此,相关风俗在殡葬政策文本中均被指向了"封建迷信"之意,而"封建迷信"多年来已被大多数人认为是臆想出来的缺少科学论证的信念,是必须革除的信念。借用此类已被广泛接纳和认同的思想,殡葬改革文件将旧殡葬风俗定位为"陋",而把改革后的由辩证唯物论指引设定的殡葬条例定位为"科学管理"。

第三层指向意义"节约资源,保护环境"既是为第一层意义产生的矛盾寻求平衡的延伸意义,也是为第二层意义"节俭"寻求现代科学的呈现意义。通过火葬方式产生的骨灰在进行安葬时虽然缩小了占地面积,但是骨灰容器的材质以及垒砌墓穴的材料仍然会影响土地资源和土地质量,这与现代社会利用土地产出财富创造经济价值的观念依旧冲突。因此,一方面通过采用环保材质保护土地质量,另一方面通过土地规划控制公共墓地总体面积并以树葬花葬等方式进一步缩小墓地占地面积。而且由于安葬规模的不断缩小,需亲属承担的相关费用也在降低,达到了"节俭"的目的。然而,就"海葬"而言,虽然彻底解决了土地占有问题,虽然赋予生命以生态意义,但骨灰撒入大海后就彻底丧失了逝者与生者的个人情感关联,重新挑起了第一层意义中的矛盾。

第四层指向意义是"精神文明和生态文明建设",这不仅反映出现代殡葬认知意识与传统殡葬认知意识本质上的碰撞,还指引着殡葬话语意义的变迁。"物质文明""精神文明""生态文明"都是随着现当代中国社会不断进步发展产生的宏大政治性指导思想,提倡科学地促进经济发展与文化建设,注重民生和公益,强调有法可依地进行殡葬行为和殡葬管理,其认识意识上的科学性、公益性和法治性是对传统殡葬风俗的强有力改造。

4. "殡葬"文本的意识形态力量

以上借助"指向性"概念对国家发布的部分殡葬改革的政策文件进行的分析表明,这些文件的发布者在发布这些文件的同时也在实践他们自身的"风格"。这种风格不是"S情报站"电视节目中女主持人语言创新所体现的"时尚"和"前卫",但是却体现出文件发布者"讲政治"的风格。例如，在表 7-2 中我们可以看到，2018 年之后的政策文件体现出"精神文明和生态文明"的指向意义。这在一定程度上是贯彻党的方针政策的结果。2017 年党的第十九次全国代表大会上，习近平同志对生态文明建设提出要求，强调"全面促进资源节约，加大资源生态系统的环保力度，加强生态文明政治建设，把生态文明制度化、法制化、规范化"。"殡葬"这一语言符号指向意义的变化，在一个方面体现出文件发布者对生态文明建设的理解，其与时俱进的特征充分体现在其语言风格之中，同时，"殡葬"文本中的语言风格也通过其所具有的意识形态力量进一步推动殡葬改革的深入。这实际上也与社会语言学关注的"交际界位"问题相关，如风格的形成受到交际界位的影响等。对此，我们在下一章具体讨论。

7.5　小结

本章沿着变异社会语言学的研究路径重点讨论了风格变异研究。"风格"最初以"语言是否是以随意的方式还是强调的方式使用"出现在拉波夫纽约百货商场研究案例之中，而在五十多年之后又以"风格实践"的形式成为语言变异研究第三次浪潮中诸多学者的关注重点，以至于"风格变异"成为变异社会语言学理论创新的契机。如果说第 6 章讨论的语言流动研究是社会语言学因关注出现在 21 世纪的新语言问题而引发的发展，那么本章讨论的风格变异研究则是社会语言学对其传统课题再思考引发的创新。在这一章，我们阐述了体现这种创新的变异研究的第三次浪潮，阐释了它所具有的基本特征和典型案例，介绍了其研究所运用的两个工具性概念，提出了风格变异研究的基本分析框架，并依据这个分析框架展示了两个研究案例。通过这些讨论我们希望清晰地勾勒出变异社会语言学的发展脉络，并对变异社会语言学的最新研究进展有所突显。

第8章
交际界位研究

新时代社会语言学的新发展一方面体现为对 21 世纪出现的新的语言现象的研究，如第 6 章讨论的对全球化背景下语言流动现象的社会语言学研究，另一方面也体现在对社会语言学研究传统的再创新上，如第 7 章讨论的变异研究的第三次浪潮对拉波夫传统的社会语言学的发展。无论是对 21 世纪新出现的语言现象进行研究和探索，还是对已有研究传统进行传承和发扬，社会语言学在新时代的新发展都体现出两个特征，一个特征是提出了新的社会语言学理论和概念，另一个特征是实现了跨学科创新发展。换言之，社会语言学领域的学者研究新的语言现象，不仅对社会语言学传统有所创新，而且提出新的概念，不仅以此发展社会语言学理论，而且借鉴其他学科的理论来发展社会语言学的理论。鉴于此，我们在第 8 章讨论前一个特征，第 9 章将讨论后一个特征。

就前一个特征而言，正如布鲁马特（Blommaert，2020：52-53；Blommaert & Rampton，2016）指出的那样，社会语言学需要一套新的词汇或隐喻来描述新的事件、现象和过程，需要新的主张来解释它们。实际上，在新时代社会语言学的新发展过程中，学者们提出了许多新的术语，如卡博兰德（Coupland，2016b）注意到市场（market）、流动性（mobility）、情态（modalities）、媒介（media）、元交际（metacommunication）这五个以英文字母 M 开头的术语，潘尼库克（Pennycook，2016）也注意到超多样性（superdiversity）、超语实践（translanguaging）等术语，并指出这些新术语不论是因新时代而生还是为新的思维方式所需，都代表着新的理论和概念，并在某种程度上体现出学科的剧变。这些术语代表着体现社会语言学新发展成果的新概念，它们所涵盖的内容和理念本书前面的几个章节均在不同程度上有所涉及。在这一章我们深入讨论另一个术语"交际界位（stance）"，以展示社会语言学在提出新概念和新理论方面的新发展。

所谓"交际界位"，是英语 stance 一词的汉译。有学者（如姚双云，2011；罗桂花，2014；柳淑芬，2017）将其翻译为"立场"，上海外语教育出版社在引进 *Stance: Sociolinguistic Perspectives* 一书时将书名译为《交际界位研究：社会语言学视角》，把 stance 翻译成"交际界位"。从它的概念内涵来看，"交际界位"更能体现 stance 这一术语交际的属性和界位的本质，故本书采用这一译法。在这一章，我们将在 8.1 探讨交际界位概念的内涵，在 8.2 讨论交际界位研究的特征，在 8.3 讨论交际界位概念与相关概念的联系与区别，说明这一概念对风格变异研究、身份建构研究的工具性作用，以展示其学术前沿性。最后，在 8.4 结合两个研究案例说明交际界位在语言变体与社会范畴之间的媒介作用。

8.1　交际界位概念的涵义

"交际界位"概念产生于变异社会语言学发展的第三次浪潮之中。在第 7 章我们讨论过，依据埃克特（Eckert，2012）的研究，社会语言学关于语言变体所具有的社会意义的研究经历了三次浪潮。第一次浪潮在语言变体与宏观社会范畴（如社会经济阶层、性别、种族和年龄等）之间建立了联系。第二次浪潮采用民族志的研究方法探索语言变体与这些宏观社会范畴关系中存在的具体的个体能动性问题。第三次浪潮实现了对语言变体与社会范畴关系认识上的突破，把前两次浪潮认为的语言变体与社会范畴之间静态的、被动的、偶然的关联上升为对语言实践的动态讨论。相比前两次浪潮而言，第三次浪潮的进步之处在于它认为语言变体与其所指的社会意义之间的关系是动态的、可变的。说话人可以通过语言变体的使用来主动建构个体风格和社会身份，并以此协商自己在特定互动过程中的位置。"交际界位"的概念正是研究这种动态关系和身份建构不可或缺的一个工具性概念。可以说，交际界位是变异社会语言学发展到第三次浪潮时用以研究语言变体与社会范畴关系的一个关键概念。

第 8 章　交际界位研究

"交际界位"概念是 21 世纪社会语言学研究中使用的一个新概念,因此,虽有社会语言学家尝试对其进行定义和分类,但目前仍处于探索的过程之中,没有形成一致的普遍共识。在诸多定义之中,美国加利福尼亚大学圣塔芭芭拉分校语言学系教授约翰·杜博伊斯(John W. Du Bois)和美国匹兹堡大学语言学系教授斯科特·基斯林(Scott F. Kiesling)关于"交际界位"的论述值得深入讨论。

8.1.1　杜博伊斯的定义

杜博伊斯(Du Bois,2007)将"交际界位"理解为一种社会行为,其中又包含了三个子行为。他对交际界位的定义如下:

> 交际界位是社会行为主体通过公开的对话性手段在社会文化领域的某一个维度上同时实现的三个行为:对客体的评判、对主体(包括说话人和听话人)的定位以及与其他主体的关系建构。(Du Bois,2007:163)

从杜博伊斯的定义来看,交际界位是公开的社会行为,它以具体的社会文化环境为语境,涉及说话人(主体一)、听话人(主体二)和行为客体三个要素,强调主体与客体之间以及主体一和主体二之间的对话性。说话人(主体一)对客体的态度表达具有双重意义,他的行为既是对客体的评价,也是他用以表明交际界位、与对方协商互动关系的手段。同样,听话人(主体二)对同一客体的态度也有双重意义,既表明对客体的评价,也表明一种协商的互动关系。这样,主体一和主体二之间的互动关系就在各自对同一行为客体的评价中得以形成。例如,当一位男士对一位女士说"你的外套真好看!"时,他的这一交际界位表达行为同时涉及两个主体,即说话的男士、听话的女士,同时还涉及同一个客体:该女士所穿的外套。这一交际界位表达行为同时包含的三个子行为分别是:(1)对该女士所穿的外套进行积极评价;(2)对自己在交际活动中的位置进行定位,即积极、友好;(3)对自己与该女士的交际关系进行建构,即努力建构一种良好的、和谐的关系。

可见，杜博伊斯关于交际界位的认识涉及三个层面的问题，即说者、听者和客体，它们之间的关系由图 8-1 表示。这个"三角模型"得到诸多社会语言学家的认可，在社会语言学研究中被广泛引用和讨论，是研究交际界位和交际行为的经典模型。

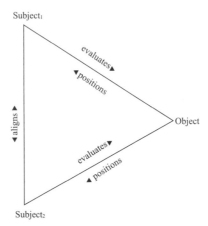

图 8-1　交际界位三角模型（Du Bois，2007: 163）

8.1.2　基斯林的定义

与杜博伊斯关于"交际界位"的论述稍有不同，基斯林认为交际界位涉及"谈话"和"听者"两个层面的问题。他将"交际界位"定义为：

> 说话人对自己与自己所讲内容之间关系的一种表达，即说话人的认识交际界位，如对自己所讲内容的确定程度；说话人对自己与听者之间关系的一种表达，即说话人的人际交际界位，如这种关系是平等友好还是盛气凌人。（Kiesling, 2009：172）

在这个定义中，基斯林把交际界位概括为两种关系，即说话人与自己所讲内容的关系（认识交际界位）和说话人与听话人的关系（人际交际界位）。

第8章 交际界位研究

对比杜博伊斯和基斯林对"交际界位"的定义可以发现，尽管表述不尽相同，但二者对交际界位的认识却有着非常相似的理解。杜博伊斯所说的"对客体的评判"与基斯林定义中的"说话人自己与自己所讲内容之间关系的一种表达"非常类似，都是指说话人对客观世界的某个方面的认识和评价。而杜博伊斯定义中的"对主体（包括说话人和听话人）的定位以及与他者的关系建构"又恰恰与基斯林所说的"说话人对自己与听者之间关系的一种表达"如出一辙，都是在讲说话人在互动中通过交际界位与听话人协商关系的问题。两个定义对"交际界位"的认识都包含以下两个方面的内容：（1）说话人与具体交际活动中所涉及的客观世界的某个方面的关系；（2）说话人与听话人之间的关系。

基斯林对"交际界位"这个术语含义的概括，与杜博伊斯关于"交际界位"的"三角模型"一样，突破了社会语言学以往关于交际界位是"说话人个体内部心理状态的外在表达"的认识，深化了对"在具体的对话性、顺序性语境中，在交际双方的对话互动中产生的"的交际行为的认识（Kärkkäinen，2006：700）。人们在日常生活和社会交往中，交际行为常常涉及对事物的评价、判断等态度表达，也常常会通过这种态度表明自己对听话人的看法和希望等，这些都属于交际界位的选择与表达行为。虽然人们在交际过程中并不一定意识到它的存在，但其普遍性是毋庸置疑的，因此，贾菲（Jaffe，2009：3）提出，交际界位的选择（stance-taking）是"交际过程的一个基本方面"，同时她还指出，"人们的语言产出中并不存在完全中立的交际界位，因为中立本身就是一种交际界位"。在这个意义上，杜博伊斯和基斯林关于"交际界面"的定义，突显了社会语言学对社会生活中语言使用的对话性、互动性和主体间性的认识，构成新世纪社会语言学新发展的一个重要表现。

8.2 交际界位研究的特征

从上面关于"交际界位"的定义可以看出，说话人与听话人在社会互动过程中不可避免地会面对交际界位的问题。以交际界位这一概念为研究工具进行的社会语言学研究，深化了对语言与社会之间相互作用的内在机制的认识，包括对二者之间协商性的认识以及对这种协商性所导致的二者之间关系不确定性的认识。在这个意义上，交际界位研究也体现出新世纪社会语言学新发展所具有的研究特征。

8.2.1 作为协商性行为的交际界位

交际界位研究代表着社会语言学对语言与社会关系的一种新认识，即语言与社会之间的关系并非仅仅是社会决定语言或语言建构社会这样的简单关系。相反，交际界位的概念在本质上具有互动性。交际界位本身就是创造性的、协商性的行为，是"在人际交往的过程中建构形成的"（Jaffe，2009：19）。对杜博伊斯而言，"交际界位的选择或许是一种最小规模的社会行为"（Du Bois，2007：173）。既然是社会行为，其动态性也自然是不言而喻的。另外，他所提出的交际界位三角模型（stance triangle）也向我们形象地展示了这样一种动态的协商过程。具体来讲，交际界位的选择就是这样一个过程：主体一和主体二通过对同一客体的评价给自己定位，并以此为基础协商与对方的关系。值得注意的是，在这一过程中，两个主体对同一客体的评价以及两个主体之间的结盟关系（alignment）都具有可变的特征，因而也是动态的、可协商的。杜博伊斯把这个过程概括为"我评价事物，以此定位自己，进而与你结盟"（Du Bois，2007：163），简单而明了。

交际界位概念所体现的语言与社会的协商性还体现在这种联系的过程之中。例如，实现交际界位选择所依赖的指向性（indexicality）也是在说话人与听话人的动态协商过程中才得以实现的。根据奥克斯（Ochs，1992）的观点，指向关系有直接指向性（direct indexicality）和间接指向性（indirect indexicality）之分。间接指向性的建立需要在听话人理解和接受的基础上在不同的场合进行多次重复才能完成。只有这样，"该指向性才可能被局外人识别为与特定群体相关的、相对固定的刻板印象（stereotypes）"（Eckert，2012：94）。例如，在儿童语言中常常会出现"吃饭饭""睡觉觉"之类的叠音词，这类"abb"式的词汇长期反复出现在不同的时间、不同的地点和不同儿童的语言之中。这种重复会使"abb"式的语言结构和儿童这个社会群体之间形成间接指向关系。每当人们听到这种语言结构时，首先想到的就是说话人很有可能是个孩子，因为这种语言选择已经成为与儿童这个群体相关的、模式化了的特征。相比之下，直接指向性的实现对具体语境的依赖性更强，它更依赖于具体互动参与者的反应。这一点在语言创新行为中有非常明显的体现。当说话人在具体的互动语境中尝试语言变体的新用法时，他/她不仅依赖于语言表现形式本身，也依赖于听话人对这种语言形式的认识和反应，因为语言创新的过程意味着从普遍接受的间接指向性向临时的直接指向性的迁移。例如，当一位年轻女士一改往日的正常语言习惯而开始使用"睡觉觉"之类的儿童语言时，她很有可能是想通过这种语言创新建构自己的形象，希望周围的人把她识别为一个娇小、柔弱、像孩子一样可爱的人。然而，这种努力并不一定能够取得成功。听话人如果是她的男朋友，而且非常认可这种说话方式，那么她的这种语言创新方式就可以被认为是成功的。相反，如果听话人是比说话人更年轻的女孩，就可能不认可这种说话方式，在这种情况下，说话人的这种语言创新就很有可能达不到她想借此构建的自身形象。

8.2.2 导致不确定后果的交际界位

社会语言学的交际界位研究不仅认为语言与社会的关系具有协商性的特征，而且认为这种协商所带来的后果是不确定的。交际界位研究发现，语言形式的社会意义因语境的变化而不同，因此可以认为，交际界位研究对语言形式与社会意义之间关系的解读在一定程度上颠覆了以往关于语言与社会之间存在对应关系的认识。

语言与社会关系的不确定性，在交际界位研究看来，首先体现在语言形式所表达的社会意义不是固定的。毋庸置疑，交际界位的传达需要借助一定的语言形式，但是，语言形式的意义是随语境的变化而不同的，用基斯林（Kiesling，2009：173）的话说，就是"同样的语言特征可以用来表达不同的交际界位，这取决于同一语境里的其他因素"。基斯林进而借助指向符（index）和指向性（indexicality）这两个概念对这一问题进行说明。他认为,指向符是"一种语言(或非语言)符号,它从言语的语境中获得意义,这里的语境是个相对宽泛的概念,包括说话人、听话人和说话时的情景等"(Kiesling,2009:177)。既然常常以语言形式出现的指向符在不同的语境中有不同的意义,那么它所传达的交际界位也是随语境变化的。实际上,"语言特征就是一种资源,和其他形式的资源一样供说话人选择使用;比如,一个语言形式不见得只能传达一种交际界位或者只有一种社会意义,相反,它有表达多种社会意义的潜势"(Kiesling,2009:179)。我们的日常生活也不乏这样的例子。例如,"老师"一词一般出现在教育领域的特定语境中,用来称呼在各类学校里以教学为职业的特定社会群体。但在一些地方,"老师"一词不仅仅是对教师的称呼,也用来称呼厨师、维修工人、公交车司机,甚至在向陌生人问路时也可以称呼对方为"老师",在发廊也称呼理发师为"老师"。很显然,同样一个语言形式在不同的语境中有着相当不同的指向意义,也传达着不同的交际界位。

交际界位研究认为语言与社会之间的关系具有不确定性这一特征,颠覆了以往关于语言与社会之间存在对应关系的认识。在交际界位研究看来,关于语言(或其他符号)形式与社会意义之间所谓"对应"关系的认识,将语言与社会之间的关系简单化,进而被误解成一种直接的对应关系。社会语言学的交际界位研究借助直接指向性和间接指向性的概念,剖析了语言与社会之间的关系被简化的过程。在这个问题上,布霍尔茨(Bucholtz,2009:148)对奥克斯(Ochs,1992)提出的直接指向性和间接指向性所做的总结,很有说服力。

> 奥克斯提出,我们可以把语言与社会意义之间的指向性分为两个层面。一个是直接指向性,在这一层面上语言形式直接指向说话人在具体互动中的交际界位——也就是说话人对于正在进行的谈话的主观倾向,包括感情界位、评价界位和认识界位等(Du Bois,2007)。另一个是间接指向性,在这一层面上同样的语言形式开始与特定的社会类别关联起来,而这些社会类别会被认为采用这些特定的语言形式来表达特定的交际界位。(Bucholtz,2009:148)

直接指向性不断重复、积累,就有可能成为间接指向性,即成为某个社会范畴用来表达交际界位的固定模式。正如布霍尔茨（Bucholtz, 2009：148）所描述的那样，"随着时间的推移，人们会把特定的语言形式与特定的社会意义直接关联起来，而它们（特定语言形式）与交际界位的关联逐渐被淡化、遗忘"。经历了这样一个过程之后，人们就可能会想当然地认为语言形式与其间接指向意义之间是简单的、直接的对应关系。在这个意义上，前面提到的"睡觉觉"之类的语言特征很有可能被想当然的认为是儿童特有的语言特征。当然，实际情况并非完全如此。这种所谓的对应关系也并非绝对。在具体的交际互动中，说话人可能会选择某个语言形式的间接指向意义来表达其交际界位，但也很可能不这样做。例如，为了建构新的风格或身份，说话人很可能会在表达交际界位时进行语言创新，这就打破了语言形式与原有间接指向意义的对应关系。如前文提到的使用"abb"类叠音词的成年女性就是如此。实际上，在年轻人的世界里，特别是在网络空间中，使用"求抱抱""举高高"之类用语的大有人在，而他们都不是儿童。

8.2.3 贾菲的概述

交际界位这一概念体现出语言与社会的协商性，同时也体现出这种协商性所导致的语言与社会关系的不确定性。不仅如此，对交流互动的双方进行交际界位研究，还可以加深我们对语言与社会之间动态变化关系的认识。这些代表新时代社会语言学新发展的一些理论见解，在贾菲（Jaffe, 2009：24）看来，可以体现在以下六个方面：

（1）社会语言学的交际界位研究将表达交际界位的语言行为放置在社会文化语境中理解。社会文化语境赋予交际界位社会意义，也决定具体的语言行为如何产生社会影响。

（2）社会语言学的交际界位研究探讨两个话题：a）既有的社会语言指向性是如何成为表达交际界位行为的背景和资源的；b）交际界位的选择是如何影响说话方式与说话者身份范畴、等级地位之间指向关系的生产、再生产和变化潜势的。

（3）社会语言学的交际界位研究认为语言的意识形态既是交际

界位产生和解读的资源，又是交际界位选择的潜在目标。

（4）社会语言学的交际界位研究聚焦人类交际活动中的那些带有反思性的、元语用的和"元社会语言"的维度，特别是在塑造说话者世界的核心社会语言学问题上说话者选定交际界位的方式，包括语言与社会范畴、语言意识形态和语言等级之间的传统关联。

（5）社会语言学的交际界位研究认为，说话者的交际界位是研究互动过程的关键要素，也是社会语言学长期聚焦的互动实践的关键要素，这类互动实践包括以下两个方面的核心关切：a）结盟关系的形成和权力关系的协商；b）相对于在场或缺席的社会他者，说话者利用不确定性选择多重和/或模糊界位的微妙方式。

（6）社会语言学的交际界位研究把交际界位的选定融合在对身份的研究之中，而身份又是在长期的社会活动中与众多不同的交际对象互动形成/共建的。

以上六个方面的特征，体现出交际界位研究对传统社会语言学研究的发展。社会语言学的交际界位研究非常强调语言形式与其所表达的社会意义之间的关系是不确定和可变的，这极大的发展了属于变异研究第一次浪潮的拉波夫的研究案例，对于把语言形式与其社会意义之间的关系看作是静态的、简单的、一一对应的关系的观点，社会语言学的交际界位研究无疑是一个进步。下面我们讨论交际界位研究的前沿性。

8.3 交际界位研究的前沿性

以上讨论了交际界位的概念内涵和交际界位研究的社会语言学特征，接下来讨论交际界位研究的前沿性。一般来讲，这种前沿性体现在对语言与社会关系动态性的探究上面，同时对于风格变异研究以及身份建构研究而言，交际界位研究也提供了新的视角。

8.3.1 语言与社会的动态关系

社会语言学以研究语言与社会的关系为己任。我们在第1章曾讨论"语言"和"社会"在社会语言学研究中的具体体现问题。在社会语言学的研究中,"语言"指人们在社会生活中具体使用的各种语言变体,可以体现在音位、词汇和句法等不同层面上,如音位层面上的儿化音现象或吞音现象、词汇层面具有地方特点的词语以及句法层面的词序倒装现象等。而"社会"这一术语在社会语言学中是指与语言变项相关的社会变项,如性别、年龄、社会地位等。传统的社会语言学,如拉波夫的变异社会语言学,确立了语言与社会的相关性。在此基础上,埃克特(Eckert,1989)将"实践共同体"理论引入变异研究,认为语言变体的社会意义不仅与静态的"言语共同体"相关,更与动态变化的"实践共同体"相关,像米尔罗伊引入"社会网络"概念认识到言说者的能动性那样,将变异研究的第一次浪潮引领发展为第二次浪潮。社会语言学的交际界位研究与此相向而行,在语言变体或语言特征与其所指向的社会意义之间,即在语言变项和社会变项之间,建立起一种动态的、可变的联系,并探究交际界位在其中起到的中介和调节作用。交际界位研究认为,互动双方的交际界位不仅可以对交际活动进行更为细致的描写,也能为传统的社会语言学研究关于语言与社会简单对应关系研究中的例外现象提供充分的解释。

交际界位研究在对语言变项与社会变项之间动态关系的解释力方面展示的前沿性,可以从两方面理解。一方面,语言形式(或语言特征)是说话人表达交际界位的重要手段和语言资源。交际界位的选择与传达需要一定的手段,而语言形式是最常见、最有力的手段之一。语言形式与其他手段(如手势、表情等身体语言等)一样,是说话人在与听话人的互动中表达交际界位,进而实现其社会交际目的的重要资源库。这一点基斯林(Kiesling,2009:179)有过明确的论述,他认为"说话人在对话中首先考虑的就是交际界位的选择",而且"说话人做出种种语言选择的最终目的就是要表达自己的交际界位"(Kiesling,2009:179)。例如,公安执法人员为了表达自己对是非对错非常清楚的认识交际界位和对犯罪嫌疑人严厉打击的人际交际界位,常常会在与犯罪嫌疑人的对话中选择祈使语气和严肃用词,如"不许动!""你的行为涉嫌违法!"等。这类语言形式正是公安执法人员表达交际界位的语言资源。

另一方面,特定的语言形式所能传达的交际界位也不是唯一的、固定的,而是随着互动语境的变化而发生变化,一个语言形式可能会表达多种交际界位。基斯林(Kiesling,2009:179)曾明确指出,"一个语言变体……不见得只能表达一种交际界位或其他社会意义,而是存在多种可能的表达潜势"。对此,布霍尔茨(Bucholtz,2009)也有类似的论述。她调查了墨西哥俚语中的 güey 一词所能指向的多种交际界位,认为该词既可以是一种称呼,也可以是表达重视与强调的话语标记,还可以是年轻人表现自己"很酷"这一认识交际界位的手段。

从这两个方面进行分析,交际界位这一概念可以帮助研究者更为深刻地认识语言变项与社会变项之间的不确定联系。我们会在下面的案例研究中进一步阐释。

8.3.2 对风格的形成与区分的阐释

风格实践是变异社会语言学第三次浪潮中的一个重要研究课题,而对风格变异进行研究,如上一章的讨论所示,也体现着社会语言学的新发展。在这方面,交际界位的概念既可以阐释个体风格的形成,也可以对个体风格进行识别、区分和描述。因此,交际界位研究的前沿性明显体现在风格变异研究上面。

首先,从个人风格的形成来看,社会语言学家常常用交际界位的重复和积累来说明风格的形成过程。在这方面,约翰斯通通过对风格的定义来阐释交际界位与风格的密切联系。例如,她认为风格就是"交际界位行为具体表达方式的不断重复而形成的一套相对稳定的社会实践模式"(Johnstone,2009:31)。从这个定义中我们能够看出,重复性的交际界位行为表达方式可以让一个人的社会行为具备相对稳定的特征,进而可以通过观察其在表达交际界位时常用的语言形式来识别其风格。换言之,风格常常是因为说话人交际界位表达方式的积累而形成的,正如约翰斯通(Johnstone,2009:29)进一步阐释的那样,"重复的交际界

第8章 交际界位研究

位表达方式可以形成与特定个体相关的风格"。

除此之外,交际界位研究还可以对风格的区分提供分析性工具。实际上,社会语言学家对个人风格的描述也常常是通过对其习惯性交际界位表达模式的识别或区分来实现。例如,如果一个人常常用"先生"或"您"这样的礼貌称呼语来称呼对方,那么我们就可以通过他/她的这种习惯性的交际界位表达方式来把他/她识别和描述为一个有礼貌的、具有较高修养的人。相反,如果一个人常常脏话连篇,我们也可以通过他/她的这种交际界位词汇选择习惯将其识别和描述为一个受教育程度较低或者缺乏礼貌素养的人。交际界位研究在这方面的分析,不仅可以区分出不同的风格,而且这种风格的区分为进一步进行风格变异研究奠定了基础。如第7章讨论的那样,风格是拉波夫变异社会语言学中关注的一个传统概念,这个概念在21世纪的社会语言学中重新获得学者的关注,其中一个重要的原因便是交际界位研究所提供的理论视角。在这个意义上,交际界位研究对风格形成与区分所做的理论阐释,不仅丰富了风格变异研究的内容,而且体现出交际界位研究自身所具有的前沿性。

8.3.3 对身份特征的阐释

上一小节的讨论表明,个人风格是通过社会个体的习惯性交际界位表达模式形成和表现的。由于个人风格是个人社会身份的一个重要组成部分,个人社会身份的建构和表现在一定程度上也可以被认为与交际界位表达习惯相关。实际上,社会语言学的研究表明,交际界位概念在理解个体的性别、种族、阶层和宗教等社会身份的形成和区分方面,已经提供了令人信服的阐释。

首先,交际界位研究可以帮助我们认识身份的形成过程。在交际界位研究看来,社会身份的形成体现在社会个体在不同时间和场所表现出来的习惯性交际界位表现方式之中,这些表现方式不仅形成个人的语言风格,而且在风格实践中建构出他/她的社会身份。例如,医生在与同行交流时会经常使用医学术语,在与患者交流病情或治疗方案时也常常使用相当数量的医学术语。每一次使用这类术语都是医生在与同行或患者交际时选择交际界位的表现，同时也是医生对某个医学现象或治疗方法的语言表述，是认识交际界位的具体体现。这种交际界位的表现长期重复出现，可以将医生的形象建构得非常专业，突显其在医疗领域的权威，这在一定程度上也是医生作为医疗从业人员这一社会身份的重要方面。

其次，对社会个体或群体社会身份的认识和区分也需要分析其选择的习惯性交际界位表达方式。对此，基斯林（Kiesling，2009：175）曾指出，"能够让我们在定义某个社会群体的社会话语中（无论是真实的还是想象的）对它们进行识别和区分的正是其成员的习惯性交际界位表现"。实际情况也是如此。在日常生活中常常可以通过一个人的交际界位行为的表达方式（某些语言特征）来判断其社会身份。例如，在一辆公交车上，一位年龄较长的乘客在与另一位乘客交谈时下意识的频繁使用祈使语气和绝对化的价值判断方式，或频繁否定和纠正对方的小问题，那么我们很自然地将他/她的这种人际交际界位和认识交际界位表现与其职业联系起来，进而认为这些表达方式与其社会身份密切相关，甚至据此判断出他/她的社会身份。同样，在校园里，如果一位同学在与另一位同学聊天时常常用足球运动的术语来代替学校日常用语，如把"课间休息"说成是"中场休息"，或者把老师上课的"拖堂"用"加时"来表达，那么我们也可以依据这位同学的认识交际界位来初步识别出他/她的球迷身份。当然，真正做到准确的身份识别和区分需要多维判断和多重验证，但不可否认的是，社会个体的习惯性交际界位表现方式是其中的一个重要维度。

以上讨论的交际界位研究的前沿性涉及语言与社会的动态关系、风格的形成与区分、对身份特征的阐释三个问题，这三个问题可以说是新时代社会语言学关注的新课题。对这些课题的关注本身就体现出社会语言学的前沿性。然而，这里强调的是，交际界位研究的前沿性更多地体现在它所提供的理论视角和理论阐释上面。这和新时代社会语言学注重理论建构形成呼应。在下面的 8.4 我们用两个案例来理解交际界位概念的阐释潜力，在第 9 章我们进一步讨论 21 世纪社会语言学对于理论建构的重视。

8.4 交际界位研究案例

在这一小节我们介绍两个研究案例,说明交际界位概念在语言变项与社会变项之间的中介作用。第一个案例通过直接指向和间接指向等概念,表明在具体的社会交往过程中语言变体与社会身份之间是如何建立相互关联的,同时也对交际界位三角模型进行实例阐释。第二个案例通过对芭芭拉·乔丹演说风格的翔实历时考察,说明交际界位的重复和积累会形成相对稳定的语言风格,建构特定的人物身份。

8.4.1 言语互动与交际界位

言语互动是互动社会语言学分析研究的对象。在第 3 章我们认识到甘柏兹提出的"情景化提示"概念对言语互动具有很强的解释力,同时认识到互动社会语言学在 21 世纪对诸如新媒体中的言语互动这些新课题的关注。这里我们讨论交际界位概念对言语互动的阐释,进而认识交际界位研究对互动社会语言学的发展。

这个案例观察的言语互动场景及其参与的人物和互动的内容如下:

场景:某年冬天的清晨,天气很冷,风很大,天空中开始飘落雪花。在一所小学三年级三班的教师门口,班主任李老师早早地站在教室外面迎接来上学的同学。

(下面是李老师和该班同学罗小美的对话。)

李老师:小美来啦!
罗小美:(摘下自己的帽子和手套)老师您好!
李老师:小美真有礼貌。今天太冷了,快进教室吧,孩子!
罗小美:嗯!谢谢老师!

(源自生活中实际发生的事件)

我们可以借助这一章讨论的社会语言学交际界位及其相关概念来解释以下两个问题:(1)为什么当罗小美跟她的班主任李老师打招呼说"老师您好"时,李老师会觉得小美有礼貌?(2)为什么当班主任李老师对小美说"今天太冷了,快进教室吧,孩子"时,小美会感到李老师是在关心她并对李老师表示感谢?这两个问题很普通,以至于在社会生活中无须回答。但是,作为一门学问,社会语言学就是在回答看似明白无误地问题中提出深刻的思想。

首先解释第一个问题。"老师您好"一般是教育机构中学生向老师打招呼用语这一社会语言学变项中的一个社会语言学变体,类似的变体还有"老师好""您好""老师你好"等。学生罗小美(说话人)通过对这些社会语言学变体的使用,无意识地建构了自己的社会身份(学生)以及自己与听话人(班主任李老师)之间的社会关系(师生关系)。同时,李老师(听话人)也通过对说话人(学生罗小美)所用社会语言学变体的识别和分析来辨别对方的社会身份等社会变项。一般来说,当老师听到学生用"老师您好"向自己打招呼时,便会觉得他/她有礼貌。要解释这一过程,社会语言学的交际界位概念是一个很有用的概念性工具,它与"指向性""指向秩序""风格"和"身份"等工具性概念一起构成了一组解释力很强的概念。

奥克斯(转引自 Bucholtz, 2009: 148)把语言与社会意义之间的指示关系分为直接指向和间接指向两个层面,并认为从直接指向的层面上看,语言形式直接指向互动中的交际界位,即说话人对正在进行的谈话在情感、评价和认识上的主观倾向;从间接指向的层面上看,人们将这些语言形式与会采纳这种交际界位的特定社会群体(social types)关联起来。我们讨论的"老师您好"这一社会语言学变体正是奥克斯所述的语言形式的一种。这一框架可以帮助我们理解学生罗小美用"老师您好"向李老师打招呼时老师会觉得她很有礼貌。

例如,从直接指向的层面上看,这一句学生对老师的称呼用语直接指向学生在师生互动关系上的交际界位,体现了学生在互动中的主观倾向。按照杜博伊斯(Du Bois, 2007)的划分,交际界位表达行为有三个子行为:评价(evaluation)、结盟(alignment)和定位(positioning)。其中的定位是"社会行为者在责任上定位并激活社会文化价值观的行为"(Du Bois, 2007: 143)。具体到该案例,"老师您好"中的称呼语"老师"和尊敬称呼用语"您"都在认识交际界位上将听话人定位到"老师"的身份和较高的社会地位上,同时也把说话人(罗小美）自身定位到分别与之对应的"学生"身份和较谦卑的地位上。这说明罗小美同学主观上乐于认可听话人"老师"的身份，并把这一身份放置在自己的学生身份之上加以尊敬，由此唤起"对老师要礼貌"的社会文化价值观，提醒听话人（李老师）自己的行为符合这一社会规范，说话人是一个讲礼貌的学生。由此来看，"老师您好"这一社会语言学变体在具体的互动过程中可以表达学生"尊敬老师"的交际界位，也建构了说话人的"学生"身份和"有礼貌"的言语风格。

从间接指向的层面上看，"老师您好"这一用语并非罗小美同学首创，而是在长期的师生交流互动中逐渐形成的相对固定的用法。随着"老师您好"这一社会语言学变体在学生与老师的互动中不断重现，其使用者的（学生）身份和（有礼貌的）言语风格也随之不断得到强化，由此形成一个指向秩序。在这一秩序中，"指向符每一次正常使用的语境都蕴含着某种特定的图式，人们以此推理它在该语境中使用的合理性"（Silverstein，2003：193）。也就是说，在学生向老师打招呼的语境中，"老师您好"的每一次正常使用都蕴含着学生对自己交际界位的定位和由此形成的言语风格（有礼貌的）及身份（有礼貌的学生）等信息，听话人（老师）可以据此推断说话人（学生）在这一语境下使用它是合理的（有礼貌的）。如埃克特（Eckert，2012：94）所说的那样，这种合理性"一旦被认可，语言形式就会被剥离出来，独立指向相应的社会群体成员"。随着时间的推移和人们对"老师您好"在学生向老师打招呼这一语境中合理性的认同，人们也会将"老师您好"与其使用者（学生）这一社会群体直接关联起来，将这一语言形式与它的社会意义（表现出说话人的礼貌）直接关联起来，从而在意识形态上形成关于"老师您好"这一社会语言学变体的元语用模型（metapragmatic stereotype），将"老师您好"与其社会意义之间的间接指向性简化为一种直接关联。这时，当人们听到有学生用"老师您好"向老师打招呼时就会认为他/她是一个有礼貌的学生。在本研究案例中，班主任李老师正是从这种间接指向关系出发，把罗小美同学的"老师您好"识别为与之直接关联的社会意义，即罗小美同学在与老师交流的过程中把自己的交际界位定位在尊敬老师的界位上，进而把该同学识别为一个有礼貌的学生。

我们再看第二个现象。当班主任李老师对罗小美同学说"今天太冷了，快进教室吧，孩子"时，罗小美同学认为李老师是在关心自己并对老师的关心表达了感谢。这一点我们可以用杜博伊斯的交际界位三角模型来解释。

在8.1.1我们提到，杜博伊斯用一个三角模型（见图8-1）定义交际界位，这体现出一个具体的交际行为（同时也是一个交际界位表达行为）同时涉及三个要素、三组关系和三个子行为。交际行为的三个要素分别是主体一、主体二和双方在本次交际中共同涉及的评价客体。具体到本案例中，班主任李老师与该班同学罗小美在教室门口的简单交际行为所涉及的三个要素分别是主体一：班主任李老师；主体二：该班同学罗小美；共同客体：天气状况。借助杜博伊斯的交际界位三角模型，可以认为这次交际行为所涉及的三组关系分别是：主体一与共同客体的关系，主体二与共同客体之间的关系，以及主体一与主体二之间的关系。具体来讲，这三组关系分别是：主体一（李老师）与共同客体（天气）的关系，主体二（罗小美同学）与共同客体（天气）的关系，以及主体一（李老师）与主体二（罗小美同学）之间的关系。

上述三组关系将交际界位表达行为的三个要素紧密联系在一起。其中的两个交际界位主体通过共同的交际界位客体形成互动，协商彼此之间体现在结盟上的或近或远的动态交际关系。每一个主体的交际界位表达行为又可以进一步分成三个交际界位表达的子行为，如主体一在表达交际界位时有以下三个子行为：（1）表达自己对共同交际界位客体的评价；（2）通过对共同交际界位客体的评价表达对自己的定位；（3）通过对自己的定位表达自己在与主体二互动中的交际界位，与主体二协商彼此之间的关系。就本研究案例而言，我们可以结合交际界位表达行为的三个子行为，分别从主体一、主体二和两个主体之间关系的角度进行分析。

从交际界位表达行为的主体一（班主任李老师）的角度看，李老师在对学生罗小美说"今天太冷了，快进教室吧，孩子"时也是在对本班同学罗小美表达自己的交际界位。李老师在说这句话的同时也包含三个子行为：（1）表达自己对当时天气的评价，即"太冷了"；（2）通过对天气的评价表达对自己的定位，即自己认为天气太冷了，应该主动关心同学们的切身感受；（3）通过对自己的定位（主动关心同学）表达自己

第8章 交际界位研究

在与罗小美同学的交际中的交际界位，即主动关心、爱护罗小美同学，与对方在谈话互动中协商并建构一种积极的、亲切的、和谐的师生关系，这一点在后面的"快进教室吧，孩子"也能得到佐证。

再从交际界位表达行为的主体二（罗小美）的角度看，天气很冷是自己能够在上学路上切实体会到的事实，班主任李老师在与自己的对话中认同这一事实，与自己对当时天气的认识一致，进而意识到李老师能够站在自己的位置上考虑自己的切身感受，向自己传达的是积极的、和善的态度，是在关心、爱护自己。

最后，从两个交际界位主体的相互关系来看，在这次简单的交际界位表达行为中，主体一班主任李老师通过对共同客体天气状况的评价，把自己定位在关心、爱护同学的界位上，主体二罗小美也通过对天气状况的感知意识到李老师对自己的积极、亲切的态度，两个主体在此过程中共同建构了一种积极的、和谐的师生关系。因此，罗小美同学在听到班主任李老师说"今天太冷了，快进教室吧，孩子"时会感受到老师对自己的关心、爱护，意识到这种积极、和谐的师生关系的存在。相反，如果班主任李老师当时没有说这句话，而是站在教室门口提出要突击检查作业或者强调学校纪律，那么罗小美同学主要感受到的就不是关心爱护，而是老师的严格要求，两个交际界位主体之间通过另一个共同交际界位客体（作业或纪律）协商、建构的也将是一种严肃的、界限分明的、甚至是相互冲突的师生关系。

8.4.2 交际界位与语言风格

我们在8.3.2中曾提到，交际界位主体在不同时间、地点选择具有重复性和习惯性的交际界位行为表达方式（特别是语言选择方式），有助于形成个人语言风格，也有助于其他交际界位主体通过这种表达方式识别其语言风格。当一个人在不同的时间、地点和场合都使用类似的语言形式，如常常使用"有可能吧"这类的有不确定含义的插入语表达自己的交际界位（如对所谈之事的看法）时，会逐渐形成他/她的"小心谨慎"或者"不够自信"的语言风格。人们也可以根据"有可能吧"这类插入语来识别他/她的这种风格。在这个意义上,约翰斯通(Johnstone,2009)对美国黑人女政治家芭芭拉·乔丹(Barbara Jordan,1936—1996)语言风格的分析很有借鉴意义。下面我们先介绍芭芭拉·乔丹其人,之后介绍约翰斯通的分析,最后做一些讨论。

1. 芭芭拉·乔丹其人

依据约翰斯通(Johnstone,2009)的介绍,芭芭拉·乔丹是美国历史上首位黑人女性众议员。她于1936年出生在得克萨斯州的休斯敦,1956年毕业于得克萨斯州南方大学(美国历史上最大的为黑人建立的学校之一),1959年进入波士顿大学法学院学习。从波士顿法学院毕业后,她回到休斯敦并在那里短暂地从事法律工作。芭芭拉·乔丹是第一位当选得克萨斯州参议员的非裔美国妇女。1972年,她当选为休斯敦第18区在美国众议院代表,成为美国众议院第一位来自南方的非裔美国妇女。她通过高明的政治手段,其中相当一部分是通过公开演讲的方式,使听众感到鼓舞人心,从而崭露头角。1972年,她作为众议院司法委员会成员发表电视讲话,当时该委员会正在审议是否应弹劾理查德·米尔豪斯·尼克松(Richard Milhous Nixon)总统,她也因这次电视讲话第一次获得广泛的全国性关注。1976年,芭芭拉·乔丹成为第一个在民主党全国代表大会上做演讲的非洲裔美国人,同时也是第一位在民主党全国代表大会上做演讲的女性代表,她在会上推举吉米·卡特(Jimmy Carter)为总统候选人。1992年,她再次被邀请作为主旨发言人在民主党全国代表大会上发言。这两次演讲产生了很大影响,其内容也被广泛引用。在1996年去世前,她经常接受报刊和广播的采访。从政界退休后,她成为德州大学林登·约翰逊公共事务学院的一位全职教授,广受学生欢迎,但期间仍然大量参与政治活动。直到今天,芭芭拉·乔丹仍被视为非洲裔美国妇女和政治家的典范,也被认为是一个"好榜样"和政府道德方面的权威。芭芭拉·乔丹的成功在很大程度上得益于她的个人语言风格。这种风格有利于她摆脱"黑人""女性"等身份带来的不利影响,增加她在政治生活中的个人语言魅力。她的语言风格也以她的名字命名,被称为"芭芭拉·乔丹风格"。

2. 交际界位表达与演讲风格的形成

芭芭拉·乔丹的嗓音像男中音一样浑厚有力，这可能与她对说话方式性别差异的抵制有关。她不追求风格的变化，而是追求语言风格尽量稳定。她用词考究、精细，坚持标准书面语的语法规范。无论是在公共场合的正式演讲，还是面对面的非正式谈话，她都会认真思考、仔细选择，用浑厚的嗓音清晰而缓慢地说话，让人感觉到她的深刻、博学、智慧和对原则的坚持。最重要的是，芭芭拉·乔丹通过多种手段在自己的交际界位表达行为中表现出一种异于常人的权威感。她常用的交际界位表达方式有（但不限于）以下几种：（1）通过明示标记或模糊陈述凸显自己的思考过程和深刻认识；（2）通过选用正式词汇和复杂句式凸显正式、精确、考究的交际界位，与听众保持距离；（3）通过词汇的新用法表达对自己观点的信心和确定性。下面我们看约翰斯通（Johnstone, 2009）分析她如何在语言表达和个人风格之间建立起联系。

首先，芭芭拉·乔丹在表达自己的交际界位时常常使用"我认为（I think）"之类的明示标记和"那或许是真的，或许不是（that may or may not be true）"之类的模糊陈述，让听话人感受到她自己的深入思考过程，同时也让她自己的观点更显严谨和权威。例如，当约翰斯通在采访中问及政治竞选中的地域性差异时，芭芭拉·乔丹的回答如下：

> 哦，<u>我认为</u>，呃，这不是竞选风格的问题，而是其他问题。就拿当前的女权主义问题来说，在我看来，地区之间的反应是不同的。在南方，你会发现更多的人，<u>这可能太过笼统，但我不确定</u>，更多的人比其他地区更重视婚姻的忠诚度，现在，<u>这可能是真的也可能不是，但我有这种感觉</u>，民意调查将表明这样的事情，如果你看 Gallup Poll 或者 Harris Survey 这样的全国性调查机构，以及人们如何回应，呃，克林顿的阴谋，呃，<u>你可能会发现</u>一些不同的看法。所以<u>我认为</u>，这些问题，政治问题，可能会在不同的地区出现，而不是竞选风格的问题。（Johnstone, 2009: 39。中文译自英文原文，下划线为译者所加，下同）

从上面的回答可以看出，芭芭拉·乔丹在表达自己对该问题的看法和观点时表现出了严肃、严谨的态度，多次提醒听话人注意自己的深思熟虑和思考过程。其中有一些是通过示证性（evidentiality）明示标记实现的，如"我认为（I think）""在我看来（in my opinion）"和"我有这种感觉（I get that sense）"。这类标记明确提示听话人自己在表述观点前有一个思考的过程，提醒对方注意自己的观点是经过深思熟虑的，是值得信赖。芭芭拉·乔丹的交际界位表达也有一些是通过模糊陈述实现的，如"这可能太过笼统（this may be too much of a generalization）"、"这可能是真的也可能不是（that may or may not be true）"和"你可能会发现（you may find）"。这类模糊陈述让她的陈述内容显得不那么绝对，尽管她个人对自己的想法抱有信心，但表达的如此留有余地也使听众认为她的观点更严谨，因此也更容易被接受。

其次，芭芭拉·乔丹通过选用正式词汇和复杂句式凸显正式、精确、考究的交际界位，与听众保持一定的距离。她的用词相对正式，表达精确，词汇承载的信息量大。如下面一段她在访谈中的回答：

> 我也为南方感到骄傲，但并不总是这样，但我渐渐喜欢上了南方，当然，种族问题让南方长期以来受到负面影响，但当我还是国会议员时，南方人会……聚在一起。我是说美国众议院里的南方代表团会精诚团结，而美国的其他地方则不具备这种地域性的团结，是的，就是这样。现在国会里面甚至还有南方同盟，当时我在国会的时候还没有，但是现在我认为它是存在的。当我在那里的时候，呃，德克萨斯州是个与众不同的地方，我们，至少我们认为自己是与众不同的笑，呃，实话实说，确实有一点点优越感。这是德克萨斯州自吹自擂的结果，情况就是这样。（Johnstone，2009：40）

从上面的例子可以看出，芭芭拉·乔丹在用词上非常考究，尽管是口语化的访谈，她也坚持用"负面（negative）""精诚团结（affinity）""代表团（contingent）"和"自吹自擂（braggadocio）"等较为正式的、多音节的书面语常用词汇，以此展现其特有的交际界位表达模式，建构权威的交际界位。此外，芭芭拉·乔丹在访谈中也更倾向于选用较为复杂的句式，如上例中的最后一句"情况就是这样（that's what that is）"。来自同一次采访中的下面一段回答更加明显（例文部分保留了原文中的下划线）：

第 8 章　交际界位研究

你会发现，<u>现在有很多公共演说家都在尝试学习他们部长的演说方式</u>，而这位黑人部长的演讲风格明确而独特，完全与众不同，而且在我看来，与这个国家的任何其他人都不同。而这正是一位黑人牧师的角色所带来的影响。我不认为这个角色在任何其他种族或人群中是最重要的，但对我们来说却是如此。<u>我想，正是这种黑人牧师的演说方式影响了一个黑人发表演讲的方式</u>。（Johnstone，2009：40-41）

在这个回答中，开头和结尾处加下划线的部分是典型的主从复合句式，其中第一处"现在有很多公共演说家都在尝试学习他们部长的演说方式"中，修饰 people 一词的定语从句中又嵌套了一个修饰 speakers 的定语从句（英文为："People who are public speakers who try to reflect what they have heard from their minister."）。同样，最后一句"我想，正是这种黑人牧师的演说方式影响了一个黑人发表演讲的方式"中"the way"的定语从句里也嵌套了一个修饰 a person 的定语从句（英文为："It is because of that preaching that uh influences I think the way that a person who is black would deliver an address or a speech."）。主从结构复合句的普遍使用也有助于表达她思想的复杂性，传达其交际界位表达的权威感。

再次，芭芭拉·乔丹还通过词汇的新用法表达对自己观点的信心和确定性，如在《时代周刊》对她的采访中，芭芭拉·乔丹有这样一段话：

<u>这是不对的；是不正确的；它不应该发生。这些事情可能并不违法，但对于一个公务员来说，区分什么是合法的和什么是道德的是非常重要的</u>。我告诉被任命者，"你们不能参与任何哪怕是轻微的不道德勾当"。作为司法部长的埃德·米斯多次这样做。<u>司法部长仅仅说"我没有违法"是不够的</u>。（Johnstone，2009：42）

如划线部分所示，芭芭拉·乔丹在交谈中大量使用系动词"是（be）"，甚至把它作为主要动词来用。这种用法充分利用了系动词在表达"永久的、普遍的真理"方面的功能，把自己的观点用呈现真理的方

式表达出来,凸显其不可辩驳的权威性。

总之,以上这些交际界位表达模式都能在不同程度上表现出芭芭拉·乔丹富有权威的交际界位。随着这些交际界位表达模式在具体的交际互动中不断得以重复,芭芭拉·乔丹的这种富有权威的交际界位也在不同时间、不同地点、不同场合并在不同的语体中不断得到强化,进而形成她特有的、权威的、有说服力的演说风格。

3. 乔丹语言风格的形成历史

1992年2月,芭芭拉·约翰斯通(Barbara Johnstone)曾和朱迪丝·马特森·比恩(Judith Mattson Bean)及德尔玛·麦克劳德·波特(Delma McLeod-Porter)一起就芭芭拉·乔丹的语言风格来源问题对乔丹本人进行过采访。从这次采访的内容来看,芭芭拉·乔丹的交际界位表达方式(即语言选择方式)可以追溯到她的童年时期和逐步走向成熟的青少年时代。也就是说,芭芭拉·乔丹在未成名之前很可能就已经在使用类似的言语风格进行自我表达了,"芭芭拉·乔丹风格"在她的孩提时代就已有雏形,它历经不同时代、不同地点和不同场合并在不断重复中慢慢形成、发展并逐渐走向成熟。

按照芭芭拉·乔丹自己的描述,童年的语言和语言思想环境使她接触到了几种不同的语言观念和多种语言模式。在家里,乔丹的母亲鼓励孩子们说话要小心仔细、清晰明了。她希望孩子们使用正确的英语,而且她本人也从来没有在与孩子的交谈中使用过婴儿用语或黑人英语之类的非标准语言。另外,芭芭拉·乔丹成长于一个浸礼会教堂,她的父亲是那里的一名牧师,她的母亲则在那里担任着对妇女开放的公共演讲者的角色。可以说,芭芭拉·乔丹坚持使用"正确的英语"并选择一个需要在公共场合演讲的职业都与她母亲的职业和语言教育不无关系。在当时的黑人教会里,女性是不适宜担任牧师的角色并进行布道的,也就是说,在芭芭拉·乔丹儿时的生活环境里,人们的言语期待中存在性别化差异。尽管周围都是黑人,但人们对女性说话内容和方式的期待和要求是有别于男性的。芭芭拉·乔丹承认这种性别化言语期待的存在,但是她声称自己并没有被期望或要求要与男孩子说话不同。这一点可以

第 8 章 交际界位研究

从她一直保持的富有特色的浑厚男中音上看得出来。除此以外,芭芭拉·乔丹年轻时还常常听到她牧师父亲以及其他传教士的演讲,这些演讲的某些方面也被她学习吸收并最终成为"芭芭拉·乔丹风格"的一部分。正如她在采访中所说:正是这种黑人牧师的演说方式影响了一个黑人发表演讲的方式。

由此可见,芭芭拉·乔丹父母的家庭教育方式和相对宽松、开明的语言要求,加之成长环境中公共演讲的熏陶,都促成了芭芭拉·乔丹"使用正确英语"这一语言意识形态的形成,进而也促成了她在表达交际界位时相对稳定的语言选择模式。

除了家庭环境的影响,芭芭拉·乔丹还在高中和大学时代积极参加各种辩论赛或演讲比赛,这些经历对她的言语风格(特别是演说风格)的形成起到关键性的作用。对她而言,个人言语风格的形成其实就是学习作为一个演说家如何在公共场合让人感觉可以信赖并取得成功的过程。相比轻松随意的私人聊天,芭芭拉·乔丹更青睐在公共场合进行的正式的、有准备的演说语体。在这次采访中,她也直言参加演讲比赛对她的影响:

> 好吧,我确实比较能说,但在初中和高中时,我总是参加各种校际联盟的演讲比赛,我在高中时和在德州南方大学时都是学校辩论队的成员,我认为参加那些比赛,因为我一直想赢得比赛……就是我练习公共演讲技巧的开始。(Johnstone,2009:36)

值得一提的是,在那段参加辩论或演讲比赛的经历中,芭芭拉·乔丹有幸遇到了一位富有影响力的辩论教练托马斯·弗里曼(Thomas Freeman)。她在采访中特别提到了弗里曼的那种"生动表达"("dramatic" delivery)对她的鼓舞和激励:

> 当我在得克萨斯南方大学辩论队时,托马斯·弗里曼正是得克萨斯南方大学的辩论教练,他坚持要求我们在陈述材料时要生动、形象,因为他本人一直都是富有感染力的成功演说家。这是他对我们每个人的影响。(Johnstone,2009:37)

最后,芭芭拉·乔丹还在采访中提到,自己学习法律的经历也是

"芭芭拉·乔丹风格"的一个重要来源。那段经历让她意识到公共演讲不仅需要表面的文字功夫，更需要缜密、有逻辑的深入思考。正如她在采访中所说的，"最大的区别在于，我在法学院学会了思考。我不再从思想的表面写起，而是决定对这些想法进行深入探究，看看是否真的有什么东西在那里，因为重要的是要弄清一个想法的根底，并让它在法律上、在法律论证上站得住脚。这很重要"（Johnstone，2009：37）。此后她更注重在演讲或准备演讲稿之前先进行一番周密的论证推理，力图找到思想深处真正有意义的东西，而不是进行言之无物的空谈。这种影响让芭芭拉·乔丹的演讲更具理性魅力和逻辑魅力，也能对听众产生更强的吸引力和说服力。

4. 交际界位中的语言风格

约翰斯通（Johnstone，2009）以芭芭拉·乔丹的演说风格为研究对象，通过分析其表达交际界位的语言方式建立起这些表达方式与其演说风格的联系。这个案例研究在一定程度上表明，一个人语言风格的形成是一个交际界位不断积累的过程，在这个过程中，这个人通过经常性地使用某些特定的表达交际界位行为的语言方式，不断地重复着自己在与听者关系、与所谈之事关系中的定位，久而久之逐渐形成自己的语言风格。在这方面，交际界位研究强调了风格的动态性和不确定性。风格，特别是语言风格，是个体言说者在具有个体语言特点的语言实践中不断重复某些具有个体特点的语言表达方式的结果，而这些具有个体特征的语言表达方式是导致语言风格因人而异的主要原因。就约翰斯通的这个研究案例而言，"芭芭拉·乔丹风格"有着广泛的社会语言背景，芭芭拉·乔丹从儿童时代开始就不断对这些资源吸收整合，逐渐形成自己特有的交际界位表达模式：她嗓音浑厚、用词考究、坚持标准书面语的语法规范；通过明示标记或模糊陈述凸显自己的思考过程和深刻认识；通过选用正式词汇和复杂句式凸显正式、精确、考究的交际界位，与听众保持距离；通过词汇的新用法表达对自己观点的信心和确定性。这些交际界位表达方式都让她在交际互动中表现出特有的交际界位：自信和权威。随着芭芭拉·乔丹的成长和事业的不断进步，她特有的交际界位表达方式也在不同时间、不同地点和不同场合不断得以重复和强化,她在自我表达时那种特有的权威感也随之不断加强,进而形成其特有的演讲风格。

通过这个案例我们看到,"交际界位"这一概念对语言风格的形成具有很强的解释力。这同样适用于对个体身份建构的阐释。个体身份,与个体的语言风格一样,都与语言有着密切的联系,这种联系一方面体现在身份和风格通过语言变体来表现,另一方面也体现在语言变体可以建构身份和形成风格。对这个辩证过程进一步深入阐释,社会语言学的交际界位研究提供了新的理论视角和概念性工具。通过这一小节的案例分析我们可以看到,语言变体和身份、风格的辩证关系还具有因人而异、随时空而变的不确定性和动态变化特征。对这些具有"地方"特征的语言与社会关系的认识,在一定程度上代表了新时代社会语言学新的理论发展方向。第6章讨论的语言流动性、第7章讨论的风格变异都涉及21世纪社会语言学的新关注,而这一章讨论的交际界位研究,则更为具体地突显了新时代社会语言学在理论概念上的新发展。接下来在下一章,我们讨论新时代社会语言学跨学科的新发展。

8.5 小结

"交际界位"是社会语言学的新概念,是变异社会语言学发展到第三次浪潮时用以研究语言变项与社会变项关系的一个重要的工具性概念,正如恩格布雷森(Englebretson,2007:1)所言,"在21世纪的最初几年,语言学和其他相关学科对交际界位的研究兴趣明显高涨起来",而在这之后的二十年间,这种研究兴趣得以持续,包括社会语言学在内的诸多学科在交际界位的研究方面不断取得进展,涌现了一批颇有价值的研究成果。探讨新时代社会语言学新发展,不可不关注交际界位研究。

本章介绍了交际界位概念的内涵和定义,讨论了交际界位研究的特征以及交际界位研究的前沿性。新时代社会语言学的新发展不仅关注新的语言运用问题,而且关注这些新的语言运用所体现的新的社会范畴,包括风格变异和身份建构问题。交际界位的概念对这些新的语言使用与社会范畴之间的关系提供了新的阐释。在这一章，我们通过两个案例阐释了社会语言学的交际界位概念在解释语言与社会关系这一社会语言学核心议题中的重要作用，即语言变项与社会变项之间的关系并非是静态的、固定的、直接的，而是以交际界位为中介，由交际主体共同在动态的交际互动过程中协商形成的，因而也是动态的、不确定的。在这个问题上，交际界位的概念是对互动社会语言学的发展，也是对变异社会语言学的拓新。

第 9 章
话语互动研究

社会语言学在 21 世纪的新发展,不仅体现在新术语和新概念上面,而且体现在跨学科发展方面,特别是体现在话语研究与社会语言学的融合发展方面。在第 5 章讨论基于话语研究的社会语言学时,我们就认识到话语研究在变异社会语言学的发展过程中起着重要作用。例如,在 5.3 的讨论中,我们阐释了批评话语分析的"市场化"概念如何将拉波夫纽约百货商场案例研究中时空意义上的"市场"概念加以引申,同时我们也说明"市场化"这一概念如何体现出社会变革的过程以及语言在这个过程中的作用。在这一章,我们将"基于话语研究的社会语言学"从变异社会语言学扩展到互动社会语言学,讨论话语研究与互动社会语言学融合发展的一个新成果,即批评话语研究的"话语互动"新路径。具体来讲,我们在 9.1 讨论互动社会语言学从"言语互动"到"话语互动"的发展,并阐释话语互动概念的内涵,在 9.2 讨论进行话语互动研究的路径,9.3 讨论话语互动研究的案例,借此阐释话语互动研究与互动社会语言学融合发展对于社会语言学跨学科发展创新的意义。

9.1 互动社会语言学的发展

我们在 3.4 一节中讨论过互动社会语言学的发展,但讨论重点在于互动社会语言学对 21 世纪社会生活中出现的新的语言问题的研究。与此不同,这一小节再次讨论互动社会语言学的发展,我们将重点讨论互动社会语言学的理论发展,从互动社会语言学关注的"言语互动"出发,讨论从"言语互动"到"话语互动"这一发展过程中互动社会语言学对话语研究的启示,以及在这个彼此借鉴过程中互动社会语言学的跨学科理论发展。

9.1.1 从"言语互动"到"话语互动"

在 3.2 一节讨论互动社会语言学时,我们阐释了"互动"这个概念在互动社会语言学中的三个特征,同时我们也指出,"互动"在社会语言学中主要以"会话"的形式存在,表达某种"言语互动",即交际双方通过言语实现彼此之间意义的交流和行为的相互影响。这里我们借用互动社会语言学家菲什曼(Fishman, 1997)关于"会话"与"言语互动"的阐述进一步说明这一点。

她在描述这段"会话"的"撰写本"(见图 9-1)时,谈到:

> 这是一段<u>互动</u>的开始部分,妻子在读一本她专业领域的书,丈夫在做沙拉。妻子说了两句"你知道吗?(d'ya know)",表明她不确定丈夫是否会注意到她在说下面的事情。……"你知道吗?(d'ya know)"仅可以解决类似得到反馈这样的小问题,还不能使<u>会话</u>进行下去。
>
> 她第二次试图引起丈夫注意的努力是在会话的第 5 个片段,她不仅使用了"你知道吗?(d'ya know)"的策略,还使用了"那很有趣(That's very interesting.)"的策略。她的这个双重努力直到第 8 个片段才使她丈夫参与到<u>会话</u>中来。
>
> ……
>
> 这个转写本表明,一些策略被用在会话当中,同时还表明妻子在努力寻求<u>互动</u>而丈夫则不是全神贯注地参与并以此显示权威。随着<u>互动</u>的展开,妻子越发感到让丈夫参与会话的困难,因而不断使用策略。即使这样,她也只是获得丈夫的短暂回答,无法让丈夫长时间的参与<u>会话</u>。(Fishman, 1997: 423, 425。中文由本书作者译自英文原文,下划线为译者所加。)

第 9 章　话语互动研究

TRANSCRIPT

1	F: I didn't know that. (=)　　　　Um you know that (garbage disposal on) that organizational M:　　　　　　Hmmm? (=)
2	F: stuff about Frederick Taylor and Bishopsgate and all that stuff? (=)　⌈In the early M:　　　　　　　　　　　　　　　UmHm ((yes)) ⌋
3	F: 1900's people were trying to fight favoritism to the schools (4) M:　　　　　　　　　　　　　That's what we needed. (18) I
4	F: M: never did get my smoked oysters, I'm going to look for (inaudible) (14) Should we try the
5	F:　　　　　　　OK. That's a change. (72) Hmm. That's very interesting. Did M: Riviera French Dressing? (=)
6	F: you know that teachers used to be men until about the 1840's when it became a female occupa- M:
7	F: tion? (2)　　　　Because they needed more teachers because of the increased enroll- M:　　　　Nhhmm (no) (=)
8	F: ment. (5)　　　　　　　　　　　　　　Yeah relatively and the status (7) M:　　And then the salaries started going down probably. (=)
9	F:　　　　　　　　　　　　⌈There's two bottles I think⌉ M: Um, it's weird. We're out of oil again. ⌊Now we have to buy that.⌋ (whistling) (8) Dressing
10	F:　　　　　　It does yeah. (76) That's really interesting. They didn't start M: looks good. See? (2) See babe? (1)
11	F: using the test to measure and find the you know categorize and track people in American M:
12	F: schools until like the early 1900's after the army y'know introduced their array alpha things M:
13	F: to the draftees (?) And then it caught on with schools and there was a lot of opposition right M:
14	F: at the beginning to that, which was as sophisticated as today's arguments. The same argu- M:
15	F: ments y'know (=)　　But it didn't work and they came (4)　　　⌈heh M:　　　　Yeah (=)　　　　　Leslie White is probably right. ⌋

图 9-1　一段夫妻间的会话（Fishman，1997: 424）

　　在这段描述中，我们可以清晰地看到，"会话"和"互动"这两个术语之间的区别与联系。例如，在谈论夫妻之间交流的形式时，菲什曼使用"会话（conversation）",如"一些策略被用在会话当中";而在谈论会话所引发的活动时,她使用的术语是"互动（interaction）",如"妻子在努力寻求互动而丈夫则不是全神贯注地参与并以此显示权威"。需要注意的是,"会话"和"互动"之间的这种联系在互动社会语言学中也体现为一种侧重性区别。如我们在 3.2 中讨论的那样,互动社会语言学并不是仅仅关注语言的使用,而是关注"言语事件",关注参与言语事件的各方彼此之间通过言语交际所形成的相互影响,关注这种影响导致的、体现在行动上的相互作用。在这个意义上,互动社会语言学的研究对象是"言语互动"。同时,互动社会语言学对"言语互动"的研究需要通过分析"会话"来实现,正如我们在 3.3 节中讨论的那样,互动社会语言学的研究方法是"会话分析"的方法。因此,可以说,在互动社会语言学的研究中,"会话"和"互动"各自所体现的侧重点不同,"会话"是"互动"在"言语事件"中的表现形式。

作为"互动"的表现形式,"会话"在互动社会语言学中被称为"言语互动"。但是,我们也需要认识到,互动社会语言学关注的"言语互动"还只是一种体现在言语事件中的社会互动,而且这种社会互动的参与者只是言语事件中的个体。如果将这种社会互动置于大的政治经济社会语境之中,社会互动的参与者是代表不同机构、不同利益的社会互动者,那么,我们就需要汲取话语研究、特别是批评话语研究的成果,将"言语互动"的概念发展为"话语互动"的概念。

"话语互动"的概念在一定程度上受到"言语互动"概念的启示[1],因此可以说,"话语互动"概念的提出是互动社会语言学对话语研究的一种启示。同时,"话语互动"的概念也在研究对象方面扩展了"言语互动"概念的范畴,因此同样可以说,话语研究发展了互动社会语言学的研究。关于话语研究与社会语言学的这种跨学科性的辩证关系,我们在第 5 章从话语研究与变异社会语言学跨学科的视角进行了深入的探讨,这一章我们将这种讨论扩展到话语研究与互动社会语言学之间的相互借鉴。如这一章的标题所示,话语研究与互动社会语言学的跨学科结合产生的一个成果便是"话语互动研究"。

---

[1] 之所以说"在一定程度上"受到言语活动这个概念的影响,是因为"话语互动"的概念还与其他概念相关联。例如,田海龙（2021b）还曾论述"话语互动"与"符号互动"这个概念的联系。

第 9 章　话语互动研究

话语互动研究自然要关注"话语互动"。所谓"话语互动",简单来讲,就是话语与话语之间的相互作用。然而,田海龙(2020)指出,如果要深入了解"话语互动"的内涵,就需要对"话语"的概念做专业的解读。由于人们在社会生活中一般通过"说"或"写"来完成"活动(action)",进而实现"互动(interaction)",所以,在话语研究领域"话语"被认为是"活动的一部分"(如Fairclough, 2003: 26),或曰"话语是社会实践"(Fairclough & Wodak, 1997)。如此将语言运用与社会活动联系起来,表明学者对话语的认识从关注"话语是什么"转向"话语做什么"(Krippendorff, 2020: 12),而将一个话语所做之事与另一个话语所做之事联系起来,进而考察这种联系可造成的后果,则是话语研究领域的学者需要研究的"话语互动"。

9.1.2 "话语"与"话语互动"

"话语"在批评话语分析中的含义是"社会实践"(Fairclough, 2003),但也可以是一组关于某个宏观话题的论述(Wodak, 2009),如关于政治话题的一组论述可称作政治话语,关于教育话题的一组论述可称为教育话语。这些论述的体现形式可以是"文本",包括口头的演讲和书面的文件,这些"文本"还可以体现为不同的语体,如政治话语体现为政治家的演讲语体,或政党文件的语体。因此,"话语"可以代表一个抽象的意义,在英语中通过大写第一个字母"D"(如"Discourse")表示(Gee, 1999);同时,"话语"的抽象意义可以具体体现为"文本",也可以体现为具体的、表示做事方式的"语体",还可以具体体现为再现某种事实的"话语"。这时,"话语"作为一个体现抽象意义的、具体的意义,可以用小写的字母"d"(如"discourse")表示(Gee, 1999)。

抽象的"话语"概念除了可以具体体现在"文本""语体"和具体的"话语"上面以外,还体现在语言使用和与语言使用相关的社会因素不可分离的特性上面。对此,田海龙(2020)用一个椭圆形象地表示"话语"(如图9-2所示)。在这个椭圆当中,"话语"具体体现为"语言使用",如具体的"文本""语体"和"话语",同时,这些具体的语言使用形式不是孤立存在的,而是与使用这些语言形式的人以及这些人所依据的机构和代表的价值取向有着密切的联系。这种联系是不能分开的，一方面像一个硬币的两面那样你代表我、我也代表你，另一方面也体现为二者之间相互作用的辩证关系，你反映我、我建构你。换言之，语言使用的过程体现着语言使用者的所有特征，同时，语言使用者也可以通过选择使用一定的语言形式表达自己的利益诉求、建构自己的机构身份、实现自己的价值取向。这种辩证关系即是一种社会实践，即社会活动者通过语言使用参与社会活动，建构社会身份，再现社会事实。

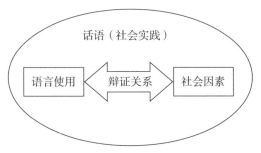

图 9-2 "话语"的概念（田海龙，2020：130）

由此可见，不同话语之间相互作用，即是一个社会实践与另一个社会实践之间的相互作用和影响，称为"话语互动"，如图 9-3 所示。

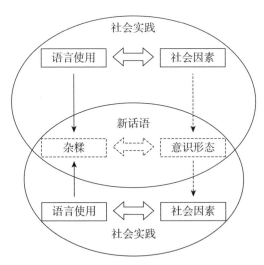

图 9-3 "话语互动"的概念（田海龙，2020：130）

图 9-3 中，上面那个大一些的椭圆代表一个话语，它由语言使用和社会因素构成，彼此之间的辩证关系体现出该话语社会实践的特性。下面那个小一些的椭圆代表另一个话语，它也由语言使用和社会因素构成，彼此之间的辩证关系也体现出该话语的社会实践特性。代表这两个话语的椭圆不一样大小，象征性地表明这两个话语之间的关系具有不对等的特征。而这两个椭圆相互重叠象征性地表明这两个话语之间存在相互作用和影响的情况。

不同的话语是社会结构网络中不同社会主体的社会实践，它们源自不同的社会领域，具有不同的社会权威，还可能处于不同的历史时代。这些话语彼此之间相互作用，会导致一个新话语的产生，由处于图 9-3 中间位置、由这两个椭圆叠加而成的那个椭圆表示。在这个新话语中，（杂糅的）语言使用和意识形态以及二者之间的辩证关系均由虚线表示，体现杂糅程度的不确定性、意识形态（如价值取向、主观认识）因人而异的动态性以及二者之间的辩证关系开启新的社会实践。

关于这两个话语之间相互作用的机制，田海龙（2020）认为可以从语言使用和社会因素两个层面进行探究。在语言使用层面，一个话语的语言使用方式及其词汇和表达与另一个话语中的语言使用方式及其词汇和表达彼此相互渗透，形成语言使用方面的杂糅，体现为代表新话语的椭圆中的虚线方框。方框的虚线表示杂糅的程度不确定，因为两个话语的语言使用都有可能占据主导。尽管如此，这个杂糅的语言使用结果却是确定存在的，是由两种话语在语言使用层面互动产生的。图 9-3 中，左边上下指向的实线箭头表明这种互动的实际存在及作用的方向。在社会因素层面，田海龙（2020）认为，两个话语之间的相互影响与互动是语言使用彼此互动的内在动因，因此这种互动用虚线箭头表示。在图 9-3 中，上面的椭圆比较大，表示它所代表的话语对下面的话语具有影响，由图 9-3 中箭头所指的方向代表。这种从上至下的指向也暗示着这种作用具有霸权的性质，虽然这种霸权会遇到阻力，但总体来说具有殖民和改造的性质。

关于话语互动的后果，田海龙（2020）认为需要通过社会活动者的意识形态来实现。换言之，要通过社会活动者对相关社会因素所起作用的认识程度来实现。在图 9-3 中，介于"杂糅"虚线方框和"意识形态"虚线方框之间的双向虚线箭头表示在新生成的"新话语"中语言使用（杂糅）与社会因素（意识形态）之间的辩证关系。这个新生成的话语由代表两个相互作用的话语的椭圆交汇形成的椭圆代表，它是上面那个大椭圆代表的强势话语对下面这个小椭圆代表的弱势话语进行殖民的产物，这个话语互动过程会延续下去，体现在新话语中语言使用与社会因素之间的相互作用，这是新的社会实践的开端。

　　图 9-3 形象地表明话语之间相互作用的机制和过程。话语互动体现在语言使用层面，也体现在社会因素层面，更体现在社会因素层面的话语互动对语言使用层面话语互动的影响和制约。话语互动就一个新话语的产生过程而言体现出等级和动态变化的特征，就两个话语之间的相互影响而言也体现出复杂多样的特征。对此进行分析，需要一个可操作的话语互动分析框架，我们下面展开讨论。

9.2　话语互动研究路径

　　在认识话语互动内在机制的基础上，这一小节讨论进行话语互动研究的路径和方法。田海龙（2021a）认为，一个研究路径应该体现出话语互动研究的整体格局，同时又聚焦话语互动研究的具体方法步骤。据此，他（田海龙，2021a）提出批评话语研究的"话语互动"新路径，包括一个"三维—双向"分析模型和一个"双层—五步"分析框架。分析模型在宏观上展现社会网络中话语互动的立体图景，分析框架在微观上提供关于这个网络中任何一个节点上发生的话语互动的具体分析步骤。

9.2.1　分析模型

　　田海龙（2021a）提出的研究话语互动的"三维—双向"分析模型体现在图 9-4 之中。

第9章 话语互动研究

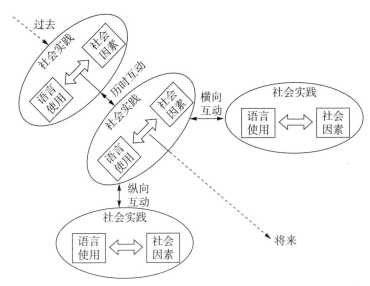

图 9-4 "三维—双向"话语互动分析模型（田海龙，2021a：19）

在这个分析模型中，四个椭圆分别代表四个话语，它们彼此之间具有一定的联系，体现在三个维度上面，分别为纵向联系、横向联系、历时联系。通过纵向、横向和历时的联系，这四个话语形成一个话语互动的立体网络。在每个维度上两个具体的话语之间的联系与互动，与图 9-3 显示的话语互动凸显话语间相互关联与互动的特性一致，而每个话语中的语言使用与社会因素两个层面以及二者之间的辩证关系构成话语的社会实践特性，也与图 9-3 显示的话语互动内容一致。具体来讲，在"话语互动"过程中，话语之间的互动体现在话语与话语在"语言使用"层面的互动，但是，这种语言使用层面上的互动又受到相关话语所体现的社会因素的制约，同时也在互动中形成新的关系。对此，"双层—五步"分析框架将提供深入探究的具体步骤，而"三维—双向"分析模型则在整体上体现出话语在社会网络中彼此互动和影响的立体图景。

话语间纵向的联系由最下方的椭圆与处于中心位置的椭圆之间的双向实线箭头表示，称为"纵向互动"。这种纵向互动表明：（1）处于社会网络中较高层级的话语可以作用于处于社会网络中较低层级的话语，这种作用具有规范和调节的作用；（2）处于社会网络较低层级的话语也可以作用于处于社会网络较高层级的话语，这种作用虽然不具有规范和调节的作用，但也可以在一定程度上挑战处于较高层级的话语。

话语间横向的联系由处于中心位置的椭圆与最右边的椭圆之间的双向实线箭头表示，称为"横向互动"。这种横向互动表明：（1）处于平行位置上的两个话语源自两个不同的领域，二者之间的互动实际上是两个领域之间的相互影响；（2）这种互动是双向的，彼此都可以影响对方，但是，这种影响不是彼此的规范和调节，而是形成彼此杂糅的结果，其中相互杂糅在一起的话语或语体彼此之间的关系也具有等级和不确定的特性。

话语间历时的联系由左上方的椭圆与处于中心位置的椭圆之间的双向实线箭头表示，称为"历时互动"。这种历时互动表明：（1）过去的话语（由左上方的椭圆表示）可以对现在的话语（由中心位置的椭圆表示）产生影响，此时过去的话语相当于是一种"元话语"，对现在的话语起到规范作用；（2）现在的话语也同样对过去的话语产生影响，这体现在现在的话语对过去的话语进行修正，进而对过去的事件重新定义和建构。

这样，话语互动体现在纵向、横向、历时三个维度上，是这个话语互动分析模型的"三维"，而这个分析模型的"双向"则体现在话语之间在任何一个维度的互动都是"双向"的，如纵向话语互动体现出"上对下"和"下对上"的话语互动，横向话语互动体现出"左对右"和"右对左"的话语互动，历时话语互动体现为"过去对现在"和"现在对过去"的话语互动。如图9-4所示，代表四个话语的四个椭圆之间的双向实线箭头代表话语之间"双向"的互动。除此之外，"互动"还表明话语互动不是机械地发生，而是通过被话语影响的一方的内在反应来实现。在"上对下"和"下对上"、"左对右"和"右对左"，以及"过去对现在"和"现在对过去"的话语互动过程中，受到某些话语影响和作用的其他话语之所以发生变化，甚至产生新的话语，是因为这个话语的社会主体将与那个施加影响的话语相关的社会因素通过认知内化为自身的某些社会因素。

这个"三维—双向"分析模型表明，不论是纵向、横向还是历时的话语互动，均体现在话语的语言使用和社会因素两个层面，通过在语言使用层面的"互文""互语"和"再情景化"体现出社会因素层面在权力关系和意识形态上的相互作用和影响。同时，这个"三维—双向"分析模型还表明，话语互动通过参与互动的社会主体形成一个错综复杂的社会网络，在这个立体的社会网络中，话语之间的互动也体现出三维立体的特征。需要说明的是，在9.3的具体案例分析研究中，我们分别聚焦纵向互动、横向互动或历时互动，这只是分析阐释的需要，在实际的社会网络中，三维的话语互动是交织在一起的，不会如此清晰地分开。

9.2.2 分析框架

这一小节讨论"双层—五步"分析框架。"双层"即是体现话语互动的"语言使用"层面和"社会因素"层面。"五步"则是对发生在这两个层面的话语互动进行话语分析需要采取的五个步骤，由图9-5表示。

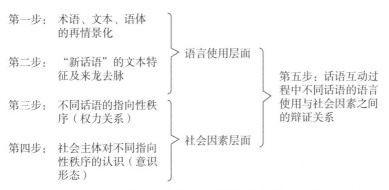

图 9-5 "双层—五步"话语互动分析框架（田海龙，2020：131）

第一步是观察话语互动在语言使用层面上的表现。某个特定的话语在语言使用层面都具有自己独特的语言表达方式，或体现为特定的术语，或体现为特定的表达方式，同时也具有自己独特的做事方式，如表现为特定的语体。当不同社会生活领域中的不同话语相互作用彼此形成影响时，两个话语的互动在语言使用层面体现为彼此术语和语体融合在一起，造成两个话语各自特有的术语、文本、语体"杂糅"在一起的情况，而各自语言使用成分在这个"杂糅"复合体中所占比例则表明其中一个话语有可能替代（殖民）另一个话语。在这一步的分析中，"再情景化"（可参考7.2.1）这个工具性概念被用来阐释杂糅产生的机制。

第二步是观察在语言使用层面发生的话语互动导致的"新话语"。如第一步所示，话语互动的一个后果是在语言使用层面形成一个"杂糅"复合体，这表明一个新话语的产生（见图9-3）。对于研究者来说，重要的是观察"新话语"产生的方式。例如，需要确定哪些表达方式是"元话语"，这个"元话语"是如何通过"再情景化"的过程进入到"新话语"之中，并在新话语中体现出哪些新的意义。研究者在这一步还需关注这个"新话语"的不稳定性，借助"互文""互语"等工具性概念指出它从"哪里来"，要到"哪里去"，进而说明这个"新话语"不是话语互动的终结，而是新的话语互动的开始。

第三步是要观察话语互动过程中两个话语之间不对等的关系对话语互动的影响。在话语互动过程中，不同的话语具有不同的"指向意义"（可参考7.2.2），而且这些不同的"指向意义"彼此之间形成一定的不对等甚至是对立的关系。因此，在这样一个由指向意义构成的"指向秩序"中，两个话语所具有的分量形成明显的差异，造成彼此之间权力关系明显不对等。这方面一种可能的情况是，一个话语的指向意义较另一个话语的指向意义更具文化霸权的地位。研究者在这一步需要关注的问题是这种不对等的话语之间的权力关系会对话语互动的过程和结果造成影响。这是关注社会因素层面话语互动的一个方面。

第四步是要观察社会因素层面话语互动的另一个方面，即不同话语之间不对等的权力关系如何对话语互动产生作用和影响。不同话语间不对等的权力关系不仅是一种现象，更是一种动因。这种权力关系需要集体或者个体的社会活动者在具体的社会实践中对交际情境的实时认知来实现。换言之，话语互动产生的结果不是不同的（或是不对等的）话语直接作用的结果，而是通过话语的参与者在话语互动过程中对相关社会因素认识和判断之后采取一定行动造成的结果。这表明，话语互动所造成的结果具有偶然性和不确定性，依话语互动过程中代表一定话语的社会活动者的意识形态而定。

第五步是思考社会因素层面的话语互动与语言使用层面的话语互动之间存在的辩证关系。在话语互动过程中，社会因素层面的话语互动，如不同话语所具有的不对等的权力关系，以及各自话语所代表的机构利益，是导致语言层面话语互动的内在动因，而语言使用层面的话语互动则是表面的、可以观察到的社会因素层面话语互动所带来的后果。但是也必须认识到，话语互动产生的结果也并非是彼此相互作用的直接后果，而是话语互动过程社会活动者对这两种话语的不对等关系以及对其与自身利益的关系做出主观研判之后所采取的一种话语实践。在这个意义上，话语互动体现出动态变化的特征。

需要指出的是，以上五个分析步骤在具体的案例研究中没有必要刻意区分，它们可以结合在一起运用，也可以根据实际研究的需要有所取舍。在下面对话语互动研究具体案例的阐释中，我们会进一步说明这一点。

9.3 话语互动研究案例

上一小节讨论了田海龙（2021a）提出的话语互动研究路径。这个研究路径包括"三维—双向"话语互动分析模型和"双层—五步"话语互动分析框架。话语互动的概念与话语的概念比较，更加凸显话语与话语之间的关联与互动以及这种话语互动如何在社会网络中运作并促成新话语的形成。体现在话语互动过程中的各种因素，彼此相互作用和影响，而且这种作用和影响不是单向的，不是平面的，也不是简单进行的，而是双向互动的、三维立体的，并以一种复杂多变的方式进行着。"三维—双向"话语互动分析模型在宏观上勾勒出话语与话语的系统性联系与互动，"双层—五步"话语互动分析框架则为这个系统性的话语互动网络中任何一个节点上的话语互动提供具体的、可操作的分析方法。在这一小节，我们依据"三维—双向"分析模型提供的话语互动的立体图景，阐释三个研究案例，分别对应纵向话语互动、横向话语互动、历时话语互动，同时运用"双层—五步"分析框架对三个具体的话语互动个案进行深入细致的分析，以体现话语互动研究对于社会语言学的发展。

9.3.1 纵向话语互动

如"三维—双向"话语互动分析模型所示，纵向话语互动表示处于社会网络不同层级的社会活动者的话语之间互动形成的相互影响。这种影响一方面体现为处于社会结构较高层级的话语对处于较低层级的话语的制约或规范，另一方面也体现为处于社会结构较低层级的话语对处于较高层级的话语的抵制或诉求。前者称为"自上而下"的话语互动，后者称为"自下而上"的话语互动。下面我们以天津电视台《百姓问政》一档节目为例，通过观察"百姓话语"与"官员话语"之间自下而上的互动过程来阐释纵向话语互动的机制。

在天津广播电视台在 2018 年 8 月 2 日播出的《百姓问政》[1]这档节目中，主持人邀请河北区区委副书记、区长和天津市国土资源和房屋管理局党委副书记、局长等领导与市民代表面对面，对坐落在河北区光复道的悦海大厦存在的滚梯停运、楼道内公共卫生间漏水、商场基础设施短缺等问题，提出解决方案。这些问题早已存在，而且，商户自 2015 年起已多次向有关部门反映这些问题，但始终得不到解决，以致营业的商铺越来越少，经商环境越来越差。节目一开始，首先播放了一段提前拍摄好的介绍悦海大厦情况的视频，视频中不仅有旁白解读悦海大厦问题的"前世今生"，还采访了商户代表、悦海大厦业主委员会副主任及光复道街道办公室物业办工作人员。下面是出现在这一视频中的商户反映的一些情况。

商户：这个整个商铺这个楼，它没有暖气。是因为开发商没有交这个配套费。所以我们这个是有接口的，但是没有给我们安。因为所有的一楼都没有上下水，所以装修的话，需要上下水也得自己接。你看它有一个污水道，还有一个可能是自来水道。但你问题是接得对不对呢？都不好说。你接哪儿去了？

商户：所有问题都没有给我解决过，他哪怕就给我打一个电话……但我现在完全没有接到过任何一个解决问题的，哪怕是电话。

---

[1] 该节目见"北方网"，最近访问时间：2019 年 7 月 8 日，12:13。

第 9 章　话语互动研究

　　商户：如果客户的资金投到这，各项与政府相关的工作都要耗时一年都不见分晓的话啊，对商人来说那是灭顶之灾。

在节目现场，节目主持人代表悦海大厦商户向这两位政府部门的领导提问，并敦促他们当场提出解决方案。

　　主持人：李区（长），能不能给悦海大厦一个明确的承诺？……那封信，应该给我们的干部听一听。

在这个节目中，一方是商户代表，他们要求政府部门解决营商过程中遇到的一些实际问题，他们表达诉求的言谈依据沃达克（Wodak，2009）关于主题是话语的一大特征的论述，在整体上被认为是一个话语，可称为"诉求话语"，与之相对的现场官员解决问题的言谈被称为"解决问题话语"。这两个话语的社会主体（分别是商户和政府部门领导）在节目现场实现互动，体现为处于社会网络中较低层级"诉求话语"如何通过与"解决问题话语"互动实现其诉求的顺利解决。节目现场，主持人一直站在悦海大厦商户一边，督促政府官员当场提出解决方案。节目播出一个月后的 9 月 10 日，天津电视台报道上述问题已经得到解决。

借助 9.2.2 所示"双层—五步"话语互动分析框架，观察这个自下而上的话语互动过程，我们发现"诉求话语"的主体在语言使用层面充分利用电视节目提供的不同语境实施"媒体化"策略，对"解决问题话语"的社会主体形成挑战；在社会因素层面将话题"普遍化"，提升自身在"权力关系"中的地位，对"解决问题话语"的主体在"意识形态"方面形成压力，最终实现商户诉求的解决。

在语言使用层面，"诉求话语"的"媒体化"策略首先体现在人称代词的使用上面。例如，在节目开始时播放的短片中，旁白中的介绍多用第三人称名词。

　　据商户们介绍……
　　这位商户就向河北区光复道街道办事处反映过相关问题……
　　商务代表来到……光复道街物业办的工作人员表示……
　　这位商人给商户代表发了一封邮件……

这些第三人称的称呼语（"商户们""这位商户""商务代表""这位商人"）不仅表明该短片是事先录制，与现场有一定的时间距离，还代表着一种"叙述"语境，与"现场"的语境形成对照。在看完这个短片之后，话语互动进入"现场"语境，主持人则使用第一人称代词及第二人称代词（如"我""你""您"）直接与部门领导交谈，例如：

李区长，打造良好的营商环境，全市上下都在加油干。然后我一看悦海大厦，2013年、2015年，反正都是陈了好几年的事儿。您觉得，这个干法儿，跟全市上下的节奏现在合拍么？

这个楼的问题您去看。但是我觉得还有一个问题……你比如说从光复街也好，还是说刚刚对双万双服不了解的基层干部也好，您觉得如果……

我觉得刚才人家信里那段话……

这些代词和称呼语使用上的变化，借助电视媒体技术，将过去的、感觉遥远的"叙述"语境拉近到眼前，使电视观众有身临其境之感。通过将话语"媒体化"，这档电视节目赋予处于诉求地位的"诉求话语"一定的能量，形成对具有决定权的"解决问题话语"的挑战。借助电视媒体技术，双方参与话语互动的社会主体，其姓名、职位等信息在电视节目播出时以字幕的形式出现在屏幕上，这也是话语"媒体化"策略的一个体现形式。例如，在节目开始播出的短片中，每出现一个说话人便会标明其身份，如"商户""物业办工作人员""区委副书记、区长"等。如此标明说话人的身份地位，对于表现商户们因问题得不到解决而焦灼的心情、基层工作人员对政策不了解而推诿的责任以及部门一把手承诺解决问题的决心等信息提供了角色平台。而且，节目在标明区长和房管局局长职位的同时，也将他们的名字写出，无形中增强了政府部门领导承担并解决悦海大厦问题的责任，起到了推动悦海大厦问题解决的作用。

在9.2.2对"双层—五步"分析框架的讨论中我们认识到，对话语互动进行的前两步分析，可以发现语言使用层面的一个特征，即不同话语中的语言使用方式被再情景化到另一个话语的使用方式之中，并形成一个新的话语。这与以上分析"诉求话语"与"解决问题话语"自

第 9 章 话语互动研究

下而上话语互动所得发现基本一致。然而，我们也看到，在"诉求话语"与"解决问题话语"自下而上话语互动过程中，"再情景化"实际上体现为话语的"媒体化"。例如，对悦海大厦商户的前期采访、对其诉求的表述，这些事先准备好的文本被"再情景化"到这个《百姓问政》的电视节目之中，形成一个新的媒体文本。在这个电视节目的制作过程中，商户诉求的文本、媒体文本（如新闻、报告、采访等）以及后期制作的版本交织杂糅，不断地经历再情景化的过程并在这个过程中动态变化（Fairclough，1992，1995）。然而，"媒体化"作为链接交际过程和商品化过程的一种机构实践（Agha，2011：163），其核心在于媒体所固有的传播机制可以改变和影响传播方式、文化实践及社会变革（Androutsopoulos，2016）。在这个电视节目中，现场语境中面对面交流所使用的第一人称和第二人称称呼语，录制片中使用的第三人称称呼语，以及字幕中打出的相关人员的职务和姓名，这些看似是"电视"这个媒体所要求的，是电视节目寻常的播出手段，但是，正是这些看似正常的电视播出技术赋予了被"媒体化"的"诉求话语"以一定的权力，使其获得能量与"解决问题话语"形成挑战。在这个意义上，可以说以上"诉求话语"在语言使用上的特征与电视这一媒体技术的要求形成一定的联系，在语言使用层面形成话语互动。

依据"双层—五步"分析框架，第三、四两步的分析集中在社会因素层面，讨论话语互动中的权力关系和意识形态。就《百姓问政》这个电视节目中"诉求话语"自下而上挑战"解决问题话语"的话语互动而言，我们会发现，电视节目将特定话题"普遍化"的策略提升了"诉求话语"相对于"解决问题话语"的权力关系地位，并对"解决问题话语"社会主体在"意识形态"方面形成压力。具体来讲，电视节目将悦海大厦商户的具体诉求与天津市大的营商环境联系起来，赋予"诉求话语"一定的象征性权力，并使"解决问题话语"的社会主体通过自身的社会认知感受到解决问题的压力。

例如，商户代表及节目主持人在谈论存在的具体问题时，将这些具体的、特定地点发生的特定问题与具有普遍性的其他话语（如"双万双服"话语）联系起来，将特定话语赋予"普遍"的意义，进而推动问题的解决。《百姓问政》电视节目开头播放的短片中，在介绍悦海大厦存在的问题时便明确指明事件发生的具体地理环境：

> 悦海大厦位于天津市河北区，紧邻天津市著名旅游风景区——意式风情街，地理位置优越。

悦海大厦营商环境问题是一个具体的个案，但是将其发生背景设置在天津市河北区，而且紧邻著名旅游风景区，就将商户反应的问题设定在了天津市大的营商环境之中。基于这样的背景设置，观众了解这一特定的具体事件也不会脱离天津市的营商环境及政策背景。根据环境设置，招商者、商户代表以及现场主持人在采访和现场讨论中，便充分利用天津市当前整体的政策环境，将悦海大厦的具体问题"普遍化"，如：

> 咱就从"双万双服"的角度讲，能不能帮帮我们？
>
> 打造良好的营商环境，全市上下都在加油干。然后我一看悦海大厦，2013年、2015年，反正都是陈了好几年的事儿。您觉得，这个干法儿，跟全市上下的节奏现在合拍么？
>
> 解决了一个悦海大厦，那河北区整个的问题就都解决了么？

商户代表在给河北区光复道街反映问题时提到天津市推出的"双万双服"政策。该政策是天津市政府2017年2月4日开始实施的一个民心工程，组织万名干部帮扶万家企业，服务企业、服务发展，开展分类帮扶。商户反映的悦海大厦问题并没有得到及时解决，因此在电视节目上提出"双万双服"的政策背景，旨在批评相关公务人员对市政府的宏观政策了解不深入，倒逼问题的解决。节目现场，主持人也用"打造良好的营商环境，全市上下都在加油干"这样的句子开头，跳出河北区，将事件置于全市助商扶商的大环境之中，表明悦海大厦的情况不是一个小问题，而是河北区没有跟上天津市的整体步伐的一个表现。在河北区区长给出一些解决方法后，主持人又紧接着提问："河北区的整个问题就都解决了么？"明显地将悦海大厦的问题当作河北区的典型问题，让相关负责人做出改进方法，进而更好地推动悦海大厦问题解决的进程。

费尔克劳（Fairclough，2006）在讨论自下而上的全球化过程时，认为全球化过程中不仅有全球话语对地方话语的影响，而且存在地方组织和个人利用全球话语表达自己观点实现自身利益诉求的现象。这些地方组织和个人将个案置于更广阔的全球图景之中,不仅使这些图景成为个案的背景,而且使个案成为全球化整体过程中的某种类型的代表。费尔克劳借助将特定事件或话题"普遍化"这一策略,讨论全球化过程中处于不同层级的各种话语之间的辩证联系和相互影响。与此不同,但又受其启发,我们对商户代表及主持人将悦海大厦存在的特定具体问题"普遍化"的讨论,更多的是关注话语互动的结果。将这个问题与在当时开展的"双万双服"活动联系起来,也就将悦海大厦的问题建构成与全市打造营商环境背道而驰的大问题,进而通过凸显商户诉求解决的问题对于打造营商环境的重要性提升"诉求话语"挑战"解决问题话语"的权重。同时,《百姓问政》这个电视节目将具体问题"普遍化",现场的官员通过自己的"语境模型"(van Dijk,2009,2012),即自己的"社会认知",将悦海大厦的问题自觉上升到构建良好营商环境的高度。有了这种认识,自然有了解决问题的压力。人们有理由认为,从8月2日节目播出到9月10日问题解决,《百姓问政》这档电视节目起到了决定性的作用。但是,同样有理由认为,一个多月的时间解决了之前拖了三年都没解决的问题,话语的"媒体化"和话题的"普遍化"策略在"诉求话语"与"解决问题话语"自下而上的互动过程中发挥了重要作用(梁晨阳,2019),而对于这个重要作用的认识,以及对于话语互动机制的认识,"双层—五步"分析框架提供了方法论方面的支撑。

9.3.2 横向话语互动

横向话语互动指社会网络中不同领域话语之间的互动。例如,在教育、商业、医药、媒体等领域中,社会活动者关于这个领域的社会活动的言语表述彼此之间的相互影响,就是话语的"横向互动"。横向话语互动不同于纵向话语互动,后者所体现的话语之间在结构上的不平等关系在横向话语互动中并不明显,或者说横向话语互动中的各种话语彼此之间并不具备相互制约和规范的作用。因此,横向话语互动的方式更多的是此话语与彼话语的相互杂糅。田海龙(2020)曾以中医话语与西医话语之间的相互作用形成中西医话语为例,说明横向话语互动的内在机制。

田海龙（2020）的讨论以中央电视台 2020 年 2 月 24 日《新闻 1+1》节目中主持人白岩松对中国工程院院士、时任天津中医药大学校长张伯礼教授的连线采访为具体分析语料[1]。张伯礼教授是中医内科专家，2017 年还被授予"全国名中医"称号；自 2020 年初在湖北武汉爆发新冠肺炎疫情之后的两个月时间里，他一直作为中央指导组专家在湖北武汉指导救治工作。这个采访围绕中医药治疗新冠肺炎展开，内容涉及中医在方舱医院治疗新冠肺炎的实际效果、中医治疗新冠肺炎的理念、中医能不能治重症新冠肺炎患者、中西医各自的长处，以及对网上有关中西医争论的看法等。

　　关于中西医结合治疗新冠肺炎，习近平总书记 2 月 10 日在北京市调研指导新型冠状病毒肺炎疫情防控工作时就强调，要"坚持中西医结合"；在统筹推进新冠肺炎疫情防控和经济社会发展工作部署会议上，又再一次要求要"加强中西医结合"。国家卫生健康委办公厅和国家中医药管理局办公室联合印发的《新型冠状病毒感染的肺炎诊疗方案》也在给出西医治疗方案的同时给出中医治疗方案，并在印发这个诊疗方案第五版的《通知》中强调，"各有关医疗机构要在医疗救治工作中积极发挥中医药作用，加强中西医结合，建立中西医联合会诊制度，促进医疗救治取得良好效果"。

　　关于中西医结合治疗新冠肺炎的疗效，国家中医药局党组书记、副局长余艳红用大量的临床实践数据，证实"中西医结合治疗新冠肺炎的效果是肯定的、有效的"[2]。科技部副部长徐南平也认为"中医治疗有一定疗效，中西医结合治疗，效果十分明显"[3]。在我们的语料中，张伯礼也非常认可中西医结合治疗新冠肺炎的效果，他说：

　　　　中医的效果到底怎么样？我觉得要挑一些核心指标。有说服力的指标是两个：一个是病人痊愈的时间是不是缩短了，因为它是个自

1　关于这个连线采访的视频可访问"天津中医药大学新闻网"，最近访问时间：2020 年 2 月 29 日，18:23。

2　见"中华人民共和国国务院新闻办公室"网站，国务院新闻办公室 2020 年 2 月 21 日新闻发布会，最近访问时间：2020 年 3 月 4 日，22:45。

3　"中华人民共和国国务院新闻办公室"网站，国务院新闻办公室 2020 年 2 月 21 日新闻发布会，最近访问时间：2020 年 3 月 4 日，22:20。

第9章　话语互动研究

限性疾病，它可能经过八九天自己好了，而通过中药的干预，可能五天六天就好了，通过中药的干预可能缩短时间。第二个是不从轻症转为重症，这点更关键，晚一天早一天好并不是特关键。我自己在湖北省中西医结合医院观察了一批病例，重症的转化率只有百分之二点几，而这批方舱医院（的病人）截至目前还没有一例转化为重症的。

在本研究的分析语料中，白岩松对张伯礼的连线采访不仅涉及中西医结合治疗新冠肺炎的疗效，还涉及张伯礼关于中西医之争的看法，呈现出集中医语言表达和西医语言表达为一体的特征。从话语研究的角度看，中西医在医患对话、问诊开方等方面都具有各自的特点，而这些语言使用方面的特点也体现出中西医对人体不同的认知方式。在这个意义上，中西医结合治疗新冠肺炎既是一个医疗实践，也是一个话语实践。下面我们依据"双层—五步"分析框架具体分析治疗新冠肺炎过程中中西医话语互动的问题，具体包括三个研究问题：（1）中医话语中的语言使用与西医话语中的语言使用如何互动？（2）"中西医结合话语"如何在中西医话语互动的过程中产生？（3）中西医结合治疗新冠肺炎的社会实践怎样体现这个"新话语"的特征？

按照"双层—五步"话语互动分析框架，分析中西医话语互动的第一步是观察语言使用层面上一个话语中的词语和语体被"再情景化"到另一个话语中的过程。"再情景化"是一个动态的话语生产过程，话语活动参与者从原有情景中提取一些"文本"并将其再植入到新的情景之中，进而形成具有新意义的新话语（van Leeuwen，2008；赵芃、田海龙，2013；亦见本书7.2.1的论述）。在观察的语料中，我们可以看到，张伯礼在总结中医药治疗新冠肺炎的一些经验时，不仅仅使用中医的语言，而且融入了一些西医的术语。例如：

> 所以，我们也总结了一些经验，像有些病人的氧合水平比较低，血氧饱和度老是在八十上下，这时候，中医的生脉饮、生脉注射液、独参汤用上，往往一两天以后，血氧饱和度平稳了，再过两三天，基本就达标了，这种例子很多。还有像细胞因子风暴来的时候，用血必净，也能强力延缓病情的发展，中医也可以力挽狂澜。

张伯礼主要是总结中医药治疗新冠肺炎的疗效,按照宏观主题是话语的一个主要特征的观点(Reisigl & Wodak,2009:89),这可以被认为是一个"中医话语",但是,这个中医话语里引入了一些西医术语词汇,如"氧合水平""血氧饱和度""细胞因子风暴"。经过如此"再情景化"的过程,这个"中医话语"已经不是纯粹的中医话语了,但也不是纯粹的西医话语,而是新产生的"中西医结合话语"。

中医的理念与西医不同。就新冠肺炎而言,如张伯礼所讲,中医认为是"病毒和人体抵抗力之间的博弈",所以中医遵循"正气存内、邪不可干"的原则,在治疗中"提高人体的正气"。他认为,中西医是"两套医学"。正因为如此,中医话语与西医话语也是两套不同的话语,这种不同从话语研究的角度看必然体现在语言使用层面。这个问题在很多情况下已经不仅是学术问题,而成为常识,所以我们可以看到,这成为白岩松问的第一个问题:"从西医角度这是一个新冠病毒,从中医的角度是怎么看和评判这个病毒的?"对此,张伯礼回答道:"从这个病的表现,它就是一场疫病,中医讲的疫病就是传染性的一种瘟病。"这里,西医话语里命名为"新冠病毒感染肺炎"的疾病在中医话语中则被称为"疫病""瘟病";西医里的这个疾病是由"新"病毒感染的疾病,在张伯礼看来则是中国三千年历史上有记载、有规模的 300 多次疫病中的一次。这足以体现中西医话语在语言使用层面的不同。也正因为如此,不同的表述文本被融在一起时,这种语言使用层面的"杂糅"代表着新话语的产生。在这方面,除了"术语词汇和文本"以外,中西医各自独特的行医方式(诊断治疗)作为体现在语言使用层面的"语体",也会被"再情景化"并体现新话语在语言使用层面的"杂糅"特征。

"语体"作为一个术语,指做事的方式在语言上的具体体现(Fairclough,2003:65)。这个术语在本书中多次提到,就新冠肺炎的治疗而言,中医从业者通过望、闻、问、切(中医称为"四诊")的方式对病人进行观察;然后对收集的信息进行分析综合,判断病症;接下来实施辨证论治;最后开方下药。这四个步骤构成了中医诊治的特殊方式,形成中医特有的药方"语体结构":病症描述多用古文句式,"此为"引导判断,"治当"引导论治,"处方"以中药名加数量的方式开药。此外,语体结构还包括"服法"和"剂量"等语步。如下为治疗轻

第9章 话语互动研究

症新冠肺炎的一个药方。

  发热，乏力，周身酸痛，咳嗽，咯痰，胸紧憋气，纳呆，恶心，呕吐，大便粘腻不爽。舌质淡胖齿痕或淡红，苔白厚腐腻或白腻，脉濡或滑。此为寒湿郁肺。治当化湿解毒，宣肺透邪。

  处方：生麻黄 6g、生石膏 15g、杏仁 9g、羌活 15g、葶苈子 15g、贯众 9g、地龙 15g、徐长卿 15g、藿香 15g、佩兰 9g、苍术 15g、云苓 45g、生白术 30g、焦三仙各 9g、厚朴 15g、焦槟榔 9g、煨草果 9g、生姜 15g。[1]

  服法：每日1剂，水煎 600ml，分3次服用，早中晚各1次饭前服用。

与中医不同，西医对病人的观察不是通过望、闻、问、切，而更多的是利用仪器进行化验检查。就新冠肺炎的诊治来说，就需要依据 CT 提供的影像资料和核酸检查的结果判断患者是否属于新冠肺炎确诊病例，之后根据病人的血常规、尿常规、氧饱和度、生化指标进行相应的抗菌治疗和抗病毒治疗，必要时提供呼吸支持和循环支持。

可见，中医话语和西医话语在各自的语言使用层面都体现出各自表述文本和语体的特点，而中西医结合话语最明显的特征也体现在语言使用层面，即两种话语中的语言使用特点"杂糅"在一起。例如，在我们观察的语料里，张伯礼在回答对方舱医院的病人采用什么方法治疗时说：

  方舱医院里边每个病人都要吃汤药，对有个别需要调整的药还有配方颗粒。除了服药以外，我们还组织患者来练习太极拳、八段锦，帮助他们康复，也活跃他们的精神、增强他们的信心；融入中医的理疗，包括针灸、按摩这些方法。

然而，在谈到疗效时，他又回到西医的诊断标准：

  有将近50多人已经准备出舱了，两次检测病毒转阴还要加上肺部的影像，合格以后，才能出舱，总的效果是不错的。

---

[1] 此药方主要用以显示中医药方的语体结构，参考吴宗杰、吕庆夏（2006）关于中医药方结构的研究以及《新型冠状病毒感染的肺炎诊疗方案（试行第六版）》中相关中医治疗方案的内容拟就。

在这段描述中医治疗新冠肺炎方法和疗效的谈话中，既有中医治疗方式，如喝汤药、针灸、按摩、练习太极拳和八段锦，又有西医诊断标准，如"病毒转阴""肺部影像"。这种语言使用层面上中西医词汇、术语、语体的杂糅，在一定程度上体现出中西医结合新话语的产生。

中西医话语互动产生的"中西医结合话语"是不稳定的，"双层—五步"话语互动分析框架中的第二步对此加以确认。中西医不同的表达方式（如术语词汇）和行医方式（语体）杂糅在一起，产生新的"中西医结合话语"，但是，这个新话语因杂糅程度的不确定和杂糅成分之间关系的不稳定而呈现出动态变化的特征。如上所示，用西医的诊断标准（病毒转阴、肺部影像）来判断中医的疗效，这在一定程度上表明西医话语对中医话语的主导。这种情况并不少见。吴宗杰、吕庆夏（2006）考察某省立中医院中医医生诊治的过程，发现中医运用了西医病理学来阐述病症，进而使中医处方与西医病理之间产生某种语言联系或混杂，导致中医的行医过程逐渐离开其传统语言和语境，与西医的诊治过程形成杂糅：询问病人、西医检测、确立西医病名、输入病名、电脑生成药方、四诊、辨证、论治、修改固定药方。在这种行医方式中，中医话语的语言使用已经在"语体结构"上发生变化，以实证分析为特点的语体进入传统中医话语次序之中，并处于概括性的主导地位，而体现传统中医行医方式的语体（四诊、辨证、论治）则处于一种被包围、被殖民的尴尬境地，最终导致中医的行医方式产生重大变化。

这种西医话语对中医话语的"殖民"是一种极端的现象。然而，中西医结合话语体现在语言使用上的杂糅也确确实实体现出其不确定的特征。在某种情况下中医话语处于主导地位，在另一种情况下西医话语又处于主导地位。在本语料中，白岩松就问："网上很多网友也在争论中医强还是西医强，您关注这些争论吗？"虽然张伯礼回答"我真不关注"，但作为中西医话语互动的结果，"中西医结合话语"也毕竟不是中医语言和语体与西医语言和语体达成的一个平衡点。相反，"中西医结合话语"仍然体现着中西医两种话语之间的较量。为什么会这样呢？

回答这个问题，进入话语互动分析的第三步，涉及话语互动的社会因素层面。在中西医话语互动过程中，中西医两个话语之间的关系是不对等的，这种不对等的关系影响着新的话语形成过程。具体来讲，由于中医通常指向"传统",具有诸如"旧的""保守"等"指向意义"(Silverstein,2003),而西医通常指向"科学",具有诸如"先进""创新"等"指向意义"(Silverstein,2003),因此在这样一个由指向意义构成的"指向秩序"(Silverstein,2003)当中,两个话语所具有的分量是不同的,换言之,彼此之间权力关系是不对等的。一种可能的情况是,西医话语所具有的"现代性"和"科学性"指向意义较中医话语所具有的"传统"和"非科学性"指向意义更具文化霸权的地位。这种情况下产生的新话语就体现出西医在表述文本和语体方面的主导地位。处于强势的"现代化"力量以其科学的合理性论证了中医话语的不科学性,使得中医话语处于需求这种科学性语言的境地。其结果便是,中医话语在文化霸权的社会条件下接受这些科学术语以实现自身的现代化和国际化。正如甘代军和李银兵(2018)分析指出的那样:"西医之所以能够在近代实现对中医的话语压制,是建立在其不断的知识权力生产基础之上的,它不断塑造西医的知识权威、科学地位和话语优势。"

可见,中医话语中的语言使用与西医话语中的语言使用之间的关联与互动,实际上体现了这两种话语间以"权力关系"为体现形式的社会因素相互作用的过程。这些"社会因素"在宏观层面体现为西医科学话语的强势与霸权,也体现为中医实现现代化和国际化的趋势与要求。西医借助新技术和新仪器,对人体和疾病的认识深入到细胞和分子水平,不但能做到定性定量分析,而且还能做到精确定位,使诊断和治疗更为准确、有效和易见,更具科学性和权威性。这些科学知识被制度化和机构化,形成权力,迫使中医在诊治过程中采用西医的语言,接受西医的标准和检验,否则就会在"不科学"的名义下被排挤出局。在这种不对称的中西医博弈过程中,尽管产生"中西医结合话语",这个新话语也无法具有确定的意义。因此,正如张伯礼在采访中所讲,争论西医强还是中医强是"无聊的,没有什么意义",有意义的则是"治好病是真的"。"中西医结合话语"的这种动态变化特征,用张伯礼的表述,就是"各自医学都有自己的长处,也都有自己的短处。西医用于急性重病抢救的时候,那些手段谁也替代不了,对改善功能性疾病的慢性病,中医的优势也很突出。"

处于话语互动过程中的中西医两个话语不对等,是话语中体现为

"权力关系"的一种社会因素。这种权力关系相互作用之所以能够产生"中西医结合话语"则是中医从业人员对中医自身发展认识的结果,包括对他们自身身份的认识、他们与患者之间关系的认识,以及他们服务的机构对他们的要求的认识。这些"认识"在一定程度上可以用"意识形态"这个概念体现出来。这是分析的第四步。

"意识形态"在话语研究领域最基本的含义是社会活动主体对世界的主观认识(Woolard,1998:5),或特定社会群体对于社会的信念和认知,是一种心理框架(van Dijk,1998:9),而且"意识形态"所体现的主观认识是关于公共领域里权力关系的认识(Verschueren,2012:9)。在本文的分析语料中,张伯礼作为"全国名中医"接受采访,总结中医药治疗新冠肺炎的经验,但是,如前所示,他的采访中也夹杂着西医的言语表述,如"氧合水平""血氧饱和度""细胞因子风暴"。他要说明中医药对新冠肺炎治疗有效,但是评价这种疗效的标准却还是要借助西医的标准,看病人的核酸检测是否转阴,CT检查的肺部影像是否正常。在他的"中西医结合话语"中,"中医药完全可以把它(轻症新冠肺炎)拿下来",而对于重症患者,中医虽然是配角,"但是有时候又不可或缺"。他的所有这些表述体现出中医在他的"中西医结合话语"中处于主导地位,这不能不归于他对中医疗效的深信不疑和对中医中药的专业认知。从话语研究的角度看,这就是他关于中医药的"意识形态"。与这种中医占主导的"中西医结合话语"相对,在其他一些"中西医结合话语"中也有西医处于主导地位的情况。即使这样,其原因也是由中医从业人员的"意识形态"所致。例如,谢苑苑(2017)在自然情境下对浙江中医药大学附属医院的一名专家坐诊现场进行录音,并对13例医患对话录音进行分析,发现在这位坐诊中医与患者的对话交流中,虽然使用大量不在场的中医语言,如使用与西医以实证科学话语为代表的技术化语言不同的、中医特有的、以启发、暗示为特点的诠释性语言,但是,多处对话内容还是有以具体数值为体现形式、带有实证分析特点的西医语言。按照谢苑苑(2017)的分析,这种体现为中西医语言杂糅的"中西医结合话语",更多的包含了西医的成分,或者说西医占有主导地位。其原因在于这位坐诊中医非常在乎他与患者之间关系,如谢苑苑(2017)所指出,这位坐诊专家是为了"便于医患交流"。

第 9 章　话语互动研究

可见，相互作用的话语在因话语互动而产生的"新话语"中的地位如何，是社会活动者对相关社会因素主观认知的结果。运用范戴克（van Dijk，2012）提出的"语境模型"来看"中西医结合话语"中西医占主导的问题，可以认为并不是中医所处的社会语境（如中西医之间不对等的权力关系）直接导致西医的殖民性侵入，而是中医从业人员对这种社会语境的主观认知导致了这个结果的发生。换言之，如果西医在"中西医结合话语"中占主导，或者在中医对疾病的医疗实践中采用某些西医的诊治做法和说法，则是因为中医从业人员认为西医的科学性可以弥补中医的某些欠缺。这种依不同语境和因素而变化的个体或集体认知，可以被认为也是一种"社会因素"，如对中医的认识属于中医话语的社会因素，对西医的认识属于西医话语的社会因素。这些社会因素（对中医或西医的认识）通过中医医生在行医过程中对与中医相关问题的实时认识和判断具体体现出来，一种认识为主导时，另一种则处于从属地位，而这些认识的相互作用影响着中医话语和西医话语之间语言使用的交融程度。在西医话语对中医话语进行殖民性现代化改造的时候，它也会遇到不同程度的抵制，用伯恩斯坦（Bernstein，1990）的话来说，就是"挪用（appropriation）"。"殖民"与"挪用"各自的程度如何，彼此较量的结果如何，这在一定程度上取决于社会活动者对这两种话语的认同程度，即作为社会因素而存在的"意识形态"间接地决定着话语互动的走向。

上面我们分别在语言使用和社会因素两个层面对中西医话语互动进行了分析，下面进入"双层—五步"分析框架的第五个步骤，审视这两个层面之间的辩证关系。中西医相互影响首先反映在语言使用层面，各自的术语、表述文本、语体"再情景化"到对方的话语之中，造成语言使用的"杂糅"，并以此为特征形成新的"中西医结合话语"。这个新话语因中西医语言使用层面"杂糅"成分的不对称而体现出意义的不确定，这是因为在社会因素层面存在中西医具有不对等的权力关系，而这种不对等的权力关系之所以影响中西医话语互动的结果，影响"中西医结合话语"所具有的新意义，是因为中医从业者对诸如西医的科学性、中医的国际化、中医的专业性这些与中医相关的社会因素实时进行着个体或集体的主观判断。在这个意义上，体现为"权力关系""意识形态"

的社会因素层面的话语互动对体现在语言使用层面的话语互动起到制约作用。

依据"双层—五步"话语互动分析框架,探究中西医话语互动的内在机制,可以发现中西医话语中不同特点的语言使用成分被"再情景化"到一起,形成具有语言使用上"杂糅"特征的"中西医结合话语"。这个新话语的产生过程充满着"权力关系""意识形态"这些与语言使用相关的社会因素的作用和影响,因而"中西医结合话语"的意义不是确定不变的,而是动态变化的。就中西医结合治疗新冠肺炎而言,如观察的语料所示,中医药对轻症患者具有明显的疗效,对重症患者具有辅助的疗效,而且这种疗效还需要以西医的标准进行确定。这些都凸显出"中西医结合话语"意义的不确定性、阶段性以及偶然性。

"中西医结合话语"的不确定特征还体现在强调中西医结合治疗新冠肺炎的社会主体更多的是中医医生,而不是西医医生。例如,《新闻1+1》这个电视访谈节目介绍中西医结合治疗新冠肺炎的情况,主持人选择访谈了张伯礼这位"全国名中医",而不是某位西医医生,这本身就预示出在中西医结合治疗新冠肺炎的医疗实践中中医所处的地位与西医不同。这种不同在一定程度上体现出"中西医结合话语"所具有的意义是不确定的,而这种不确定也是中西医话语互动的结果。以上运用9.2.2提出的"双层—五步"分析框架对中西医话语互动过程进行分析,认识到这个动态变化过程中相关因素之间相互影响,导致"中西医结合话语"的动态性和不确定性,在一定程度上体现出该分析框架的可行性。同时也表明,批评话语研究需要超越那些比较和对比不同话语中语言使用静态特征的研究,将研究的关注转向不同话语之间的动态互动过程。下面我们沿着这个思路继续探讨历时话语互动。

9.3.3 历时话语互动

所谓"历时话语互动",简单来说就是"过去"的话语和"现在"的话语彼此之间的互动和影响。这里的"过去"和"现在"是两个彼此相对的历史时刻,而"过去"话语与"现在"话语的历时互动,在某种

第9章 话语互动研究

意义上与福柯在《知识考古学》中讲到"历史遗迹"和"文件"之间的联系有些类似。福柯（Foucault，1972）指出，所谓"历史"，在过去是将历史遗迹变成文件，而现在则是将文件变成历史遗迹。我们理解，福柯这段话的意思是，过去某一时期的历史研究在考古的基础上对发现的历史遗迹进行语言描述，进而再现这些遗迹所体现的同时代的历史情景。而在若干年之后，历史研究需要对这些语言描述是否真实再现了那个历史时期的社会情景进行考察，看这种描述是否夹杂了描述人所处的历史时期的观念。基于这样一种理解，完全可以认为福柯的思想为历时话语互动奠定了基础。"过去"的话语可以对"现在"的话语发挥作用，是因为"现在"的话语需要"过去"的话语，而且"过去"的话语也在这个互动过程中为"现在"的话语服务。同样，"现在"的话语可以对"过去"的话语发挥作用，因为我们需要重新理解"过去"的话语。赵芃（2017）曾经考察20世纪60年代的《雷锋日记》如何被再情景化到20世纪70年代末的主流媒体关于学雷锋的社论之中，说明产生于"过去"的雷锋话语与"后来"的学雷锋话语之间的互动。下面我们以此为例，阐释历时话语互动的一个指向，即"过去"话语对"现在"话语的互动。

雷锋从1957年秋天开始写日记，记录下每天的事情和感言，内容涉及方方面面，有学习毛主席著作方面的感言，如：

> 毛主席著作对我来说好比粮食和武器，好比汽车上的方向盘。人不吃饭不行，打仗没有武器不行，开车没有方向盘不行，干革命不学习毛主席著作不行！（1961年4月某日）

有涉及为人民服务的感言，如：

> 人的生命是有限的，可是，为人民服务是无限的，我要把有限的生命，投入到无限的"为人民服务"之中去。（1958年6月7日）

还有关于学习要发扬"钉子"精神的内容，以及集体主义精神、共产主义精神、阶级立场的内容，还有把自己比作一颗永不生锈的螺丝钉的内容，等等。

雷锋的这些日记内容，于1961年12月1日在沈阳军区机关报

《前进报》上首次以一个整版的篇幅摘录发表,作为体现雷锋先进事迹的一个形式,供部队官兵学习。雷锋牺牲5个月后,他的日记被进一步整理出来,于1963年4月冠以《雷锋日记》的书名由解放军文艺出版社正式出版,在全国发行。这一本正式出版的《雷锋日记》一共选择编辑了121篇雷锋日记,约4.5万字,满足了当时人们学习雷锋先进事迹的需要。

雷锋日记以直白的方式记录事件,抒发感想,不仅反映出雷锋先进的思想,成为人们了解雷锋生前思想的最直接的方式,而且通俗易懂,有助于生动、具体地了解雷锋这位榜样的内心世界。在开展向雷锋同志学习活动的半个世纪里,雷锋日记的文本也不断被引用和阐释,形成历时再情景化的过程,在被赋予新的具有时代气息的新意义的同时,也成为"过去"话语对"现在"话语历时互动的案例。

例如,1981年3月5日《中国青年报》刊发题为"八十年代更需要雷锋精神的大发扬"的社论,其中在反驳"雷锋太左了"的错误观点时指出:

> 在我们社会主义的旗帜上,的确写着"按劳分配"四个字,但是决不要忘了在这前面还有四个字:"各尽所能"。这四个字同共产主义旗帜上写的"各尽所能,按需分配"的前四个字是一样的。这说明社会主义是共产主义的初级阶段,两者的道德基础是相通的。如果只讲按劳分配,不讲各尽所能,就会滋长"按酬付劳""向钱看"、斤斤计较的思想。给多少钱干多少活,这同旧社会的劳动态度还有什么区别,哪还有国家主人翁的思想呢?贯彻社会主义的原则,决不是要提倡奖金挂帅,而首先要教育群众各尽所能。雷锋把自己"有限的生命,投入到无限的为人民服务之中去"的这种精神,不正是为"各尽所能"树立了最好的榜样吗?

在这段1981年的社论文字中,引用了雷锋1958年6月7日日记里的内容,构成了一个显性的历时再情景化。类似的情况在领导人纪念雷锋活动的讲话中也有出现,如李瑞环1990年3月5日"在全国学雷锋先进代表座谈会上的讲话"和胡锦涛1993年3月5日"在纪念毛泽东等老一辈革命家为雷锋同志题词三十周年大会上的讲话",都引用了

第9章 话语互动研究

雷锋日记的这部分内容。

> 我们学习雷锋,就要像他那样,"把有限的<u>生命投入到无限的</u><u>为人民服务中去</u>"。全党同志、全体干部都要时刻牢记党的根本宗旨,真心实意地、尽心竭力地、坚持不懈地为人民群众办实事、办好事。要大力发扬公而忘私、先人后己的奉献精神和关心国家、关心集体、助人为乐的高尚风格。坚决抵御和克服损公肥私、损人利己的极端个人主义。(李瑞环,载《人民日报》1990年3月6日)

> 发扬光大雷锋精神,就要像雷锋那样把有限的<u>生命投入到无限</u><u>的为人民服务中去</u>。历史在前进,社会在发展。虽然今天我们所处的改革开放时代与雷锋成长的五六十年代相比,已经发生了很大的变化,但是,我们几代人为之奋斗的共同理想和目标始终矢志不移。全心全意为人民服务,仍然是我们每一个共产党员所必须遵循的根本宗旨,仍然是我们这个社会所需要大力倡导的价值观念和道德风尚。发展社会主义市场经济,根本目的是要解放和发展社会主义社会的生产力,……最终达到共同富裕。这和为人民服务在根本上是一致的。社会主义市场经济越发育,就越要求我们牢固地树立为人民服务的思想,具有高尚的职业道德。……这就要求我们大力弘扬为人民服务的思想,进一步树立社会主义的价值观念和道德风尚。(胡锦涛,载《人民日报》1993年3月5日)

然而,雷锋的同一个日记内容,在这些新的情景中所具有的新意义却有所不同。根据赵芃(2017)的分析,1981年《中国青年报》的社论将雷锋所言"把有限的生命投入到无限的为人民服务之中"与社会主义"各尽所能、按劳分配"的原则和共产主义"各尽所能、按需分配"的原则联系起来,用以传递不能只强调"索取"还要强调"贡献"的信息。1990年的领导人讲话则将"把有限的生命投入到无限的为人民服务之中"与党的全心全意为人民服务的宗旨联系起来,用以传递"坚决抵御和克服损公肥私、损人利己的极端个人主义"这一信息。而在1993年领导人的讲话中,雷锋"把有限的生命投入到无限的为人民服务之中"的感想与改革开放、发展社会主义市场经济的新形势联系起来,传递"进一步树立社会主义的价值观念和道德风尚"的决心。可见,同一个《雷锋日记》的内容,当被再情景化到不同的情景之中后,它与所处新情景中其他语言运用成分之间形成新的关系,进而产生新的意义。这种新意义在一定程度上也是这一再情景化过程的操纵者赋予的。同一个《雷锋日记》的内容,在新的情景中与其他语言运用的成分发生互动,形成新的话语,其新意义也是语言运用与新的、更宽广的历史情景中社会因素之间发生联系的结果。

以上是在语言使用层面对"过去"话语与"现在"话语互动进行的分析,在社会因素层面分析这一互动,就要探究这些不同历史阶段中与再情景化催生的新的语言运用相关的社会因素。根据邓小平(1993:62-64)的论述,我们党在1976年粉碎"四人帮"之后,从1979年党的十一届三中全会开始,制定了正确的思想路线、政治路线、组织路线和一系列的方针、政策。同时,明确了社会主义阶段的最根本任务就是发展生产力,指出社会主义要消灭贫穷。贫穷不是社会主义,更不是共产主义。在改革开放大潮来临之际,社会上也出现了另一种极端倾向,只讲按劳分配,不讲各尽所能。这种倾向助长了"按酬付劳""奖金挂帅""向钱看"这些斤斤计较的不正确思想,助长了给多少钱、干多少活的雇佣思想,在一定程度上削弱了国家主人翁的思想。在这样的历史背景下,《中国青年报》的社论重提《雷锋日记》中的脍炙人口的"把有限的生命投入到无限的为人民服务之中"这一名句,唤起人们对雷锋精神的怀念,同时号召人们用雷锋精神武装自己,勇于奉献,自觉抵制拜金主义的诱惑。

历史进入20世纪90年代,改革开放发展到了建立社会主义市场经济体制的关键时刻,不仅要在国内面对刚刚过去的政治风波,而且在国际上也要面对东欧剧变和苏联解体的局面。在这样的国内国际背景下,社会上产生了对社会主义缺乏信心、对改革开放产生疑问、对党的基本路线产生动摇的倾向。由于精神信仰的迷失和缺乏,以及对权力和金钱的崇拜和追求,以权谋私、权钱交易、享乐主义甚嚣尘上,严重败坏了社会风气。克服这样一场"全民族的精神危机"(汤一介,2012)一方面要求继续增强80年代开展的精神文明建设力度,另一方面也要求进

第9章　话语互动研究

一步加强共产主义思想教育。要有效地把建设精神文明与建立社会主义市场经济体制结合起来。在这样的背景下，重提雷锋日记中"把有限的生命投入到无限的为人民服务中去"的经典语录，不论对"抵御和克服损公肥私、损人利己的极端个人主义"还是对"进一步树立社会主义的价值观念和道德风尚"都具有一定的作用。可以说，雷锋日记的历时再情景化不仅赋予雷锋日记以新的意义，而且这种被赋予的新意义作为新话语也是一种新的形势下的新的社会实践，对于新的社会风气来说不仅是一种引领，更是一种指向。

可见，话语互动因其发生在社会网络之中，也必然体现在各种社会因素上面。《雷锋日记》出版于20世纪60年代，带有那个时代所赋予的具体含义，而且这个含义和意义只属于那个时代。《雷锋日记》也和它产生的社会时代因素一起构成"雷锋话语"，成为激励那个时代的人民艰苦奋斗的精神力量。例如，"雷锋话语"构建出努力学习毛主席著作、全心全意为人民服务、甘作一颗永不生锈的螺丝钉的毛主席好战士形象。作为"雷锋话语"的一种体现形式，《雷锋日记》被18年后的《中国青年报》和约30年后的领导人讲话所引用，形成"过去"话语与"现在"话语的历时互动，这种历时话语互动与这两个话语所处的历史时期的社会因素有着千丝万缕的联系。

作为"双层—五步"分析框架的最后一步，我们可以进一步讨论社会因素层面和语言使用层面之间的辩证关系。在语言使用方面，"雷锋话语"体现为"日记语体"，被再情景化后进入的话语体现为"社论语体"和"讲话语体"，这些也可视为"文本"；就社会因素而言，这两个语体或文本所涉及的内容都与当时的中国社会形势相关（如上面的讨论所示）。然而，《中国青年报》的社论要鼓励人民"各尽所能"，两个领导人的讲话要"抵御和克服损公肥私、损人利己的极端个人主义"和"进一步树立社会主义的价值观念和道德风尚"，为此，在社论和讲话中引入了《雷锋日记》的内容，一方面正面回应当时的形势，另一方面引导人民用雷锋精神武装头脑，自觉抵制与雷锋精神不符的错误认识。这是一个历时再情景化的过程，在这个过程中，《雷锋日记》被移出1963年的社会情景，同时被移入1980年和1990年至1993年的社会情景中，它的意义也随之发生了变化。从语言符号的指向性角度来看，《雷锋日记》("把有限的生命投入到无限的为人民服务中去")在 1963 年指向严峻的国内外形势下我国经济建设需要劳动者的无私奉献这样的社会语境,其指向意义是要鼓励人民参与建设社会主义。同样是这一条日记,在 20 世纪 90 年代初则指向拜金主义有所抬头的社会语境,其指向意义是全心全意为人民服务,抵制拜金主义、树立社会主义价值观念这类新的意义。这种新的意义不仅是再情景化的产物,而且是在不同历史时期的社会语境中产生的。在这个意义上,社会因素在历时话语互动中起到举足轻重的作用。

9.4 小结

这一章首先讨论了互动社会语言学关于"言语互动"的认识,并以此为出发点,讨论了"话语互动"概念的基本含义。这一章的一个基本观点是,"话语互动"的概念在"言语互动"的概念基础上发展而来,因此也在一定程度上扩宽了互动社会语言学的研究领域。如果说第 8 章关于交际界位研究是新时代社会语言学新发展在新概念上的具体体现,那么第 9 章关于话语互动研究的讨论则可以被认为是社会语言学跨学科发展取得的成果。卡博兰德(Coupland,2016a)在论及社会语言学的范畴时曾指出,社会语言学一方面从内部发展,另一方面则通过与相关学科的结合与借鉴得到发展。他认为变异社会语言学、互动社会语言学、语言人类学属于前者,而后者则包括社会文化语言学、语言社会心理学、语言社会学、(批评)话语研究、媒体研究、传播研究。本章关于话语互动研究路径及其研究案例的讨论表明,无论是比较成熟的社会语言学领域,还是它的新兴领域,都面临相互借鉴、实现跨学科发展的问题。互动社会语言学与批评话语研究相互借鉴、创新发展,形成话语互动研究这一新路径,也在一定程度上体现出社会语言学的跨学科发展将成为新时代社会语言学新发展的一个明显趋势。

第 10 章
展　望

　　至此，我们讨论了社会语言学的传统，也讨论了社会语言学的创新。诚然，传统与创新并不可截然分开。正像我们在第 1 章的绪言中所讲，虽然第 2 章至第 5 章的论述侧重社会语言学的经典和传统，但是关于经典和传统的讨论也涉及它们的发展和创新；同样，在以创新为重点的第 6 章至第 9 章中，我们对社会语言学创新发展的阐释不仅体现新时代社会语言学的新发展，而且这些讨论也以我们对传统的专业解读为基础，在一定程度上是传统的发扬与再创新。基于这样一种思路，我们在本书的最后一章展望社会语言学在 21 世纪的发展前景，也是基于我们对社会语言学在 21 世纪前二十年创新发展的理解。正像本书展示的那样，社会语言学通过对 21 世纪新出现的社会语言问题的研究（第 6 章），发展了社会语言学的变异研究传统（第 7 章），提出了新的理论概念（第 8 章），产出了跨学科研究的新成果（第 9 章）。我们展望社会语言学在 21 世纪的进一步发展，也同样会发现，社会语言学将继续关注社会的进展以及随之而生的不曾出现过的社会语言问题，并在对这些社会语言问题进行研究的过程中提出新的概念，拓展社会语言学的方法，丰富社会语言学的理论，并实现社会语言学与其他相关学科的进一步融合。鉴于此，这一章我们从课题多元扩展、方法更新拓展、理论创新发展、学科融合进展四个方面展望社会语言学在 21 世纪发展的宽阔前景。

10.1 课题多元扩展

在第 1 章探讨社会语言学的起源时我们认识到，社会语言学的诞生与其深刻的社会关切休戚相关。特别是我国的社会语言学，在起步阶段直接服务于中华人民共和国成立初期国家和社会在文字改革、汉语拼音方案的制定和实施、语言的规范与标准、普通话的确立与推广等方面的需求，并产生许多本体规划（如词典、汉字简化、拼音方案）和地位规划（如普通话推广、普通话与少数民族语言的关系、普通话与方言的关系等）的研究成果。在社会语言学的发展过程中，社会生活中新出现的社会语言问题始终是社会语言学新概念和新理论层出不穷的不竭源泉。第 6 章关于语言流动的讨论也说明，世界进入 21 世纪，随着全球化进程的不断深入，人员流动的范围更加广泛，随之而生的语言流动问题成为社会语言学新的社会关切。这方面的问题在第 3 章也有所涉及，如 3.4 小节对互动社会语言学在 21 世纪新的研究课题进行讨论，就包括移动数字设备在 21 世纪大量进入人们的日常生活之中所引发的言语交流方式的改变，以及新技术在 21 世纪给交流互动带来的革命性变革。

展望 21 世纪社会语言学的进一步发展，首先进入我们视野的是社会语言学将进一步关注社会发展过程中产生的新的与语言使用相关的各种各样的问题，这也将促使社会语言学的研究课题朝着多元化的方向扩展。在这方面，21 世纪进入第三个十年之际发生的一场前所未有的新型冠状病毒疫情，以及与之相关的许多社会语言问题成为社会语言学新的研究关注，就是一个典型的例子。例如，在中国武汉进行的抗击新冠病毒疫情的战役中，全国各地派出医疗队支援武汉，但是，由于不同地区的方言不同，在交流过程中也产生了许多困难和障碍，特别是在医患沟通方面，方言造成的沟通障碍成为成功抗击疫情和抢救病患过程中亟需解决的问题。在这方面，山东大学齐鲁医院援鄂医疗队在进驻武汉 48 小时内，组织编写《国家援鄂医疗队武汉方言实用手册》《国家援鄂医疗队武汉方言音频材料》及《护患沟通读本》，这在很大程度上提高了医患沟通的效率，也将应急语言服务的课题突显出来。在教育部、国家语委指导下，来自高校和企业单位的 40 余名专家组成"战疫语言服务团"，日夜兼程研发《抗击疫情湖北方言通》，积

第 10 章 展望

极帮助援鄂医疗队消解医患沟通的方言障碍。随着新冠病毒疫情在全球蔓延,语言沟通的障碍也超越方言并扩展到不同语言之间。为解决不同语言之间在抗击疫情方面存在的困难,"战疫语言服务团"又研发了《疫情防控"简明汉语"》《疫情防控外语通》。前者供掌握1200词水平的母语不是汉语的人士使用;后者涵盖41种外语,内容包括肺炎诊疗、防护、出入境须知等,还包括《新冠肺炎病毒治疗手册》6种外文的翻译版本,以及专业平行语料库和翻译库,被十余个省级行政单位外事部门采用。"战疫语言服务团"还策划了病患康复者向疫区国写信的"语言抚慰计划"。所有这些应急语言服务的成果不仅在武汉抗击疫情和抢救病患过程中发挥了重要作用,而且对国际来华人士也有很大帮助,同时也向国际社会介绍中国抗疫的情况和经验,履行国际人道主义义务(李宇明等,2020)。

  在世界各国疫情越发严重的时期,我国政府为防止疫情在国内进一步扩散,采取了"外防输入"的措施。这时就需要在机场口岸织起一道严密的防线。为此,国内一些外语院校组织了应急外语翻译服务工作。例如,按照天津市疫情防控指挥部的要求,天津外国语大学组建了由专业翻译人员和后勤保障人员共同组成的近百人应急外语翻译志愿服务突击队。这些应急外语翻译志愿人员投身疫情防控一线,完成了200余篇疫情相关新闻报道的外译工作,同时还在天津滨海国际机场、首都国际机场、集中隔离点和社区为外籍人士提供13个语种的现场翻译、沟通解释和情绪疏导工作,先后服务近3000多人次。他们还在行业技术和媒体力量的支持下,录制了英、日、韩、俄、法、德、西、意等28个语种的《入境人员健康提示》微视频,并向海内外推出了13个语种的抗疫公益宣传系列微视频作品,共3集,40个短片,近250分钟时长,为抗击疫情提供了强有力的翻译服务(周和军,2020)。

  对于这些在抗击新冠病毒疫情过程中产生的新的社会语言问题,特别是应急外语服务问题,学者们开展了深入的研讨。例如,郑咏滟(Zheng,2020)调查了一组上海大学生多语翻译志愿者在新冠病毒疫情期间的工作情况。这些志愿者由复旦大学外语学院的67名本科生和研究生以及少数教师组成。他们的翻译工作涉及10种语言,包括阿拉伯语、英语、法语、德语、意大利语、日语、韩语、波斯语、俄语和西班牙语。他们在社区和地方医院翻译《外国人须知》《新冠病毒疑似病例问题解答》等书面文件,并将其中的一些内容制作成音频在社区或医院播放。为了了解这些志愿者在提供翻译服务过程中遇到的挑战以及他们克服这些困难所采取的策略,郑咏滟(Zheng,2020)对其中 8 名志愿者和 1 名社区工作者共 9 人(男性 2 人、女性 7 人)进行了半结构化的访谈,发现他们面临 3 个挑战,即时间紧迫、语言能力有限以及专业知识不足。例如,接受访谈的这位社区工作人员谈到,他们在前期社区排查工作中发现,辖区内的高档小区有许多来自不同国家的外国居民,仅用英语无法有效沟通。为了在疫情防控期间能得到更有针对性的多语支持,他们就联系到了外文学院。由于疫情突发,因此志愿者在提供翻译服务之前没有更多的时间做好准备,特别是专业知识方面的准备。语言能力方面的困难主要是语种太分散,而且由于在学校的学习具有文学翻译的特点,同学们很少涉及医学方面的翻译。如一个志愿者在访谈时说,他们平时翻译的内容都是比较偏文学或是属于文学类的内容,但是现在的翻译有点偏医学,不在他们所学范围之内。对于一些专有名词,都需要一个个查。研究也发现了志愿者克服这些困难采取的两个策略,一个是跨语种翻译策略,一个是网络合作策略。例如,志愿者在翻译一些医学术语的时候,先将其翻译成英文,然后把英文作为一个连接语言,接力翻译成阿拉伯语、韩语、日语、西班牙语等其他语言。他们还建立了微信群,和国外的同学取得联系,通过相互合作和借助互联网提供的翻译技术,有效地克服时间紧、语言种类多和知识储备不足带来的挑战。郑咏滟(Zheng,2020)对志愿者在抗击疫情期间提供应急语言翻译服务的研究,是社会语言学关注新的社会语言问题的一个具体研究案例。

除了具体的社会语言学案例研究,还有许多学者从宏观层面探讨抗击疫情期间应急语言服务的问题。例如,王铭玉、康喆文(2020)围绕应急语言服务问题,提出了需要深入思考的八个方面的问题,包括社会对语言的需求问题、语言使用和语言服务的区别问题、语言服务的对象问题、组建志愿者团队问题、语言服务的政策问题、语言服务的层次问题、语言服务的方式问题以及语言服务的学术问题。李宇明、饶高琦(2020)则从应急语言服务的领域、阶段、要素、语类四个维度阐述应急语言能力建设问题,指出应急语言服务涉及三个领域,即语言沟通、语言抚慰、语情监测。他们在将突发公共事件划分为事前、事中、事后三个阶段的基础上,确定了应急语言能力构成的五个侧面,即治理基础、动员能力、智力资源、数据资源、技术资源,并据此提出五个分项目标。他们还详细地列出了国家应急语言能力建设的具体内容,包括能力构成侧面在不同语言应急阶段的建设内容,语言应急服务领域可能涉及的任务类型,以及应急语言能力效力发挥方面的内容。对这些问题的思考,实际上体现出社会语言学对伴随时代发展产生的新的社会问题的关注。从这场疫情对多语翻译的需求来看,应急语言服务实际上是一种常态化的国家需求。无论是国家层面的治理维稳,还是超国家层面的全球抗疫、对外开放、国际合作、"一带一路"语言互通、文明互鉴、构建人类命运共同体,这些都离不开语言的参与,因此,如何通过语言服务满足国家和社会的需求,是社会语言学在21世纪新发展所面临的一个重要问题。

就这些关于抗击新冠病毒疫情过程中出现的语言问题的研究而言,社会语言学关注社会问题的传统得到进一步发扬,社会语言学的研究在对新的社会问题的阐释过程中不断发展的规律得到进一步体现。但是,就抗击疫情期间出现的应急语言服务而言,也暴露出应急语言服务只是一种对"突然"的应对,对"急切"的应需,不是一种"自觉行动",也没有上升到理性的层面(王铭玉,2020)。这实际上也为我们展望社会语言学的发展提供了一个视角,也使我们认识到,关注社会进展,解决社会发展中不断出现的新的社会语言问题,将是社会语言学进一步发展不竭的动力和源泉。

10.2 方法更新拓展

研究方法对于社会语言学研究取得可靠的成果和发现非常重要,因此,许多社会语言学的读本或文集(如 Coupland & Jaworski,1997b;Llamas et al.,2007),以及社会语言学的教科书(如徐大明,2010),都会重点阐述社会语言学的研究方法。甚至是讨论语言学方法论的著作（如桂诗春、宁春岩，1997），也会专辟一章讨论社会语言学的研究方法，更何况还有专门阐述社会语言学研究中如何收集、保存和分析语料的著作（如 Mallinson et al., 2018）。以上这些著作讨论的社会语言学研究方法主要涉及抽样的方法、数据收集的方法以及数据描写和分析的方法。这些方法可以很具体地体现在方法阐释之中，如在应用量的研究方法时如何统计数据，在应用质的研究方法时如何设计访谈；也可以很技术性地体现在案例研究之中，如音位变异如何分析，会话如何转写等。然而，纵观这些关于社会语言学研究方法的阐释，可以发现一个并不明显但已现端倪的变化，那就是社会语言学的研究方法正在从明显的经验性研究特征向以阐释为目的的质的研究特征转变。

我们以前面提及的几部著作为例说明这个问题，徐大明（2010：14）主编的《社会语言学实验教程》以探讨社会语言学的实证方法为主要目的，着重向学生灌输社会语言学"实验性研究"的思想，强调社会语言学以"假设检验"方法为科学原则。而马林森、蔡尔兹和范赫克（Mallinson et al., 2018）3 人主编、64 位社会语言学当代学者执笔撰写的《社会语言学研究中的语料搜集：方法与应用》则更多地阐释"最新"的研究方法。这两部于 21 世纪第二个十年初出版的著作（《社会语言学研究中的语料搜集：方法与应用》第 1 版出版于 2013 年），反映了编者的不同研究旨趣，如《社会语言学实验教程》的主编曾在世界上的两个语言实验室从事研究工作，并建立了自己的语言实验室，而《社会语言学研究中的语料搜集：方法与应用》中的大部分作者也从事与所撰内容相关的社会语言学研究。因此，两部著作所反映的社会语言学方法的更新拓展并不代表新旧方法的孰优孰劣。但是，这两部著作也确实体现了社会语言学研究方法的更新变化。原因之一是，以实证研究为特点的研究方法是早期社会语言学研究（如拉波夫研究）的主要方法。这些研究方法明显体现着传统意义上的"科学性"，因此也为社会语言学在 20 世纪中期的崛起发挥了重要的作用。然而，当 20 世纪盛行的推崇科学实证研究方法的现代主义思想不断被代表多元和动态变化理念的后现代主义思潮冲击时，当世界进入 21 世纪新时代面对纷繁复杂的现实时，社会语言学的研究方法也更多地体现出更新拓展的倾向，传统的研究方法得以更新和发展，并且新的研究方法也层出不穷。以研

第10章 展望

究目的为导向的社会语言学研究催生了更多的社会语言学研究方法。认识社会语言学方法论方面的这些变化，对于展望社会语言学在21世纪的新发展、探讨其研究方法的发展趋势，也是必要的。

关于社会语言学研究方法在新时代的更新拓展，卡博兰德（Coupland，2016a：6）曾指出，社会语言学的研究方法多种多样，既有调查数据的统计，也有民族志意义上的观察和访谈，还有深度的个案分析，这些方法是在经验研究中进行细致语言分析的好方法。然而，他也认为，社会语言学已经出现一种普遍转向，从大规模的调查访谈式的设计转向注重理论，进行小规模的质的研究。可见，卡博兰德的观点也印证了我们的分析发现，即新时代社会语言学研究方法更新拓展的一个倾向是更多地注重个案研究，以及在个案研究中注重应用质的研究方法。

关于质的研究，我们在3.3讨论互动社会语言学的研究方法时曾专门探讨，并初步涉及社会语言学在收集语料方法上的更新。实际上，进入21世纪，随着全球化日益深入，新的社会语言学研究课题不断出现，必然使得社会语言学研究方法随着研究课题的多样而更新拓展。以往对"言语共同体""实践共同体"语言变异进行研究所使用的语言人类学或言语民族志的研究方法，在面对基于互联网和"经由媒介的"交际（费尔克劳，2020）这样新的社会语言问题时，便显得捉襟见肘。在这方面，社会语言学在搜集研究语料时不得不关注的两个既相互联系又不同的领域是互联网和新媒体。

就社会语言学研究方法而言，从互联网上搜集相关的研究语料时，首先要确定与研究目的相关的网站。例如，斯科拉法妮（Sclafani，2018a：25）在对美国时任总统唐纳德·特朗普的说话风格及其政治家身份进行研究时，就通过Youtube视频网站和特朗普的竞选官方网站搜集研究语料。这些网站发布的辩论、采访和研究，都与该项研究所关注的公共事件相联系，也与研究的对象和媒体相关联。在这个研究中，斯科拉法妮还利用设在加州大学圣巴巴拉分校的美国总统计划网站搜集辩论的文本，并将这些文本下载作为分析影响资料中语言特征的辅助材料。除此之外，她还收集了其他新闻网站上广播的演讲稿文本。可见，准确锁定语料的来源网站对于从互联网上收集到可以支撑研究目的的语料和数据非常重要。

如果研究对象是新媒体中的语言,研究目的是通过分析新媒体的语言来探究语言使用中的意识形态问题,就要在语料搜集过程中注意新媒体的特征。正如斯科拉法妮(Sclafani,2018b:298)指出的那样,新的媒体交流频道不断的介入人们的交流,这使得研究者不仅要像以前那样研究交流所使用的语言以及这些语言传情达意的语法和修辞手段,而且要研究这些媒体提供的交流频道如何扩大语言所发出的声音,并扩展其语域和扩大其变体,或者研究他们如何削弱语言的声音。因此,在搜集经由媒介的交际语料时,不仅要注意一对一的交流信息,还要注意收集个人对公众发布的信息(短信),这些信息又分别镶嵌在更大的、由多个作者构成的结构当中。这些语料与传统的社会语言学研究的语料有所不同,它们不再是简单清晰的句子、言语或话轮,而是彼此镶嵌在一起的一组话轮和短信,构成一个序列。这个序列也与传统的社会语言学搜集的语料不同,如不再分为是否是相邻配对,而是由短信和发帖构成的一个序列。这中间还会出现间隔,即在多人交流过程中某一个人的交流会中断一段时间。所有这些经由媒介的交流所造成的新的交流现象,完全不同于传统的互动社会语言学运用会话分析研究方法对语料的处理,因此也需要新的研究方法,仅就语料搜集就要用全新的理念加以面对。对此,安德鲁斯(Androutsopoulos,2018:236)提出需要将这种"经由媒介的交流"当作"文本",同时又需要将这种交流方式当作"地点"。当作"文本",是从语言分析的视角集中观察互联网提供的大量的书写语料。这个视角以研究者为中心,而不是以参与者为中心,数字模式被看作是书面语言的"容器",任由研究者来使用。将"经由媒体的交际"当作"地点"则是将这种数字交流看作是一个社会过程,将这种交流环境看作是一个由话语生成的、人们交流的空间,而这个过程与环境及线下的社会活动动态相连。在这个意义上,线上的数据可以从各种模态和环境中收集起来,并可以将与它们交错在一起的人们的数字读写实践考虑在内。安德鲁斯(Androutsopoulos,2018:236)以"推特"为例对这一理念加以说明,认为将"推特"作为"文本"意味着通过数据挖掘技术收集大数据,并在语言变项和范畴方面分析这些数据,借此在社会变项方面区分出"私人用户"和"机构用户";与此相对,将

"推特"作为"地点"则意味着观察特定社会活动者如何将"推特"与其他数字模态一起用来再现或协调与特定社会事件相关联的社会活动,如政治集会或自然灾害,并借此形塑该事件的原因和意义。

社会语言学研究在 21 世纪面临许多新的研究课题,这也要求社会语言学的研究方法不断更新拓展。由于新的研究课题更多涉及新时代人们使用语言的新方式,以及通过语言所再现的意识形态意义和建构的社会事实,社会语言学研究方法的更新拓展也更多地体现在对这些语言数据的收集和挖掘之中。同时,社会语言学研究方法的更新拓展还体现在从量的研究向质的研究的转变,以及从大规模的整体性研究向小规模的个案研究转变。

10.3 理论创新发展

展望社会语言学在 21 世纪的发展,理论创新也是一个重要的方面。这是因为,社会语言学在对新的社会语言现象做出描述和解释的过程中,不断提出新的概念和范式,其理论创新发展问题也获得越来越多学者的关注。就"新概念"而言,第 6 章和第 8 章就分别讨论了"语言流动性"和"交际界位"两个新概念。其他的新概念,如卡博兰德(Coupland, 2016b)提及的市场、情态、媒介、元交际,本书也在相关章节有所论及。然而,就"新理论"而言,一个不可忽视的问题是,需要首先定义什么是社会语言学理论。由于以往的社会语言学研究对社会语言现象的描述多于对这些现象的解释,因此,对于社会语言学有没有理论、对语言现象的描述是不是理论以及如果是、是什么理论,学界还有很多争议。卡博兰德(Coupland, 2001: 4-7)就曾注意到,一种观点认为社会语言学理论本身就是语言学理论,另一种观点认为社会语言学是与社会相关的小理论的聚集,还有一种观点认为社会语言学是(或应该是)社会理论。鉴于此,我们在这一小节先讨论什么是社会语言学理论,之后展望新时代社会语言学理论的创新发展问题。

在第 1 章的开始部分,我们就提到社会语言学是一门基于经验的学问。这一特点直接反映在社会语言学对语言现象的描述和对经验的总结上面。祝畹瑾（2013：58-59）就曾认为海姆斯、菲什曼和甘柏兹的研究成果更多是对语言事实的描述。就拉波夫的研究而言，他从自然科学研究的传统出发，依据生活经验提出一个假说，并经过周密设计调查研究方案和严格实施这个方案，获得一些统计数据并据此对假设进行验证，最终得出结论。在这个意义上，拉波夫的结论无疑是经验的总结（祝畹瑾，2013）。但是，祝畹瑾（2013）同时也指出，拉波夫的结论是在他的观察进入语言态度层面得出的，而且，在这个结论的基础上他还提出一些语言变异方面的概念，为这一领域的研究向纵深发展提供了有效的工具。因此，完全可以认为拉波夫的研究将"假设"变成了"理论"。如果从"一般理论"的概念审视，拉波夫的研究成果并非一定可以称为理论，然而，这些成果还是可以称为"个别理论"。"个别理论"不同于"一般理论"，它揭示具体事物的法则，而不像一般理论那样涵盖普遍原理（祝畹瑾，2013：52）。

祝畹瑾关于拉波夫的变异研究是否具有理论特征的讨论表明，社会语言学的研究成果是否可以称为"理论"，在一定程度上取决于人们关于理论的认识。这同样反映在国外学者关于社会语言学理论的认识上面。例如，威廉姆斯（Williams, 1992）、罗曼（Romaine, 1994）和库尔马斯（Coulmas, 1997）等人认为社会语言学在他们的著作出版的时候在理论上是匮乏的，而卡博兰德（Coupland, 2016a: 3）不同意这种观点，认为那时的社会语言学成果，如甘柏兹、海姆斯以及米尔洛伊夫妇的成果，完全可以称为社会语言学理论，只不过这些理论不是那种科学意义上的理论，也没有形成彼此之间的联系。可见，关于社会语言学的研究是否具有理论的特征，国外学者也有不同、甚至对立的看法。一些学者持有社会语言学重描述轻阐释的刻板印象，他们认为社会语言学缺乏理论建构的观点也在一定程度上表明，对于什么是社会语言学理论还需要进一步做出清晰的界定。

在这方面，社会语言学家的努力一直没有停止。卡博兰德（Coupland, 2016a: 5）列举了在社会语言学研究领域自称为"理论"的两个研究范式，即"礼貌理论（politeness theory）"（Brown & Levinson, 1987）和"适应理论（accommodation theory）"（Giles & Powesland, 1975），并借此来说明社会语言学理论也是经典科学意义上的理论，即从大量的数据中发现规律，进而抽象出原则。同时，这两个理论也具有"理性选择"的特征，它们都假设说者可以对说话的环境做出实时的判断，能够从已有的话语选项中做出策略选择，并借此实现特殊的意图或目标。然而，正如卡博兰德（Coupland，2016a：5）指出的那样，这两个社会语言学理论还无法应用于社会语言学的整体研究之中，也不是一个"统一的社会语言学理论"。与此类似，关于什么是社会语言学理论的分歧还体现在对拉波夫变异研究的认识上面。钱伯斯（Chambers，2003）认为，拉波夫的变异研究范式是一种社会语言学理论，其依据不仅在于拉波夫对语言变异和演变的量化研究提出了许多基础概念，而且在于他的研究归纳出许多关于语言变异与演变的原则。然而，卡博兰德（Coupland，2016a：5）却认为钱伯斯将拉波夫变异研究范式看作是社会语言学理论的观点站不住脚，其依据是钱伯斯所说的社会语言学理论并不适用于更大范围的社会语言学研究，而且钱伯斯也没有说明变异研究范式所依据的社会理论是什么。

祝畹瑾也曾试图厘清社会语言学理论应该具有的特征，她认为社会语言学理论应该有自主性，应该是个别理论，应该彰显人文社科性（祝畹瑾，2013）。例如，她在论述变异社会语言学关于社会语言学理论应该与正常的语言学理论一样能够阐释语言的本质、充实和完善主流语言学的观点之后，指出社会语言学理论也应该有自主性，是对特殊社会语言问题的特殊阐释。在这个意义上，她认为海姆斯的交际能力说、菲什曼提出的分析语言行为的场域概念以及甘柏兹关于情景型语码转换和喻意型语码转换的论述，虽不能涵盖普遍原理，但也可以揭示出具体事物的法则。而且，这些成果都具有启迪意义，其适用性不可忽视。尽管这些成果对语言事实的描述多于理论阐释，在一般理论的意义上或许称不上是理论，但是，因其发现了语言使用上有规则的模式，能够识别产生该模式的缘由，并且做出了以可靠证据为依据、有相当解释力的陈述，都可以视为社会语言学的理论成果（祝畹瑾，2013：52-53）。在社会语言学理论彰显人文社科性方面，祝畹瑾（2013：60）指出，"传统的社会语言学专注于语言使用研究，它所借助的社会理论用后现代主义的眼光来审视已智尽能所"。因此，在人类进入全球化、网络化的新时代，作为社会语言学的研究对象，语言变体在社会层级之间不断地流动，其社会功能也在不断地变化，社会语言学理论也需要突显其人文和社会科学的属性。

从卡博兰德和祝畹瑾关于社会语言学理论的讨论可以看出，社会语言学理论应该在经验研究中归纳而成，应该具有启迪性和适用性，同时社会语言学理论也应该具有一定的特殊性，不应该是大理论，而是源自个案研究的个别小理论。因此，我们认为，社会语言学在新时代实现新发展的过程中，社会语言学在理论上的创新发展，既要考虑社会语言学理论具有一般理论的特征，同时也不应该将那些经典的"科学方法和理论"作为建构社会语言学理论的目标，而应该另辟蹊径，在坚持社会语言学研究特征的基础上，建构体现社会语言学研究特点的社会语言学理论。

基于以上对于社会语言学理论的理解，以及本书各章关于社会语言学创新发展的论述，我们可以预见社会语言学理论在21世纪进一步发展的路径，即社会语言学将进一步对新出现的社会语言现象进行研究并从中提炼理论，同时社会语言学在这个理论构建过程中会进一步实现与社会理论的跨学科借鉴和融合。

社会语言学发展的理论是小理论，属于个别理论的范畴。这意味着，作为理论，社会语言学理论也需要体现对问题的归纳和概括，但是这种概括更多地涉及意义在特定的条件下怎样能够或可能产生，而不是意义在普遍或典型的条件下如何生成（Coupland，2016a：6），因此，作为个别理论，社会语言学理论的产生必然要基于个案研究，也必然是基于对小规模调查研究的阐释和概括。例如，我们在第8章讨论的约翰斯通关于"芭芭拉·乔丹风格"的研究，就是一个特别关注个体身份而非一般意义的社会身份的个案研究，通过这个案例，约翰斯通所要说明的不是芭芭拉·乔丹的女性、黑人、律师、政治家这些社会身份对她语言风格的影响，相反，那些只属于她自己的社会生活经历才对她语言风格的形成产生影响（Johnstone，2009：30）。这个研究案例还表明，社会语言学理论的建构需要基于社会语言学对于社会问题的研究。这在某种程度上是一个"实践理性（phronesis）"的问题（Coupland，2016a：7），包括对于语言使用中所体现的价值观的研究，以及对于语言使用所依托的社会语境的研究。我们在第5章讨论的社会语言学与批评话语分析的跨学科研究课题也是一个佐证。这不仅增强了社会语言学理论的分量，体现出社会语言学理论应该彰显人文社科性的观点（祝畹瑾，2013），也在一定程度上体现着社会语言学理论创新发展的方向。

不仅如此，社会语言学的理论发展也越发注重社会理论应具有的批评意识。与社会语言学研究关注社会问题同步，关注社会变革中出现的重大问题的社会学理论也在放下身段，从现代性向后现代性过度，稳步地走向社会语言学的研究前沿（Coupland，2016a：7），并形成一种综合性的社会语言学理论（Coupland，2001：15）。与此相呼应，社会语言学研究在借鉴社会学理论的同时，也在理论上更加注重其批评意识。任何理论都具有意识形态倾向，社会语言学的理论创新发展也不例外。在更为深刻地认识和研究新时代产生的社会语言问题的过程中，如在研究全球化、媒体化、会话化、个体化、反思化这些社会变革中的语言问题时，更多地进行批评性分析将是理论创新的一个方向。正如卡博兰德（Coupland，2001：15-20）在21世纪伊始大胆预见的那样，社会语言学在未来的理论建构过程中将更多地借鉴综合性的社会理论，在语境研究、全球性、社会整体与社会身份以及理论应用研究方面实现突破。

10.4　学科融合进展

社会语言学以研究语言与社会的关系为己任，并在探索语言与社会关系的过程中发展壮大，发展出多个研究路径。祝畹瑾（2007）曾经撰文，阐述了社会语言学的三个传统研究路径，即拉波夫的变异研究路径、海姆斯的民族志研究路径和甘柏兹的人类学研究路径。这些研究路径，以及社会语言学赖以诞生的语言学与社会学结合的路径，都体现出社会语言学多学科融合进展的特征。在21世纪这个新的历史时代，社会语言学的这一学科特征也会因研究课题的多元扩展和研究方法的更新拓展进一步突显，并体现在其理论的创新发展上面。

在第4章和第5章我们分别讨论了基于认知科学的社会语言学和基于话语研究的社会语言学，在一个方面体现出社会语言学跨学科融合发展的特征。实际上，只要我们承认社会语言学关注语言与社会的关系，那么任何关于语言与社会关系的研究都可以在理论上纳入社会语言学融合发展的轨道，而社会语言学的发展也体现在社会语言学与这些学科融合进展的过程当中。下面我们以语用学的研究为例进一步说明这个问题。

语用学从其经典的"言语行为"理论（Austin，1962；Searle，1979）到"合作原则"（Grice，1975）和"礼貌原则"（Leech，1983），每个阶段都体现出与20世纪主流语言学（如Saussure，1916/2001；Chomsky，1957）完全不同的研究旨趣，即语言的研究更加关注语言在社会生活中的运用。进入21世纪，语用学家维索尔伦（Jef Verschueren）和奥斯特曼（Jan-Ola Östman）任总主编的"语用学研究前沿丛书"收入了一本《社会与语言的使用》文集，而社会语言学家卡博兰德和吉沃斯基（Adam Jaworski）任总主编的"牛津社会语言学丛书"也收入一本语用学专著《礼貌语用学》（Leech，2018），该书也是将语用学与社会语言学联系在一起。就《社会与语言的使用》一书来讲，该书除了涉及性别、语码转换、双语和多语、言语社区等社会语言学的传统研究课题外，还包括了社会机构、他者再现、马克思主义语言、主体性与语言、语言意识形态、语言统治与边缘化、语言权利等内容，研究课题涉及变异社会语言学、互动社会语言学、认知社会学等多个社会语言学的分支学科。从这些内容来看，语用学与社会语言学已经形成彼此渗透，各自从对方汲取养分的同时也对对方的发展做出贡献。例如，互动社会语言学在分析言语事件中的言语互动时对语境的关注，就是对语用学的一个很大的贡献，正如维索尔伦（Verschueren，2010/2014：171）所讲，甘柏兹的"情景化提示"，如在解释和保持会话连贯方面发挥很大作用的韵律，对于认识语境对解读言语互动的意义具有重要作用，而这些语境因素，以及其他元语言特征，也是西尔弗斯坦所称的"元语用特征"。

就语用学与社会语言学的融合进展而言，二者都注意到全球化带来的人员、资金、信息、符号、思想的流动与语言有着密切的关系。我们在第6章从社会语言学的角度讨论了语言流动问题，并认为这是社会语言学在21世纪的一个新的研究课题。语用学者同样也认为这体现着语用学的研究趋势。在《社会与语言的使用》这本书的前言部分，雅斯佩斯（Jaspers，2010/2014：12–16）指出，在全球化背景下有三个研究趋势需要学者注意。一个是将中心城市作为活动的场景，采用民族志的

第 10 章 展望

研究方法对小规模的实践共同体中的言语互动进行观察和描述。例如，对城市中学校的学生使用语言情况进行调查，发现这些学生更多的是具有多语背景，但是他/她们在学校面对的是单语的机构，在校外则沉浸在多模态的世界之中。对这种由全球化导致的新的语言运用情况的研究，将颠覆以往通过观察相对稳定的单一种族语境中语言使用情况所得出的结论。另一个研究趋势是关注跨文化、跨地区、跨国界流行的那种可笑的、带讽刺意味的、夺眼球但非正规、非真实使用的语言，这些语言的使用与以往那种常规的、真实语言使用不同，它们不代表规律性和系统性，但是它们因违反常规而传递更多的信息，因而也更适合用来分析和研究这个复杂的世界。第三个趋势是话语将成为一个雨伞式的术语，成为所有研究社会与语言使用的一个集合地。这体现的一个基本观点是，研究语言和语言变异不仅是一个语言的问题，在本质上它是一个社会问题。社会语言学也好，语用学也罢，探索社会需要从分析语言使用入手，而任何社会理论也应该基于对言语互动做出的缜密的民族志分析。以上雅斯佩斯对全球化背景下语言学研究趋势的判断，与本书在讨论社会语言学在 21 世纪发展的基础上对其发展前景做出的展望十分吻合；这些判断出现在《社会与语言的使用》一书的前言中并不稀奇，但是，这本书被吸纳进"语用学研究前沿丛书"，其喻意则非同小可。这里，语用学家和社会语言学家面对 21 世纪新的社会语言使用问题，已经明确地认识到语用学和社会语言学的融合进展势在必行。

以上讨论的社会语言学与语用学的共同旨趣是语言学各分支学科之间融合发展的一个例证。然而，社会语言学在 21 世纪融合进展还需要人文社会科学各个学科之间在更深层次的相互借鉴。不言而喻，社会文化语言学、人类语言学、社会心理语言学、话语研究、媒体研究以及交际研究，这些术语都在不同程度上体现着社会语言学的不同内容。这也表明，社会语言学自其诞生之日起就是一个多学科的研究领域（Coupland, 2016a: 11）。但是，展望社会语言学在新时代的新发展，我们也需要清醒地认识到，社会语言学不能仅是满足于这些来自语言学内部各个分支学科之间的跨学科成果，而应该在坚持语言学核心思想、基于其特有研究范式的基础上，实现语言学与人文社会科学多个学科的融合。正是在这个发展创新的意义上，卡博兰德（Coupland, 2016a:

11)在提出"社会语言学家应该将社会语言学理论囿于社会语言学的界限之内吗?"这样的问题时,两次给出否定的回答。对这个问题,我们在第5章讨论批评话语分析与社会语言学的融合时也有过类似的回答。我们通过论述批评话语分析与社会语言学共同的研究对象和研究课题,表明社会语言学的研究需要不断与其他学科融合,进而实现不断发展。

社会语言学完全可以在语言学与人文社会科学其他学科的融合中获得创新发展的动力,实现跨学科发展。这方面,一个典型的例子是社会学家布迪厄关于"象征性资本"和"象征性权力"(Bourdieu,1991)的论述对于社会语言学的贡献。象征性权力是指惯常存在于社会生活中的权力形式。这种权力是隐形的,在周而复始的日常生活中以象征的形式存在。为此,它被赋予或被公认具有合法性。它是一种通过言语能力构成即定现状的权力,一种使人承认并相信的权力,一种对世界看法的认可或改变的权力。这种权力几乎可以使人获得用武力或经济实力才可获得的东西(Bourdieu,1991:170)。象征性权力之所以能够维持或破坏社会秩序,赋予话语或标语以权力(力量),正是由于人们确信话语和发话人的合法性,而要取得这种信任,前提是发话人要有资本。所以,获得资本就成了拥有权力的必由之路。资本有经济资本、社会资本或文化资本。被赋予资本的多少及其构成决定占有某种地位的人的行为方式。如此这般,资本就变成了权力,而资本的各种形式一旦被认为具有权力的效果就成了"象征资本",成为象征性权力的基础。布迪厄的研究,正如布鲁马特(Blommaert,2010:28)指出的那样,与海姆斯的语言民族志研究一样,使我们认识到语言世界不仅是一个纷繁的世界,还是一个不平等的世界,这种不平等可以具有偶然和临时的特征,但也具有结构性和延续性特征,因此也影响着口音、方言、语域以及风格和叙事技巧这些语言的形式。在这个意义上,卡博兰德(Coupland,2016a:10)认为,布迪厄的研究为社会语言学的研究开创了一个批评的视角,对言语民族志学和语言意识形态理论都有重要的贡献。从这个案例中我们也可以发现,布迪厄的社会学研究与社会语言学的密切联系对于社会语言学创新发展的启发意义,使我们进一步认识到社会语言学多学科和跨学科融合发展对于社会语言学在新时代创新发展的必要。

10.5 小结

在本书的最后一章,我们对社会语言学在新时代的发展趋势做出展望。之所以是"展望",是因为它不是"判断",因而不必为其是否实现而忧心忡忡。但是,也因为是"展望",它必须基于一定的前提。我们的展望围绕社会语言学的研究课题、研究方法、理论范式和学科融合展开,其前提就是本书各章节所论述的内容,这些内容为我们的展望提供了充足的理据。我们认为,社会语言学源自学者对社会生活中的语言使用问题的深刻思考,源自学者运用专业的方法解决社会语言问题的努力,因此,我们同样可以展望新时代社会语言学的新发展一定是基于对新的社会问题的关注和专业阐释。换言之,新时代新的社会语言问题是社会语言学不断发展的不竭源泉。这便是本章 10.1 小节所展望的社会语言学研究课题将在 21 世纪更加丰富多元。而对于这些新课题的研究需要新的方法,这也很自然地促使我们对社会语言学发展的展望涉及研究方法。因此,我们在 10.2 小节以网络语料的收集方法和新媒体语言的研究方法为例,说明 21 世纪社会语言学研究的一个趋势将体现在研究方法的更新拓展方面。本章做出的第三个展望涉及社会语言学的理论层面。20 世纪的社会语言学研究基本上具有一种经验性研究的特点,因此也多有关于社会语言学是否具有理论的讨论或争论。进入 21 世纪,社会语言学家的理论创新意识不断增强,新的概念和范式也不断涌现。这些都在本书的讨论中有所涉及,因此也使我们在 10.3 小节指出,社会语言学的进一步发展将更加明显地体现在理论创新层面,更多地体现在对语言现象的理论阐释上面。所有这些,包括社会语言学研究课题的多元扩展、方法的更新拓展和理论的创新发展,让我们在 10.4 小节对社会语言学产出更多的跨学科研究成果充满期望。在 21 世纪,社会语言学与语言学的其他分支学科以及与人文社会科学的其他学科将进一步深度融合,在这种彼此借鉴的跨学科融合过程中,社会语言学也会得到进一步壮大和发展。让我们满怀期待。

参考文献

布鲁马特. 2022. 全球化的社会语言学. 赵芃，田海龙译. 北京：商务印书馆.
布鲁马特，高一虹，沙克·科霍恩. 2011. 探索全球化的社会语言学：中国情境的"移动性". 语言教学与研究，（6）：1–8.
陈向明. 2000. 质的研究方法与社会科学研究. 北京：教育科学出版社.
邓小平. 1993. 建设有中国特色的社会主义.《邓小平文集》（第三卷）. 北京：人民出版社，62–66.
董洁，布鲁马特. 2011. 语言与空间移动. 中国社会语言学，（1）：1–9.
费尔克劳. 2020. 语言与全球化. 田海龙译. 北京：商务印书馆.
高一虹. 2001. 导读. 社会语言学通览. 库尔马斯主编. 北京：外语教学与研究出版社，F23–32.
高佑梅. 2020. 认知社会语言学的源起、发展对策及展望. 天津外国语大学学报，（1）：14–23.
甘代军，李银兵. 2018. 文化全球化与知识权力：近代中医话语权衰落的根源探析. 湖北民族学院学报（哲学社会科学版），（2）：73–77.
桂诗春，宁春岩. 1997. 语言学方法论. 北京：外语教学与研究出版社.
郭熙. 2013. 中国社会语言学（第3版），北京：商务印书馆.
黄嫣. 2020. 社会语言学的新发展：语言变异与认知科学的交叉研究. 天津外国语大学学报，（1）：24–34.
姜艳红. 2010. 20世纪俄罗斯社会语言学发展历程. 中国俄语教学，（2）：50–55.
李葆嘉. 2020. 继往开来的西方三代社会语言学. 中国语言战略，（1）：1–39.
李素琼. 2005. 社会语言学. 成都：电子科技大学出版社.
李素琼，申阳琼（译述）. 2018. 新方言的诞生（柯斯威尔、特鲁吉尔）. 中国社会语言学，（1）：106–122.
李宇明. 2016. 语言生活与语言生活研究. 语言战略研究，（3）：15–23.
李宇明，饶高琦. 2020. 应急语言能力建设刍议. 天津外国语大学学报，（3）：2–13.
李宇明，赵世举，赫琳. 2020. "战疫语言服务团"的实践与思考. 语言战略研究，（3）：1–12.
梁晨阳. 2019. 自下而上再情景化过程中的话语策略探究——以《百姓问政》电视节目的一则报道为例. 话语研究论丛，（1）：112–123.
柳淑芬. 2017. 话语中的立场：研究现状及发展路径. 当代修辞学，（5）：63–70.
刘永厚. 2015. 实践共同体：一个日臻成熟的社会语言学研究范式. 山东外语教学，（4）：9–14.

罗桂花. 2014. 立场概念及其研究模式的发展. 当代修辞学,（1）：41–47.
穆军芳. 2016. 国内批评话语分析研究进展的科学知识图谱分析（1995—2015）. 山东外语教学,（6）：26–34.
申小龙. 2000. 语言与文化的现代思考. 郑州：河南人民出版社.
孙金华. 2009. 拉波夫的语言变化观. 南京：南京大学出版社.
汤一介. 2012. 瞩望新轴心时代：在新世纪的哲学思考. 北京：中央编译出版社.
田海龙. 2006. 语篇研究的批评视角：从批评语言学到批评话语分析. 山东外语教学,（2）：40–47.
田海龙. 2009a. 批评性语篇分析在中国：借鉴与发展. 中国社会语言学,（2）：1–9.
田海龙. 2009b. 语篇研究：范畴、视角、方法. 上海：上海外语教育出版社.
田海龙. 2012. 批评话语分析的社会语言学学科属性. 中国社会语言学,（1）：107–116.
田海龙. 2013a. 认知取向的批评话语分析：两种路径及其特征. 外语研究,（2）：1–7.
田海龙. 2013b. 趋于质的研究的批评话语分析. 外语与外语教学,（4）：6–10.
田海龙. 2016a. 跨文化交际的话语解读：再情景化模式. 福州大学学报,（2）：50–60.
田海龙. 2016b. 话语研究的语言学范式：从批评话语分析到批评话语研究. 山东外语教学,（6）：3–9.
田海龙. 2019a. 批评话语研究的三个新动态. 现代外语,（6）：855–864.
田海龙. 2019b. 批评话语分析 40 年之话语形成——兼谈对学术话语体系建构的启示. 天津外国语大学学报,（1）：1–12.
田海龙. 2020. 中西医结合治疗新冠肺炎的话语研究——基于"双层—五步"框架的中西医话语互动分析. 天津外国语大学学报,（2）：128–139.
田海龙. 2021a. 批评话语研究之"话语互动"新路径. 外语学刊,（2）：16–22.
田海龙. 2021b. 话语互动——批评话语研究新课题的多维思考. 外语与外语教学,（3）：13–22.
田海龙, 张迈曾. 2007. 语言选择研究的后现代性特征. 外语学刊,（6）：8–12.
王春辉. 2019. 社会语言学研究 70 年. 新中国语言文字研究 70 年. 刘丹青主编. 北京：中国社会科学出版社, 400–429.
王铭玉. 2020. 应急语言服务研究专栏主持人语. 天津外国语大学学报,（3）：1–1.
王铭玉, 康喆文. 2020. 由语言应急引出的语言服务问题. 天津外国语大学学报,（3）：32–39.
王天翼, 王寅. 2012. 认知社会语言学. 中国外语,（2）：44–53.
王寅. 2014. 后现代哲学视野下的体认语言学. 外国语文,（6）：61–67.
王寅. 2019. 体认语言学发凡. 中国外语,（6）：18–25.
王寅. 2020. 体认语言学：认知语言学的本土化研究. 北京：商务印书馆.
王寅. 2021. 体认社会语言学刍议. 天津外国语大学学报,（1）：10–19.
吴宗杰, 吕庆夏. 2006. 中医语言西化的话语秩序分析. 医学与哲学（人文社会医学版）,（4）：72–74.

夏历. 2007. 农民工言语社区探索研究. 语言文字应用,（1）: 94–101.
谢苑苑. 2017. 中医话语跨文化演变的质性研究. 中医药管理杂志,（16）: 4–7.
徐大明. 2006. 语言变异与变化. 上海：上海教育出版社.
徐大明. 2010. 社会语言学实验教程. 北京：北京大学出版社.
徐大明, 陶红印, 谢天蔚. 2004. 当代社会语言学. 北京：中国社会科学出版社.
杨永林. 2000. 导读. 社会语言学. 法索德主编. 北京：外语教学与研究出版社.
姚双云. 2011.《话语中的立场表达：主观性、评价与互动》评介. 外语教学与研究,（1）: 145–147.
于国栋. 2020. 提问对回答的话题约束——抗击新冠肺炎与新闻发言人答记者问的会话分析. 天津外国语大学学报,（2）: 100–113.
张青. 2010. "将购物进行到底！"——中国电视媒体中的语言创新及社会区隔. 语篇的庐山真面. 田海龙, 徐涛主编. 天津：南开大学出版社, 178–204.
张兴权. 2005. "社会语言学" 术语溯源. 语言科学,（2）: 63–66.
郑艳. 2020. 社会认知语言学视域下年度热词研究——以《牛津英语词典》年度热词为例. 天津外国语大学学报,（1）: 47–57.
赵芃. 2017. "学雷锋活动" 历史变迁的话语研究. 天津：南开大学出版社.
赵芃. 2019. 话语的技术化与权力的合法化——医药电视节目中权力合法化运作的探究. 外语与外语教学,（1）: 65–75.
赵芃, 田海龙. 2013. 再情景化新解——元话语视角. 天津外国语大学学报,（4）: 1–6.
赵蓉晖. 2003. 社会语言学的历史与现状. 外语研究,（1）: 13–19.
赵蓉晖. 2005. 最近十年的中国社会语言学. 新疆大学学报（哲学社会科学版）,（3）: 150–157.
赵蓉晖. 2009. 社会语言学. 俄罗斯语言学通史. 郅友昌主编. 上海：上海外语教育出版社, 330–351.
周和军. 2020.《抗疫应急外语服务的思考与行动》评介. 天津外国语大学学报,（4）: 154–157.
祝畹瑾. 2007. 社会语言学的三个研究路径. 中国社会语言学,（1）: 20–30.
祝畹瑾. 2013. 新编社会语言学概论. 北京：北京大学出版社.

Agha, A. 2003. The Social Life of a Cultural Value. *Language and Communication*, 23: 231–273.

Agha, A. 2005. Voice, Footing, Enregisterment. *Journal of Linguistic Anthropology*, 15: 38–59.

Agha, A. 2011. Meet Mediatization. *Language and Communication*, 31(3): 163–170.

Androutsopoulos, J. 2016. Theorizing Media, Mediation, and Mediatization. In Coupland, N. (ed.), *Sociolinguistics: Theoretical Debates*. Cambridge: Cambridge University Press, 157–172.

Androutsopoulos, J. 2018. Online Data Collection. In Mallinson, C., Childs, B. &

G. van Herk (eds.), *Data Collection in Sociolinguistics: Methods and Applications*. London and New York: Routledge, 233–247.

Appadurai, A. 1996. *Modernity at Large*. Minneapolis: University of Minnesota Press.

Austin, J. 1962. *How to Do Things with Words*. Oxford: Clarenton Press.

Bauman, R. & Briggs, C. 2009. Poetics and Performance as Critical Perspectives on Language and Social Life. In Coupland, N. & A. Jaworski (eds.), *The New Sociolinguistics Reader*. Hampshire: Palgrave, 607–614.

Bell, A., Sharma, D. & Britain, D. 2016. Labov in Sociolinguistics: An Introduction. *Journal of Sociolinguistics*, 20(4): 399–408.

Bernstein, B. 1990. *The Structuring of Pedagogic Discourse*. London: Routledge.

Blommaert, J. 2010. *The Sociolinguistics of Globalization*. Cambridge: Cambridge University Press.

Blommaert, J. 2020. Context and Its Complications. In De Fina, A. & A. Georgakopoulou (eds.), *The Cambridge Handbook of Discourse Studies*. Cambridge: Cambridge University Press, 52–69.

Blommaert, J. & Rampton, B. 2016. Language and Superdiversity. In Arnaut, K., Rampton, B., Blommaert, J. & M. Spotti (eds.), *Language and Superdiversity*. New York: Routledge, 21–48.

Bloomfield, L. 1933. *Language*. New York: Holt, Rinehart, and Winston.

Bourdieu, P. 1991. *Language and Symbolic Power*. London: Polity Press.

Brown, P. & Levinson, S. 1987. *Universals in Language Usage: Politeness Phenomena*. Cambridge: Cambridge University Press.

Bucholtz, M. 1999. You da Man: Narrating the Racial Other in the Production of White Masculinity. *Journal of Sociolinguistics*, 3: 443–460.

Bucholtz, M. 2009. From Stance to Style: Gender, Interaction, and Indexicality in Mexican Immigrant Youth Slang. In Jaffe, A. (ed.), *Stance: Sociolinguistic Perspectives*. New York: Oxford University Press, 146–170.

Bucholtz, M. 2010. *White Kids: Language and White Youth Identities*. Cambridge: Cambridge University Press.

Bucholtz, M. & Hall, K. 2005. Identity and Interaction: A Sociocultural Linguistic Approach. *Discourse Studies*, 74(5): 585–614.

Burns, T. 1992. *Erving Goffman*. London & New York: Routledge.

Calvet, L. J. 2003. Refelctions on the Origins of Sociolinguistics in Europe. In Paulston, C. B. & G. R. Tucker (eds.), *Sociolinguistics: The Essential Readings*. Malden: Blackwell, 17–25.

Cameron, A. & Palan, R. 2004. *The Imagined Economies of Globalization*. London:

Sage Publications.

Chambers, J. 2003. *Sociolinguistic Theory: Linguistic Variation and Its Social Significance* (2nd ed.). Maiden: Blackwell.

Charteris-Black, J. 2004. *Corpus Approaches to Critical Metaphor Analysis*. New York: Palgrave Macmilan.

Cheshire, J., Kerswill, P., Fox, S. & Torgersen, E. 2011. Contaet, the Feature Pool and the Speech Community: The Emergence of Multicultral London English. *Journal of Sociolinguisties*, 15 (2): 151–196.

Chilton, P. 1996. *Security Metaphor: Cold War Discourse from Containment to Common House*. New York: Lang.

Chilton, P. 2004. *Analysing Political Discourse: Theory and Practice*. London: Routledge.

Chilton, P. 2005. Missing Links in Mainstream CDA: Modules, Blends and the Critical Instinct. In Chilton, P. & R. Wodak (eds.) *A New Agenda in Critical Discourse Analysis*. Amsterdam: John Benjamins, 19–51.

Chilton, P. 2011. *Language Structure and Geometry*. Cambridge: Cambridge University Press.

Chilton, P. & Lakoff, G. 1995. Foreign Policy by Metaphor. In Schäffner, C. & A. L. Wenden (eds.), *Language and Peace*. Aldershot: Dartmouth, 37–60.

Chomsky, N. 1957. *Syntactic Structures*. The Hague: Mouton & Co.

Chomsky, N. 2000. *New Horizons in the Study of Language and Mind*. Cambridge: Cambridge University Press.

Chomsky, N. 1985/2002. *Knowledge of Language: Its Nature, Origins and Use*. Beijing: Foreign Language Teaching and Research Press & Greenwood Publishing Group.

Chouliaraki, L. 2004. Watching 11 September: The Politics of Pity. *Discourse & Society*, 15(2–3): 185–198.

Chouliaraki, L. 2005. Spectacular Ethics: On the Television Footage of the Iraq War. *Journal of Language and Politics*, 4(1): 143–159.

Chouliaraki, L. & Fairclough, N. 1999. *Discourse in Late Modernity: Rethinking Critical Discourse Analysis*. Edinburgh: Edinburgh University Press.

Cornips, K. & Gregersen, F. 2016. The Impact of Labov's Contribution to General Linguistic Theory. *Journal of Sociolinguistics*, 20(4): 498–524.

Coulmas, F. 1997. Introduction. In Coulmas, F. (ed.), *The Handbook of Sociolinguistics*. Oxford & Cambridge: Blackwell, 1–12.

Coulmas, F. 2001. Sociolinguistics. In Aronoff, M. & J. Rees-Miller (eds.), *The Handbook of Linguistics*. Beijing: Foreign Language Teaching and Research

Press & Blackwell, 563–581.

Coulmas, F. 2005. *Sociolinguistics: The Study of Speakers' Choices*. Cambridge Cambridge University Press.

Coupland, N. 2001. Introduction: Sociolinguistic Theory and Social Theory. In Coupland, N., Sarangi, S. & C. N. Candlin (eds.), *Sociolinguistics and Social Theory*. London: Longman, 1–26.

Coupland, N. 2016a. Introduction: Sociolinguistic Theory and the Practice of Sociolinguistics. In Coupland, N. (ed.), *Sociolinguistics: Theoretical Debates*. Cambridge: Cambridge University Press, 1–34.

Coupland, N. 2016b. Five Ms for Sociolinguistic Change. In Coupland, N. (ed.), *Sociolinguistics: Theoretical Debates*. Cambridge: Cambridge University Press, 433–454.

Coupland, N. & Jaworski, A. 1997a. Interactional Sociolinguistics. In Coupland, N. & A. Jaworski (eds.), *Sociolinguistics: A Reader and Coursebook*. New York: St Matin's Press, 391–394.

Coupland, N. & Jaworski, A. (eds.) 1997b. *Sociolinguistics: A Reader and Coursebook*. New York: St Matin's Press.

Coupland, N. & Jaworski, A. 2009. Editors' Introduction to Part VI. In Coupland, N. & A. Jaworski (eds.), *The New Sociolinguistics Reader*. Basingstoke: Palgrave, 575–581.

Cutler, C. 1999. Yorkville Crossing: White Teens, Hip Hop and African American English. *Journal of Sociolinguistics*, 3: 428–441.

Deuchar, M. 2005. Congruence and Welsh–English Code-Switching. *Bilingualism: Language and Cognition*, 8(3): 255–269.

Deuchar, M., Muysken, P. & Wang, S-L. 2007. Structured Variation in Codeswitching: Towards an Empirically Based Typology of Bilingual Speech Patterns. *International Journal of Bilingual Education and Bilingualism*, 10(3): 298–340.

di Luzio, A. 2003. Presenting John J. Gumperz. In Eerdmans, S. L., Previngnano, C. L. & P. J. Thibault (eds.), *Language and Interaction: Discussions with John J. Gumperz*. Amsterdam: John Benjamins, 1–6.

Dovchin, S., Pennycook, A. & Sultana, S. 2018. *Popular Culture, Voice, and Linguistic Diversity: Young Adults On and Offline*. Basingstoke: Palgrave.

Du Bois, J. 2007. The Stance Triangle. In Endebretson, R. (ed.), *Stancetaking in Discourse: Subjectivity, Evaluation, Interaction*. Amsterdam: John Benjamins, 139–182.

Duranti, A. 1997. *Linguistic Anthropology*. Cambridge: Cambridge University Press.

Eckert, P. 1980. Clothing and Geography in a Suburban High School. In Kottak, C.

P. (ed.) *Researching American Culture*. Ann Arbor: University of Michigan Press, 139–144.

Eckert, P. 1989. *Jocks and Burnouts: Social Categories and Identities in the High School*. New York: Teach Coll Press.

Eckert, P. 2000. *Linguistic Variation as Social Practice*. Oxford: Blackwell.

Eckert, P. 2008. Variation and the Indexical Field. *Journal of Sociolinguistics*, 12: 453–476.

Eckert, P. 2012. Three Waves of Variation Study: The Emergence of Meaning in the Study of Variation. *Annual Review of Anthropology*, 41: 87–100.

Eckert, P. 2018. *Meaning and Linguistic Variation: The Third Wave in Sociolinguistics*. Cambridge: Cambridge University Press.

Eckert, P. & McConnell-Ginet, S. 1992. Think Practically and Look Locally: Language and Gender as Community-Based Practice. *Annual Review of Anthropology*, 21: 461–490.

Englebretson, R. 2007. Stancetaking in Discourse: An Introduction. In Englebretson, R. (ed.), *Stancetaking in Discourse: Subjectivity, Evaluation, Interaction*. Amsterdam: John Benjamins, 1–25.

Errington, J. 2001. State Speech for Peripheral Publics in Java. In Gal, S. & K. Woolard (eds.), *Languages and Publics: The Making of Authority*. Manchester: St Jerome, 103–118.

Fairclough, N. 1989. *Language and Power*. London: Longman.

Fairclough, N. 1992. *Discourse and Social Change*. Cambridge: Polity Press.

Fairclough, N. 1995. *Critical Discourse Analysis: A Critical Study of Language*. London: Longman.

Fairclough, N. 2000. Discourse, Social Theory and Social Research: The Discourse of Welfare Reform. *Journal of Sociolinguistics*, 4(2): 163–195.

Fairclough, N. 2003. *Analysing Discourse: Textual Analysis for Social Research*. London: Routledge.

Fairclough, N. 2006. *Language and Globalization*. London: Routledge.

Fairclough, N. 2009. A Dialectical-Relational Approach to Critical Discourse Analysis in Social Research. In Wodak, R. & M. Meyer (eds.), *Methods of Critical Discourse Analysis* (2nd ed.). London: Sage Publications, 162–186.

Fairclough, N. & Fairclough, I. 2018. A Procedural Approach to Ethical Critique in CDA. *Critical Discourse Studies*, 15(2): 169–185.

Fairclough, N. & Wodak, R. 1997. Critical Discourse Analysis. In van Dijk, T. A. (ed.), *Discourse as Social Interaction*. London: Sage Publications, 258–284.

Fals Borda, O. 2000. Peoples' Space Times in Global Processes: The Response of the Local. *Journal of World Systems Research*, 6(3): 624–634.

Fishman, P. 1997. Interaction: The Work Women Do. In Coupland, N. & A. Jaworski (eds.), *Sociolinguistics: A Reader and Coursebook*. New York: St Matin's Press, 416–429.

Foucault, M. 1972. *The Archeology of Knowledge and the Discourse on Language*. New York: Pantheon.

Foucault, M. 1984. The Order of Discourse. In Shaping, M. (ed.), *Language and Politics*. London: Basil Blackwell, 108–138

Fowler, R., Hodge, B., Kress, G. & Trew, T. 1979. *Language and Control*. London: Routledge & Kegan Paul.

Gal, S. 1998. Peasant Men Can't Get Wives: Language Change and Sex Roles in a Bilingual Community. In Coates, J. (ed.), *Language and Gender: A Reader*. Oxford: Blackwell, 147–159.

Gal, S. & Irvine, J. 2019. *Signs of Difference: Language and Ideology in Social Life*. Cambridge: Cambridge University Press.

Gee, J. 1999. *An Introduction to Discourse Analysis: Theory and Method*. London & New York: Routledge.

Geeraerts, D. 2005. Lectal Variation and Empirical Data in Cognitive Linguistics. In Francisco, J., Mendoza, R. & S. P. Cervel (eds.), *Cognitive Linguistics: Internal Dynamics and Interdisciplinary Interaction*. Berlin: Walter de Gruyter, 163–189.

Geeraerts, D., Kristiansen, G. & Peirsman, Y. 2010. *Advances in Cognitive Sociolinguistics*. Berlin: Walter de Gruyter.

Georgakopoulou, A. 2014. Girlpower or Girl (in) Trouble? Identities and Discourses in the (New) Media Engagement of Adolescents' School-Based Interaction. In Androutsopoulos, J. (ed.), *Mediatization and Sociolinguistic Change*. Berlin: Walter De Gruyter, 217–244.

Giles, H. & Powesland, P. 1975. *Speech Style and Social Evaluation*. London & New York: Academic Press.

Goffman, E. 1956. *The Presentation of Self in Everyday Life*. New York: Doubleday Anchor Books.

Goffman, E. 1974. *Frame Analysis*. New York: Harper & Row.

Goffman, E. 1981. *Forms of Talk*. Philadelphia: University of Pennsylvania Press.

Goodwin, C. 2002. Time in Action. *Current Anthropology*, 43, supplement: 19–35.

Gordon, M. 2006. Interview with William Labov. *Journal of English Linguistics*. 34 (4): 332–351

Gramsci, A. 1971. *Selections from the Prison Notebooks*. London: Lawrence & Wishart.

Grice, H. 1975. Logic and Conversation. In Cole, P. & J. Morgan (eds.), *Syntax and Semantics (Vol. 3): Speech Acts*. New York: Academic Press, 41–58.

Gumperz, J. 1982/2009. Contextualization conventions. In Coupland, N. & A. Jaworski (eds.), *The New Sociolinguistics Reader*. Basingstoke: Palgrave, 598–606.

Halliday, M. 1978/2001. *Language as Social Semiotic: The Social Interpretation of Language and Meaning*. Beijing: Foreign Language Teaching and Research Press & Arnold.

Halliday, M. 1994/2000. *Introduction to Systemic Functional Grammar*. Beijing: Foreign Language Teaching and Research Press & Arnold.

Harder, P. 2010. *Meaning in Mind and Society: A Functional Contribution to the Social Turn in Cognitive Linguistics*. Berlin & New York: Walter de Gruyter.

Hart, C. 2010. *Critical Discourse Analysis and Cognitive Science: New Perspectives on Immigration Discourse*. Basingstoke: Palgrave.

Harvey, D. 2001. *Spaces of Capital*. Edinburgh: Edinburgh University Press.

Haviland, J. 2003. How to Point in Zinacantan. In Sotaro, K. (ed.), *Pointing: Where Language, Culture, and Cognition Meet*. Mahwah: Erlbaum, 139–169.

Hay, C. & Rosamond, B. 2002. Globalization, European Integration and the Discursive Construction of Economic Imperatives. *Journal of European Public Policy*, 9(2):147–167.

Hebdige, D. 1984. *Subculture: The Meaning of Style*. New York: Methuen.

Held, D., McGrew, A., Goldblatt, D. & Perraton, J. 1999. *Global Transformations: Politics, Economics and Culture*. Cambridge: Polity Press.

Heller, M. 2003. Globalization, the New Economy, and the Commodification of Language and Identity. *Journal of Sociolinguistics*, 7(4): 473 – 492.

Heller, M. & McElhinny, B.. 2017. *Language, Capitalism, Colonialism: Toward a Critical History*. North York: University of Toronto Press.

Henry, L., Barbu, S., Lemasson, A. & Hausberger, M. 2015. Dialects in Animals: Evidence, Development and Potential Functions. *Animal Behavior and Cognition*, (2): 132–155.

Hill, J. 1993. Hasta la Vista, Baby: Anglo Spanish in the American Southwest. *Critique of Anthropology*, 13: 145–176.

Hodge, R. & Kress, G. 1988. *Social Semiotics*. Cambridge: Polity Press.

Holmes, J. 1996. Review of Paul Kerswill, *Dialects Converging: Rural Speech in Urban Norway*. *Language in Society*, 25 (2): 301–305.

Hudson, R. A. 2000. *Sociolinguistics* (2nd ed.). Beijing: Foreign Language Teaching and Research Press.

Hymes, D. 1986/2009. Models of the Interaction of Language and Social Life. In

Coupland, N. & A. Jaworski (eds.), *The New Sociolinguistics Reader*. Hampshire: Palgrave, 583–597.

Irvine, J. 2001. "Style" as Distinctiveness: The Culture and Ideology of Linguistic Differentiation. In Eckert, P. & J. Rickford (eds.), *Stylistic Variation in Language*. Cambridge: Cambridge University Press, 21–43.

Jaffe, A. 2009. Introduction. In Jaffe, A. (ed.), *Stance: Sociolinguistic Perspectives*. New York: Oxford University Press, 3–28.

Jaspers, J. 2010/2014. Introduction: Society and Language Use. In Jaspers, J., Östman, J. & J. Verschueren (eds.), *Society and Language Use*. Shanghai: Shanghai Foreign Language Education Press, 1–20.

Jessop, B. 1999. Reflections on the (Il)logics of Globalization. In Olds, K., Oicken, P., Kelly, F., Kong, L. & H. W. Yeung (eds.), *Globalization and the Asia Pacific: Contested Territories*. New York: Sage Publications, 81–100.

Jessop, B. 2002. *The Future of the Capitalist State*. Cambridge: Polity Press.

Johnstone B. 2009. Stance, Style, and the Linguistic Individual. In Jaffe, A. (ed.), *Stance: Sociolinguistic Perspectives*. New York: Oxford University Press, 29–52.

Johnstone, B. 2010. Locating Language in Identity. In Llamas, C. & D. Watl, *Language and Identities*. Edinburgh: Edinburgh University Press, 3–26.

Kelly-Holmes, H. 2016. Theorising the Market in Sociolinguistics. In Coupland, N. (ed.), *Sociolinguistics: Theoretical Debates*. Cambridge: Cambridge University Press, 157–172.

Kärkkäinen, E. 2006. Stance Taking in Conversation: From Subjectivity to Intersubjectivity. *Text & Talk*, 26(6): 699–731.

Kerswill, P. 1994. *Dialects Converging: Rural Speech in Urban Norway*. Oxford: Clarendon Press.

Kerswill, P. 2013. Identity, Ethnicity and Place: The Construction of Youth Language in London. In Auer, P., Hilpert M., Stukenbrock, A. & B. Szmrecsanyi (eds.), *Space in Language and Linguistics: Geographical, Interactional, and Cognitive Perspectives*. Berlin: Walter de Gruyter, 128–164.

Kerswill, P. 2018. Dialect Formation and Dialect Change in the Industrial Revolution: British Vernacular English in the Nineteenth Century. In Wright, L. (ed.), *Southern English Varieties Then and Now*. Berlin & New York: Mouton de Gruyter, 8–38.

Kerswill, P. & Williams, A. 2000. Creating a New Town Koine: Children and Language Change in Milton Keynes. *Language in Society*, 29(1): 65–115.

Kerswill, P., Cheshire, J., Fox, S. & Torgersen, E. 2013. English as a Contact Language: The Role of Children and Adolescents. In Schreier, D. & M.

Hundt (eds.), *English as a Contact Language*. Cambridge: Cambridge University Press, 258–282.

Kiesling, S. 1998. Men's Identities and Sociolinguistic Variation: The Case of Fraternity Men. *Journal of Sociolinguistics*, 2: 69–100.

Kiesling, S. 2001. Stances of Whiteness and Hegemony in Fraternity Men's Discourse. *Journal of Linguistic Anthropology*, 11: 101–115.

Kiesling, S. 2005. Variation, Stance and Style. *English World-Wide*, 26: 1–42.

Kiesling, S. 2009. Style as Stance: Can Stance Be the Primary Explanation for Patterns of Sociolinguistic Variation? In Jaffe, A. (ed.), *Stance: Sociolinguistic Perspectives*. Oxford: Oxford University Press, 171–194.

Koller, V. 2004. *Metaphor and Gender in Busines Media Discourse: A Critical Cognitive Study*. Basingstoke: Palgrave.

Kress, G. 2001. From Saussure to Critical Sociolinguistics: The Turn Towards a Social View of Language. In Wetherell, M., Taylor, S. & S. Yates (eds.), *Discourse Theory and Practice: A Reader*. London & Thousand Oaks: Sage Publicafions, 29–38.

Krippendorff, K. 2020. Introduction: Why Discourses in Action? In Krippendorff, K. & N. Halabi (eds.), *Discourse in Action: What Language Enables Us to Do*. London: Routledge, 1–13.

Kristiansen, G. & Dirwen, R. (eds.). 2008a. *Cognitive Sociolinguistics: Language Variation, Cultural Models, Social System*. Berlin & New York: Walter de Gruyter.

Kristiansen, G. & Dirwen, R. 2008b. Introduction: Cognitive Sociolinguistics: Ratinale, Methods and Scope. In Kristionsen, G. & R. Dirwen (eds.), *Cognitive Sociolinguistics: Language Variation, Cultural Models, Social System*. Berlin & New York: Walter de Gruyter, 1–17.

Kristiansen, G. & Geeraerts, D. (eds.) 2013. Contexts and Usage in Cognitive Sociolinguistics. *Journal of Pragmatics*, 52(1): 1–104.

Krzyzanowski, M. & Forchtner, B. 2016. Theories and Concepts in Critical Discourse Studies: Facing Challenges, Moving Beyond Foundations. *Discourse & Society*, 27(3): 253–261.

Labov, W. 1963. The Social Motivation of a Sound Change. *Word*, 19: 273–309.

Labov, W. 1966. *The Social Stratification of English in New York City*. Washington D.C.: Center for Applied Linguistics.

Labov, W. 1972a. *Language in the Inner City: Studies in the Black English Vernacular*. Philadelphia: University of Pennsylvania Press.

Labov, W. 1972b. *Sociolinguistic Patterns*. Philadelphia: University of Pennsylvania Press.

Labov, W. 1977. The Social Stratification of (r) in New York City Department Store. In Coupland, N. & A. Jaworski (eds.), *Sociolinguistics: A Reader and Coursebook*. London: St. Martin's Press, 168–178.

Labov, W. 1994. *Principles of Linguistic Change, vol 1: Internal Factors*. Oxford: Blackwell.

Labov, W. 2001a. *Principles of Linguistic Change, vol 2: Social Factors*. Oxford: Blackwell.

Labov, W. 2001b. *Studies in Sociolinguistics: Selected Papers by William Labov*. Beijing: Beijing Language and Culture University Press.

Lakoff, G. & Johnson, M.. 1980. *Metaphors We Live by*. Chicago: University of Chicago Press.

Langacker, R. 1987. *Foundations of Cognitive Grammar, Vol. I: Theoretical Prerequisites*. Stanford: Stanford University Press.

Langacker, R. 1993. Reference-Point Constructions. *Cognitive Linguistics*, 1: 1–38.

Lave, J. & Wenger, E. 1991. *Situated Learning: Legitimate Peripheral Participation*. Cambridge: Cambridge University Press.

Leech, G. 1974. *Semantics*. London: Penguin.

Leech, G. 1983. *Principles of Pragmatics*. New York: Longman.

Leech, G. 2018. *The Pragmatics of Politeness*. Shanghai: Shanghai Foreign Language Education Press.

Lefebvre, H. 2003. *Key Writings*. New York: Continuum.

Li, W. 1995. Code-Switching, Preference Marking and Politeness in Bilingual Cross-Generational Talk: Examples from a Chinese Community in Britain. *Journal of Multilingual and Multicultural Development*, 16(3): 197–214.

Li, W. & Milroy, L. 1995. Conversational Code-Switching in a Chinese Community in Britain: A Sequential Analysis. *Journal of Pragmatics*, 23(3): 281–299.

Llamas, C., Mullany, L. & Stockwell, P. 2007. *The Routledge Companion to Sociolinguistics*. London & New York: Routledge.

Malinowski, B. 1923. The Problem of Meaning in Primitive Languages. In Ogden, C. K. & I. A. Richards (eds.), *The Meaning of Meaning*. New York: Harcourt, Brace & World, 296–336.

Mallinson, C., Childs, B. & van Herk, G. 2018. *Data Collection in Sociolinguistics: Methods and Applications*. New York & London: Routledge.

Mankekar, P. 2002. India Shopping: Indian Grocery Stores and Transnational Configurations of Belonging. *Ethnos*, 67: 75–98.

Meyerhoff, M. 2016. Methods, Innovations and Extensions: Reflections on Half a Century of Methodology in Social Dialectology. *Journal of Sociolinguistics*, 20(4): 431–452.

Milroy, L. 1980. *Language and Social Networks*. Oxford: Blackwell.

Milroy, J. & Milroy, L. 1997/1980. Network Structure and Linguistic Change. In Coupland, N. & A. Jaworski (eds.), *Sociolinguistics: A Reader and Coursebook*. London: St. Martin's Press, 199–211.

Moore, E. 2004. Sociolinguistic Style: A Multidimensional Resource for Shared Identity Creation. *Canadian Journal of Linguistics*, 49: 375–396.

Moore, E. & Podesva, R. 2009. Style, Indexicality and the Social Meaning of Tag Questions. *Language in Society*, 38: 447–485.

Morgan, P. 2008. Competition, Cooperation, and Interconnection: Metaphor Families and Social Systems. In Kristiansen, G. & R. Dirwen (eds.), *Cognitive Sociolinguistics: Language Variation, Cultural Models, Social System*. Berlin & New York: Mouton de Gruyter, 483–482.

Nardy, A., Chevrot, J. & Barbu, S. 2013. The Acquisition of Sociolinguistic Variation: Looking Back and Thinking Ahead. *Linguistics*, 51(2): 255–284.

Ochs, E. 1992. Indexing Gender. In Duranti, A. & C. Goodwin (eds.), *Rethinking Context: Language as an Interactive Phenomenon*. Cambridge: Cambridge University Press, 335–358.

O'Halloran, K. 2003. *Critical Discourse Analysis and Language Cognition*. Edinburgh: Edinburgh University Press.

Pennycook, A. 2007. *Global Englishes and Transcultural Flows*. London: Routledge.

Pennycook, A. 2016. Mobile Times, Mobile Terms: The Trans-super-poly-metro Movement. In Coupland, N. (ed.), *Sociolinguistics: Theoretical Debates*. Cambridge: Cambridge University Press, 201–216.

Prevignano, C. L. & di Luzio, A. 2003. A Discussion with John J. Gumperz. In Eerdmans, S. L., Prevignano, C. L. & P. J. Thibault (eds.), *Language and Interaction: Discussions with John J. Gumperz*. Amsterdam: John Benjamins, 7–29.

Pütz, M., Robinson, J. A. & Reif, M. (eds.). 2014a. *Cognitive Sociolinguistics: Social and Cultural Variation in Cognition and Language Use*. Amsterdam & Philadelphia: John Benjamins.

Pütz, M., Robinson, J. A. & Reif, M. 2014b. The Emergence of Cognitive Linguistics: An Introduction. In Pütz, M., Robinson, J. A. & M. Reif (eds.), *Cognitive Sociolinguistics: Social and Cultural Variation in Cognition and Language Use*. Amsterdam & Philadelphia: John Benjamins, 1–22.

Rampton, B. 1995. *Crossing: Language and Ethnicity among Adolescents*. London: Longman.

Rampton, B. 2006. *Language in Late Modernity: Interaction in An Urban School.* Cambridge: Cambridge University Press.

Rampton, B. 2016. Foucault, Gumperz, and Governmentality: Interaction, Power, and Subjectivity in the Twenty-First Century. In Coupland, N. (ed.), *Sociolinguistics: Theoretical Debates.* Cambridge: Cambridge University Press, 303–328.

Reif, M., Robinson, J. & Pütz, M. (eds.). 2013. *Variation in Language and Language Use: Linguistic, Socio-cultural and Cognitive Perspectives.* Frankfurt: Peter Lang.

Reisigl, M. & Wodak, R. 2009. The Discourse-Historical Approach (DHA). In Wodak, R. & M. Meyer (eds.), *Methods of Critical Discourse Analysis* (2nd ed.). London: Sage Publications, 87–119.

Ricoeur, P. 1986. *Lectures on Ideology and Utopia.* New York: Columbia University Press.

Robins, R., H. 2001. *A Short History of Linguistics* (4th ed.). Beijing: Foreign Language Teaching and Research Press.

Romaine, S. 1994. *Language in Society: An Introduction to Sociolinguistics.* Oxford: Oxford University Press.

Rumsey, A. 1990. Wording, Meaning, and Linguistic Ideology. *American Anthropologist,* 92: 346–361.

Saussure, F. 1916/2001. *Course in General Linguistics.* Beijing: Foreign Language Teaching and Research Press.

Sclafani, J. 2018a. *Talking Donald Trump: A Sociolinguistic Study of Style, Metadiscourse and Political Identity.* London & New York: Routledge.

Sclafani, J. 2018b. Sociolinguistics in and for the Media. In Mallinson, C., Childs, B. & G. Herk (eds.), *Data Collection in Sociolinguistics: Methods and Applications.* London & New York : Routledge, 292–300.

Scollon, R. & Scollon, S. W. 1995/2000. *Intercultural Communication: A Discourse Approach.* Beijing: Foreign Language Teaching and Research Press and Blackwell.

Scollon, R. & Scollon, S. W. 2003. *Discourses in Place: Language in the Material World.* London: Routledge.

Searle, J. 1979. *Expression and Meaning.* Cambridge: Cambridge University Press.

Sebba, M. 1993. *Jamaican English: Language Systems in Interaction.* London: Longman.

Sebba, M. 2007. *Spelling and Society: The Culture and Politics of Orthography Around the World.* Cambridge: Cambridge University Press.

Shuy, R. 2003. A Brief History of American Sociolinguistics 1949–1989. In Paulston, C. B. & G. R. Tucker (eds.), *Sociolinguistics: The Essential Readings.*

Malden: Blackwell, 4–16.

Silverstein, M. 1979. Language Structure and Linguistic Ideology. In Clyne, P. R., Hanks, W. F. & C. L. Hofbauer (eds.), *The Elements: A Parasession on Linguistic Units and Levels*. Chicago: Chicago Linguistic Society, 193–247.

Silverstein, M. 1985. Language and the Culture of Gender: At the Intersection of Structure, Usage, and Ideology. In Mertz, E. & R. J. Parmentier (eds.), *Semiotic Mediation: Sociocultural and Psychological Perspectives*. Orlando: Academic Press, 219–259.

Silverstein, M. 1996. Monoglot "Standard" in America: Standardization and Metaphors of Linguistic Hegemony. In Brenneis, D. & R. K. S. Macaulay (eds.), *The Matrix of Language: Contemporary Linguistic Anthropology*. Boulder: Westview Press, 284–306.

Silverstein, M. 1998. Contemporary Transformations of Local Linguistic Communities. *Annual Review of Anthropology*, 27: 401–426.

Silverstein, M. 2003. Indexical Order and the Dialectics of Sociolinguistic Life. *Language and Communication*, 23:193–229.

Sperber, D. & Wilson, D. 1995/2001. *Relevance: Communication and Cognition*. Beijing: Foreign Language Teaching and Research Press and Blackwell.

Steger. M. 2005. *Globalism: Market Ideology Meets Terrorism*. Lanham: Rowman and Littlefield.

Stiglitz, J. 2006. *Making Globalization Work*. New York: W. W. Norton & Company.

Stuart-Smith, J. & Haddican, B. 2009. Sociolinguistics in the British Isles. In Ball, M. J. (ed.), *Routledge Handbook of Sociolinguistics Around the World*. Abingdon: Routledge, 296–309.

Swyngedouw, E. 1996. Reconstructing Citizenship, the Re-scaling of the State and the New Authoritarianism: Closing the Belgian Mines. *Urban Studies*, 33(8): 1499–1521.

Swyngedouw, E. 1997. Neither Global nor Local: Glocalization and the Politics of Scale. In Cox, K. R. (ed.), *Spaces of Globalization*. New York: Guildford, 137–166.

Thomas, E. 2011. Sociolinguistic Variables and Cognition. *WIREs Cognitive Science*, (6): 701–716.

Tomlinson, J. 1999. *Globalization and Culture*. Cambridge: Polity Press.

Trudgill, P. 1974. *The Social Differentiation of English in Norwich*. Cambridge: Cambridge University Press.

Uitermark, J. 2002. Re-scaling, "Scale Fragmentation" and the Regulation of Antagonistic Relationships. *Progress in Human Geography*, 26(6): 743–765.

Urban, N. 2008. The Business Model of University: Sources and Consequences of

Its Construal. In Kristiansen, G. & R. Dirwen (eds.), *Cognitive Sociolinguistics: Language Variation, Cultural Models, Social System*. Berlin & New York: Mouton de Gruyter, 483–516.

van Dijk, T. 1998. *Ideology: A Multidisciplinary Approach*. London: Sage Publications.

van Dijk, T. 2008. *Discourse and Context: A Sociocognitive Approach*. Cambridge: Cambridge University Press.

van Dijk, T. 2009. *Society and Discourse: How Social Contexts Influence Text and Talk*. Cambridge: Cambridge University Press.

van Dijk, T. 2012. Critical Context Studies. In Tian, H. & P. Zhao (eds.), *Critical Discourse Analysis: Essential Readings*. Tianjin: Nankai University Press, 263–295.

van Leeuwen, T. 1993. Genre and Field in Critical Discourse Analysis: A Synopsis. *Discourse and Society*, 4(2): 193–223.

van Leeuwen, T. 2008. *Discourse and Practice: New Tools for Critical Discourse Analysis*. Oxford: Oxford University Press.

Verschueren, J. 2010/2014. Interactional Sociolinguistics. In Jaspers, J., Östman, J. & J. Verschueren (eds.) *Society and Language Use*. Shanghai: Shanghai Foreign Language Education Press, 169–175

Verschueren, J. 2012. *Ideology in Language Use: Pragmatic Guidelines for Empirical Research*. Cambridge: Cambridge University Press.

Vološinov, V. N. 1973. *Marxism and the Philosophy of Language*. London & New York: Seminar Press.

Wallerstein, I. 1983. *Historical Capitalism*. London: Verso.

Wallerstein, I. 2000. *The Essential Immanuel Wallerstein*. New York: The New Press.

Wardhaugh, R. 2006. *An Introduction to Sociolinguisitics* (5th ed.). Oxford: Blackwell.

Weinreich, U., Labov, W. & Herzog, M. I. 1968. Empirical Foundations for a Theory of Language Change. In Lehmann, W. P. & Y. Malkiel (eds.). *Directions for Historical Linguistics: A Symposium*. Austin: University of Texas Press, 95–195.

Wenger, E. 1998. *Communities of Practice: Learning, Meaning, and Identity*. New York: Cambridge University Press.

Williams, G. 1992. *Sociolinguistics: A Sociological Critique*. London: Routledge.

Williams, R. 1989. Working Backwards into the Future. In Robin G. (ed.), *Resources of Hopes: Culture, Democracy, Socialism*. London: Verso, 281–287.

Wodak, R. 2009. Critical Discourse Analysis: History, Agenda, Theory and Methodology. In Wodak, R. & M. Meyer (eds.), *Methods of Critical Discourse Analysis* (2nd ed.). London: Sage Publications, 1–33.

Wong, A. 2005. The Re-appropriation of Tongzhi. *Language in Society*, 34: 763–793.

Woolard, K. 1985. Language Variation and Cultural Hegemony: Toward an Integration of Sociolinguistic and Social Theory. *American Ethnologist*, 12: 738–748.

Woolard, K. 1998. Introduction: Language Ideology as a Field of Inquiry. In Schieffelin, B., Woolard, K. & P. Kroskrity (eds.), *Language Ideologies: Practice and Theory*. Oxford & New York: Oxford University Press, 3–47.

Yoder, M., & Johnstone, B. 2018. Unpacking a Political Icon: "Bike Lanes" and Orders of Indexicality. *Discourse and Communication*, 12(2): 192–208.

Zhang, Q. 2005. A Chinese Yuppie in Beijing: Phonological Variation and the Construction of a New Professional Identity. *Language in Society*, 34: 431–466.

Zhang, Q. 2008. Rhotacization and the "Beijing Smooth Operator": The Social Meaning of a Linguistic Variable. *Journal of Sociolinguistics*, 12: 201–222.

Zhang, Q. 2018. *Language and Social Change in China: Undoing Commonness Through Cosmopolitan Mandarin*. London: Routledge.

Zheng, Y. 2020. Mobilizing Foreign Language Students for Multilingual Crisis Translation in Shanghai. *Multilingua*. https://doi.org/10.1515/multi-2020—0095.

术 语 表

变体	variety/variant
变项	variable
变异	variation
变异研究	variation studies
变异社会语言学	variationist sociolinguistics
辩证关系	dialectical relation
表演	performance
不平等	inequality
参与者	participants
策略	strategy
层级	scale
阐释	interpretive
场景	scene
场所	setting
超多样性	superdiversity
超语实践	translanguaging
重新层级化	rescaling
大都市化	cosmopolitan
第二次浪潮	second wave
第三次浪潮	third wave
第一次浪潮	first wave
定位	positioning
斗争	struggle
对话性	dialogistic
多中心性	polycentricity
儿化音	rhotacization
方言	dialect
风格	style
风格实践	stylistic practice
符号系统	semiosis
共变关系	correlation
关联理论	relevance theory
规范	norm

规范性	normality
过滤分析	filter analysis
横向话语互动	horizontal discursive interaction
宏观社会语言学	macro-sociolinguistics
后现代性	post-modernity
互动社会语言学	interactional sociolinguistics
互文性	intertextuality
互语性	interdiscursivity
话轮设计	turn design
话语	discourse
话语标记	discourse marker
会话分析	conversational analysis
话语互动	discursive interaction
话语实践	discursive practice
话语秩序	orders of discourse
基调	key
假设	hypothesis
间接指向性	indirect indexicality
接触语言	contact languages
建构	construction
交际界位	stance
交际界位三角模型	stance triangle
交际类型/语类/语体	genre
交际民族志	ethnography of communication
交际能力	communicative competence
交往规范	norms of interaction
矫枉过正	hypercorrection
阶级	class
解释规范	norms of interpretation
经验性	empirical
经由媒介的	mediated
刻板印象	stereotype
客体	object
快速匿名调查法	rapid anonymous observation
框架	framing
历时话语互动	diachronic discursive interaction
量的研究	quantitative research
媒介	instrumentalities/mediation

媒体	media
媒体化	mediatization
密集型多路通道式社会网络	dense multiplex social network
目的	ends
能动性	agency
拟剧理论	dramaturgical theory
年龄	age
挪用	appropriation
批评话语分析	critical discourse analysis
批评话语研究	critical discourse studies
拼凑	bricolage
评价	evaluation
情感交际界位	affective stance
情景化提示	contextualization cues
去情景化	decontextualization
权力	power
全球化	globalization
全音调	full tone
认识交际界位	epistemic stance
认知参照点	cognitive reference point
认知社会语言学	cognitive sociolinguistics
认知辖域	dominion
萨丕尔-沃尔夫假设	Sapir-Whorf hypothesis
社会变项	social variable
社会方言	sociolect
社会分层	social stratification
社会认知	socio-cognitive
社会实践	social practice
社会语境	social context
社会语言知识	sociolinguistic knowledge
社会网络	social networks
身份	identity
生成音系学	generative phonology
时空	TimeSpace
识解	construal
实践共同体	communities of practice
市场	market
市场化	marketization

使文本化	entextualization
使语域化	enregisterment
视角	perspective
适应理论	accommodation theory
体认语言学	Embodied Cognitive Linguistics
田野调查	field work
同质性	homogeneity
土语	vernacular
微观社会语言学	micro-sociolinguistics
文本	text
文化模型	cultural model
协商	negotiation
性别	gender
行为序列	act sequence
序列组织	sequence organization
言语共同体	speech community
言语行为	speech act
言语交际	verbal/speech communication
言语事件	speech event
演变	change
移动性	mobility
异质性	heterogeneity
意识形态	ideology
油腔滑调	slippery
语场	field
语境	context
语境模型	context model
语码混杂	code-mixing
语式	mode
语体	genre
语言变体	variant
语言变项	variable
语言不平等	language inequality
语言创新	linguistic innovation
语言规划	language planning
语言景观	language landscape
语言流动	mobility
语言人类学	linguistic anthropology

语言意识形态	language ideology
语言资源	language resources
语言政策	language policy
语域	register
语旨	tenor
元话语	metadiscourse
杂糅	hybridity
再情景化	recontextualization
直接指向性	direct indexicality
殖民	colonization
指代空间理论	deictic space theory
指向符	index
指向性	indexicality
指向性场域	indexical field
指向意义	indexical meaning
指向性秩序	orders of indexicality
指向秩序	indexical order
质的研究	qualitative research
中心	centre
主体	subject
纵向话语互动	vertical discursive interaction

索　引

A

埃克特　12, 13, 27, 31, 39, 61, 63, 66, 67, 68, 69, 71, 72, 74, 75, 76, 77, 78, 147, 158, 195, 196, 198, 199, 200, 224, 233, 239
案例分析　136, 209, 249, 261

B

鲍曼　103, 104
贝尔顿中学　27, 31, 62, 66, 72, 75, 78, 195
变异　1, 2, 8, 9, 11, 12, 13, 14, 15, 16, 17, 18, 19, 21, 23, 24, 25, 26, 27, 28, 29, 31, 32, 33, 34, 39, 40, 43, 44, 45, 46, 49, 50, 51, 52, 55, 56, 57, 58, 59, 61, 62, 63, 64, 65, 66, 67, 68, 70, 71, 72, 73, 74, 75, 76, 77, 78, 79, 81, 91, 101, 102, 109, 110, 111, 112, 113, 114, 115, 116, 117, 118, 127, 129, 138, 145, 147, 152, 156, 157, 158, 159, 165, 175, 195, 196, 197, 198, 199, 200, 201, 208, 209, 210, 213, 214, 222, 223, 224, 225, 232, 233, 234, 235, 249, 250, 251, 254, 284, 285, 290, 291, 294, 295, 297, 298, 299
　　变体　8, 11, 12, 15, 18, 25, 26, 27, 28, 31, 34, 40, 43, 44, 46, 47, 48, 49, 50, 56, 57, 59, 60, 61, 66, 67, 68, 69, 70, 71, 72, 73, 74, 75, 77, 83, 92, 114, 116, 145, 147, 148, 154, 160, 163, 189, 195, 197, 198, 199, 200, 208, 209, 210, 211, 212, 213, 214, 224, 225, 229, 233, 234, 237, 238, 239, 249, 292, 296
　　变项　9, 12, 13, 14, 15, 17, 24, 25, 26, 27, 28, 29, 40, 45, 48, 49, 50, 51, 52, 54, 55, 56, 57, 58, 59, 60, 61, 66, 67, 68, 69, 70, 72, 73, 74, 76, 77, 78, 92, 141, 147, 148, 157, 158, 175, 196, 197, 198, 200, 208, 209, 210, 211, 212, 213, 233, 234, 237, 238, 249, 250, 293
　　变异社会语言学　2, 9, 11, 12, 13, 14, 16, 18, 21, 24, 26, 28, 29, 31, 32, 33, 34, 39, 40, 44, 45, 46, 49, 50, 61, 62, 63, 65, 66, 72, 73, 74, 75, 77, 78, 79, 81, 101, 102, 109, 111, 112, 145, 147, 156, 157, 158, 159, 165, 175, 195, 196, 222, 223, 224, 225, 233, 234, 235, 249, 251, 254, 284, 295, 298
　　变异研究　11, 12, 14, 15, 18, 25, 33, 34, 44, 45, 49, 50, 61, 62, 65, 66, 72,

74, 75, 77, 78, 79, 102, 113, 114, 145, 157, 158, 195, 196, 197, 198, 199, 200, 201, 208, 209, 222, 223, 224, 232, 233, 234, 235, 285, 294, 295, 297

辩证关系 145, 149, 174, 249, 254, 256, 257, 258, 259, 263, 277, 283
标准英语 9, 176
表演 82, 83, 102, 103, 104, 105, 129, 245, 247
表演框架 83
伯恩斯坦 201, 277
博瑞格斯 103, 104
不平等 9, 20, 23, 136, 146, 159, 163, 173, 179, 190, 192, 194, 269, 300
布朗 83
布鲁马特 23, 100, 151, 152, 170, 175, 176, 180, 188, 189, 190, 192, 207, 223, 300

C

策略 82, 87, 91, 105, 106, 117, 131, 135, 137, 143, 150, 151, 155, 172, 173, 174, 179, 182, 183, 184, 200, 252, 254, 265, 266, 267, 269, 288, 295
层级 23, 33, 56, 60, 115, 151, 158, 170, 171, 173, 174, 175, 176, 177, 178, 179, 181, 182, 183, 184, 185, 187, 188, 189, 190, 191, 192, 193, 194, 205, 207, 208, 259, 260, 264, 265, 269, 296
   重新层级化 174, 187
齿间音 329
抽样 45, 46, 50, 51, 52, 64, 290

D

大都市化 198
狄安迪 79, 102
地理空间 158, 206
第二次浪潮 13, 14, 21, 33, 40, 77, 78, 147, 195, 196, 224, 233
第三次浪潮 13, 21, 33, 79, 102, 147, 195, 196, 197, 198, 199, 200, 210, 222, 223, 224, 225, 234, 249
第一次浪潮 12, 40, 77, 78, 196, 224, 232, 233
动态 12, 14, 20, 22, 27, 30, 34, 35, 39, 41, 43, 45, 64, 65, 66, 72, 76, 77, 85, 91, 101, 102, 105, 110, 114, 116, 142, 148, 154, 155, 181, 191, 195, 202, 209, 224, 228, 231, 233, 236, 240, 248, 249, 250, 251, 257, 258, 263, 267, 271,

274, 275, 278, 280, 290, 292
斗争 158, 184, 193, 209, 220
杜博伊斯 34, 199, 200, 225, 226, 227, 228, 238, 240
对话性 225, 227
多中心性 190, 194

E

儿化音 26, 198, 199, 210, 211, 212, 233

F

反思 95, 96, 102, 103, 106, 128, 157, 159, 162, 232, 297
范戴克 135, 136, 137
方言 1, 4, 6, 8, 10, 15, 16, 17, 18, 20, 26, 45, 73, 92, 116, 128, 129, 174, 181, 182, 200, 213, 286, 287, 300
菲什曼 29, 97, 98, 99, 100, 252, 254, 294, 295
费尔克劳 101, 141, 142, 145, 149, 150, 151, 156, 158, 159, 162, 165, 171, 173, 174, 182, 183, 184, 188, 268, 269, 291
分析框架 33, 34, 101, 103, 104, 130, 195, 203, 208, 209, 210, 214, 222, 258, 259, 261, 263, 264, 265, 266, 267, 269, 271, 274, 277, 278, 283
分析模型 34, 128, 258, 259, 260, 261, 263, 264
　交际界位三角模型 226, 228, 237, 240
　语境模型 135, 136, 137, 269, 277
　话语互动分析模型 34, 259, 260, 263, 264
风格变异研究 11, 33, 34, 77, 79, 102, 195, 201, 208, 209, 222, 224, 233, 234, 235
弗斯 4, 6, 83, 85, 151, 191, 204, 205, 298
符号系统 13, 187, 196, 197
福柯 111, 140, 155, 192, 279

G

甘柏兹 7, 8, 10, 11, 13, 14, 15, 29, 31, 79, 80, 83, 84, 85, 86, 87, 90, 91, 92, 101, 102, 105, 107, 134, 137, 237, 294, 295, 297, 298
港台腔 26, 198, 205, 206, 212, 213

戈夫曼 31, 80, 81, 82, 83, 85, 104, 107, 190
共变关系 9, 12, 49, 62, 65, 76, 77, 157
过滤分析 130, 131, 132, 133, 134

H

海勒 7, 8, 9, 10, 11, 79
海姆斯 7, 8, 9, 10, 11, 13, 31, 79, 80, 83, 84, 85, 90, 107, 294, 295, 297, 300
韩礼德 83, 85, 127
汉语拼音方案 19, 20, 169, 286
后现代 95, 96, 120, 126, 140, 146, 155, 290, 296, 297
互动 1, 2, 11, 13, 14, 24, 29, 31, 32, 33, 34, 79, 80, 82, 83, 84, 85, 86, 87, 88, 89, 90, 91, 92, 93, 94, 95, 96, 97, 98, 99, 100, 101, 102, 103, 104, 105, 106, 107, 108, 109, 114, 116, 118, 126, 127, 128, 129, 130, 134, 137, 138, 141, 156, 163, 165, 169, 170, 174, 177, 189, 190, 200, 224, 225, 227, 228, 229, 230, 231, 232, 233, 234, 237, 238, 239, 240, 241, 246, 249, 250, 251, 252, 254, 255, 257, 258, 259, 260, 261, 262, 263, 264, 265, 266, 267, 269, 270, 271, 274, 275, 276, 277, 278, 279, 280, 282, 283, 284, 285, 286, 291, 292, 298, 299
互动社会语言学 2, 11, 13, 14, 24, 29, 31, 32, 34, 79, 80, 84, 85, 86, 87, 88, 89, 90, 91, 92, 93, 96, 97, 98, 99, 100, 101, 102, 105, 106, 107, 108, 109, 114, 129, 156, 169, 237, 251, 252, 254, 255, 284, 286, 291, 292, 298
话语标记 234
话语互动 33, 34, 108, 165, 251, 252, 254, 255, 257, 258, 259, 260, 261, 262, 263, 264, 265, 266, 267, 269, 270, 271, 274, 275, 276, 277, 278, 279, 282, 283, 284, 285
话语研究 31, 32, 33, 101, 139, 140, 147, 148, 149, 152, 153, 156, 157, 164, 169, 251, 252, 254, 255, 258, 271, 272, 276, 278, 284, 297, 299
会话分析 86, 92, 93, 97, 98, 101, 254, 292

J

基斯林 34, 199, 200, 225, 226, 227, 229, 230, 233, 234, 236
吉沃斯基 90, 91, 105, 298
计算建模 115, 116
贾菲 227, 231

假设—推导 31, 45, 46, 49, 78
间接指向性 228, 229, 230, 231, 239
交际界位 11, 27, 32, 33, 34, 200, 222, 223, 224, 225, 226, 227, 228, 229, 230, 231, 232, 233, 234, 235, 236, 237, 238, 239, 240, 241, 242, 243, 244, 245, 246, 247, 248, 249, 250, 251, 284, 293
交际民族志 2, 9, 11, 13, 14, 24, 31, 79, 84, 85, 89, 90
交际能力 9, 10, 13, 31, 84, 85, 181, 295
交际意图 14, 83, 84, 88
矫枉过正 54, 59, 60, 61
阶级 8, 15, 26, 27, 59, 60, 61, 73, 74, 76, 129, 154, 175, 184, 189, 192, 196, 198, 199, 200, 279
静态 12, 41, 42, 64, 72, 75, 77, 114, 134, 145, 155, 158, 195, 202, 224, 232, 233, 250, 278

K

卡博兰德 90, 91, 105, 129, 154, 156, 165, 223, 284, 291, 293, 294, 295, 296, 297, 298, 300
柯斯威尔 16, 17, 18, 19
刻板印象 193, 197, 199, 205, 207, 208, 228, 294
快速匿名调查法 57, 58

L

拉波夫 5, 7, 8, 9, 10, 11, 12, 13, 14, 15, 16, 17, 21, 24, 25, 26, 28, 29, 31, 33, 39, 40, 43, 44, 45, 46, 48, 49, 50, 51, 52, 54, 55, 56, 57, 58, 59, 60, 61, 62, 66, 72, 73, 74, 75, 77, 78, 90, 92, 93, 101, 109, 114, 128, 138, 145, 147, 156, 157, 158, 159, 164, 165, 195, 196, 200, 222, 223, 232, 233, 235, 251, 290, 294, 295, 297
兰普顿 105, 106
雷锋 203, 279, 280, 281, 282, 283, 284
理论 1, 2, 5, 10, 14, 16, 17, 18, 19, 20, 21, 24, 28, 29, 32, 34, 39, 40, 42, 44, 45, 46, 55, 61, 63, 64, 66, 73, 77, 78, 82, 83, 85, 88, 90, 92, 93, 94, 95, 96, 97, 100, 101, 102, 105, 106, 109, 110, 111, 113, 114, 117, 118, 126, 129, 130, 134, 135, 136, 138, 140, 141, 151, 153, 154, 156, 158, 173, 178, 195, 200, 201, 222, 223, 224, 231, 233, 235, 236, 237, 249, 252, 285, 286, 291, 293, 294, 295, 296, 297, 298, 299, 300

量的研究 28, 29, 45, 93, 94, 95, 96, 101, 208, 290, 293
列汶森 83

M

马林诺夫斯基 31, 80, 81, 82, 83, 84, 85, 94
麦克林尼 7, 8, 9, 10, 11, 79
媒介 13, 84, 90, 100, 146, 157, 160, 161, 163, 165, 214, 223, 224, 291, 292, 293
媒体 1, 21, 32, 100, 102, 105, 106, 107, 123, 141, 144, 145, 157, 159, 160, 161, 162, 163, 164, 165, 169, 171, 211, 237, 265, 266, 267, 269, 279, 284, 287, 291, 292, 297, 299, 301
媒体化 157, 160, 161, 163, 164, 165, 265, 266, 267, 269, 297
米尔罗伊 12, 13, 14, 15, 16, 26, 27, 44, 74, 75, 77, 147, 196

N

能动性 13, 14, 31, 64, 74, 126, 147, 162, 224, 233
年龄 9, 12, 17, 18, 27, 28, 40, 48, 51, 52, 53, 54, 58, 59, 62, 63, 74, 75, 99, 116, 141, 146, 154, 175, 208, 224, 233, 236
纽约 10, 11, 12, 14, 15, 21, 26, 28, 31, 45, 49, 50, 55, 56, 57, 58, 59, 60, 61, 72, 73, 78, 128, 145, 147, 157, 161, 196, 222, 251
诺里奇 15, 16

P

潘尼库克 223
批评话语分析 2, 6, 34, 45, 101, 112, 129, 130, 131, 133, 134, 135, 136, 137, 138, 139, 140, 141, 142, 143, 145, 146, 147, 148, 149, 151, 152, 153, 154, 155, 156, 157, 158, 159, 160, 161, 164, 165, 202, 251, 255, 297, 300
批评话语研究 140, 147, 148, 251, 254, 258, 278, 284
拼凑 148, 197

Q

前沿性 34, 224, 232, 233, 234, 236, 250

乔戈科普卢 106, 107
情景 6, 14, 24, 31, 33, 35, 59, 62, 82, 83, 84, 86, 87, 89, 92, 94, 95, 98, 99, 103, 104, 105, 107, 134, 135, 136, 137, 145, 146, 150, 159, 163, 177, 182, 187, 191, 201, 202, 203, 204, 205, 206, 207, 213, 230, 237, 261, 262, 267, 271, 272, 277, 278, 279, 280, 281, 282, 283, 284, 295, 298
情景化提示 14, 29, 31, 84, 85, 87, 91, 93, 98, 134, 137, 237, 298
情态 134, 142, 144, 150, 165, 178, 218, 223, 293
去儿化音 210, 212
权力关系 104, 105, 106, 140, 141, 142, 143, 146, 160, 173, 179, 183, 185, 201, 202, 232, 261, 262, 263, 265, 267, 275, 276, 277, 278
全球化 11, 22, 23, 32, 33, 100, 105, 149, 150, 151, 152, 156, 158, 163, 164, 169, 170, 171, 172, 173, 174, 175, 176, 177, 181, 182, 184, 185, 187, 188, 189, 191, 194, 198, 205, 212, 223, 268, 269, 286, 291, 296, 297, 298, 299
全音 198, 199, 205, 206

R

人口流动 23, 149, 171, 174
人类学 7, 8, 29, 31, 79, 80, 81, 85, 89, 92, 93, 94, 99, 101, 102, 103, 104, 107, 109, 114, 138, 140, 146, 156, 164, 169, 204, 284, 291, 297
认知社会语言学 32, 110, 111, 112, 113, 114, 117, 118, 119, 125, 126, 127, 128, 129, 130, 135, 138, 139, 152, 164

S

萨丕尔 31, 80, 81, 85, 107
舌尖音 199
社会变革 96, 148, 149, 158, 209, 251, 267, 297
社会变项 9, 12, 14, 24, 26, 27, 28, 29, 40, 45, 49, 50, 52, 54, 55, 70, 72, 74, 76, 78, 92, 141, 147, 148, 157, 158, 196, 208, 211, 212, 233, 234, 237, 238, 249, 250, 293
社会差异 199, 200
社会范畴 27, 34, 62, 64, 65, 68, 69, 70, 71, 72, 75, 77, 85, 90, 91, 144, 145, 146, 147, 148, 195, 196, 199, 200, 208, 224, 225, 231, 232, 250
社会阶层 11, 12, 15, 26, 28, 29, 50, 55, 56, 61, 62, 71, 72, 73, 74, 76, 77, 147, 157, 196, 198, 200, 203, 205

社会认知 112, 117, 118, 119, 120, 121, 122, 123, 124, 125, 135, 136, 137, 139, 191, 267, 269
社会身份 26, 74, 75, 78, 92, 128, 141, 147, 148, 155, 158, 196, 207, 208, 209, 211, 212, 213, 224, 235, 236, 237, 238, 256, 296, 297
社会实践 12, 63, 64, 66, 75, 77, 95, 96, 125, 140, 141, 142, 143, 146, 155, 158, 202, 203, 204, 213, 214, 234, 255, 256, 257, 258, 259, 262, 271, 283
社会网络 12, 13, 14, 15, 27, 28, 74, 75, 101, 141, 147, 196, 233, 258, 259, 260, 261, 263, 264, 265, 269, 283
社会文化语境 231
社会心理学 7, 79, 135, 284
社会学 4, 5, 6, 7, 8, 45, 79, 82, 85, 94, 97, 114, 129, 284, 297, 298
社会意义 5, 12, 13, 26, 29, 50, 51, 54, 62, 64, 65, 74, 84, 85, 91, 97, 107, 135, 145, 147, 148, 179, 190, 196, 197, 200, 207, 208, 211, 212, 213, 224, 229, 230, 231, 232, 233, 234, 238, 239
社会语境 1, 7, 19, 30, 35, 45, 81, 87, 136, 137, 145, 198, 254, 277, 284, 297
社会语言学 1, 2, 3, 4, 5, 6, 7, 8, 9, 10, 11, 12, 13, 14, 15, 16, 17, 18, 19, 20, 21, 22, 23, 24, 25, 26, 27, 28, 29, 30, 31, 32, 33, 34, 35, 39, 40, 43, 44, 45, 46, 49, 50, 55, 57, 61, 62, 63, 65, 66, 72, 73, 74, 75, 76, 77, 78, 79, 80, 81, 84, 85, 86, 87, 88, 89, 90, 91, 92, 93, 96, 97, 98, 99, 100, 101, 102, 104, 105, 106, 107, 108, 109, 110, 111, 112, 113, 114, 115, 116, 117, 118, 119, 125, 126, 127, 128, 129, 130, 134, 135, 136, 138, 139, 140, 141, 143, 145, 146, 147, 148, 149, 151, 152, 153, 154, 155, 156, 157, 158, 159, 160, 161, 163, 164, 165, 169, 172, 175, 176, 180, 187, 193, 194, 195, 196, 200, 201, 204, 208, 209, 210, 212, 222, 223, 224, 225, 226, 227, 228, 229, 230, 231, 232, 233, 234, 235, 236, 237, 238, 239, 249, 250, 251, 252, 254, 255, 264, 284, 285, 286, 288, 289, 290, 291, 292, 293, 294, 295, 296, 297, 298, 299, 300
时空 42, 102, 130, 134, 158, 159, 160, 161, 175, 176, 177, 187, 249, 251
实践共同体 27, 28, 31, 62, 63, 64, 65, 66, 67, 68, 69, 70, 71, 72, 75, 76, 77, 78, 178, 195, 196, 233, 291, 299
使文本化 102, 104
使语域化 209, 212, 213
市场 107, 149, 152, 157, 158, 159, 160, 165, 170, 172, 183, 184, 198, 199, 205, 223, 251, 281, 282, 283, 293
市场化 157, 158, 159, 160, 165, 251
数理统计 31, 45, 46, 49, 78

T

特鲁吉尔 15, 16, 44
田海龙 1, 2, 95, 101, 112, 129, 140, 147, 154, 155, 156, 203, 254, 255, 256, 257, 258, 259, 261, 263, 270, 271
田野调查 10, 29, 56, 66, 82, 208
同质性 31, 39, 40, 41, 44, 72, 77, 78
投射 173, 198, 202
土语 12, 13, 14, 15, 17, 31, 50, 74, 75, 177, 197

W

维索尔伦 86, 92, 298
文本 98, 99, 102, 103, 104, 105, 134, 141, 142, 144, 145, 150, 154, 160, 161, 162, 184, 188, 202, 203, 215, 216, 217, 218, 219, 221, 222, 255, 262, 267, 271, 272, 273, 275, 277, 280, 283, 291, 292
文字改革 19, 20, 23, 169, 286
沃尔夫 31, 80, 81, 85, 107

X

西尔弗斯坦 151, 191, 204, 205, 298
习惯性 235, 236, 241
协商 34, 64, 65, 86, 87, 91, 92, 102, 224, 225, 227, 228, 229, 231, 232, 240, 241, 250
形象 50, 82, 162, 189, 191, 198, 199, 210, 211, 228, 229, 236, 247, 255, 258, 283
性别 1, 8, 9, 12, 27, 28, 40, 48, 50, 51, 58, 62, 63, 64, 67, 68, 69, 70, 71, 72, 74, 75, 95, 116, 128, 129, 136, 141, 146, 154, 164, 175, 208, 224, 233, 235, 243, 246, 247, 298
学科 1, 3, 4, 5, 7, 8, 9, 10, 19, 21, 24, 32, 33, 34, 39, 43, 45, 85, 88, 94, 109, 111, 113, 115, 126, 129, 149, 152, 153, 154, 156, 169, 177, 183, 223, 249, 251, 252, 254, 255, 284, 285, 286, 296, 297, 298, 299, 300, 301

Y

雅皮士 198, 199, 205

言语共同体 15, 16, 18, 31, 43, 44, 46, 48, 49, 50, 51, 52, 61, 62, 63, 64, 65, 75, 76, 77, 78, 90, 91, 101, 233, 291
言语事件 13, 14, 84, 85, 89, 90, 91, 93, 101, 102, 103, 105, 143, 254, 298, 325
研究方法 1, 6, 15, 16, 18, 24, 29, 31, 32, 34, 39, 45, 46, 48, 49, 50, 55, 58, 59, 65, 72, 73, 80, 92, 93, 96, 97, 98, 100, 101, 105, 106, 107, 108, 113, 115, 130, 139, 196, 213, 224, 254, 289, 290, 291, 292, 293, 297, 299, 301
研究路径 14, 30, 31, 34, 78, 84, 85, 101, 129, 130, 135, 138, 139, 140, 149, 158, 208, 222, 258, 263, 284, 297
移民 9, 16, 17, 18, 22, 130, 171, 176, 177, 180
异质性 39, 41, 42, 44, 45, 64, 72, 78
　有序变异 45
意识形态 76, 95, 104, 112, 113, 129, 130, 131, 135, 138, 140, 141, 142, 143, 144, 145, 146, 148, 151, 152, 160, 172, 173, 177, 188, 200, 201, 202, 203, 205, 206, 208, 209, 213, 214, 221, 222, 232, 239, 247, 257, 258, 261, 262, 265, 267, 276, 277, 278, 292, 293, 297, 298, 300
应急语言服务 286, 287, 288, 289
油腔滑调 198, 199
语境 1, 7, 14, 15, 19, 29, 30, 32, 35, 44, 45, 55, 57, 59, 65, 80, 81, 82, 83, 84, 85, 86, 87, 88, 91, 92, 93, 101, 102, 103, 107, 111, 114, 116, 119, 125, 128, 129, 134, 135, 136, 137, 138, 139, 145, 151, 187, 198, 203, 207, 215, 220, 225, 227, 229, 230, 231, 234, 239, 254, 265, 266, 267, 269, 274, 277, 284, 297, 298, 299
语言变体 8, 11, 15, 18, 25, 26, 27, 28, 31, 34, 40, 44, 49, 50, 56, 57, 60, 61, 69, 71, 72, 73, 74, 75, 77, 92, 114, 116, 145, 147, 154, 160, 163, 189, 195, 198, 199, 200, 208, 211, 212, 213, 224, 225, 229, 233, 234, 237, 249, 296
语言变项 9, 12, 13, 14, 24, 25, 26, 27, 28, 29, 40, 45, 48, 49, 50, 51, 54, 55, 58, 61, 66, 67, 72, 73, 78, 92, 141, 147, 148, 157, 158, 175, 196, 197, 198, 200, 208, 209, 210, 211, 213, 233, 234, 237, 249, 250, 293
语言创新 148, 176, 208, 209, 210, 212, 213, 222, 229, 231
语言规划 20, 22, 23
语言接触 1, 5, 16, 44
　方言接触 16, 17, 18
语言流动 27, 32, 33, 100, 149, 151, 169, 170, 172, 173, 174, 175, 176, 177, 179, 180, 182, 183, 185, 187, 188, 189, 190, 191, 193, 194, 222, 223, 249, 286, 293, 298
　隐形语言流动 174

显性语言流动 33, 172, 173, 174, 175, 176, 177, 185, 188, 189, 190, 194
语言人类学 8, 79, 102, 103, 204, 284, 291
语言生活派 22
语言使用 8, 9, 10, 13, 15, 19, 23, 40, 41, 43, 49, 55, 63, 64, 73, 74, 75, 77, 81, 83, 84, 87, 111, 112, 113, 116, 118, 134, 135, 136, 140, 141, 152, 155, 156, 157, 158, 160, 161, 163, 164, 169, 190, 205, 227, 250, 255, 256, 257, 258, 259, 261, 262, 263, 265, 266, 267, 271, 272, 273, 274, 275, 277, 278, 282, 283, 286, 288, 292, 295, 297, 299, 301
语言形式 40, 86, 92, 111, 137, 143, 191, 192, 212, 229, 230, 231, 232, 233, 234, 238, 239, 241, 256
语言选择 17, 19, 65, 73, 91, 118, 128, 136, 155, 156, 229, 233, 241, 246, 247
语言政策 1, 9, 20, 22, 23, 113, 128, 169
语言资源 1, 21, 22, 23, 55, 116, 175, 181, 182, 191, 233, 234
元话语 203, 204, 260, 262, 305
元音央化 51, 52, 53, 54
元语用 192, 232, 239, 298
约翰斯通 204, 206, 207, 234, 235, 242, 243, 246, 248, 296

Z

再情景化 33, 103, 104, 105, 150, 159, 163, 182, 187, 201, 202, 203, 204, 261, 262, 267, 271, 272, 277, 278, 279, 280, 282, 283, 284
张青 147, 198, 199, 205, 206, 208, 210, 211
赵芃 2, 159, 203, 214, 271, 279, 281
直接指向性 228, 229, 230, 231
指代空间理论 134
指向符 230, 239
指向性 33, 74, 104, 151, 152, 179, 187, 189, 190, 191, 192, 193, 194, 197, 198, 204, 206, 207, 208, 221, 228, 229, 230, 231, 238, 239, 262, 284
指向性场域 326
指向性秩序 33, 151, 152, 179, 187, 190, 191, 192, 193, 194, 207, 208
指向意义 191, 192, 193, 197, 204, 205, 206, 207, 208, 213, 215, 216, 217, 218, 219, 220, 221, 222, 230, 231, 262, 275, 284
指向秩序 33, 151, 191, 192, 193, 194, 197, 205, 206, 207, 208, 209, 212, 213, 238, 239, 262, 275
质的研究 29, 31, 93, 94, 95, 96, 97, 100, 101, 290, 291, 293
中心 15, 27, 43, 45, 54, 65, 74, 75, 79, 100, 103, 104, 112, 120, 126, 136, 152,

155, 173, 189, 190, 191, 194, 209, 213, 259, 260, 292, 299
中医话语 270, 271, 272, 273, 274, 275, 277
祝畹瑾 1, 3, 10, 25, 26, 28, 39, 55, 66, 74, 85, 87, 88, 90, 97, 98, 99, 294, 295, 296, 297
资源 1, 21, 22, 23, 33, 55, 76, 116, 121, 122, 146, 150, 151, 162, 163, 171, 172, 175, 176, 179, 181, 182, 187, 191, 193, 194, 200, 202, 216, 217, 218, 219, 220, 221, 222, 230, 231, 232, 233, 234, 248, 264, 289

后 记

《社会语言学新发展研究》是"新时代外国语言文学新发展研究丛书"中的一部著作。感谢丛书策划者给予的信任,特别要感谢中国英汉语比较研究会会长罗选民教授、秘书长杨文地教授以及上海时代教育出版研究中心理事长庄智象教授的信任与热情邀请。清华大学出版社郝建华社长在写作过程中给予不懈的鼓励和鞭策,使得书稿得以按时完成,在此表示由衷的感谢。还要感谢清华大学出版社周航编辑在本书出版编辑过程中的辛苦工作。湘潭大学外国语学院的李素琼教授撰写了1.2.2关于英国社会语言学的内容,天津外国语大学博士生张立庆撰写了第8章的初稿,在此一并表示感谢。

本书是两位作者在各自的社会语言学教学和研究过程中长期思考和探索的成果。田海龙教授现任中国语言学会社会语言学分会会长,中国英汉语比较研究会话语研究专业委员会副会长兼秘书长,中国石油大学(北京)特聘教授,在天津商业大学、天津外国语大学、山东师范大学为硕博研究生讲授过社会语言学和话语研究的课程。赵芃博士是天津商业大学副教授,自2008年起一直为硕士研究生讲授社会语言学和话语研究的课程。教学相长,本书也融入了同学们在学习过程中的积极反馈,特此感谢。基于研究目的,且为篇幅所限,本书无法涉及社会语言学的所有方面,谨此说明。同时,由于知识承载的局限和撰写时间的紧迫,书中谬误在所难免,恳请读者不吝指教。

田海龙 赵芃

2020年12月